IM TAL DER KÖNIGE

Von Grabkunst und Totenkult der ägyptischen Herrscher

Fotos von Araldo De Luca
Herausgegeben von Kent R. Weeks

Rechte der Originalausgabe:
Originaltitel: »Valle dei Re«

Fotos: Araldo De Luca
Herausgeber: Kent R. Weeks
Redaktion: Valeria Manferto De Fabianis Laura Accomazzo
Grafik und Design: Clara Zanotti

Übersetzung aus dem Englischen: Frank Auerbach und Walter Spiegl
Übersetzung aus dem Französischen: Hans Joachim Maass
Lektorat, Herstellung und Satz: Verlagsservice Dr. Helmut Neuberger & Karl Schaumann GmbH, Heimstetten

Druck und Bindung: Officine Grafiche de Agostini, Novarau

Printed in Italy

ISBN 3-89405-456-5

Umwelthinweis:
Das Papier wurde aus chlorfrei gebleichtem Zellstoff hergestellt und enthält keine Aufheller. Die Einschweißfolie – zum Schutz vor Verschmutzung – ist aus umweltfreundlicher und recyclingfähiger PE-Folie.

GEO
Frederking & Thaler

Vorwort

In der glanzvollen Vergangenheit unseres Landes gab es keine andere Stadt, die Ägypten machtvoller regiert hätte als Theben. Schon die Erwähnung des Namens weckt Bilder eines Goldenen Zeitalters, einer blühenden Kultur mit großartigen Leistungen auf den Gebieten der Architektur und der Künste. Obwohl das moderne, betriebsame Luxor heute einen großen Teil der historischen Anlagen des alten Theben überlagert, zeugen noch viele Bauwerke, namentlich die Königsgräber, die Tempel und die Monumente am Westufer des Nils, von seiner glorreichen Geschichte.

Die Nekropole von Theben ist eine der ergiebigsten archäologischen Grabungsstätten der Welt. Hunderte von Bauwerken wurden bereits freigelegt und erforscht, weitere Hunderte gibt es noch zu entdecken und zu erschließen. Dieses in der Antike als »der Große Westen« bezeichnete Gebiet hat uns einige der herausragenden Beispiele ägyptischer Kunst beschert. Von der strengen Schönheit der Gräber im Tal der Könige und Königinnen, den ausgewogenen geometrischen Proportionen von Königin Hatschepsuts Totentempel in Deir el-Bahari, den majestätischen Säulenfluchten des Ramesseums bis hin zu den aussagekräftigen und gelegentlich auch witzigen Alltags-Schilderungen an den Wänden der Privatgräber präsentieren uns die Kunst und Architektur des thebanischen Westufers ein Panorama ägyptischen Lebens im Neuen Reich vor 3500 Jahren.

Der Anblick dieser Monumente bleibt lange in der Erinnerung lebendig. Nie werde ich meinen ersten Besuch im prachtvoll ausgemalten Grab der Königin Nefertari vergessen. Nach dem steilen Abstieg vom Eingang empfing mich die atemberaubende Farbigkeit des ersten Raumes. Ich fühlte mich wie in eine Welt der Wunder versetzt, so als hätte ich einen Schritt zurück in der Zeit getan und wäre Augenzeuge eines uralten, heiligen Mysteriums. Die Klarheit, mit der ich mich an diesen Augenblick erinnere, zeugt von der Ausdruckskraft und Eindringlichkeit dieser Bilder.

Ich erinnere mich auch an die Lebendigkeit der Szenen in den Privatgräbern hochgestellter Staatsbeamter. Die Darstellungen von Menschen am Webstuhl, bei der Tierhaltung, beim Säen und Ernten und bei der Arbeit im Haushalt unterscheiden sich nicht wesentlich von den Alltagsbeschäftigungen in den ländlichen Gebieten des heutigen Ägypten. Das Spektrum erlebbarer Kunst in Theben liefert ein anschauliches Bild von der Kontinuität der Traditionen unseres Landes von der Antike bis in die Gegenwart.

Dieses Buch ist das bis heute spektakulärste Bildwerk von den Monumenten, Gräbern und Tempeln der antiken Hauptstadt Ägyptens. Es wird denjenigen von uns, die das Glück hatten, Theben und das Westufer zu besuchen, das dort Gesehene und Erlebte wieder in lebhafte Erinnerung rufen, und anderen, die noch nie in Ägypten waren, eine Vorstellung von den Wundern seiner Vergangenheit vermitteln. Fotografische Aufnahmen von kaum zu überbietender Qualität in Verbindung mit wissenschaftlich fundierten Textbeiträgen machen dieses Buch zu einem wertvollen historischen Dokument und zu einem würdigen Geschenk des antiken Theben an unsere Generation. Darüber hinaus erschließt es uns alle jene Gräber und Tempel, die der Öffentlichkeit nur beschränkt zugänglich gemacht werden können, um sie vor zerstörerischen Witterungseinflüssen und den schädlichen Auswirkungen eines zu großen Besucherandrangs auf engem Raum zu bewahren.

Ich rate jedem zu einer Entdeckungsreise durch dieses Buch, sei es, um die Erinnerung an eine Reise nach Ägypten wieder aufzufrischen oder sie in der Phantasie zum erstenmal zu erleben. Seine Bilder und Texte sprechen von der Majestät und Würde des Großen Westens.

H.E. Mrs. Suzanne Mubarak

Suzanne Mubarak

EINLEITUNG

Keine andere Zivilisation des Altertums hat über einen längeren Zeitraum hinweg so viel begeistertes Interesse auf sich gelenkt wie das antike Ägypten. In den vergangenen Jahrzehnten wurden jährlich Dutzende von Sachbüchern, Romanen und Postern veröffentlicht, Reisen veranstaltet, Fernsehproduktionen und Filme in Auftrag gegeben und gefälschte Antiquitäten unter die Leute gebracht, um das nicht versiegende Verlangen der Öffentlichkeit nach Informationen aus der Zeit der Pharaonen zu befriedigen. Und von allen Ausgrabungsstätten in Ägypten steht Theben auf der Beliebtheitsskala ganz oben. Seine grandiosen Monumente, Berichte von goldenen Schätzen, Mumien, schillernde Forscherpersönlichkeiten und ein faszinierendes Aufgebot historischer Protagonisten machen es zum spannendsten Kapitel der Geschichte des alten Ägyptens. Anders ausgedrückt: bei allem, was Theben zu bieten hat, wäre es unvorstellbar, dass die Menschen sich nicht dafür interessierten.

Seit Tausenden von Jahren ist Theben von Menschen bewohnt. Aber die meisten Monumente, die heute allgemeines Interesse hervorrufen, entstanden in den fünf Jahrhunderten des Neuen Reichs. Auf einer Fläche von Hunderten von Hektar verteilen sich im Tal der Könige die Grabanlagen der Herrscher. Ihre Tempel gelten als die größten Sakralbauten, die jemals geschaffen wurden, und ihre Kolossalstatuen wiegen bis zu tausend Tonnen. Noch heute lassen sich Künstler von den unschätzbar kostbaren Fundstücken inspirieren, die von hoch talentierten Kunsthandwerkern aus Gold, edlen Steinen und Mineralien gefertigt wurden. Von keiner anderen alten Zivilisation gibt es Wandreliefs und Fresken, die ein klareres Bild einer untergegangenen Kultur entstehen lassen. Papyri und Ostraka berichten von den Hoffnungen, Träumen und Sorgen der alten Thebaner, die sich von den unseren kaum unterscheiden. Keine Kultur, keine archäologische Fundstätte bietet mehr an ästhetischen Werten und wissenschaftlichen Erkenntnissen als Theben. Nirgendwo anders stoßen wir auf Zeugnisse, die uns die Gedanken- und Vorstellungswelt eines Volkes, das vor fünfzig Generationen existierte, so anschaulich vor Augen führen. Die Abbildungen in diesem Buch sollen den Leser durch ihre Schönheit begeistern und ihm gleichzeitig Informationen liefern. Die Textbeiträge wenden sich an ein breites Publikum, sind jedoch gleichzeitig wissenschaftlich exakt, gründlich recherchiert und auf dem neuesten Stand der Forschung. Alle Mitarbeiter sind profunde Kenner Thebens und seiner Geschichte, und die meisten von ihnen sind zur Zeit mit wichtigen Forschungsprojekten beschäftigt.

Die alten Ägypter sahen in Theben die vollkommenste Stadt der antiken Welt. Heute wird kaum jemand bezweifeln, dass es zu einer der weltweit bedeutendsten und faszinierendsten archäologischen Schatzkammern geworden ist.

Kent R. Weeks

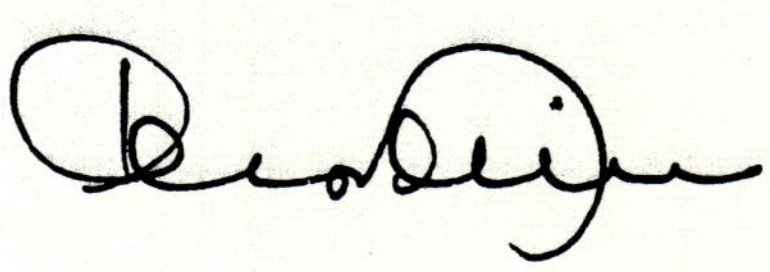

11

Die Gemahlin Mennas in Anbetungshaltung. Man beachte den konischen, parfümierten Kopfschmuck, das kunstvoll gearbeitete Pektoral, die aufwändig gestaltete Perücke, die Armreifen und die lackierten Fingernägel. Grab des Menna, TT 69, innere Halle.

DIE AUTOREN

KENT R. WEEKS
Professor für Ägyptologie an der Amerikanischen Universität in Kairo und Leiter des Theban Mapping Project. Entdecker von KV 5, dem Grab der Söhne Ramses' II. im Tal der Könige. Autor von Büchern und Fachaufsätzen.

ARALDO DE LUCA
Geboren 1952 in Rom. Gilt als herausragender Fotograf von Standbildern und Schmuckgegenständen. De Luca hat besondere Beleuchtungstechniken entwickelt, mit denen es ihm gelingt, in seinen hinreißenden Fotografien dem Betrachter die Intentionen der Künstler zu übermitteln, deren Kunstwerke er darstellt. Von ihm stammen auch die Abbildungen in dem bei Frederking & Thaler erschienenen *Buch Die Schatzkammer Ägyptens. Die berühmte Sammlung des Ägyptischen Museums in Kairo* (2001).

HARTWIG ALTENMÜLLER
Geboren 1938 in Saulgau/ Württemberg. Promotion 1964 in München, seit 1971 Professor am Archäologischen Institut der Universität Hamburg. Altenmüller arbeitete als Archäologe im Tal der Könige und ist Mitglied mehrerer ägyptologischer Gesellschaften des In- und Auslands. Mehrere Publikationen zu Problemen der Gräber im Tal der Könige von Theben.

MORRIS L. BIERBRIER
Studium an der McGill Universität, den Universitäten von Toronto und Liverpool. Von 1976 bis 2000 Museumsleiter. Autor mehrerer Bücher und Fachaufsätze, unter anderem *The Tomb-builders of the Pharaos, community of Deir el-Medina* und *Historical Dictionary of Ancient Egypt.*

PETER BRAND
Der kanadische Ägyptologe promovierte 1998 an der Universität von Toronto. Thema seiner Dissertation waren die Denkmalbauten Sethos' I. Gegenwärtig leitet er das Karnak Hypostyle Hall Project an der Universität von Memphis.

BETSY M. BRYAN
Betsy Bryan ist Alexander Badawy-Professorin für Ägyptische Kunst und Archäologie an der John Hopkins Universität in Baltimore, Maryland. Ihr Forschungsschwerpunkt ist das Neue Reich, insbesondere die 18. Dynastie. Sie hat über die Regierungszeit Thutmosis' IV. und Amenophis' III. publiziert und befasst sich gegenwärtig mit kunsthandwerklichen Themen. Sie hat das Grab des königlichen Kammerdieners Suemniwet ausgegraben, wo unvollendete Malereien das Studium der Kunsttechniken ermöglichen.

EDWIN COVILLE BROCK
Edwin Brock arbeitet seit 1983 in Ägypten, hauptsächlich in Theben und im Tal der Könige. Nach zehnjähriger Tätigkeit als Direktor des Kanadischen Instituts in Ägypten ist er nun Mitwirkender am Theban Mapping Project an der Amerikanischen Universität in Kairo. Er hat Ägyptologie an der Universität von Toronto studiert und seine Dissertation über die königlichen Sarkophage des Neuen Reichs geschrieben.

MOHAMED A. EL-BIALY
Geboren 1953 in einem Dorf bei Mansura. Studium der Ägyptologie an der Universität Kairo und Beteiligung an verschiedenen archäologischen Erkundungen in Saqqara und Fayum. Seit 1984 ist er in Theben-West tätig. 1997 wurde er zum Leitenden Direktor der Antikenverwaltung am Westufer in Theben ernannt.

RITA E. FREED
Rita Freed ist Norma-Jean Calderwood-Kuratorin für altägyptische, nubische und nahöstliche Kunst am Kunstmuseum und Adjunct Professorin für ägyptische Kunst am Wellesley College. Ihr Fachgebiet ist ägyptische Kunst. Sie hat an Ausgrabungen in Ägypten, Isreal und auf Zypern teilgenommen.

MELINDA K. HARTWIG
Melinda Hartwig ist Kuratorin für ägyptische Kunst am Institut für Ägyptische Kunst und Archäologie sowie Mitglied der Kunstakademie an der Universität Memphis, Tennessee. Sie hat an der Kunstakademie der Universität New York promoviert und sich auf thebanische Wandmalereien spezialisiert.

ERIK HORNUNG
Geboren 1933 in Riga, ab 1967 Professor für Ägyptologie in Basel, seit 1998 im Ruhestand. Von Erik Hornung stammen ausführliche Publikationen über das Tal der Könige und seine religiösen Texte.

T.G.H. JAMES
Geboren 1923 in Neath, Südwales. Studium in Oxford. Von 1974 bis 1988 Leiter der Abteilung für ägyptische Altertümer am Britischen Museum. Beteiligung an mehreren Ausgrabungen in Ägypten. Sein Spezialgebiet sind Veröffentlichungen über Inschriften auf Stein und Papyrus sowie geschichtliche Abläufe. T. G. H. James ist Verfasser des Buches *Tutanchamun*, erschienen 2000 bei White Star.

CHRISTIAN LEBLANC
Promovierte in Literatur- und Humanwissenschaften. Forschungstätigkeit am CNRS. Seit 1995 Leiter der französischen ärchäologischen Mission des Laboratoriums für Archäologie und thebanische Geschichte (LAHTES) im Louvre. Forschungstätigkeit im Tal der Königinnen, Beschäftigung mit den königlichen Familien des Neuen Reichs. In Zusammenarbeit mit dem Egyptian Supreme Council of Antiquities koordiniert er die Forschungsarbeiten im Ramesseum und leitet die Ausgrabungen im Grab Ramses' II. Christian Leblanc ist Verfasser mehrerer wissenschaftlicher Bücher.

LYLA PINCH-BROCK
In Kanada geboren, lebt heute in Ägypten. Arbeitet seit zwölf Jahren als Archäologin in Ägypten und Griechenland und ist auf epigraphische Untersuchungen spezialisiert. 1993–1996 hat sie KV 55 freigelegt. Sie ist als Kodirektorin des Theban Tombs Project des Royal Ontario Museums tätig sowie als Assistenzdirektorin des Tel Borg Project auf der Sinai-Halbinsel.

FÜR IHRE FREUNDLICHE UNTERSTÜTZUNG IST ZU DANKEN
Farouk Hosny – ägyptischer Kulturminister;
Gaballah Ali Gaballah – Generalsekretär der ägyptischen Antikenverwaltung;
Nabil Osman – Präsident des ägyptischen Informationszentrums;
Gamal Morsi – Direktor des Pressezentrums Kairo;
Sabry Abd El Aziz Khater – Generaldirektor der Antikenverwaltung von Oberägypten;
Mohamed A. El-Bialy – Generaldirektor der Antikenverwaltung von West-Theben;
The Mena House Oberoi Hotel, Cairo;
Angelo Sesana; Gamal Shafik of the Cairo Press Center Francesco Zanchi;
Autoren und Verlag danken weiterhin folgenden Mitarbeitern des Theban Mapping Project: Francis Dzikowski, Edwin Brock and Nathalie Walschaerts, Walton Chan and Lamis Gabr, Ilka Schacht, Susan Weeks und Magdy Ali

1
Der Gott Schu im Grab der Amenherkhepeshef

2–3
Nefertari beim Darbringen von Opfergaben

4–5
Porträtmaske Tutanchamuns

6
Löwengestaltige Göttin von den Ritualbetten Tutanchamuns

7
Ramses III., aus dem Tempel in Medinet Habu

8
Sem-Priester aus dem Grab der Nefertari

10
Die Göttin Hathor aus dem Grab Sethos' I.

19
Detail eines Pektorals aus dem Grab Tutanchamuns

INHALT

12–17
Detail der »astronomischen Decke« im Gewölbe der Grabkammer (J) im Grab Sethos' I. (KV 17) im Tal der Könige.

18
Eine Tochter Mennas mit lebenden Enten und Lotusblüten. Man beachte die Armreifen, Ohrringe und Gewandfransen. Grab des Menna, TT 69, innere Halle.

20–21
Grab des Paschedu (TT 3 in Deir el-Medineh) mit Blick auf den Eingang der Kammer. Man beachte die Gestalt des Verstorbenen an der hinteren Wand, wie er hinter einer Palme kniet und Wasser aus einem Weiher trinkt. Seine Eltern und Verwandten stehen auf der anderen Seite der Tür.

THEBEN

von Kent R. Weeks

22 links

Satellitenfoto des oberen Nils, aufgenommen über dem Roten Meer, Richtung Westen. Im Süden (links) liegt Theben in der großen Flussschleife.

Theben ist eine der größten und ergiebigsten Ausgrabungsstätten der Welt und darüber hinaus die bekannteste. Sie liegt etwa 900 Kilometer südlich von Kairo am Ufer des Nils. Am Ostufer, unterhalb des modernen Luxor, befinden sich die Überreste einer alten Stadt, die von etwa 1500 bis 1000 v. Chr. zu den bedeutendsten Ägyptens zählte und an die 50 000 Bewohner hatte. Schon vier Jahr-

22 rechts

In Oberägypten bildet das Nilbett eine große Schleife nach Osten. Nördlich der Schleife (im Bild oben links) befindet sich die heutige Stadt Nag Hammadi und ganz im Süden Armant. Luxor/Theben liegt nördlich von Armant, wo sich das Tal dann weitet.

22–23

Satellitenaufnahme des Nils in nördlicher Blickrichtung. Links das Mittelmeer, rechts das Rote Meer.

hunderte früher, im Mittleren Reich, galt Theben als eine der größten Städte der antiken Welt. Hier errichteten die Ägypter mit den ausgedehnten Tempelkomplexen von Karnak und Luxor die größten Sakralbauten der Menschheitsgeschichte, und hier wohnte auch die wohlhabende und einflussreiche Priesterschaft.

Am Westufer breitete sich auf etwa zehn Quadratkilometern die Nekropole Thebens aus, wo Archäologen Tausende von Grabkammern, Dutzende von Tempeln und ungezählte Häuser, Dörfer, Schreine, Klöster und Werkstätten ausgegraben haben. Theben war während der vergangenen 250 000 Jahre ständig bewohnt. Hier entdeckte man die ersten Zeugnisse des Paläolithikums in Afrika. Die bedeutendste Epoche in der Geschichte der Stadt waren jedoch die fünfhundert Jahre des Neuen Reichs, als Theben unangefochtenen Vorrang auf religiösem, politischem und architektonischem Gebiet erlangte. Jeder der 32 Pharaonen des Neuen Reichs – und viele ihrer Vorgänger und Nachfolger – leistete seinen Beitrag zur Architektur Thebens. Die während der Achtzehnten, Neunzehnten und Zwanzigsten Dynastie errichteten Monumente haben dafür gesorgt, dass Theben noch heute einer der herausragenden Ausgrabungsorte der Welt ist. 1979 wurde Theben von der UNESCO zum Weltkulturerbe erklärt.

Griechische Reisende haben der Stadt ihren Namen gegeben. Man vermutet, dass die Besucher aus Griechenland die Bezeichnung »Djeme« für die Gegend um Medinet Habu irrtümlich für den Namen der Stadt hielten. Andere glauben den Ursprung in »Tapé« oder »tp« zu sehen, was auf Altägyptisch »Kopf« bedeutet. In der Bibel hieß Theben »Ny«, abgeleitet vom altägyptischen »Njwt« für Stadt. Die Ägypter sagten auch »Waset« – so hieß der Verwaltungsbezirk, in dem Theben lag – oder »Njwt Imn«, Stadt des Amun, was die Griechen wörtlich als »Diospolis«, Stadt des Zeus, übersetzten. Das Altägyptische kennt viele Beinamen für Theben, etwa »die Siegreiche«, »die Geheimnisvolle«, »Stadt des Herrn der Ewigkeit«, »Herrin der Tempel« und »Herrin der Macht«. Luxor, die heutige Bezeichnung für Theben, stammt vom arabischen »al-Uqsur«, was wiederum auf das lateinische »Castra« zurückgeht und Garnison bedeutet.

Das Westufer Thebens erstreckt sich zwischen el-Tarif im Norden und Deir el-Schelwit im Süden auf einer Länge von rund acht Kilometern. Das Ausgrabungsgebiet grenzt an einen drei Kilometer breiten Schwemmlandstreifen, der es vom Nilufer trennt. Die während des Nil-Hochwassers überflu-

24 oben

Der Grabherr und seine Frau bei der Getreideernte in der Unterwelt. Ostwand der Sargkammer im Grab Sennedjems, TT 1, in Deir el-Medineh.

24 unten

Bäume und Sträucher entlang der Kanäle zwischen den Feldern in den sogenannten »Gefilden der Seligen«. Ostwand der Sargkammer im Grab Sennedjems, TT 1, in Deir el-Medineh.

tete Ebene zieht sich in einer Breite von mehreren hundert bis einigen tausend Metern am gesamten Westufer entlang.

Das Überschwemmungsgebiet zwischen dem Fluss und dem Rand der Wüste besteht aus einer dicken Schicht fruchtbaren Nilschlamms, den das Hochwasser im Laufe von Jahrtausenden abgelagert hat. Heute werden hier Zuckerrohr, Klee, Weizen und Gemüse angebaut. Zwei bis drei Ernten jährlich sind die Regel. Vor Errichtung des Assuan-Staudamms in den 1960er-Jahren – seitdem führt der Nil kein Hochwasser mehr – stieg der Flusspegel Jahr für Jahr im Juni an, und die Uferauen lagen vier Monate lang 30–50 Zentimeter tief unter Wasser. Das Hochwasser füllte auch die natürlichen Mulden, die durch die unregelmäßigen Schlammablagerungen entstanden waren. Etwa sechs dieser mehrere Quadratkilometer großen »Reservoire« lagen auf dem Westufer Thebens. Nach Rückgang der Flut wurde der mit Wasser gesättigte Boden in den Mulden bestellt, und im Spätherbst und Winter konnte man ernten. In dynastischen Zeiten kultivierten die Bauern Weizen, Gerste, Hirse, Hülsenfrüchte, Zwiebeln, Knoblauch und Kürbisse. Wiederholt berichteten ausländische Besucher mit großer Bewunderung von den reichen Erträgen der ägyptischen Landwirtschaft. Manche griechischen Reisenden glaubten sogar, dass der fruchtbare Nilschlamm aus eigener Kraft Leben hervorbringen könne und Frauen durch Trinken von Nilwasser schwanger würden.

Der sagenhafte Reichtum des Niltals war in den Augen der Europäer der Beweis dafür, dass Ägypten sich der besonderen Gunst der Götter erfreute. Selbst heute noch steht die Landwirtschaft im Gebiet von Theben in einem ausgezeichneten Ruf, und die Touristen sind von seiner Landschaft ebenso beeindruckt wie von den antiken Monumenten.

Die Europäer waren davon überzeugt, dass Gott seinen Garten Eden in dieser Landschaft geschaffen haben müsse. Auch die Ägypter wurden nicht müde, diese Vorzüge zu rühmen:

Was sagen sie täglich in ihren Herzen,
Die fernab von Theben leben?
Das majestätische Bild vor Augen.
Wenn es doch unser wäre, sagen sie –
Das Brot dort schmeckt besser als Kuchen aus Gänseschmalz,
Sein Wasser ist süßer als Honig,
Man trinkt es, bis es die Sinne betört,
Oh! So lebt man in Theben.

Während des Neuen Reichs wurden mehrere Kanäle durch das Schwemmland des Westufers gezogen. Einer führte gegenüber dem Luxor-Tempel vom Nil aus westwärts nach Medinet Habu. Ein weiterer

24–25
Das Tal der Könige mit Blick nach Osten über die Thebanischen Berge und die Felder am Westufer. Theben liegt auf der anderen Flussseite.

25 unten
Trupp von Feldvermessern beim Ermitteln des Ertrags. Südende der Ostwand, Eingangshalle zum Grab Mennas, TT 69.

verband den Karnak-Tempel mit dem Tempel Sethos' I. Am Rand der Wüste mündeten beide in einen Nord-Süd-Kanal, der die Anlegestellen mehrerer Heiligtümer miteinander verband. Diese Kanäle spielten eine wichtige Rolle beim jährlich im zweiten Sommermonat stattfindenden »Schönen Fest des Wüstentals«, einem der bedeutendsten Ereignisse im Festkalender des Neuen Reichs. Auf der Schiffsprozession von den Kultstätten am Ostufer zu den einzelnen Gedächtnistempeln entlang der Westseite wurden Götterbildnisse und Statuen des Pharaos mitgeführt. In den Festhallen feierten die Priesterschaft und Mitglieder der Herrscherfamilie die Vereinigung des lebenden Pharaos mit seinen Vorfahren, während draußen die Bauern der Ankunft ihrer Ahnen in der Unterwelt gedachten.

Das Talfest in Theben-West besaß nahezu Volksfestcharakter. Alten Aufzeichnungen zufolge wurde während der Festtage musiziert und getanzt. Arm und Reich besuchten die Gräber ihrer verstorbenen Angehörigen, aßen und tranken und vergnügten sich bei Gesang. Man feierte die Kontinuität des Daseins, welche das gegenwärtige Leben mit dem zukünftigen verband, die lebende Generation mit ihren Ahnen.

Die meisten der fast 30 Totentempel standen in den Niederungen der an das Schwemmland unmittelbar angrenzenden Wüste. Zum ersten Mal im dynastischen Ägypten trennten sie häufig mehrere Kilometer von den Königsgräbern, mit denen sie zeremoniell und theologisch verbunden waren. Grund dafür war eben jenes Schöne Fest des Wüstentals.

Die Festtempel mussten am Rand des Hochwassergebiets liegen, um für die Schiffsprozession erreichbar zu sein und die vorgeschriebenen religiösen Zeremonien dort abhalten zu können. Die Grabstätten hingegen lagen etwas weiter draußen

26–27
Ausschnitt einer Prozession beim Schönen Fest des Wüstentals. Statuen des Pharaos und der Götter wurden auf Barken von Karnak über den Nil gebracht und zu den Totentempeln am Rand des Schwemmgebiets getragen. Aus dem Karnak-Tempel.

26 und 27 unten
Nil- und Gaugötter mit Opfergaben aus Enten, Blumen, Früchten und anderen Nahrungsmitteln von der reichen Ernte im Niltal. Die Darstellungen stammen von Ippolito Rosellini nach Vorlagen im Grab Ramses' III., publiziert in »Monumenti dell'Egitto e della Nubia«.

28 oben

Vom Tal der Könige aus gesehen, ähnelt die »el-Qurn« oder »Horn« genannte höchste Erhebung des thebanischen Gebirges einer Pyramide.

28–29

Luftpanorama des Tals der Könige nach Westen (Mitte) und der Tempel von Deir el-Bahari (unten).

auf gewachsenen Kalksteinfundamenten und in trockenem, konservierendem Wüstenklima.

Die ersten Tempel, die in der Achtzehnten Dynastie am Rand des Schwemmlandes errichtet wurden, waren die Amenophis' I. und Ahmose-Nefertaris; die letzten stammen aus der Zwanzigsten Dynastie. Der Tempel Mentuhoteps II./Nebhepetre aus dem Mittleren Reich und die von Thutmosis III. und Hatschepsut aus der Achtzehnten Dynastie entstanden weiter westwärts am Fuß eines Steilhangs, noch in den Wüstenniederungen gelegen, aber fast tausend Meter vom Rand der Hochwasserebene entfernt. Einige der Tempel wie der Ramses' III. bei Medinet Habu sind erstaunlich gut erhalten; manche, wie das Ramesseum Ramses' II. gehören zu den bekanntesten Monumentalbauten des antiken Ägyptens. Der Totentempel Amenophis' III. ist einer der größten Sakralbauten, der jemals errichtet wurde. Er bedeckte eine Grundfläche von 350 000 Quadratmetern. Leider sind alle diese Tempel heute vom Ansteigen des Grundwasserspiegels bedroht.

Seit hier Zuckerrohr angebaut wird, wozu man Wasser in großen Mengen braucht, steht das

28 unten

Anubis in einer Prozession von Gottheiten im Grab Sethos' I. in Theben.

Grundwasser am Westufer so hoch, dass die meisten Totentempel als verkommene Ruinen im Morast und unter Müllbergen versinken. Das ansteigende Grundwasser hat an den Fundamenten der Tempelbauten schwere Schäden verursacht und Mauern aus Lehmziegeln in Schlamm verwandelt. Hunderte tief gelegener Stollengräber sind überflutet und ihre Wandmalereien unrettbar vernichtet.

Heute liegen mehrere kleine Ansiedlungen auf den Überresten der Totentempel. Auch vor dreitausend Jahren lebten und arbeiteten hier Menschen. Papyrus British Museum 10068 enthält eine Gebäudestatistik für den Randbereich des thebanischen Agrargebiets aus der Zwanzigsten Dynastie. Sie betrifft das Areal zwischen dem Tempel Sethos' I. und dem Ramses' III. bei Medinet Habu und führt die Gebäude auf, die hier standen, sowie die Namen ihrer Besitzer. Die Aufzählung reicht von stattlichen Villen der Priester und Propheten bis zu den bescheidenen Lehmhütten der Knechte, Imker und Bierbrauer. Mit Hilfe geophysikalischer Untersuchungen dieses Gebiets wäre es möglich, den Umfang der antiken Bebauung zu ermessen und zu den Tempelanlagen gehörende Gebäude zu ermitteln, die heute unter landwirtschaftlich genutztem Boden liegen. Vielleicht wird es uns gelingen, auf Papier zu rekonstruieren, wie dieses Gebiet vor drei Jahrtausenden ausgesehen hat. Leider werden wir diese wichtigen und faszinierenden Gebäude wahrscheinlich nicht vor dem endgültigen Verfall bewahren können.

Jenseits der sandigen Tiefebene erstrecken sich Hügel und Wadis bis zu vier Kilometer weiter westwärts. Das Gelände entstand vor zwanzig Millionen Jahren, als sich Thetys – ein dem Mittelmeer vorausgehendes Meer – zurückzog und seinen Kalksteingrund freigab, der heute Nordafrika bildet. Mehrere Millionen Jahre hindurch erodierten sintflutartige Regenfälle diese Landschaft und wuschen nach und nach ein Grabensystem aus dem Boden, zu dem das Niltal und Hunderte von Zuläufen gehören. In dynastischer Zeit bot dieses zerklüftete Land aus Kalksteinhügeln und Wadis den Ägyptern ideale Bedingungen zum Heraushauen der Grabkammern für thebanische Hofbeamte, Priester und Pharaonen. Seit dem Alten Reich und verstärkt im fünfhundert Jahre währenden Neuen Reich entwickelte sich diese Landschaft aus Hügeln und Wadis zu Ägyptens bedeutendstem Friedhof. Größe und bauliche Qualität dieser

Bestattungsanlagen und die große Zahl von Grabbeigaben, die sie enthielten, haben die thebanische Nekropole zur ergiebigsten archäologischen Fundstätte der Welt gemacht.
Unmittelbar westlich der Totentempel begrenzt eine niedrige Hügelkette einen Bereich mit den Gräbern der Beamten und Höflinge, den sog. Privatgräbern. Das Areal bildet dabei einen in fünf Zonen unterteilten Wüstenstreifen. Am weitesten nördlich liegt el-Tarif, wo gegen Ende der Zweiten Zwischenzeit und im frühen Mittleren Reich große und in ihrer Art einzigartige thebanische Reihengräber in den Stein gehauen wurden. Südlich von el-Tarif schließt sich Dra Abu el-Naga an, ein zerklüfteter Hang mit etwa 80 nummerierten Grabkammern, von denen viele Priestern und Beamten der Siebzehnten bis Zwanzigsten Dynastie und Herrschern der Siebzehnten Dynastie gehörten. Deir el-Bahari vorgelagert ist el-Asasif mit 40 nummerierten Gräbern, die hauptsächlich aus dem Neuen Reich und späterer Zeit stammen. Der niedrige Hügel von el-Chocha beherbergt fünf Grabkammern aus dem Alten Reich und 53 nummerierte Gräber aus der Achtzehnten und Neunzehnten Dynastie. Scheich Abd el-Qurna, benannt nach einem legendären Moslem-Scheich, birgt 146 nummerierte Gräber, die meisten aus der Achtzehnten Dynastie, darunter einige der schönsten Grabkammern von Privatpersonen am Westufer. Die eingangs erwähnten Gräber der Vornehmen liegen in Gurnet Murrai: 17 nummerierte Grüfte, die meisten aus der Ramessidenzeit. Insgesamt umfasst die thebanische Nekropole rund 800 von den Ägyptologen durchnummerierte Begräbnisanlagen, aber wahrscheinlich liegen noch Tausende unentdeckt unter den Hügeln.
Überragt wird die Nekropole vom höchsten Gipfel in der langen Kette der thebanischen Berge, dem »Qurn«, was auf arabisch Horn oder Stirn bedeutet. Am nördlichen Fuß des »Qurn« liegt das Tal der Könige. In den aus dem Fels gehauenen Grabanlagen führen Korridoren ähnliche Fluchten tief in den Berg hinein zu reich ausgestatteten Kammern, in denen die Ägypter des Neuen Reichs ihre Herrscher bestatteten. Zweiundsechzig Grabanlagen, von denen die meisten für Pharaonen bestimmt waren, hat man im Tal ausgegraben, dazu einige nicht zu Ende geführte Projekte.
Im Süden der Nekropole liegt das Tal der Königinnen, wo in etwa achtzig kleineren Felsenkammern männliche und weibliche Mitglieder der Herrscherfamilie sowie hochrangige Beamte ihre letzte Ruhestätte fanden. Im nahegelegenen Deir el-Medineh wohnten die Bauarbeiter und Kunsthandwerker, die an der Errichtung und Ausschmückung der königlichen Gräber und vieler anderer thebanischer Bauwerke beteiligt waren. Bodenfunde aus dem Dorf ermöglichen detaillierte Einblicke ins Alltagsleben dieser Arbeiter und ihrer Familien sowie ihrer Tätigkeiten.
Fährt man von Deir el-Medineh etwa einen Kilometer nach Süden, kommt man nach Malkata, den »Ort zum Abholen«. Amenophis III. hatte hier einen ausgedehnten Palastkomplex als Residenz errichten lassen. Östlich davon hatte man Birket Habu angelegt, einen großen See oder Hafen, der während der Heb-Sed-Feierlichkeiten zu Ehren Amenophis' III. benutzt wurde. Heute liegt Birket Habu unter dem Schlamm des Nils.

30

Göttin Maat beschützt mit den Schwingen die Namenskartusche Nefertaris, die rechts davon steht und ihr sowie Selket und Hathor Opfer darbringt. Südwand des 2. Korridors im Grab der Nefertari, QV 66, Tal der Königinnen.

31

Re-Harachte vor Sethos I. Auf Pfeiler D in der Sargkammer J, Grab Sethos' I., KV 17, Tal der Könige.

32 links

Detail einer Vogeljagd mit Darstellungen verschiedener Tiere. Man beachte auch den Schmetterling links oben. Grab des Menna, TT 69

Die Nähe der Kalksteinfelsen und das fruchtbare Agrarland am Nilufer sicherten dem antiken Theben Wohlstand und Bedeutung. Seinen Aufstieg zur Metropole verdankt es jedoch der politischen und religiösen Entwicklung. Die Wiedervereinigung Ägyptens nach der Niederlage der Herakleopolitaner am Ende der Ersten Zwischenzeit war weitgehend das Werk thebanischer Herrscher, die den ihnen ergebenen Beamten hohe Regierungsämter verliehen und dadurch das gesamte Land unter ihren Einfluss brachten. Während der zweiten Zwischenzeit traten die Herrscher Thebens erneut hervor, und nach der Vertreibung der Hyksos in der Siebzehnten Dynastie regierten sie wieder die beiden Länder.

Um über ein Land zu herrschen, das sich in zunehmendem Maße dem wirtschaftlichen und politischen Einfluss Vorderasiens ausgesetzt sah, erwies sich die südliche Lage Thebens jedoch als unvorteilhaft. Deshalb errichtete man zur Förderung der internationalen Beziehungen im Nildelta die Stadt Pi-Ramesse, die sich zum Zentrum der ägyptischen Diplomatie und militärischen Macht entwickelte. Sitz der inneren Verwaltung wurde Memphis an der Spitze des Deltas. Trotz der ungünstigen geographischen Lage ging Thebens Bedeutung nicht

32 unten rechts

Blick vom Zentrum Luxors auf den Nil und das Westufer. Im Vordergrund der Luxor-Tempel.

32–33

Luftaufnahme des Nils bei Luxor. Im Hintergrund rechts ist Luxor zu sehen, links die Bergkette am Wüstenrand von Theben-West.

zurück. Das lag zum Teil an der religiösen, politischen und wirtschaftlichen Macht, die vom Kult des Amun ausging, der Hauptgottheit Thebens. Seinem Walten schrieb man es zu, dass Ägypten von seinen Feinden befreit, zum wohlhabendsten und mächtigsten Land der antiken Welt und Theben zur »Königin der Städte« geworden war. So stieg Amun, in Personalunion mit dem heliopolitanischen Sonnengott, als Amun-Re zum »König der Götter« auf. Die Amun-Heiligtümer von Theben mit ihren ausgedehnten Ländereien und die Heerscharen von Priestern, die sie verwalteten, sorgten dafür, dass Theben der religiöse Mittelpunkt und die geheime Hauptstadt Ägyptens blieb. Dieser Zustand hielt bis in die Spätzeit an. Aber mit dem Schwinden von Ägyptens Reichtum und Macht ging auch der Abstieg Thebens einher. In der Spätzeit und während der Blüte Griechenlands und Roms findet Theben zwar Erwähnung, und am Westufer entstanden zahlreiche christliche Klöster, Kirchen und Einsiedeleien, aber etwa nach dem 11. Jahrhundert n. Chr. verschwand Theben für lange Zeit aus der Geschichtsschreibung. Erst im 18. Jahrhundert wurde es von europäischen Reisenden »wiederentdeckt«. Ihnen und dem erwachenden Interesse an der großen ägyptischen Vergangenheit verdankt Theben, das heutige Luxor, seinen zurückgewonnenen Rang als eine der berühmtesten Weltstädte.

Tourismus gab es in Theben schon gegen Ende der dynastischen Ära; seit den 1990er-Jahren ist er eine der tragenden Säulen der ägyptischen Volkswirtschaft und Haupteinnahmequelle für die Einwohner Luxors. In den 1950er-Jahren zählte man in Luxor nicht mehr als ein- bis zweihundert Besucher täglich, im Jahr 2000 waren es fünftausend, und im Ministerium für Touristik arbeitet man daran, diese Zahl noch zu erhöhen. Die damit einhergehenden Probleme liegen auf der Hand. Erst vor wenigen Jahren haben Ägyptologen und Beamte erkannt, dass Thebens Monumente eine gefährdete und nicht erneuerbare Ressource sind, die es zu schützen gilt, wenn sie erhalten bleiben soll. Es wird an Plänen gearbeitet, das historische Erbe zu dokumentieren, zu verwalten und vor dem Verfall zu bewahren. Dass diese Pläne für einige Bauwerke mit Sicherheit zu spät kommen, steht schon heute fest. Viele Ägyptologen befürchten, dass ein nicht geringer Teil der antiken Bauten Thebens in den kommenden 50 Jahren verschwinden wird – unabwendbare Folge des steigenden Grundwasserspiegels, der unkontrollierten Ausbreitung der Wohngebiete, eines hemmungslos geförderten Tourismus sowie der Misswirtschaft und Schlamperei bei den für den Erhalt der historischen Stätten zuständigen Behörden. Andere glauben, dass es nur mehr zwei Jahrzehnte dauern wird. Uns bleibt lediglich die Hoffnung, dass diese düsteren Prognosen sich als falsch herausstellen und die Maßnahmen zur Erhaltung der alten Bauwerke schnell greifen. Gingen die Schätze Thebens für zukünftige Generationen verloren, wäre das eine kulturelle und menschliche Tragödie.

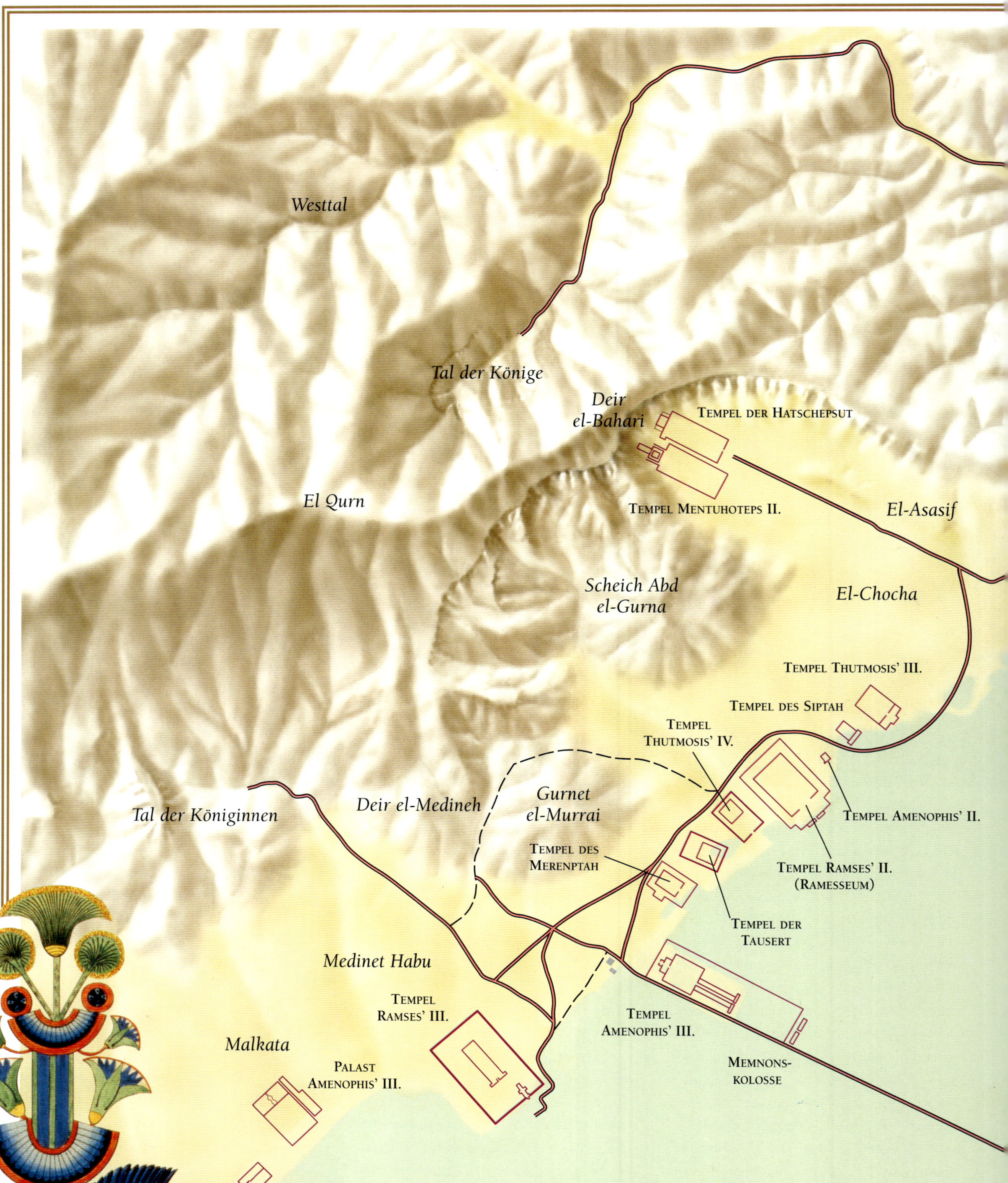

35 unten

Die Nekropole von Theben-West mit den Monumenten, wie Richard Lepsius auf seiner Expedition von 1842–1845 sie kartierte und in »Denkmäler aus Aegypten und Aethiopien« veröffentlichte.

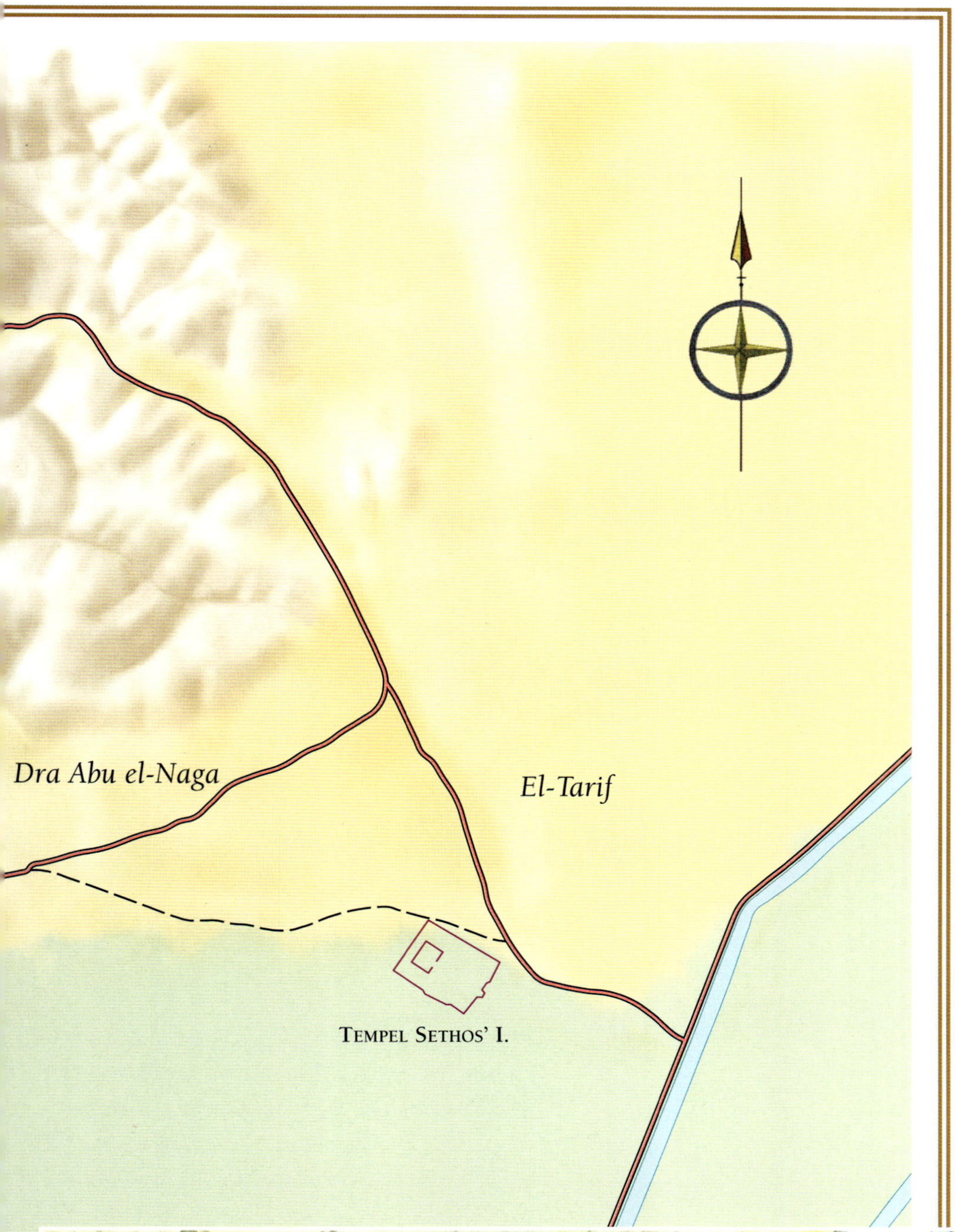

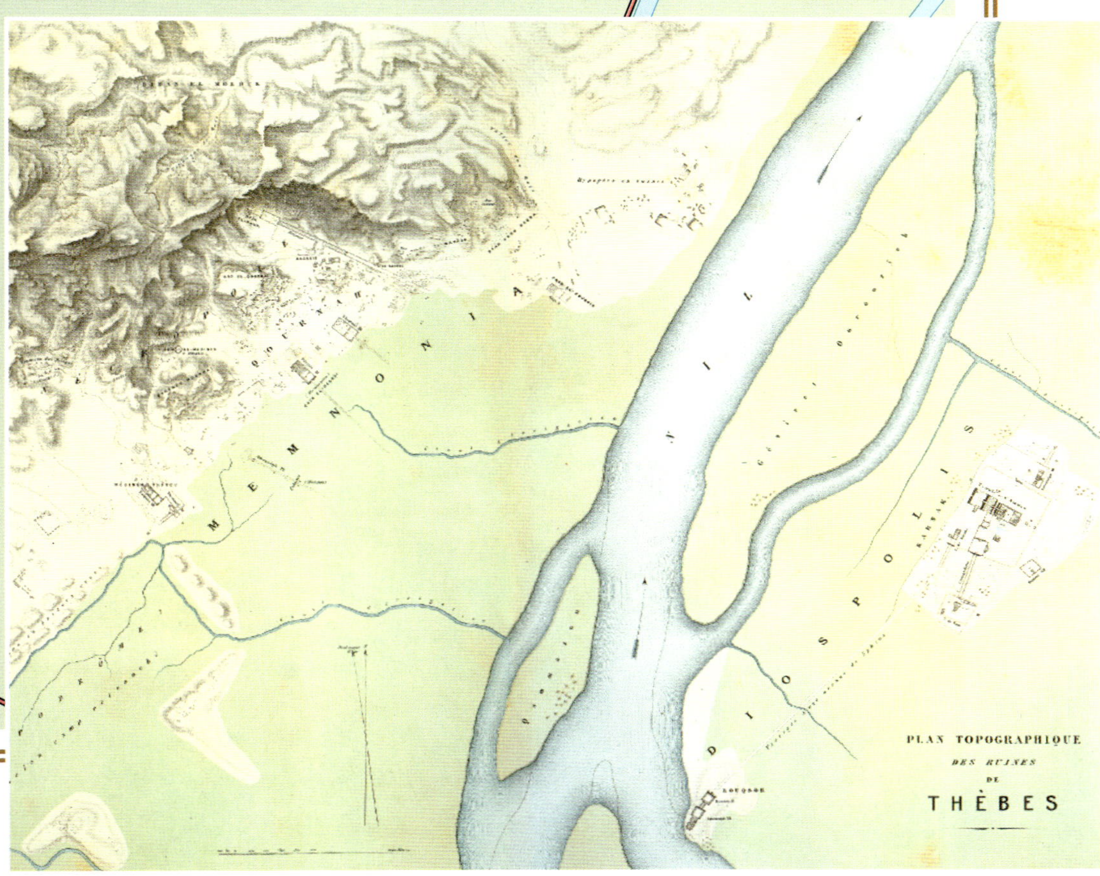

Chronologie

FRÜHDYNASTISCHE PERIODE, ***UM 3100–2700 V. CHR.***
(1. und 2. Dynastie)

ALTES REICH, ***UM 2700–2184 V. CHR.***
(3. bis 6. Dynastie)

ERSTE ZWISCHENZEIT, ***UM 2184–2040 V. CHR.***
(7. bis 9. Dynastie)

MITTLERES REICH, ***UM 2040–1782 V. CHR.***
(11. und 12. Dynastie)

ZWEITE ZWISCHENZEIT, ***UM 1782–1570 V. CHR.***
(13. bis 17. Dynastie)

NEUES REICH, ***UM 1570–1070 V. CHR.***
18. Dynastie ***1570–1293 v. Chr.***
Ahmose 1570–1546
Amenophis I. 1546–1524
Thutmosis I. 1524–1518
Thutmosis II. 1518–1504
Thutmosis III. 1504–1450
Hatschepsut 1498–1483
Amenophis II. 1450–1419
Thutmosis IV. 1419–1386
Amenophis III. 1386–1349
Amenophis IV./Echnaton 1349–1334
Semenchkare 1336–1334
Tutanchamun 1333–1325
Eje 1325–1321
Haremhab 1321–1293

19. Dynastie ***1293–1185 v. Chr.***
Ramses I. 1293–1291
Sethos I. 1291–1278
Ramses II. 1278–1212
Merenptah 1212–1202
Amenmesse 1202–1199
Sethos II. 1199–1193
Siptah 1193–1187
Tausert 1187–1185

20. Dynastie ***1185–1070 v. Chr.***
Sethnacht 1185–1182
Ramses III. 1182–1151
Ramses IV. 1151–1145
Ramses V. 1145–1141
Ramses VI. 1141–1133
Ramses VII. 1133–1126
Ramses VIII. 1126
Ramses IX. 1126–1108
Ramses X. 1108–1098
Ramses XI. 1098–1070

DRITTE ZWISCHENZEIT,
UM 1070–664 V. CHR.
(21. bis 25. Dynastie)

SPÄTZEIT ***664–332 V. CHR.***
(26. bis 30. Dynastie)

GRIECHISCH-RÖMISCHE PERIODE
332 V. CHR.–395 N. CHR.

(Chronologie von Kent R. Weeks. Aufgrund unterschiedlicher Quelleninterpretationen können in den Beiträgen geringfügig abweichende Datierungen erscheinen)

Grabungen in THEBEN

von Kent Weeks

36 oben

1738 entstand Richard Pocockes Ansicht des thebanischen Westufers. Am unteren Rand deutlich sichtbar die Memnonskolosse. In der Mitte links liegt Medinet Habu, rechts das Ramesseum und ganz rechts eine große Ansammlung von Gräbern der Adeligen.

36 unten

Richard Pococke, der Theben 1738 besuchte, war einer der ersten Europäer, welche das Gebiet erkundeten und aufzeichneten, was sie sahen. Auf dieser Karte des Tals der Könige ragt im Hintergrund das »Horn von Gurna« auf, an dessen Fuß die Eingänge zu den damals bereits geöffneten Gräbern liegen. Trotz einiger Ungenauigkeiten lassen sich die Gräber auf Grund ihrer Lage identifizieren.

36–37

Auf Claude Sicards Landkarte von Ägypten (1717) ist die Lage Thebens zum ersten Mal genau eingezeichnet.

37 unten

Auf Frederick Nordens Zeichnung (1755) sieht man die Memnonskolosse und rechts dahinter das Ramesseum.

Tourismus gibt es in Theben seit dem Altertum. Besuche von hochgestellten Persönlichkeiten und Herrschern waren an der Tagesordnung. In Bauwerke und Felsen eingeritzte Inschriften lassen erkennen, dass Theben in der Ptolemäerzeit häufig das Ziel von Reisenden war. Besonders aufschlussreich sind die Inschriften allerdings nicht. So liest man zum Beispiel am Fuß eines der Memnonskolosse: »Von Trebulla. Als ich die heilige Stimme Memnons vernahm, vermisste ich dich, o Mutter, und ich betete, du mögest bei mir sein.« Aber sie liefern Hinweise darauf, wer die Besucher Thebens vor zwei Jahrtausenden waren. Bei den meisten handelte es sich um griechische, später römische Kaufleute aus Alexandria und dem Fayum. Angelockt hatten sie die gewaltigen Memnonskolosse und die Gräber im Tal der Könige. Sie dürften mit Diodorus Siculus (um 59 v. Chr.) darin übereingestimmt haben, dass Theben mit seiner Fülle von »mächtigen Bauwerken, prächtigen Tempeln und anderen Sehenswürdigkeiten ... alle anderen Städte Ägyptens oder sonstwo weit übertraf«. Aber Diodorus äußerte auch seine Enttäuschung darüber, dass die reichen Schätze noch größer hätten sein können, wenn nicht nur »die Bauwerke bis in unsere Tage erhalten geblieben wären, sondern auch das Silber, Gold und Elfenbein sowie die kostbaren Edelsteine, welche die Perser fortschleppten, als Kambyses die Tempel Ägyptens niederbrannte«. Für diese letzte Behauptung gibt es freilich keine Beweise.

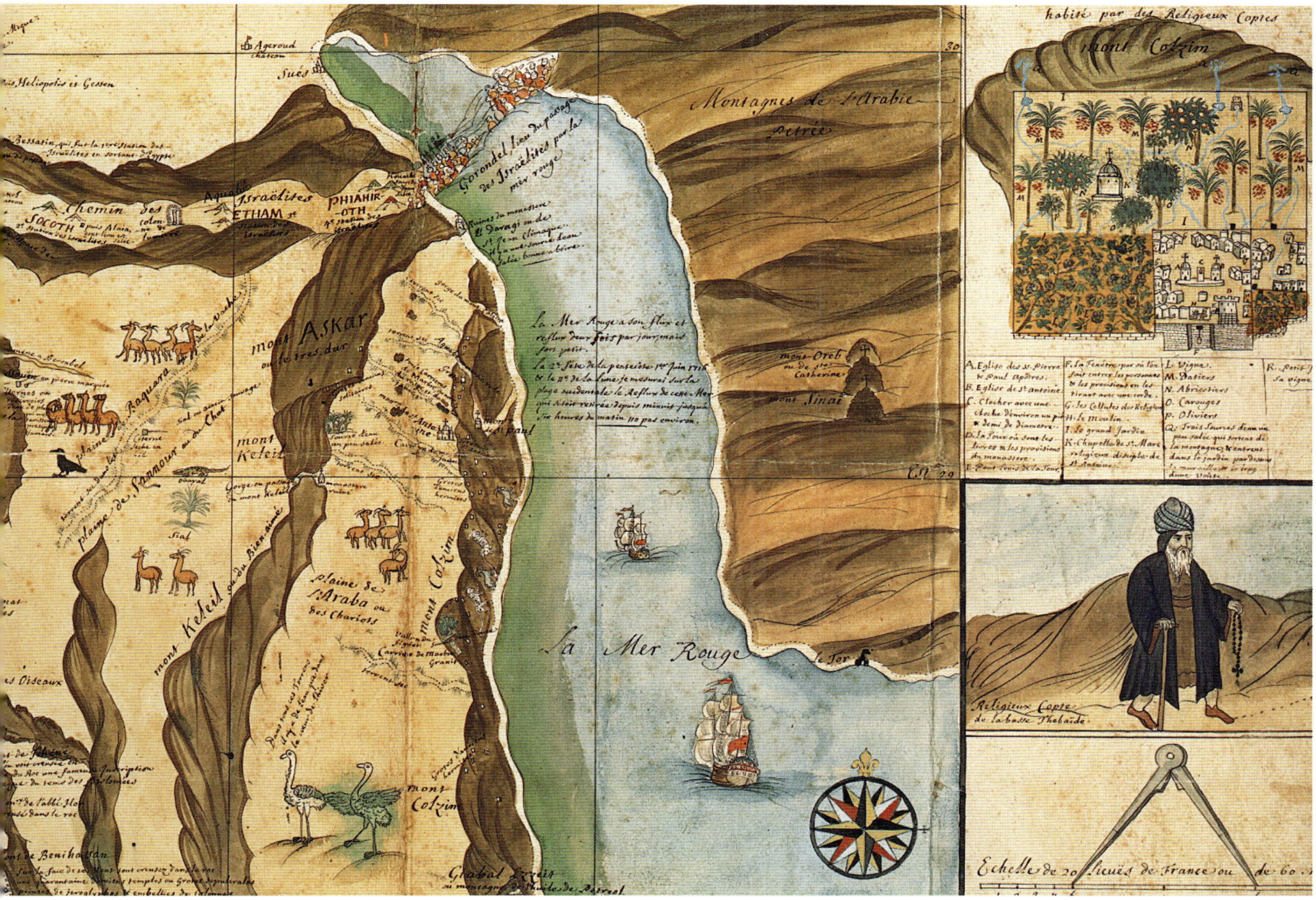

Während der Ptolemäischen Dynastie lehnte sich Theben mehrmals gegen die griechische Oberherrschaft auf. In den Jahren 200, 130, 88–85 und 30 vor Christus kam es zu kriegerischen Auseinandersetzungen, später dann auch zwischen den Heeren Alexandrias und Thebens. Obwohl Theben niemals einen entscheidenden Sieg errang, gelang es ihm doch, während des größten Teils der Ptolemäischen Dynastie seine Unabhängigkeit weitgehend zu bewahren. Auch in der Römischen Periode kam es zu Aufständen, und aus Aufzeichnungen geht hervor, dass bei den Kampfhandlungen viele Bauwerke Thebens beschädigt wurden.

Im 2. Jahrhundert n. Chr. war das Christentum die vorherrschende Religion in Ägypten. Als zwischen 451 und 1065 große Hungersnöte das Land heimsuchten und die Bevölkerung stark dezimierten, wurden viele thebanische Grabanlagen und Tempel in Klöster und Kirchen umgewandelt und die Statuen und Wandmalereien der heidnischen Götter verstümmelt. Damit begann die Entweihung der altägyptischen Baudenkmäler Thebens, die bedauerlicherweise bis heute andauert. 390 ließ Kaiser Konstantin zwei Obelisken aus Theben nach Alexandria schaffen und von dort zum Circus Maximus in Rom beziehungsweise nach Konstantinopel, dem heutigen Istanbul. Es waren die ersten Transporte von thebanischen Kulturgütern ins Ausland. Viele sollten folgen, wenn auch erst später.

Während der über tausend Jahre, die auf die Koptische Periode folgten, erlebte Theben einen dramatischen politischen und wirtschaftlichen Niedergang. Bis ins 18. Jahrhundert verschwindet die Stadt aus den schriftlichen Quellen, und selbst seine geographische Lage geriet in Vergessenheit. Der erste Europäer, der Theben »wiederentdeckte«, war der Jesuitenpater Claude Sicard, der 1726 hier eintraf und angesichts der prächtigen Bauwerke die Überzeugung gewann, dass es sich um die legendäre Stadt des Altertums handeln musste. Reisende vor ihm hatten Memphis, Antinopolis und andere Orte für Theben gehalten. Schon bald nach der Wiederentdeckung wurde Theben zum Mittelpunkt des Exports antiker Kulturschätze nach Europa.

Im 18. Jahrhundert kamen nur wenige europäische Besucher nach Theben, aber sie veröffentlichten ihre Eindrücke und trugen wesentlich dazu bei, dass im 19. Jahrhundert das Interesse am antiken Ägypten rapide zunahm und Reisen ins Niltal großen Zuspruch fanden. Europäische Architekten und Kunsthandwerker fanden Gefallen an ägyptischer Kunst und verlangten nach Zeichnungen der alten Monumente. Einer der ersten, der auf Papier festhielt, was er in Theben sah, war der dänische Zeichner und Ingenieur Frederik Ludwig Norden (1708–1742). Er zeichnete das Ramesseum und lieferte die erste Beschreibung eines Tempelreliefs, wenn auch mit falscher Interpretation. Zu einer Szene mit Ramses II. unter einem Persea-Baum, auf dessen Blätter die Götter seinen Namen schreiben, machte Norden die Anmerkung: »Anspielung auf den Sündenfall Adams und Evas.« Ein weiterer Ägyptenreisender, Richard Pococke (1704–1765), zeichnete die erste Landkarte vom Tal der Könige sowie die Grundrisse von neun Grabanlagen, darüber hinaus auch das Ramesseum und den ptolemäischen Tempel bei Deir el-Medineh.

James Bruce (1730–1794), der Entdecker des Grabes Ramses' III., des sogenannten Bruce-Grabes im Königstal, lieferte ebenfalls eine genaue Beschreibung der Reliefs am Tempel von Medinet Habu. Die bedeutendste frühe Dokumentation der Monumente Thebens entsprang dem Wunsch Napoleons, mehr über jenes Land zu erfahren, das zu erobern er sich anschickte. Auf dem Ägyptenfeldzug von 1798 bis 1801 begleiteten ihn über 130 Gelehrte aus allen Disziplinen der Wissenschaften und der Künste. Sie hatten die Weisung, alles zu dokumentieren, von der zeitgenössischen Mode über Naturgeschichte bis zu den historischen Bau- und Kunstwerken. Das Ergebnis dieser Bemühungen erschien zwischen 1809 und 1828 unter dem Titel »Description de l'Egypte«. Zwei der 19 Foliobände mit Bildtafeln sind den Altertümern Thebens gewidmet und boten den Europäern die erste und zumeist auch zutreffende Beschreibung der Monumente. Zwei Mitglieder der Expedition, Prosper Jollois und Edouard de Villiers, schufen einen erstaunlich genauen Lageplan des Königstals, die Grundrisse mehrerer Grabbauten und vieler anderer Denkmäler Thebens.

Die Franzosen zeigten sich von der Stadt tief beeindruckt. Vivant Denon, französischer Künstler und inoffizieller Begleiter der Expedition, schildert die Situation, als er und eine Abteilung französischer Soldaten zum ersten Mal das Westufer Thebens erblickten:

»Um neun Uhr, nachdem wir hinter den Ausläufern einer Bergkette hervorgetreten waren, entdeckten wir vor uns das antike Theben in seiner gesamten Ausdehnung, diese berühmte Stadt, deren Größe Homer trefflich beschrieben hat, als er von den hundert Toren sprach. ... Wie auf ein Kommando verharrte die ganze Armee staunend angesichts der verstreut liegenden Ruinen, und die Männer klatschten vor Freude in die Hände, so als hätten sie das Ende und Ziel ihrer glorreichen Anstrengungen bereits erreicht und die vollständige Eroberung Ägyptens vollzogen, indem sie von den Überresten dieser glanzvollen Metropole Besitz ergriffen.« (Denon, »Reisen«, 1803, wie zitiert von P.A. Clayton in »Rediscovery of Egypt«).

Die Description und weitere zeitgenössische Veröffentlichungen weckten das Interesse der Europäer an der ägyptischen Kultur und veranlassten zahlreiche Forscher, Abenteurer, Kaufleute und Gelehrte, Theben zu besuchen. Zusätzlich gefördert wurde dieser Trend durch viel gelesene Bücher wie »A Thousand Miles up the Nile« von Amelia Edwards (1831-1892) sowie durch teils authentische, teils

38 oben
Titelblätter der ersten (linke Abb.) und zweiten (rechts) Auflage der Description de l'Egypte, *auf denen echte und erfundene Monumente des alten Ägypten auf phantasievolle Weise vereinigt sind.*

38–39
Ramses III. auf dem Streitwagen lässt sich die Gefangenen vorführen. Schreiber und Hofbeamte präsentieren die abgeschlagenen Hände der getöteten Feinde zum Beweis des Erfolgs der Schlachten gegen die Seevölker. Wiedergabe eines Wandreliefs in Medinet Habu aus der Description.

39 oben
Der Eingang zum Totentempel Ramses' III. in Medinet Habu. Links das Hohe Tor, im Hintergrund die Ruinen der antiken Stadt Dime. Aus Description de l'Egypte.

der Phantasie entsprungene Gemälde der thebanischen Landschaft von Künstlern wie Alma Tadema (1836–1912), David Wilkie (1785–1841), Edward Lear (1812–1888), John Frederick Lewis (1805–1876) und vor allem David Roberts (1796–1864). Einer der erfolgreichsten Ägyptenreisenden im 19. Jahrhundert war Giovanni Battista Belzoni (1778–1859). Ursprünglich hatte er geplant, der ägyptischen Regierung eine Wasserhebevorrichtung zu verkaufen, und als daraus nichts wurde, widmete er sich dem Abtransport von Altertümern aus Theben nach Europa. Über seine Suche nach Antiquitäten in Privatgräbern in Qurna berichtet er: »Umgeben von Toten, Mumien kreuz und quer zu Hauf … schwarze Wände, trübes Licht von Kerzen oder Fackeln in der stickigen Luft, ringsum Gegenstände verschiedenster Art, die miteinander zu sprechen scheinen, und die Araber mit Kerzen oder Fackeln in den Händen, nackt und staubbedeckt, selbst lebenden Mumien gleich … Szenen, die sich jeder Beschreibung entziehen.« Belzoni entdeckte in Theben die Grabstätten von Mentuherchepeschef, Ramses I., Eje und – als schönstes – das Grab Sethos' I. Seine Ausstellung der Dekorationen aus dem Sethos-Grab in London 1821 hatte durchschlagenden Erfolg, beflügelte das große allgemeine Interesse am antiken Theben und förderte den Tourismus. Weitere in der ersten Hälfte des 19. Jahrhunderts in Theben tätige Ausländer waren unter anderem James Burton (1788–1862), Henry Salt (1780–1827), Bernardino Drovetti (1776–1852), Giovanni Anastasi (1780–1860) und Giovanni d'Athanasi (1799–1850).
John Gardner Wilkinson (1797–1875), der 1824 und 1827/1828 in Theben bedeutende Ausgrabungen durchführte, kopierte Szenen und Inschriften in Privatgräbern und veröffentlichte seine Forschungsergebnisse und Studien über das Leben im antiken Ägypten in dem Werk »The Manners and Customs of the Ancient Egyptians«. Wilkinson untersuchte auch bereits bekannte Gräber im Tal der Könige und wies den damals freigelegten Grabstätten fortlaufende Nummern zu. Sein System ist heute noch in Gebrauch.

40–41 oben
Arbeiter von Giovanni Belzoni transportieren das Oberteil einer Statue Ramses' II. aus dem Ramesseum. Sie steht heute als monumentales Werk der Bildhauerkunst im Britischen Museum.

40–41 unten
Belzonis Dokumentation der Grabanlage Sethos' I. (KV 17) war die erste umfassende Berichterstattung über ein thebanisches Königsgrab. Die Zeichnungen wurden in einer viel beachteten Ausstellung in London gezeigt. Belzoni hatte das Grab am 18. Oktober 1817 entdeckt.

41 oben links

Giovanni Battista Belzoni war im 19. Jahrhundert einer der erfolgreichsten Altertumsforscher. In Theben-West entdeckte er die Gräber Ramses' I., Sethos' I. und des Prinzen Menthuher-chepeschef. Weitere Entdeckungen machte er in Gizeh und Abu Simbel.

41 Mitte rechts

Belzonis Landkarte vom Tal der Könige. Am rechten Rand der Eingang zum Tal (die rechte obere Ecke zeigt nach Norden). Die schwarz eingezeichneten Gräber sind Belzonis Entdeckungen, darunter KV 16, 17, 19, 21, 23, 25, 30 und 31.

42 oben

Champollion vermutete zu Recht, dass die in Kartuschen eingeschriebenen Zeichen Königsnamen waren. Unter anderem identifizierte er die Namen Kleopatras (auf der Abbildung) und Ptolemäus. Auf Grund dieser Erkenntnisse gelang ihm die Entschlüsselung der ägyptischen Hieroglyphen.

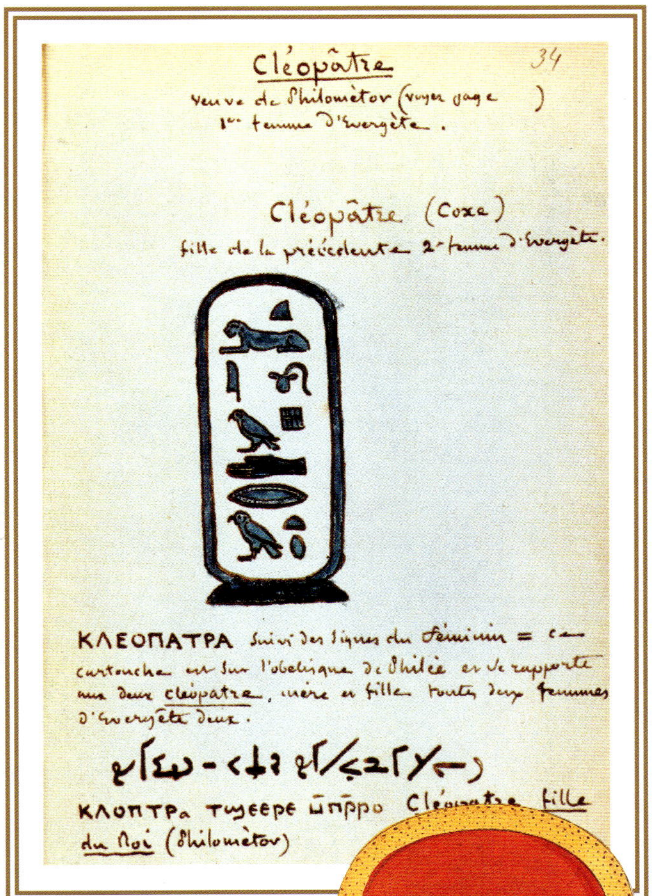

Als 1822 die ersten ägyptischen Hieroglyphen entschüsselt wurden, stieg die Nachfrage nach genauen Pausen ägyptischer Texte sprunghaft an. Jean-François Champollion (1790–1832), für die Entzifferung zuständig, dokumentierte persönlich Texte und Szenen in Theben und erkannte als erster, dass es sich bei den Inschriften der Königsgräber nicht um autobiographische, sondern um religiöse Texte handelte. Niccolo Francesco Ippolito Baldessare Rosellini (1800–1843), der mit Champollion zusammenarbeitete, veröffentlichte in mehreren Bänden 400 großformatige Tafeln mit ägyptischen Texten und Szenen. Zusammen mit der Description wurde dieses Werk auf Jahrzehnte zum unverzichtbaren Nachschlagewerk für Ägyptologen und ist auch heute

42 unten

Ein Beispiel aus der epigraphischen Arbeit der franko-toskanischen Expedition: Merenptah empfängt von Re-Harachte die Zeichen für Leben und Stabilität. Aus Monumenti dell'Egitto e della Nubia *von Ippolito Rosellini.*

42–43

Ein weiteres Beispiel der epigraphischen Arbeit der franko-toskanischen Expedition aus Rosellinis Monumenti dell'Egitto e della Nubia. *Die Szene stammt aus dem Grab Ramses' III. (KV 11). Rechts im Bild der Pharao vor Ptah-Sokar-Osiris und Isis beim Darbringen eines Trank- und Rauchopfers.*

43 unten

1827 riefen der französische König Karl X. und Leopold II., Großherzog von Toskana, eine franko-toskanische Expedition zur Erforschung der Altertümer Ägyptens ins Leben. Zu den im Bild gezeigten Mitgliedern gehören auch Ippolito Rosellini (Mitte, stehend) und Jean-François Champollion (Mitte, sitzend).

eine wertvolle Quelle von Informationen. Champollions Interesse an Theben lag nicht nur auf literarischem Gebiet. Er schnitt Teile der Wanddekoration aus dem Grab Sethos' I. und ließ sie im Louvre zusammensetzen. Auf Vorhaltungen Joseph Bonomis hin erklärte er:
»... eines Tages werden Sie das Vergnügen haben, einige der großartigen Bas-Reliefs aus dem Grab von Osirei (gemeint ist Sethos I.) im Französischen Museum zu bewundern. Dies ist die einzige Möglichkeit, sie vor der Zerstörung zu retten, und indem ich so handle, erweise ich mich als aufrichtiger Bewunderer antiker Kunstwerke, denn ich entferne sie nur, um sie zu bewahren, aber nicht, um sie zu veräußern.«

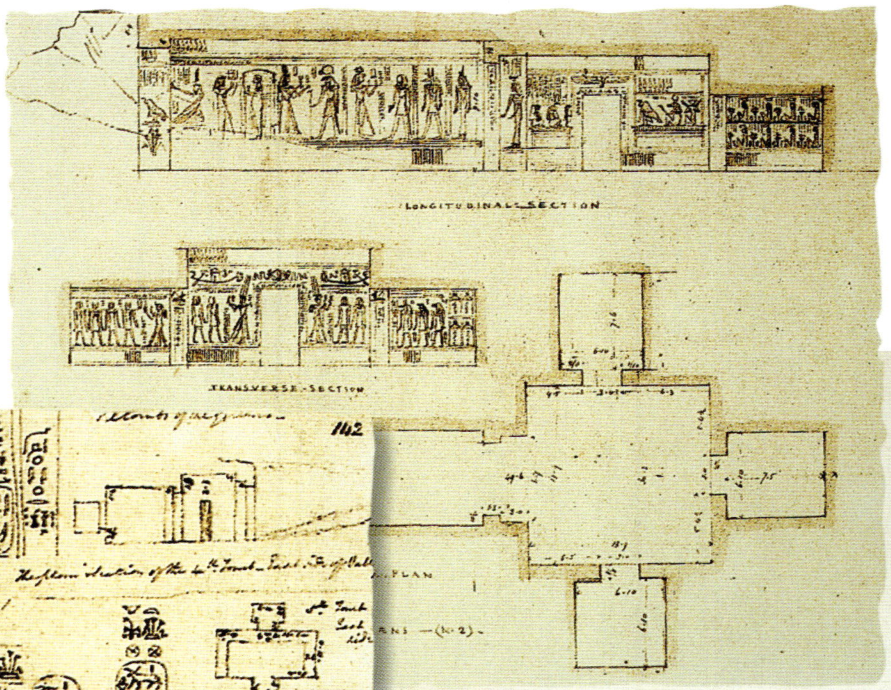

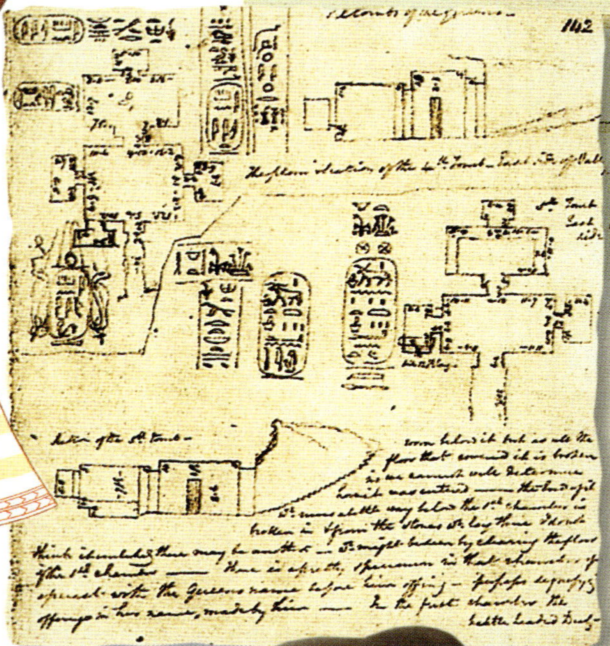

44 links

Pharao Ramses III. in seinem Grab im Tal der Könige (KV 11) nach einem Gemälde von Émile Prisse d'Avennes, einem herausragenden Zeichner ägyptischer Kunst. Man beachte die sorgfältige Arbeit des Schurzes, des Kopfschmucks und des breiten Kragens.

44 Mitte

Zu Robert Hays frühen Tätigkeiten in Theben gehörte die Erforschung und Dokumentation von Gräbern im Tal der Königinnen. Seine akribischen Aufzeichnungen betreffen viele Monumente, die heute nicht mehr vorhanden sind.

44 oben rechts

Robert Hays Lageplan vom Grab der Königin Titi (QV 52) zeigt beispielhaft, mit welcher Präzision und Detailtreue er die Monumente Thebens dokumentierte.

44–45

Ansicht des Tals der Könige aus Lepsius' Denkmäler, wo der preußische Ägyptologe 1844/45 tätig war. Er untersuchte Teile von 25 Gräbern im Königstal. Rechts der Eingang zu KV 11, südlich davon, im Hintergrund, el-Qurn.

45 unten

Das von Carl Friedrich Lepsius herausgegebene Werk Denkmäler aus Aegypten und Aethiopien *zählt noch 150 Jahre nach seiner Erstveröffentlichung zu den bedeutendsten epigraphischen Arbeiten. Es gilt als die umfassendste Darstellung der Ägyptologie überhaupt.*

Carl Richard Lepsius (1810-1884) leitete die bedeutendste aller epigraphischen Expeditionen des 19. Jahrhunderts und veröffentlichte das zwölfbändige Werk »Denkmäler aus Ägypten und Äthiopien« (1854) mit 894 großformatigen Tafeln ägyptischer Texte, Reliefs, Gebäudegrundrisse, Panoramen und Karten. Es ist das umfangreichste Druckwerk der Ägyptologie und gewinnt heute, wo viele ägyptische Altertümer dem Verfall preisgegeben sind, als Bestandsaufnahme der antiken Stätten zunehmende Bedeutung. Weitere Epigraphen und Künstler, die in Theben wirkten, waren Hippolote Antoine Nestor l'Hote (1804-1843), Achille Constant Theodore Emile Prisse d'Avennes (1807-1879) und Robert Hay (1799-1863). Edouard Henri Naville (1844--1926) publizierte 1887 vier Gräber im Tal der Könige und 1894-1908 (unterstützt von Howard Carter) den Tempel der Hatschepsut in Deir el-Bahari.

Die Fotografie wurde in Theben unter anderem von Maxime du Camp (1822-1894) und Francis Frith (1822-1898) eingesetzt, ohne jedoch das Ziel einer systematischen Bestandsaufnahme der Momumente zu verfolgen. Der erste, der in diesem Sinne handelte, war Felix Guilmant, der eine vollständige Bilddokumentation des Grabes Ramses' IX. zusammenstellte. Harry Burton, Fotograf des Metropolitan Museum of Art, schuf mehrere umfangreiche Dokumentationen von Theben und fotografierte die Freilegung von Tutanchamuns Grab und seiner Kunstschätze.
Den akribisch gemalten Bildern thebanischer Privatgräber von Norman und Nina de Garis Davies (1865-1941) verdanken wir Veröffentlichungen antiker Szenen von hervorragender Qualität. Jan Assmanns Arbeiten im thebanischen Grab 389, Gertrude Thausings und Hans Goedickes Farbfotografien vom Grab der Nefertari, sowie die Arbeiten des Deutschen Archäologischen Instituts und des Institut français d'archeologie brachten weitere exemplarische Veröffentlichungen von Gräberreliefs und Wandmalereien. Seit 1924 arbeitet eine Forschergruppe der Universität von Chicago mit Fotografien und Zeichnungen an einer Dokumentation thebanischer Tempelbauten. Mit dem Gebäudekomplex in Medinet Habu beschäftigt sich diese Expedition seit ihrer Entsendung, wobei die Arbeiten andauern. Obwohl es im 20. Jahrhundert zahlreiche weitere epigraphische Missionen zu den Privatgräbern in Theben gab, bleibt noch viel zu tun. Bedauerlicherweise hat die Bestandsaufnahme der Monumente Thebens, so ehrgeizig und akkurat sie auch sein mag, mit dem Verfall, Vandalismus und Diebstahl nicht Schritt gehalten, der in Theben seit Jahrhunderten stattfindet. Einer der ersten Besucher, der seine Besorgnis über die Erhaltung der thebanischen Monumente zum Ausdruck brachte, war William Pococke. Er bedauerte die »täglich stattfindende Vernichtung dieser Zeugnisse der ägyptischen Antike ... dass man untätig zusehen muss, wie Säulen zu Mühlsteinen zerschlagen werden«. Auguste Mariette (1821-1881) rügte die gedankenlosen Touristen, die nach Theben kämen, »in der einen Hand eine Büchse mit Teer, in der anderen einen Pinsel, um damit auf allen Tempeln unleserliche und höchst beschämende Spuren ihrer Anwesenheit zu hinterlassen«. Und er bat seine Kollegen, »... Ägyptens Monumente mit Sorgfalt zu pflegen. Denn auch in fünfhundert Jahren sollte Ägypten seinen gebildeten Besuchern die Baudenkmäler zeigen können, die wir hier beschreiben.« Sein Appell stieß weithin auf taube Ohren.

46 links

Das Ramesseum im 19. Jahrhundert, gesehen aus dem zweiten Hof mit Blickrichtung nach Norden, auf einer Fotografie von Auguste Mariette. Rechts im Bild die gestürzte Kolossalstatue Ramses' II.

46 rechts

Der nördliche der beiden Memnonskolosse auf einer Fotografie von Auguste Mariette mit Blick nach Norden.

46–47

Der Totentempel Ramses' III. in Medinet Habu. Ansicht des Hohen Tors am Eingang mit Blick nach Südwesten, nach einer Fotografie von Auguste Mariette.

Gegen Ende des 19. Jahrhunderts nahm die Zerstörung der Altertümer noch größere Ausmaße an. Seit Beginn dieses Jahrhunderts gab es von Seiten europäischer Sammler und Museen eine große Nachfrage nach ägyptischen Antiquitäten. Viele Geschichten drehen sich um Schusswechsel zwischen rivalisierenden Expeditionen und diplomatische Auseinandersetzungen um Kunstgegenstände. Erst im frühen 20. Jahrhundert wendete sich das Blatt, und die Zahl gestohlener oder illegal ausgeführter Gegenstände ging merklich zurück. Ganz aufgehört hat das nicht, und in Theben wird nach wie vor gestohlen und zerstört, trotz der intensiven Bemühungen der Behörden, dies zu verhindern. Strenge Gesetze zur Regelung der Ausfuhr ägyptischer Antiquitäten konnten das Schlimmste verhindern, ebenso die Aufnahme Thebens ins Weltkulturerbe durch die UNESCO 1979 sowie ein Beschluss dieser Organisation über den internationalen Handel mit Antiquitäten.

Die Ausgrabungen in Theben während der letzten 150 Jahre erfolgten nach sehr unterschiedlichen Methoden. Sie reichen von hemmungslos zerstörerischem und gedankenlosem Ausräumen der Gräber und Tempel bis hin zur gewissenhaften Analyse der teils mikroskopisch kleinen Überreste. Leider war die erste Methode die am häufigsten angewandte. Die Brüder Abdel Rassul aus Qurna, Ali, Mohammed, Ahmed und Soliman, öffneten zwischen 1871 und 1926 gesetzeswidrig mehrere thebanische Gräber und auch das Depot königlicher Mumien bei Deir el-Bahari. Es bleibt unverständlich, warum die Familie 1950 die offizielle Genehmigung erhielt, einen Tunnel im rückwärtigen Bereich der Grabstätte Sethos' I. freizulegen. Die Hoffnung, hier auf eine

47 unten
Diese Fotografie Auguste Mariettes zeigt Deir el-Bahari mit Blick nach Norden. Der Tempel von Königin Hatschepsut befindet sich hinter den Ruinen des koptischen Klosters.

Kammer mit Gold zu stoßen, hat sich jedoch nicht erfüllt, als zwei Jahre später die Arbeiten aus Geldmangel abgebrochen werden mussten.
An den von dem amerikanischen Geschäftsmann Theodore Davis (1837–1915) finanzierten Ausgrabungen im Tal der Könige waren unter anderem Howard Carter, Edward Ayrton und Arthur Weigall beteiligt. 1922 entdeckte Carter das Grab Tutanchamuns, dessen Bestandsaufnahme bis 1932 dauerte und immer noch nicht abgeschlossen ist. William Mathew Flinters Petrie (1853–1942) legte 1898, unterstützt von James Quibell, sechs der Totentempel am Rand des Fruchtlandes frei. Ernesto

48 oben links

Der Eingang zur »Cachette« (DB 320) in Deir el-Bahari auf einer 1881 entstandenen Fotografie. In diesem Grab haben Mitglieder der Familie Abd el-Rassul die Königsmumien entdeckt und entfernt, bevor die Grabräuber von den ägyptischen Behörden festgenommen wurden.

48 unten links

Mrs. und Mr. Arthur Weigall, Chefinspektor der Altertumsverwaltung, in der Mitte Theodore Davis, Finanzier der Ausgrabungsarbeiten im Tal der Könige, und rechts der Ägyptologe Edward Ayrton vor dem Eingang zum Grab Ramses' IV. (KV 2).

48 rechts

Der gewaltige Außensarg Königin Ahmose Nefertaris, der Mutter Amenophis' I. Daneben Ahmed Kamal, Inspektor der ägyptischen Altertumsverwaltung.

49 links

Der Außensarkophag Jujas aus KV 46, dem Grab Jujas und Tujas, wurde 1905 von James Quibell entdeckt, der im Auftrag von Theodore Davis arbeitete. Das Grab der Eltern Königin Tejes war zwar klein, aber nahezu unversehrt.

49 oben rechts

Die Arbeiten des italienischen Archäologen Ernesto Schiaparelli im Grab der Nefertari (QV 66) und in Deir el-Medineh brachten wertvolle Aufschlüsse über die Geschichte Thebens zur Zeit des Neuen Reichs.

49 unten rechts

Ein Mitarbeiter der italienischen Arbeitsgruppe beim Kopieren eines Wandgemäldes im Grab der Nefertari (QV 66).

Schiaparelli (1856–1928) begann mit den Arbeiten im Dorf der Handwerker in Deir el-Medineh, die bald darauf von den Franzosen fortgesetzt wurden. Die französische Expedition arbeitete auch im Ramesseum und im Grab Ramses' II. Die Deutschen waren in den Tempeln Sethos' I. und Amenophis' III. tätig, die Schweizer im Tempel des Merenptah, die Japaner im Westtal und in Malkata. Edouard Naville (1844–1926) leitete von 1893 bis 1907 die Ausgrabungen der Tempel der Hatschepsut, Thutmosis III. und des Nebhepetre/Mentuhotep II. in Deir el-Bahari, die von 1911 bis 1932 vom Metropolitan Museum of Art in New York unter Leitung von E. Winlock (1884–1950), einem erfahrenen Archäologen und Ägyptologen, fortgeführt wurden. Mit den von Winlock und Emile Baraize eingeleiteteten Restaurierungsarbeiten in Deir el-Bahari ist seit 1962 eine ägyptisch-polnische Expedition beschäftigt. Zu Winlocks Leistungen gehört außerdem die Freilegung eines Grabes gefallener Soldaten des Mittleren Reichs, der Grabstätten Meket-Res und Hekanachtes, des Palastes in Malkata und des Steinbruchs der Hatschepsut. Auch die Erforschung und Dokumentation eines bedeutenden koptischen Klosters in Theben erfolgte durch das Metropolitan Museum. In Medinet Habu waren die epigraphischen Arbeiten der Univer-

50 oben

Lord Carnarvon, der die Ausgrabungen von Howard Carter im Tal der Könige finanzierte, in Theben. Carnarvon und Carter wurden vor allem durch die Entdeckung von Tutanchamuns Grab (KV 62) bekannt.

50 unten

Der Eingang zu Tutanchamuns Grab (KV 62) liegt unterhalb des Mauerrechtecks in der Mitte, unmittelbar neben dem Eingang zu KV 9, dem Grab Ramses' VI. Die Grube rechts davon entstand bei Howard Carters Erkundungen des Talgrundes.

50–51

Howard Carter bei der Arbeit am zweiten Sarg des Tutanchamun, in dem noch der innere Goldsarg des Königs ruht.

sität von Chicago während der dreißiger Jahre begleitet von umfangreichen Ausgrabungen durch Uvo Hölscher.

Von den vielen Fundstätten in Theben haben sieben öffentliches Aufsehen erregt. Es handelt sich um folgende Ausgrabungen: Grab Sethos' I. durch Giovanni Belzoni (1817); Mumiendepot in Deir el-Bahari, Grab DB 320 (1881) und Grab Amenophis' II. (1898); Grab der Nefertari durch Ernesto Schiaparelli (1903); Grab von Juja und Tuja, den Eltern der Königin Teje, im Tal der Könige durch James Quibell (1905), dazu die Entdeckung von Tutanchamuns Grab durch Howard Carter (1922) und eines Grabes der Söhne Ramses' II. (KV5).

Es sind jedoch überwiegend die weniger spektakulären Projekte der Freilegung und Konservierung, des Erforschens und Bewahrens der Relikte, die detaillierte Einblicke in den Alltag Thebens vor drei Jahrtausenden geben und die zur Erhaltung der Stadt beitragen werden. Heute wird jährlich an über drei Dutzend Stätten in Theben-West gearbeitet, davon allein zehn im Tal der Könige. Einige dieser Projekte haben zum Ziel, kleine Privatgräber freizulegen und zu dokumentieren. Andere befassen sich mit der Erforschung großer Anlagen sowie der Dokumentation und geophysikalischen Untersuchung von Tempelbauten, um die Fundamente vor den Folgen der intensiv betriebenen Landwirtschaft schützen zu können. Mit Hilfe von Luft- und Satellitenaufnahmen werden die Nekro-

51 oben
Carter (kniend), ein Arbeiter und Arthur Callender öffnen die Türen der vier vergoldeten Schreine im Grab des Tutanchamun.

51 unten
Kent Weeks und der Arbeiter Ahmed Mahmoud Hassan untersuchen angeschwemmte Ablagerungen in der dritten Kammer, einer Halle mit 16 Pfeilern in KV 5, dem Grab der Söhne Ramses' II.

polen kartographiert und Lagepläne Thebens erstellt. Heute liegt der Schwerpunkt der Arbeiten mehr denn je auf dem Freilegen und Konservieren. Für viele Denkmäler kommt dieser Sinneswandel zwar zu spät, aber der Einsatz neuer Technologien lässt hoffen, dass das alte Theben nicht völlig verloren ist. Nachdem man Generationen lang geplündert, blindlings zerstört und verschandelt und auch auf die Umweltbedingungen keine Rücksicht genommen hat, konzentriert sich die archäologische Arbeit endlich darauf, Theben zumindest in Teilen zu erhalten. Es liegt in den Händen der archäologischen und epigraphischen Expeditionen unserer Tage, ob Thebens Kunstdenkmäler wenigstens noch für die Nachwelt gerettet werden können.

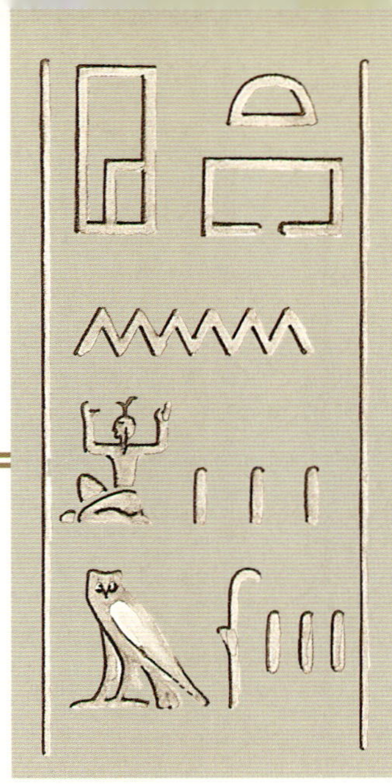

Die Tempel der MILLIONEN JAHRE

Die Tempel der Millionen Jahre in Theben-West

von Betsy M. Bryan

Der Glaube der Ägypter an das Weiterleben nach dem Tode erforderte, den Kultfiguren der Herrscher Opfer darzubringen: Nahrungsmittel, Getränke, Kleidung, Kosmetika. Die Statuen dienten quasi als Gefäße für den Geist des Herrschers und standen in Schreinen der Kultbildräume eines Tempels. Seit der Frühdynastischen Periode hatte jeder Herrscher seinen eigenen Tempel. Die ersten großen Bauten aus Lehmziegeln mit Kulträumen für die Könige der Ersten und Zweiten Dynastie wurden in Abydos errichtet. Die dazugehörigen Gräber lagen weiter südwestlich in der Wüste. Diese frühen Lehmziegeltempel wurden abgelöst von Totentempeln, die man an die Pyramiden des Alten und Mittleren Reiches anbaute. Zu den Bestattungstempeln gelangte man über Straßen durch das Niltal, an denen häufig ein Taltempel stand, der möglicherweise als Empfangsbereich diente, zunächst für den Leichnam und später für die auf Kähnen herangeschafften Opfergaben. In der Ersten und Zweiten Zwischenzeit bestattete man die Könige in Felsengräbern in den Bergen von Dra Abu el-Naga und Deir el-Bahari. Zwar ist nur noch der Tempelkomplex Mentuhoteps II. aus der Elften Dynastie weitgehend im Original erhalten, aber auch zu den Grabanlagen der anderen Könige müssen ein Taltempel, ein Aufweg, Tempel und Grab gehört haben.

Der Komplex Mentuhoteps zeigt uns, dass schon die frühen Grabstätten Thebens mit breiten Wegen für Prozessionen und offenen Höfen für Festlichkeiten ausgestattet waren. Sowohl für Amun von Karnak als auch für Hathor in Theben gab es einen Kultraum in Mentuhoteps Tempel, wobei Hathors Kultstätte wohl schon damals Mittelpunkt der Festveranstaltungen war. Dieser Tempelkomplex aus der späten Elften Dynastie weist bereits alle architektonischen Merkmale auf, die sich in den Häusern der Millionen Jahre des Neuen Reichs wiederfinden. Die meisten Veränderungen, die von Mentuhoteps Komplex abweichen, sind Folgen der Entwicklung des religiösen Kanons im Zeitraum zwischen der 11. Dynastie (um 2000 v. Chr.) und der 18. bis 20. Dynastie (um 1550–1070 v. Chr.).

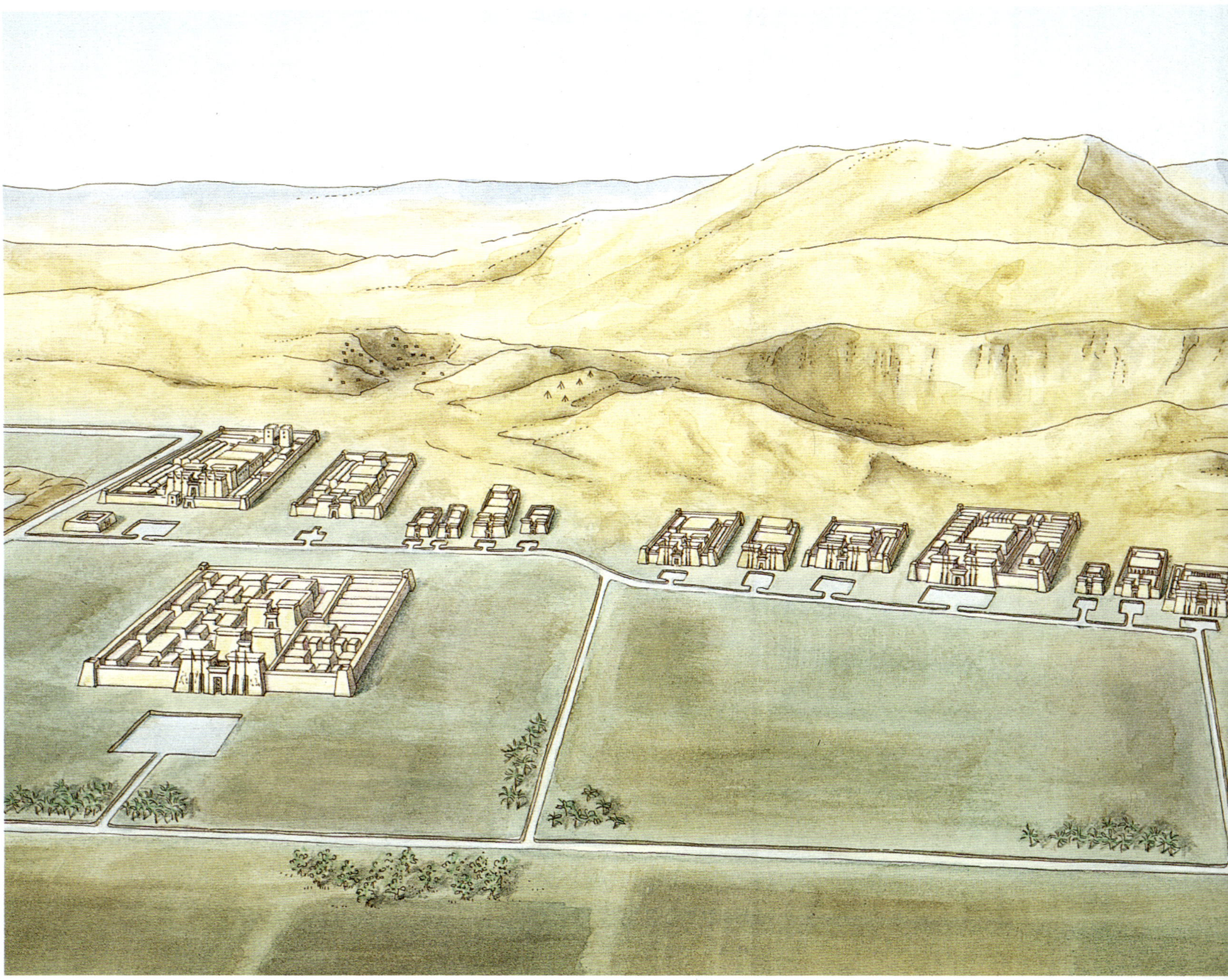

52

Säulen in der Vorhalle Nektanebos' I. im kleinen Tempel des Amun von Medinet Habu.

53

Die Tempel Hatschepsuts, Thutmosis' III. und Mentuhoteps II. am Fuß der Kalksteinklippen in Deir el-Bahari.

54–55

Lageplan der Häuser der Millionen Jahre .

55 oben

Im Vordergrund das an Zuckerrohrfelder angrenzende Ramesseum. Im Hintergrund der Talkessel von Deir el-Bahari.

55 unten

Die Memnonkolosse vor den Tempelruinen Amenophis' III.

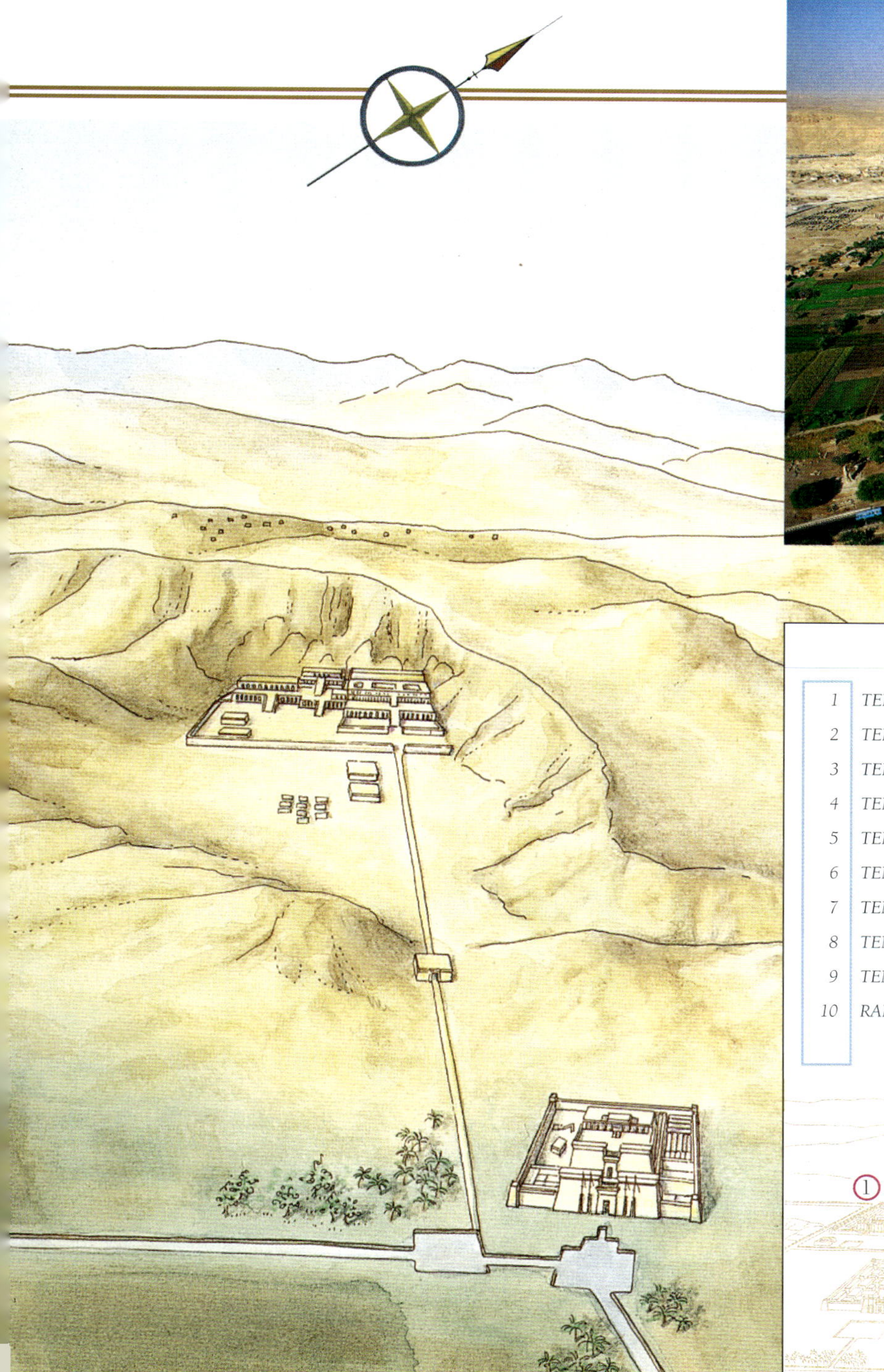

Erklärung zum Lageplan

1	TEMPEL RAMSES' III. IN MEDINET HABU	11	TEMPEL AMENOPHIS' II.
2	TEMPEL EJES UND HAREMHABS	12	TEMPEL DES SIPTAH
3	TEMPEL THUTMOSIS' II.	13	TEMPEL THUTMOSIS' III.
4	TEMPEL AMENOPHIS' III.	14	DIE TEMPEL MENTUHOTEPS II., THUTMOSIS' III. UND DER HATSCHEPSUT IN DEIR EL-BAHARI
5	TEMPEL AMENOPHIS', SOHN DES HAPU	15	TEMPEL SETHOS' I.
6	TEMPEL THUTMOSIS' I.	A	TAL DER KÖNIGINNEN
7	TEMPEL DES MERENPTAH	B	DEIR EL-MEDINEH
8	TEMPEL DER TAUSRET	C	TAL DER KÖNIGE
9	TEMPEL THUTMOSIS' IV.		
10	RAMESSEUM, TEMPEL RAMSES' II.		

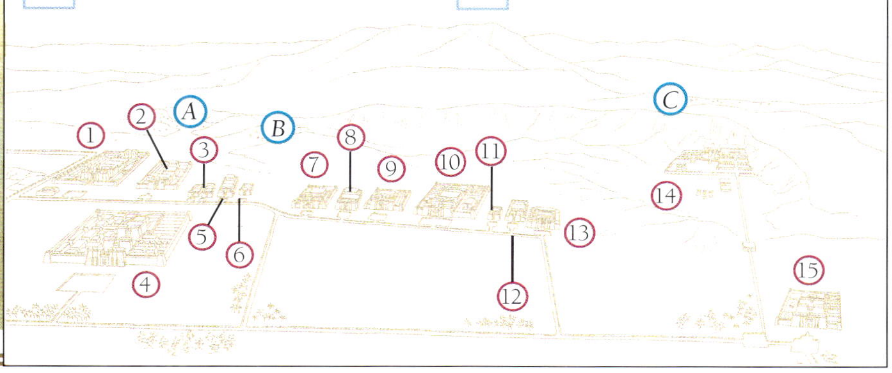

56 oben

Statuen Ramses' II. in Gestalt des Totengottes Osiris im Säulenhof hinter dem zweiten Pylon des Ramesseums.

56 unten links

Die Hathor-Kapelle Thutmosis' III. in Deir el-Bahari (heute im Ägyptischen Museum in Kairo). Vorn die Gestalt des Königs unter dem Schutz der Hathor-Kuh; auf einer der Wände verehren er und seine Familie Amun und Hathor.

56 unten rechts

Blick von Norden auf die oberste Terrasse des Hatschepsut-Tempels mit dem Säulenhof, aufgenommen vom Fußpfad, der aus dem Tal der Könige herausführt. Der Sonnenaltar liegt im unteren Teil, am Nordende des Hofes.

DIE TEMPEL DER MILLIONEN JAHRE

Die königlichen »Häuser der Millionen Jahre« waren nicht ausschließlich Totentempel. Zu dieser Funktion, deren Ausführung von Priestern des Kults des Pharaos zu dessen Lebzeiten und danach übernommen wurde, gesellten sich noch einige andere. Die Glaubensgrundsätze des Neuen Reichs beziehungsweise deren Auslegung für den Kult des Herrschers garantierten die ewige Vergöttlichung des Königs, seine Identifikation mit dem Sonnengott und mit Osiris. Die zeitgleich mit den Gräbern im Tal der Könige errichteten Tempel besaßen Inschriften, in denen die Wiedererstehung des Königs in Vereinigung mit der Sonnengottheit beschworen wurde. Während im Eingangsbereich der Tempel die enge Verbindung des Königs mit Amun-Re zelebriert wurde, betonten die tiefer im Innern gelegenen Heiligtümer die Identifikation mit Re und Osiris, um die Herrschaft des Königs über den Himmel und die Unterwelt zu garantieren. Als der Kult Amun-Res von Karnak auf Westtheben ausgriff, assoziierten die Herrscher ihre Häuser der Millionen Jahre und die eigene Person mit diesem Gott. Diese Vorstellung wird verständlicher, wenn wir uns die Titel eines Kapitäns der Flotte des Tempels Thutmosis' IV. (um 1400 v. Chr.) näher ansehen. Der Mann hieß Ipy und bezeichnete sich selbst als »Vorsteher der Schiffe des Mencheprure (so lautet der Thronname Thutmosis' IV.) im Tempel des Amun« wie auch als »Vorsteher der Boote des

56–57

Luftaufnahme des Ramesseums mit dem zweiten Säulenhof rechts und der Säulenhalle links davor. Oben im Bild die Ruinen der aus Lehmziegeln errichteten Magazin- und Verwaltungsanlagen, die das Heiligtum umgeben.

57 unten

Die Gräber der Adeligen am Hof Mentuhoteps II. und seiner Nachfolger wurden in die Kalksteinklippen des Talkessels von Deir el-Bahari geschlagen. Von ihnen überblickt man den gesamten königlichen Tempelkomplex, der im Mittleren Reich auch das Gelände umfasste, auf dem später Hatschepsut ihren Tempel errichten ließ.

Amun im Tempel des Herrn der beiden Länder Mencheprure«. Der Titel seines Sohns, »Priester des Mencheprure«, drückt aus, dass dieser im selben Tempel kultische Handlungen vollzog. Ein anderer Mann, Re, diente den Kulten mehrerer Tempel. Er war zugleich Hohepriester Amuns in Men-set (der Tempel Amenophis' I.), Hohepriester Amuns in Djeser-akhet (der Tempel Thutmosis' III. in Deir el-Bahari), Hohepriester Amuns in Henket-Anch (der Totentempel Thutmosis' III.) und schließlich noch Hohepriester des Menchepere (Thronname Thutmosis' III.). Aus diesen Titeln erfahren wir mehrere Tatsachen: Erstens dass Amun-Re eindeutig in den Tempeln der Millionen Jahre präsent war; zweitens, dass diese Manifestation Amun-Res nur für den Tempel galt; drittens, dass zwischen dem Kult des Herrschers und dem der Gottheit unterschieden wird; und viertens, dass die liturgischen Aufgaben der Priesterschaft in Theben-West nicht sonderlich anstrengend gewesen sein können, nachdem der Priester Re in nicht weniger als drei Tempeln wirkte und überdies noch Hohepriester Thutmosis' III. war.

Der Einzug Amun-Res in die Häuser der Millionen Jahre galt als das Ergebnis der Festlichkeiten, bei denen Statuen Amuns und seiner Familie aus der Residenz in Karnak nach Theben-West gebracht wurden. Das Schöne Fest des Wüstentals, das jährlich im zweiten Monat der Überschwemmung begangen wurde, war ein bedeutendes Ereignis für die einheimische Bevölkerung. Die Tempelbarken mit den festlich geschmückten Statuen Amun-Res, Muts und Chons' wurden über den Nil gerudert und von Menschen-

scharen empfangen, die dann die Prozession von der Anlegestelle und dem Taltempel auf dem Aufweg weiter zum Tempel des Herrschers begleiteten. Zu Beginn der Achtzehnten Dynastie folgte die Prozession dem alten Weg nach Deir el-Bahari zu Mentuhoteps Tempelkomplex. Sobald ein neuer Tempel errichtet wurde, änderte sich auch die Route. Im Grab des Schreibers Userhet (TT56) findet sich der indirekte Hinweis auf zwei Prozessionswege. Im Gesang an seinen Vater betet Userhets Sohn, dass Amun-Re diesem wohl gesinnt sein möge, wenn der Gott »auf seinem Fest des westlichen Tals in Iab-Achet« weilt. An anderer Stelle erbittet der Hohepriester Mery die Gunst Amuns, »wenn er in Henket-anch« ruht. In der ersten Anrufung findet das Fest des Wüstentals im Tempel Amenophis' II. statt, in der zweiten im Tempel Thutmosis' III. Wir können uns vorstellen, dass die Prozession immer länger wurde und die Zahl der Haltepunkte zunahm, je mehr Tempel errichtet wurden. Im Tempel Sethos' I. in Gurna aus der Neunzehnten Dynastie standen für das Schöne Fest des Wüstentals ausgedehnte Flächen für kultische Handlungen sowie Reliefs zur Verfügung, welche die im Tempel der Hatschepsut in Deir el-Bahari übertrafen. Es ist jedoch wichtig zu wissen, dass die in den Tempeln geltenden kultischen Regeln an den religiösen Jahreskalender gebunden waren, so dass die Ereignisse unabhängig vom Kult des regierenden Königs begangen werden konnten. Das ist in etwa vergleichbar mit den katholischen Kirchen, in denen neben dem eigentlichen Schutzpatron auch andere Heilige verehrt werden. Der König machte sich zum Schutzpatron Amun-Res und anderer Gottheiten und schuf einen Raum für sie, damit sie ruhen und feiern konnten. Befassen wir uns zum Schluss mit der wirtschaftlichen Macht der Häuser der Millionen Jahre. Diese königlichen Einrichtungen waren mit Ländereien, Arbeitskräften, Erzvorkommen und anderen Wirtschaftsgütern ausgestattet. So konnte in den Speichern des Ramesseums Getreide für an die 3400 Familien gelagert werden, also für etwa 15 000 bis 20 000 Menschen. Das war weitaus mehr Getreide, als man zum Backen und Bierbrauen für den Kult Ramses' II. und die jährlichen Feste benötigte. Vielmehr dienten diese Güter dazu, Regierungsgeschäfte und Bauprojekte zu finanzieren, zum Beispiel die Errichtung eines Tempels oder diplomatische Initiativen. Insofern hatten die Häuser der Millionen Jahre – in Theben und andernorts – auch die Funktion königlicher Schatullen, die mal üppiger, mal weniger reichlich ausgestattet waren.

58 oben

Eine Militäreskorte begleitet Ramses II. auf die Jagd nach wilden Stieren. Die ägyptischen Soldaten waren mit Schilden ausgerüstet und mit Streitäxten oder Krummschwertern bewaffnet. Mit den Stricken, die sie auf dem Relief tragen, wurden die gefangenen Tiere gefesselt.

58 Mitte

Die Reliefs ägyptischer Tempel wurden nach der Fertigstellung bunt bemalt. Im Bild erkennt man die Bemalung der Decke und der oberen Säulenabschnitte im Hof hinter dem zweiten Pylon von Medinet Habu, deren satte Farben ihre Leuchtkraft bis heute beibehalten haben.

58 unten

Der teilweise rekonstruierte Tempel Sethos' I. in Gurna. Links unten der Kultpalast. Die parallelen Reihen rechteckiger Gebilde in der Bildmitte sind die Ruinen der Pylonen.

59

Medinet Habu kurz nach Sonnenaufgang, von Osten aus betrachtet.

60–61

Auf der Rückseite des ersten Pylons in Medinet Habu präsentiert sich Ramses III. im Streitwagen auf der Jagd nach wilden Stieren in den Nilsümpfen. Seine Legitimation als Herrscher begründete der Pharao immer wieder damit, dass er sich als Bezwinger der zerstörerischen Kräfte der Welt darstellen ließ, seien es Stiere und Nilpferde oder kriegerische Nubier und Asiaten.

62 oben
Die Memnonskolosse von Süden aus gesehen. Von der nördlich gelegenen Monumentalstatue behaupteten griechische und römische Reisende, dass sie »singe«.

62 unten links
Dieser Kopf aus gebranntem Ton zeigt Amenophis III. mit der Blauen Krone. Trotz der kindlich wirkenden Gesichtszüge stammt das Bildwerk aus dem letzten Jahrzehnt seiner Regierungszeit. Aus Karnak, Tempel des Amun-Re. H. 38 cm. Ägyptisches Museum, Kairo, JE 38597.

Der Tempel von Amenophis III.

von Kent R. Weeks

Der Totentempel, den Amenophis, Sohn des Hapu, für seinen Pharao Amenophis III. errichtete, war der größte Sakralbau Ägyptens. Heute zählt er zu den am ärgsten beschädigten Monumenten. Seine Lage im Hochwassergebiet am Westufer war beabsichtigt, damit alle Anlagen außer dem Allerheiligsten während der jährlichen Überschwemmungen unter Wasser standen. Das Auftauchen des Tempels beim Rückgang der Flut symbolisierte kosmische Ordnung und Wiedergeburt. Als der Tempel nicht länger genutzt und instand gehalten wurde, traten infolge der Überflutung gravierende Schäden auf, die besonders schlimm waren, weil viele Mauern aus luftgetrockneten Lehmziegeln bestanden. Aber damit nicht genug. Die Pylonen und Säulen aus Sandstein waren viel zu schwer für das schwache, teils gar nicht vorhandene Fundament. Schon in der Neunzehnten Dynastie, zur Regierungszeit Merenptahs, als zudem noch ein Erdbeben weitere Zerstörungen anrichtete, war der Tempel kaum mehr als ein Lagerplatz für Baumaterial und Statuen. Während der Ptolemäerzeit war die gesamte Tempelanlage von Akazien überwuchert. Zu Beginn der Hellenistischen Periode (332–30 v. Chr.) ragten nur noch die beiden Memnonkolosse, Sitzfiguren zu beiden Seiten des ersten Pylons, und eine hohe Stele von ursprünglich einem Paar, das im Innenhof gestanden hatte, aus der Vegetation heraus. Angesichts der beiden Kolosse vermuteten griechische und römische Reisende, dass es hier ein außergewöhnliches Bauwerk gegeben haben müsse. Nachdem bei einem Erdbeben im Jahr 27 v. Chr. der nördliche Koloss einen Riss bekommen hatte, gab er jeden Morgen, wenn Temperatur und Luftfeuchtigkeit zunahmen, ein glockentonähnliches Geräusch von sich. Die Griechen hielten das für den Gruß Memnons (eines mythischen afrikanischen Herrschers,

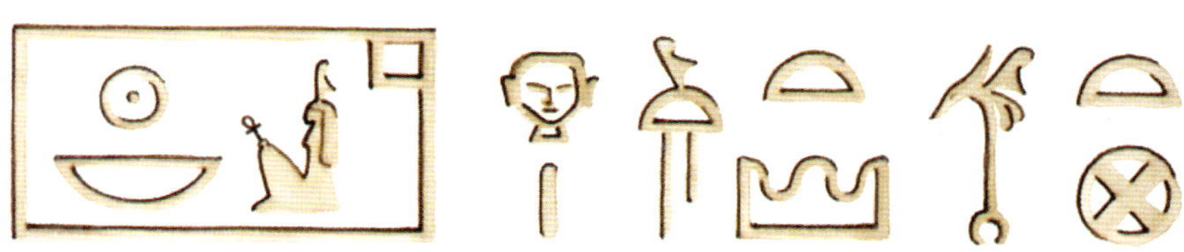

62 unten rechts

Kolossalkopf einer Standfigur Amenophis' III. mit der Krone Oberägyptens. Die stilisierten Gesichtszüge sind charakteristisch für Darstellungsformen der Porträtkunst während der Regentschaft seines Sohnes Amenophis IV./Echnaton. Roter Granit, H. 215 cm. Aus dem Totentempel Amenophis' III. in Theben-West. Luxor Museum, J 133.

62–63

Kom el-Heitan, Totentempel Amenophis' III. Die Mittelachse der Anlage erstreckt sich von den Memnonskolossen (unten Mitte) parallel zur Straße und vorbei an einer Monumentalstele ostwärts bis zum heutigen Rand der Felder.

der im Trojanischen Krieg gefallen und von Zeus unsterblich gemacht worden sei), an seine Mutter Eos, die Göttin der Morgendämmerung. Memnons »Gesang« zu hören galt damals als glückhafte Verheißung. Das Geräusch verstummte, als Septimius Severus im Jahr 199 n. Chr. den Riss im Koloss verschließen ließ. Die griechischen und römischen Besucher hinterließen Graffiti auf den Kolossen (61 in Griechisch, 45 in Latein, eine zweisprachig), in denen sie sich damit brüsteten, Memnons Stimme vernommen zu haben. Kaiser Hadrian hörte den Koloss an drei Morgen singen und nahm dies zum Zeichen, bei den Göttern in besonderer Gunst zu stehen.

Die alten Ägypter nannten den südlichen Koloss »Herrscher der Herrscher«. Spätere Reisende erfanden die Namen »Shammy« und »Tammy«, wohl nach den arabischen Bezeichnungen für links und rechts, die sie falsch interpretierten. Dorfbewohner unserer Tage sagen »El-Kolossat« oder »Es-Salamat«. Das gesamte Gebiet heißt heute »Kom el-Heitan«. Die 21 Meter hohen Kolosse, von denen jeder tausend Tonnen wiegt, sind aus Quarzitblöcken gemeißelt, die man aus Steinbrüchen bei Heliopolis oder aus Quarzitbrüchen bei Assuan herangeschafft hat. Sie zeigen Amenophis III. mit seiner Mutter Mutemwia (nördlicher Koloss) und Teje, die Hauptfrau des Pharaos, mit einer der Töchter (südlicher Koloss). Die Seiten des Throns, auf dem der König sitzt, sind mit Reliefs von Nilgöttern und Pflanzen verziert, die Ober- und Unterägypten symbolisieren. Die Memnonkolosse sind nur zwei Monumentalplastiken aus einem Zyklus bildhauerischer Werke, welcher der gigantischste gewesen sein dürfte, der im alten Ägypten jemals in Angriff genommen worden ist. Überall auf dem Tempelareal liegen die Trümmer von Kolossalstatuen Amenophis' III., der Göttin Sachmet, von Sphingen, manche mit Krokodilleibern, und anderen Gottheiten verstreut. Die Memnonkolosse standen vor dem ersten Tempelpylon; zwei weitere Kolossalstatuen aus Quarzit standen vor dem zwei-

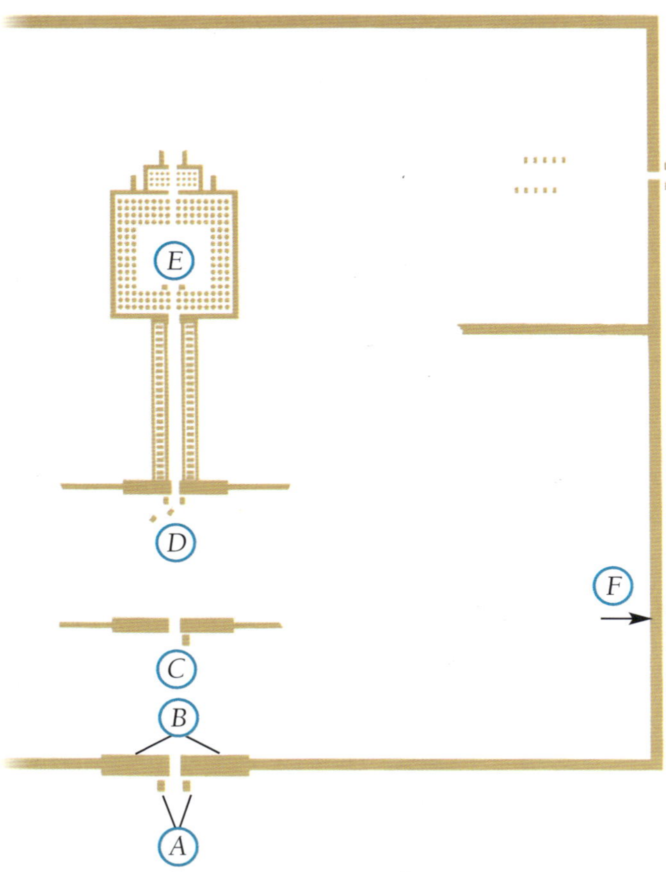

Erklärung zum Lageplan

A Memnonskolosse
B Erster Pylon aus Lehmziegeln, heute zerstört
C Zweiter Pylon mit den Quarzit-Kolossalfiguren des Pharaos davor
D Dritter Pylon mit Alabaster-Kolossalfiguren des Pharaos davor
E Sonnenhof: Granitfiguren des Pharaos im Süden, Quarzitstatuen im Norden
F Umfassungsmauer aus Lehmziegeln

Der Tempel von Amenophis III.

ten und zwei aus Alabaster vor dem dritten. Eine lange, von Sphingen flankierte Allee führte vom dritten Pylon westwärts zu einem großen Sonnenhof mit vielen Standfiguren von acht Metern Höhe. Daneben gab es noch ein Menge anderer Standbilder, zum Beispiel ein Paar schreitender Figuren des Königs zu beiden Seiten des Nordeingangs zum Tempelkomplex. Heute sind sie zwischen den Zuckerrohrfeldern kaum zu erkennen.

Mit dem Bau des Tempels Amenophis' III. wurde möglicherweise schon bald nach dessen Regierungsantritt begonnen, aber die Hauptarbeiten fallen ins letzte Jahrzehnt. Der Tempel hatte ursprünglich einen Grundriss von 700 mal 550 Meter und bedeckte eine Fläche von 385 000 Quadratmetern. Man ahnt seine Pracht, wenn man Amenophis' Beschreibung liest:

»Der Herr des Throns der beiden Länder schuf (ihn) als ein Denkmal für (seinen) Vater Amun, indem er ihm einen prächtigen Tempel errichtete rechter Hand Thebens; eine Festung für die Ewigkeit aus gutem weißem Sandstein, bedeckt mit Gold allseits. Seine Fußböden waren gereinigt mit Silber, alle Türöffnungen waren aus Elektrum ...«

[Zit. nach B. Bryan, Egypt's Dazzling Sun, S. 91]

64 links

Detail eines Reliefs an einem der Memnonskolosse Amenophis' III. Die Darstellung an der Thronseite zeigt Nilgötter bei der Vereinigung Ober- und Unterägypten symbolisierender Pflanzen.

64–65

Die Memnonkolosse sind Sitzfiguren Amenophis' III., begleitet von Gemahlin, Mutter und Töchtern. Die Monumentalstatuen sind 21 Meter hoch und zählen zu den größten Bildwerken Ägyptens.

65

Figurengruppe mit Amenophis III. und seiner Gemalin Teje. Von den Figuren der drei Prinzessinnen zu ihren Füßen ist nur die zwischen dem Paar – Henuttaunebu, die älteste – weitgehend unversehrt erhalten geblieben. Der Herrscher trägt das königliche Kopftuch mit Stirnuräus und einen Zeremonialbart, Teje eine mächtige, feinlockige Perücke. Mit 7 Metern Höhe ist die Figurengruppe die größte im Ägyptischen Museum in Kairo, JE 33906.

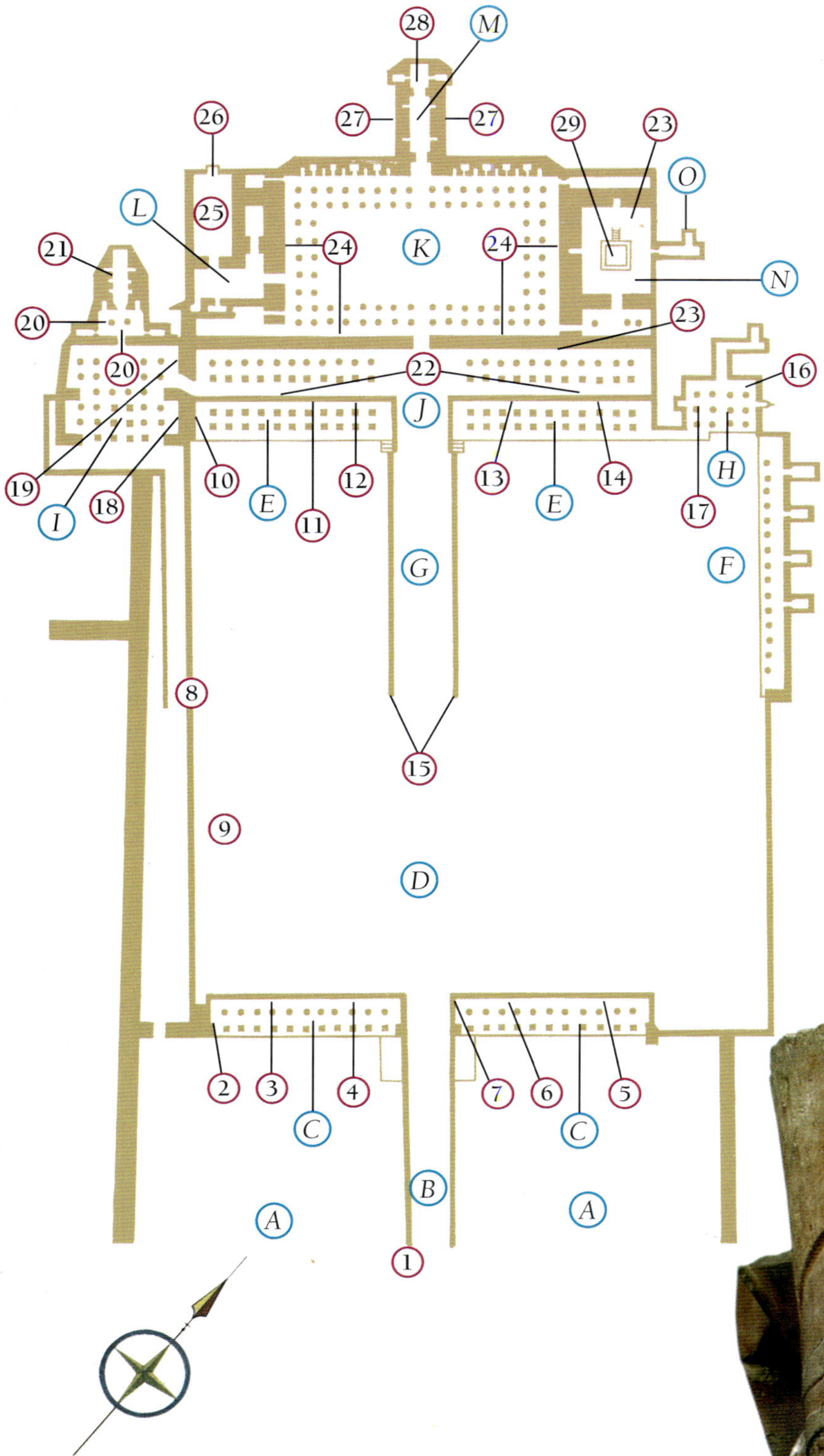

Erklärung zum Lageplan

A Erster Hof
B Rampe
C Untere Pfeilerhalle
D Zweiter Hof
E Mittlerer Säulengang
F Nördlicher Säulengang
G Zweite Rampe
H Untere Kapelle des Anubis
I Hathor-Kapelle
J Oberer Säulengang
K Obere Terrasse
L Herrscherkapelle zur Verehrung Hatschepsuts und Thutmosis' I.
M Kapelle der königlichen Familie und Amuns
N Hof zur Verehrung des Sonnengotts Re-Harachte
O Obere Kapelle des Anubis

Der Tempel der Hatschepsut

von Betsy M. Bryan

66–67
Der hufeisenförmige Talkessel von Deir el-Bahari umschließt die Heiligtümer der Königin Hatschepsut, Mentuhoteps II. aus der 11. Dynastie sowie einen Bau Thutmosis' III. Zwar verdecken die Hügel Thebens bei Deir el-Bahari den Blick ins Tal der Könige, aber aus der Luft sind die teils im Schatten liegenden königlichen Bauwerke gut zu erkennen.

66 unten
Kolossalstatuen der Hatschepsut in Gestalt des Osiris standen an den Pfeilern auf der dritten Terrasse ihres Tempels in Deir el-Bahari. Auf diesem Kopf der Herrscherin im Ägyptischen Museum in Kairo, JE 56259 A und JE 56262, ist die originale Bemalung zum größten Teil erhalten geblieben.

Bildwerke

1 LÖWENRELIEF AUF DER LINKEN SEITE
2 RESTE DES FELDZUGS GEGEN DIE NUBIER
3 FLUSSSCHIFFE MIT OBELISKEN
4 DIE KÖNIGIN ÜBERGIBT DIE OBELISKEN AN AMUN
5 FISCHFANG UND VOGELJAGD
6 DIE KÖNIGIN OPFERT AMUN STATUEN
7 DIE KÖNIGIN ALS SPHINX ZERTRITT IHRE FEINDE
8 RELIEF MIT HORUSNAMEN DER KÖNIGIN
9 (NICHT SICHTBAR) RUINEN DER LEHMZIEGEL PYRAMIDE UND DES TEMPELS AMENOPHIS I.
10 EXPEDITION NACH PUNT IN SECHS REGISTERN
11 DIE KÖNIGIN VOR AMUN
12 INTHRONISIERUNG DER KÖNIGIN
13 DIE GÖTTLICHE GEBURT IN DEN UNTEREN REGISTERN
14 KRÖNUNG IN DEN OBEREN REGISTERN
15 KOBRA-RELIEFS AN DEN STÜTZMAUERN
16 DIE KÖNIGIN UND THUTMOSIS III. VOR SOKAR UND ANUBIS
17 DIE KÖNIGIN OPFERT AMUN
18 DIE HATHOR-KUH NÄHRT HATSCHEPSUT
19 FEST DER HATHOR MIT NILBARKEN. AUF VIER REGISTERN
20 THUTMOSIS III. MIT WEIN, HATSCHEPSUT MIT MILCH VOR DER DIE KÖNIGIN NÄHRENDEN HATHOR-KUH; AMUN
21 SENEMUT LOBPREIST HATHOR UND AMUN
22 OSIRISPFEILER
23 DIE KÖNIGIN VOR THUTMOSIS I.
24 PROZESSION ZUM OPET-FEST; SCHÖNES FEST DES TALS
25 PRIESTER OPFERN VOR EINER STATUE DER KÖNIGIN
26 GIEBELFELDER MIT THUTMOSIS III. UND DER KÖNIGIN
27 DIE KÖNIGIN UND THUTMOSIS III. MIT NEFERURE VOR DER BARKE AMUNS SOWIE THUTMOSIS I., KÖNIGIN AHMOSE UND PRINZESSIN NEFRUBITI
28 PTOLEMÄISCHE KAPELLE DES VERGÖTTLICHTEN IMHOTEP
29 RE-HARACHTE GEWEIHTER ALABASTER-ALTAR

67 unten
Die Reliefs der Fahrt nach Punt. Im Bild die Ankunft des ägyptischen Gesandten und seiner Militäreskorte in Punt an der Küste des heutigen Somalia im Rahmen einer Handelsexpedition.

68 oben

Ansicht Deir el-Baharis von Süden mit dem Tempel Mentuhoteps II. (um 2040 v. Chr.), dahinter der Tempel Hatschepsuts. In beiden Fällen stehen Pfeilergänge am Fuß von Terrassen, zu denen man über Rampen gelangt. Ein Gang im Mentuhotep-Tempel führt in den Felsen bis zum Königsgrab, während die oberste Terrasse von Hatschepsuts Tempel mit ihren Kulträumen abschließt.

68 Mitte

Blick von Norden auf die untere und obere Terrasse von Hatschepsuts Tempel. Die Reliefs mit der göttlichen Geburt der Königin befinden sich an der Wand hinter den Säulen der unteren Terrasse.

Eines der bevorzugten Reiseziele in Theben ist der Tempel der Hatschepsut, der an den steilen Kalksteinklippen von Deir el-Bahari zwischen dem Tal der Könige und dem Nil errichtet wurde. Nach der vierzig Jahre dauernden Restaurierung durch eine Gruppe polnischer Archäologen sind nun vom Tempel, den Thutmosis III. gegen Ende seiner Regierungszeit hatte schleifen lassen, wieder die Terrassenebenen, monumentale Pfeilerfiguren und die Amun-Re und Hatschepsut selbst geweihte Kulträume zu sehen. Als der Tempel nach 1934 von Wissenschaftlern des Metropolitan Museum of Art freigelegt wurde, fand man nur die Trümmer der zerschlagenen Sphingen, Herrscherstatuen und kolossalen Osirispfeiler. Archäologen und Restauratoren haben den Tempel in einen Zustand versetzt, der es erlaubt, sich heute ein Bild davon zu machen, wie er zur Regierungszeit der Hatschepsut ausgesehen hat.

Hatschepsut übernahm die Regierungsgeschäfte bald nach dem Tod ihres Mannes und Halbbruders Thutmosis' II. um 1479 v. Chr. Obwohl Thutmosis III., ihr Neffe und Stiefsohn, Thronfolger war, fungierte sie als Regentin, Gottesgemahlin Amun und Große Königliche Gemahlin. Sie ließ die Bauarbeiten an einem Tempel für den verstorbenen Thutmosis II. in Karnak weiterführen und sich selbst darin mit königlichen Titeln und Insignien verewigen. Es ist durchaus wahrscheinlich, dass das Areal ihres »Hauses der Millionen Jahre« ursprünglich auch für Thutmosis II. vorgesehen war. In diesem Fall hat man den Plan aber bald verworfen, als ihre Beamten, zu denen auch der Obergüterverwalter Senenmut gehörte, die Bauaufsicht über ihr größtes Heiligtum übernahmen, das auf Ägyptisch »Djeser-djeseru« heißt, »Das heiligste aller Heiligtümer«. Die Totentempel der Achtzehnten Dynastie bestanden vorwiegend aus Lehmziegelmauern, die man mit Steinreliefs verkleidete, Hatschepsuts Djeser-djeseru jedoch wurde aus Kalkstein errichtet. Es handelt sich um eine Terrassenanlage mit Pfeilerhallen, die sich zu beiden Seiten der Aufgangsrampe nach Norden und Süden erstrecken. Terrassen sind charakteristisch für die thebanische Tempelarchitektur vor und nach Hatschepsut, aber im Plan ihres Tempels waren noch keine Tortürme vorgesehen wie bei den Bauten ihrer Nachfolger. Hatschepsut scheint sich vielmehr an Mentuhotep II. orientiert zu haben, dessen Tempelkomplex aus der Elften Dynastie gleich nebenan lag und ebenfalls Terrassen, Rampen und Pfeilerhallen aufwies. Auch ein Taltempel war für Hatschepsuts Komplex geplant, scheint aber nicht vollendet worden zu sein. Jedoch führte ein an die 30 Meter breiter Aufweg zum Tempel herauf, an dem auch ein Stationsheiligtum

68–69
Osirisfiguren aus Kalkstein an den quadratischen Pfeilern der oberen Terrasse. Der Herrscher ist als Mumie in Osirisgestalt dargestellt, hält jedoch die Reichsinsignien Krummstab und Geißel und trägt die Doppelkrone von Ober- und Unterägypten.

lag, wo die Festprozession Halt machen konnte. Zu beiden Seiten des Aufwegs standen Granit-Sphingen Hatschepsuts in großer Zahl, die an die Sphingenallee zwischen Luxor und den Tempeln von Karnak am thebanischen Ostufer erinnern. Der Aufweg mündete in einen riesigen Vorhof, dessen hinteren Abschluss die unterste Pfeilerhalle bildete. Trotz des schlechten Zustands der Stützmauer mit Reliefdekor hinter den quadratischen Pfeilern konnte man die Bildinhalte deuten. Im Südflügel verherrlicht eine Inschrift Hatschepsuts Siege über die Nubier. Dann kommen vier Friese mit Prozessionen zu Land und zu Wasser und Widmungen der Königin an Amun-Re. Man sieht Flussbarken mit Obelisken, die aus den Steinbrüchen von Assuan herbeigeschafft werden, und Löwen in Käfigen. Eine Militäreskorte begleitet die Prozession, und Priester helfen bei rituellen Opfern für das Fest. In der nächsten Szene übergibt Hatschepsut die Obelisken Amun-Re. Im Nordflügel haben sich die Überreste verschiedener Bilder erhalten. Sie zeigen die Königin mit den Göttern beim Fischen und auf der Vogeljagd, bei der Opferung von Statuen und Rindern an Amun-Re, und in Gestalt eines Sphinx, der Feinde in den Staub tritt.

Links und rechts der Rampe liegen auf der unteren Terrasse zwei weitere Pfeilerhallen. Der südliche Teil schildert die berühmte Handelsmission ins Land Punt, das möglicherweise an der Küste des heutigen Somalia lag. Auf der schmalen Südwand sieht man ein puntisches Pfahldorf, dann den Herrscher von Punt, Parehu, und seine Gemahlin Ati, dessen unförmiger, von Fettwülsten gezeichneter Körper für ägyptische Figurendarstellungen untypisch ist. Die ägyptische Militäreskorte trifft ein, um sich dem Herrscher von Punt zu präsentieren. In den an-

70 oben

Im Südflügel des Säulengangs der unteren Terrasse befinden sich die Reliefs mit der Expedition nach Punt. Parchu, der Herrscher von Punt, dankt seinem Gott für den Besuch aus Hatschepsuts Reich.

70–71

Rekonstruktion der Tempel Hatschepsuts, Thtumosis' III. und Mentuhoteps II. in Deir el-Bahari. Alle Bauten bestehen aus Terrassen und Säulengängen und lehnen sich an die dahinter liegenden Kalksteinklippen an.

schließenden Darstellungen werden afrikanische Handelsgüter gezeigt und wie die Ägypter Affen, Panther und Myrrhebäume auf ihre Schiffe verladen. In fortlaufender Folge werden Myrrhebäume abgebildet, auch solche mit Wurzelballen in Körben, und schließlich kann man auf einem stark verstümmelten Relief die Königin dabei beobachten, wie sie die mitgebrachten Güter Amun darbringt. Im Nordflügel wird Hatschepsuts göttliche Geburt aus der Vereinigung von Amun mit Königin Ahmose, der Gemahlin Thutmosis' I., geschildert. Es ist die früheste erhalten gebliebene Fassung des Zyklus von der Göttlichen Geburt. Nach ihrer Zerstörung wurden die Reliefs unter Ramses II. in der Neunzehnten Dynastie wiederhergestellt, wobei wegen des monochromen Malstils einige Szenen nur schwer zu erkennen sind. Die Inschriften werden von figürlichen Darstellungen begleitet. Sie zeigen Amun, wie er den Widdergott Chnum bittet, Hatschepsut auf seiner Töpferscheibe zu formen. Der Gott Thot wird gebeten, Ahmose zum Palast zu bringen. Die Königin begegnet Amun und wird später in den Raum der Niederkunft geführt. Dann sieht man das Kind Hatschepsut und sein Ka, wie es von der Königin und Gottheiten gestillt wird. Hatschepsut wird den Göttern vorgestellt. Das obere, stark beschädigte Bild zeigt die Krönung Hatschepsuts und ihre Einführung vor der Beamtenschaft durch ihren Vater Thutmosis I.

Südlich der unteren Terrasse befindet sich außerhalb der eigentlichen Tempelanlage ein Heiligtum der Hathor. Es steht so nahe wie möglich bei der älteren Hathor-Kapelle des Tempelkomplexes Mentuhoteps II. Davor liegt ein Hof mit dekorierten Wänden. Im ursprünglich offenen Hof fiel der Blick auf ein Wandrelief mit Krönungsszenen, wenn Barken über den Nil kamen und die Feiern zu Ehren Hathors stattfanden. Später errichtete man im Hof Säulen, die große Kuhköpfe der Hathor tragen. Hinter den Säulen an der Westwand und an beiden Seiten des Eingangs zur Kapelle befinden sich große Reliefs mit der Hathorkuh, die in diesem Bezirk aufgezogen wurde. Eine außergewöhnliche Doppelszene zeigt den König, Thutmosis III., wie er die Kuh mit den Händen füttert. In der Kapelle übernimmt die Königin die Rolle von Hathors Kind Ihy. In mehreren Szenen tritt sie an die Stelle des Kindes/Kalbs und saugt an den Zitzen der Hathorkuh. Im Allerheiligsten befinden sich Nischen, in denen Senenmut mit Texten zu Ehren Hathors abgebildet wird.

72

Szenen aus den Reliefs von der Reise nach Punt. Eine Kuh aus der Herde beugt sich zu einer Pflanze herab.

73 links

Der Ka, Personifikation der unvergänglichen Lebenskraft, folgt der Herrscherin, die sich Amun nähert, um ihm die aus Punt mitgebrachten Waren zu überreichen. Die zwei über dem Kopf des Ka hochragenden Arme bilden die Hieroglyphe für Ka.

73 oben rechts

Männer aus Punt mit Handelsgütern und Lasteseln nähern sich den Ägyptern.

73 unten rechts

Parehu, der Fürst von Punt, und seine Gemahlin begrüßen die ägyptischen Abgesandten. Ihnen folgen Männer mit Räucherwerk (Myrrhe) und anderen Handelsgütern aus Punt.

Nördlich der unteren Terrasse liegt die Anubis-Kapelle, eine kleine überdachte Säulenhalle vor zwei Gewölbekammern. Die Halle ist mit Bildern der Königin verziert, wie sie Anubis und anderen Gottheiten Opfer darbringt. Hatschepsut überreicht Opfergaben an Amun, Osiris und Anubis. Die Kapelle könnte der Hinweis auf einen Anubiskult im Gebiet von Theben sein. Auch weitere verborgene Senenmut-Texte kommen hier vor.

Die obere Terrasse wird beherrscht von zwei Reihen kolossaler Pfeilerfiguren Hatschepsuts, die an quadratischen Säulen nördlich und südlich der Mittelachse stehen. Durch ein Tor aus Granitblöcken betritt man einen Säulenhof mit verzierten Wänden. Die Reliefzyklen schildern das große Opet-Fest in Theben, an dem Amun von Karnak zum Tempel nach Luxor reiste, um die göttliche Königswürde zu erneuern, sowie das Schöne Fest des Wüstentals. Nördlich dieses Hofs liegen ein kleinerer Hof mit einem Altar des Sonnengotts Re-Harachte unter freiem Himmel und Kapellen für Amun und Anubis. Südlich befinden sich Räume mit Deckengewölben zu Ehren des Kults der Königin und ihres Vaters. Zu beiden Seiten des großen Hofes liegen Nischen mit Abbildungen Senenmuts, der den Kulthandlungen im Verborgenen beigewohnt zu haben scheint.

74 oben links
Südlich neben der Punt-Halle befindet sich die Kapelle der Hathor, der Göttin, die oftmals als Kuh dargestellt wurde. In dieser Reliefdarstellung wird die Herrscherin von der Hathor-Kuh gesäugt. Die Göttin wird damit zur Mutter Hatschepsuts.

74 unten Mitte
Der Gott Anubis, in Menschengestalt mit Schakalkopf, sitzt auf einem Thron und empfängt Opfergaben in seiner Kapelle in Deir el Bahari. Die Anubis-Kapelle wurde mit der Unterwelt und den Göttern des Osiris-Kults assoziiert.

74 rechts
Im Hof der Hathor-Kapelle stehen Pfeiler und Säulen mit dem Gesicht der Göttin. Über viele Jahrhunderte hinweg überquerten ihn Pilger auf ihrem Weg zur inneren Kapelle.

75
Eine Hathor-Säule im Hof vor der Kapelle. Über dem von einer Perücke umgebenen Gesicht mit Kuhohren ist ein Naos aufgesetzt, der zwei Uräen birgt und außen von je einer Spirale flankiert wird. Insgesamt ist die Säule die Darstellung eines Sitstrums, einer altägyptischen Rassel, die im Tempelkult eingesetzt wurde, um die Götter zu erfreuen.

Das Areal des Allerheiligsten war dazu bestimmt, eine Vereinigung zwischen Amun-Re und Hatschepsuts Familie herbeizuführen. Die anscheinend zum Fest des Wüstentals eingetroffene Götterbarke ist auf der Nord- und Südwand zu sehen, zusammen mit Thutmosis I., Königin Ahmose und einer Prinzessin Neferubiti. Thutmosis III. und Prinzessin Nefrure bringen Amun und der Götterbarke Opfer dar, ebenso Thutmosis I. und seine königlichen Damen. Die auch in der Ptolemäerzeit genutzten Räume des Sanktuars enthalten Widmungen an den vergöttlichten Imhotep, an Amenophis, Sohn des Hapu, und an verschiedene Götter. Die Bauarbeiten an Djeser-djeseru waren nach fünfzehn Jahren abgeschlossen, aber vermutlich schon ein Vierteljahrhundert danach ordnete Thutmosis III. die Zerstörung des gesamten Tempelkomplexes an. In Deir el-Bahari ließ er seinen eigenen Tempel errichten, Djeser-achet. Später holte man sich die Steine zum Bau der Ramessidentempel von Djeser-achet, aber Hatschepsuts Djeser-djeseru und Mentuhoteps Hathor-Kapelle blieben wichtige Pilgerstationen und Ziele von Festprozessionen im Ägypten der Antike.

Der Gurna-Tempel von Sethos I.

von Peter Brand

76 rechts

Diese Statuette Sethos' I. ist beispielhaft für den hohen Stand des Kunstschaffens während seiner Herrschaft. Der König trägt ein langes Faltengewand und eine Zopfperücke mit der königlichen Kobra (Uräus-Schlange) auf der Stirn.

76–77

Luftaufnahme des unter Sethos I. errichteten Millionenjahrhauses, eingebettet ins heutige Dorf Gurna, nach dem es benannt ist. Gut erhalten sind nur noch die rückwärtigen Tempelbauten. Die Speicher, der Palast und die Umfassungsmauer sind weitgehend moderne Rekonstruktionen.

Der Totentempel Sethos' I., des zweiten Herrschers der Neunzehnten Dynastie, ist von den am Rand der Wüste errichteten Königstempeln des Neuen Reichs der am weitesten im Norden gelegene. Sethos wählte ein Gelände in Theben-West, das Hefet-her-nebes hieß, »Seinem Herrn gegenüber«, wobei mit »Herr« der Reichsgott Amun-Re gemeint ist, dessen Hauptheiligtum Karnak am Ostufer des Nils und somit Sethos' Anlage genau gegenüber lag. Der Tempel ist nach Osten, nach Karnak ausgerichtet. Heute heißt der Ort Gurna, in Anlehnung an el-Qurn, die arabische Bezeichnung für den höchsten Gipfel des thebanischen Bergmassivs hinter dem Tal der Könige.

Erklärung		Bildwerke	
A	Umfassungsmauer	1	Reliefs im Torgang und vier Votivstelen Sethos' I. und Ramses' II. bei der Anbetung der Götter
B	Königl. Kultpalast	2	Stark beschädigtes »Erscheinungsfenster« mit gefangenen Asiaten
C	Erster Pylon	3	Deckensteine mit Inschriften vom ersten Pylon und Wandblöcke vom äußeren Hof mit Darstellung des Königs bei der Anbetung der Götter
D	Erster Hof	4	Barken der thebanischen Göttertriade und des Königs; Prozession zum Schönen Fest des Wüstentals
E	Nordtor	5	Sethos I. und Ramses II. bei der Anbetung der thebanischen Triade und anderer Gottheiten
F	Zweiter Pylon	6	Ramses II. verehrt die Götter und seine deifizierten Vorgänger Ramses I. und Sethos I.
G	Zweiter Hof	7	Sethos I. vor der heiligen Barke des Amun-Re
H	Säulengang	8	Sethos I. betet zu den Göttern. Im Nebenraum Begräbnis des Osiris
I	Speicher	9	Thot bei der Verehrung des deifizierten Sethos und die heilige Barke des Königs
J	Kapelle für Ramses' I.	10	Ramses II. betet zu Re, Amun und anderen Göttern
K	Sonnenhof		
L	Säulenhalle		
M	Transversale		
N	Sanktuar des Amun-Re		
O	Vier-Säulen-Halle		

In der Antike gelangte man zum Sethostempel über einen Kanal, der vom Nil abzweigte und entlang der Landstraße verlief, die zu Königin Hatschepsuts Tempel im Kessel von Deir el-Bahari führte. Diese günstige Lage gewährleistete, dass Sethos' Tempel beim Schönen Fest des Wüstentals eine bevorzugte Rolle spielte. Bei dieser jährlichen Festveranstaltung wurden Prozessionsbilder Amun-Res, seiner Gemahlin Mut und seines Sohnes Chons in Amuns großer vergoldeter Flussbarke über den Nil gerudert und dann auf dem Kanal nach Deir el-Bahari gebracht, wobei Station im Tempel des regierenden Pharao und seiner bedeutendsten Vorgänger gemacht wurde. Priester trugen die Statuen in vergoldeten, schiffsförmigen Schreinen, die man heilige Barken nannte, auf ihren Schultern.

Sethos I. regierte zu einer Zeit, als die Stellung des Pharaos infolge der revolutionären Reformen des »Häretikers« Echnaton noch nicht wieder vollständig gefestigt war. Nach dem Tod von Echnatons Nachfolger Tutanchamun, der kinderlos starb, wurden drei Regenten ernannt, die keiner königlichen Familie entstammten. Auf den dritten von ihnen, Ramses I., folgte dessen Sohn Sethos I., der die Erbmonarchie wieder einführte. Ramses I. regierte nur knapp zwei Jahre, zu kurz für die Vollendung eines Tempels, und es lag an Sethos I., für den Kult seines Vater in Gurna einen eigenen Tempel zu schaffen. Der Komplex erhielt die Bezeichnung »Herrlich ist Sethos I. im Hause des Amun in Theben-West«.

Gurna entstand gleichzeitig mit Sethos' I. eindrucksvollstem Bauwerk, dem Großen Säulensaal im Reichstempel von Karnak am gegenüberliegenden Ufer des Nils, dem er den kürzeren Namen »Herrlich ist Sethos I. im Hause Amuns« gab.

Die beiden Namen unterscheiden sich inhaltlich nur durch die Beifügung »im Westen Thebens«, was darauf schließen lässt, dass auch die beiden Anlagen die gleichen Aufgaben erfüllten: Beide waren den Kulten Amun-Res und des vergöttlichten Königs geweiht.

Heute steht nur noch das rückwärtige Drittel des Komplexes von Gurna, das vollständig aus Stein errichtet wurde. Die übrigen Anlagen bestanden weitgehend aus Lehmziegeln, von denen kaum noch etwas übrig ist. Der Gesamtbereich war von einer dicken Mauer aus Lehmziegeln mit in Abständen eingelassenen Strebpfeilern umgeben; denn ägyptische Tempelanlagen galten als göttliche Festungen, deren Wälle die sakrale Welt, die sie umfriedeten, vor den chaotischen Mächten der profanen Außenwelt schützen sollten. Diese Mauern hat man restauriert. Man betritt heute die Anlage durch ein Seitentor an der Nordostecke, weil der ursprüngliche Haupteingang an der Ostseite unter Trümmern begraben liegt und das Dorf Gurna unmittelbar dahinter beginnt.

78–79
Der Totentempel Sethos' I. in Theben-West. Am Wüstenrand gelegen und von einer Mauer aus Lehmziegeln umgeben, wirkte der Tempelkomplex wie eine Festung. Zur eigentlichen Tempelanlage gehörten zwei offene Höfe mit Pylon-Eingängen. Nur die überdachten Bauten im rückwärtigen Teil sind aus Stein errichtet. Außerhalb des Tempels liegen die Magazinbauten, ein Kultpalast und ein heiliger Brunnen.

Äusserer Pylon und Vorhof

Der Haupttempel ist in drei Bereiche unterteilt. Den äußeren und mittleren bilden zwei offene Höfe, in die man durch ein von zwei abgeschrägten Ecktürmen flankiertes monumentales Tor – einen Pylon – gelangte. Vom Pylon des äußeren Hofs sind lediglich die Grundmauern der Türme erhalten, daneben einige stark verwitterte Kalksteinreliefs von den Innenwänden des Durchganges. Drinnen standen zwei kolossale Sphingen mit dem Rücken zu den Tortürmen, von denen nur noch die Sockel und Bruchstücke der Bekrönung übrig sind. Die Inschriften auf den Sockeln enthalten die Titulatur Sethos' I. und eine Anzahl von »Namensringen«. Aus dem oberen Teil dieser Ovale ragen die Köpfe und Oberkörper gefesselter Gefangener. In jedem Ring steht der Name einer Stadt, eines Landes oder Volkes: der Feinde Ägyptens. Diese zahlreich vorhandenen Ringe mit Namen sind eine Quelle von unschätzbarem Wert für die Erforschung der Geschichte und Geographie des Altertums.
In der Nähe stehen vier rundbogig abschließende Stelen aus Sandstein mit Darstellungen Sethos' I. und Ramses' II. bei der Anbetung der Götter. Heute gleicht der äußere Hof mit den hier aufgestellten verzierten Steinblöcken aus zerstörten Teilen der Anlage einem Skulpturengarten. Vom äußeren Pylon stammen ein Fragment des großen Türsturzes mit Darstellungen von Sethos, wie er vor den Göttern kniet, und massive Deckenplatten mit ausgestreckten Geierschwingen. Von den größtenteils aus Lehmziegeln errichteten Bauten des inneren und mittleren Hofes und vom zweiten Pylon zwischen beiden ist so gut wie nichts mehr vorhanden.

Kultpalast

An der Südflanke des äußeren Hofes haben Archäologen einen kleinen Königspalast teilweise wieder hergestellt. Zwar sind die Mauern nur einen Meter hoch, lassen aber den Lageplan erkennen. Kultpaläste waren eine typische Einrichtung in thebanischen Totentempeln und dienten als Stätten der Magie, denn sie beherbergten den Geist des Pharaos in seinem Leben nach dem Tod. Die Fassade besteht aus einer Säulengalerie mit einem »Erscheinungsfenster« in der Mitte. Auf diesem Balkon stand einst der König, um die Höflinge, die sich unten im äußeren Hof des Tempels versammelt hatten, zu begrüßen und zu belohnen. Im Palast selbst gab es eine weitläufige Säulenhalle und dahinter eine kleinere mit einem Podest für den Herrscherthron. Zu den davon abzweigenden Nebenräumen gehörten das königliche Schlafgemach, ein Baderaum und Vorratskammern.

Der Innenhof

Vom Innenhof des Tempels steht nur noch der steinerne, von zehn Säulen getragene Portikus an der Westseite, der in das hintere Tempelhaus integriert ist. Die beschädigten Reliefs an der Fassade schildern Episoden aus dem Schönen Fest des Wüstentals. Neben den heiligen Barken der thebanischen Gottheiten Amun, Mut und Chons sind die Flussschiffe Sethos' I. dargestellt und zwei »Ortsheilige« aus früheren Epochen: der vergöttlichte Amenophis I. und Königin Ahmose-Nefertari, die Schutzpatrone Westthebens. Alle sind in das Fest einbezogen. Die Zeremonien werden von Ramses II., Sohn und Nachfolger von Sethos I. geleitet. Denn Sethos hatte den Tempel zwar errichten lassen, war aber schon bald darauf gestorben, und die Inschriften wurden von den Ramessiden vervollständigt.

80 oben

Zwei Votivstelen hinter dem Durchgang zum ersten Hof zeigen Sethos I. bei der Anbetung der Götter.

80 Mitte

Der deifizierte Sethos (rechts im Bild) schreitet hinter seinem Sohn Ramses II. anlässlich einer Kulthandlung. Dieses Relief befindet sich an der Wand des Säulengangs am Ende des zweiten Hofs. Es entstand nach Sethos' I. Tod, als Ramses II. den Tempel vollenden ließ.

Säulenhalle, Seitenkapellen und Quergang

Das Innerste des Tempels besteht aus drei Bereichen, die man über die Säulenfront des Portikus durch drei separate Eingänge betritt. Das große Tor in der Mitte führt in die Säulenhalle, deren Decke von sechs Säulen in Form von Papyrusstängeln getragen wird. Die Wände sind von sechs kleinen Kapellen gesäumt, je drei an der Nord- und Südseite. Die drei nach Osten hin gelegenen Räume sind »Scheinkapellen«, eigentlich nur Korridore zu anderen Teilen des Tempels. Die vier am westlichsten gelegenen Kapellen sind verschiedenen Aspekten des königlichen Bestattungskults geweiht. Am bedeutendsten sind die Mittleren. An der Nordseite zeigen die Reliefs in der mittleren Kapelle rituelle Darstellungen der spirituellen Vereinigung des Pharaos mit

Amun-Re. In der auf der Südseite gegenüberliegenden Kapelle wird der Gottkönig von verschiedenen Göttern verehrt und bedient. Auf den Reliefs in der sich nach Südwesten hin anschließenden Kapelle sehen wir die heilige Barke des Königs. Er nimmt die Huldigungen einer Göttin entgegen, die eine hohe, rechteckige Hieroglyphe auf dem Kopf trägt, in der sich mehrere kleinere befinden. Diese bilden den Namen des Tempels. Die Göttin selbst, die symbolisch als Mutter Sethos' bezeichnet wird, ist die Personifikation des gesamten Gurna-Tempels. Die Kapelle im Nordwesten enthält Bilder von Sethos' Vereinigung mit Osiris, dem Gott der Unterwelt.
Auf den Reliefs in den Seitenkapellen ist nur Sethos I. mit den Göttern dargestellt, aber an den Wänden der Säulenhalle, aus der man zu den Seitenkapellen gelangt, befindet sich Sethos in Gesellschaft seines Sohnes Ramses II. Inschriften auf den Türposten, Säulen und an der Decke erwähnen ihre Titel in gleichwertiger Bedeutung. Die vier Seitenkapellen wurden noch zu Sethos' Zeiten fertiggestellt, die Inschriften in der Säulenhalle jedoch erst später unter Ramses II. Ramses

80 unten

Die zehn Säulen, die das Dach des Säulengangs tragen, sind sog. Papyrusbündelsäulen mit geschlossenen Kapitellen. »Fruchtbarkeitsdellen« genannte Einbuchtungen am Fuß der vordersten Säule stammen von Pilgern, die sich der magischen Kräfte des Tempels bedienen wollten, insbesondere von Frauen, um schwanger zu werden.

offenbart darin die Wertschätzung für seinen verstorbenen Vater, indem er ihn an seiner Seite auftreten lässt, als lebe er noch.
An die Säulenhalle grenzt ein querlaufender Korridor an. Sein Boden liegt etwas höher, so dass eine kurze Rampe hinauf führt. Die Bodenflächen ägyptischer Tempel steigen traditionell zum Sanktuar leicht an, womit symbolisch der Urhügel nachgebildet wird, der sich der Überlieferung zufolge in der Vorstufe der Schöpfung als erste Landfläche aus Nun, dem Urmeer, emporgehoben haben soll. Auf ihm schuf der Sonnengott das Universum. Folglich war jeder Tempel ein Modell des Schöpfungsaktes, und die Säulenhalle symbolisierte den Schilfgürtel am Rand der urzeitlichen Landinsel.

80–81

Nur der aus Steinen errichtete rückwärtige Teil des Tempels mit dem Säulengang zum zweiten Hof ist erhalten geblieben. Die Anlagen der Höfe und die Pylontürme bestanden aus ungebrannten Lehmziegeln. Die beschrifteten Steinplatten der Türpfosten und des Sturzes sind noch übrig und säumen den Weg zum Säulengang.

81 unten

Papyrusbündelsäulen mit geschlossenen Blütenkapitellen tragen das Dach des zentralen Säulensaales – eines der wenigen intakten Dächer thebanischer Tempelbauten. Die Reliefs an der Wand entstanden unter Ramses II. nach dem Tod seines Vaters Sethos.

82 oben
Die Flachreliefs in der Vier-Säulen-Halle hinter dem Sanktuar des Amun gehören zu den wenigen, die noch unter Sethos I. entstanden. Die Szenen zeigen ihn beim täglichen Kultbildritual. Auf dem Bild sieht man Sethos, wie er den Gott in einen Tuchumhang kleidet.

82 Mitte
Ramses II. reicht Amun in Gestalt des Fruchtbarkeitsgottes und Isis zwei Weingefäße. Das leicht versenkte Relief in der Ramses I. gewidmeten Kultkapelle entspricht der vom König nach seinem Amtsantritt bevorzugten Technik und wirkt etwas grob, verglichen mit den zu Lebzeiten seines Vaters entstandenen Flachreliefs.

83
Auf einem Relief Ramses II. steht der vergöttlichte Sethos I. hinter dem Gott Chons in einem Raum, der dem Kult Ramses I. geweiht war. Der König hält in seiner rechten Hand das Anch-Zeichen und mit der linken das Heka-Zepter vor die Brust.

Die bedeutendsten Heiligtümer der thebanischen Götter

Im querlaufenden Korridor befinden sich fünf Türöffnungen in der Westwand, von denen die drei mittleren zu den Kapellen führen, die den heiligen Barken der thebanischen Göttertriade geweiht sind. Die mittlere und größte ist die Amun-Res. Die beiden kleineren von Mut und Chons schließen unmittelbar im Süden beziehungsweise Norden an. Diese wiederum sind nach Süden und Norden hin von zwei tiefer liegenden Kapellen flankiert, deren Wände völlig kahl sind und keine Hinweise auf ihre kultische Nutzung geben. Die Wände in den Kapellen der drei thebanischen Gottheiten hingegen zeigen Sethos bei der Verehrung ihrer heiligen Barken, die zum Fest des Wüstentals hier untergebracht waren. Am eindrucksvollsten und auch am besten erhalten sind die Darstellungen in der Kapelle Amun-Res. In ein langes Faltengewand gekleidet, zeigt der König seine Verehrung für Amun-Res heilige Barke mit den Köpfen der ihm geweihten Widder an Bug und Heck. Der große Schrein für die Kultstatue ist mit einer Abfolge von Hieroglyphen verziert, die in einer Art Kryptogramm die Namen des Königs und der Gottheit ergeben. Durch eine Türöffnung in der Rückwand von Amun-Res Kapelle gelangt man in eine große, rechteckige Halle, deren Decke vier quadratische Pfeiler tragen, die mit Szenen des Königs bei der Anbetung verschiedener Götter verziert sind. In der Mitte der Westwand, die den hinteren Abschluss der Tempelanlage bildet, befand sich die heute zerstörte »Scheintür«, ein magisches Portal, durch das der Ka des Königs aus der Unterwelt in die diesseitige Welt emporsteigen

sollte, um die Opferspeisen entgegenzunehmen, die er für sein Nachleben brauchte. Scheintüren wie diese waren ein fester Bestandteil des ägyptischen Bestattungskults, und jene in der Kapelle Ramses' I. im Tempel von Gurna ist erhalten geblieben.
Von der hinteren Halle zweigen noch vier weitere Nebenräume ab, die jedoch weitgehend verfallen sind. Glücklicherweise sind im nordwestlich gelegenen Raum einige aufschlussreiche Darstellungen der Zerstörung entgangen. Sie zeigen Episoden aus Bestattungsriten des Osiris. Die Zwillingsschwestern des ermordeten Gottes, Isis und Nephthys, stehen unter dem Schmerz ihrer Trauer weit vornüber gebeugt, die Hände fast am Boden, während Horus und der König zu beiden Seiten der Bahre knien. Osiris' Leichnam liegt auf einem löwenförmigen Totenbett.

Der Sonnenhof

Nördlich der Mittelachse des Tempels befindet sich ein großer rechteckiger Hof, der dem Kult des ägyptischen Sonnengottes Re geweiht ist. In die vier Wände sind Nischen eingelassen, und in der Mitte steht ein Opferaltar in Gestalt eines großen Steinsockels.
Vom überdachten Portikus aus zehn Säulen ist nichts mehr vorhanden. Dieser Typus des »Sonnenhofs« war ein fester Bestandteil der Architektur thebanischer Totentempel. Er befand sich immer auf der Nordseite, wo er dem Hauptheiligtum des Sonnengotts Re im nördlich gelegenen Heliopolis am nächsten war. Hinter dem Sonnenhof liegen die Ruinen von vier Vorratskammern mit einigen unfertigen Inschriften. Diese wurden im gesamten Nordflügel erst nach Sethos' I. Tod unter Ramses II. angebracht.

Die Kapelle Ramses' I.

Am Südende des Portikus befinden sich mehrere Gemächer, die dem Kult Ramses' I. geweiht waren, des Vaters von Sethos I. Dieser starb zu früh, um einen eigenen Tempel errichten zu lassen. Die Decke des äußeren Vestibüls wird von zwei Säulen getragen. Darstellungen Ramses' II. zieren die Wände. Auf vielen dieser Reliefs huldigt er sowohl seinem verstorbenen, deifizierten Vater Sethos als auch seinem Großvater Ramses I. Die erhabenen Arbeiten sind sorgfältig ausgeführt, die versenkten Reliefs hingegen etwas grob. Ramses II. hat die Türeinfassungen, Decke und Säulen mit seinen Namen und seinen Titeln neben denen seines Vaters verzieren lassen. Dieses Nebeneinander zweier Herrschernamen verführte viele Wissenschaftler zu der Annahme, beide hätten in Personalunion regiert. Inzwischen wird es für wahrscheinlicher gehalten, dass Ramses II. aus Ehrfurcht vor seinem verstorbenen Vater dessen Werk fortsetzte, wie es die Pflicht eines dankbaren Sohnes war. Um jedoch seine eigene Legitimation zu unterstreichen, nutzte Ramses das Bauprojekt, um zu einer Zeit, da er noch als jung und unerfahren galt, wiederholt auf seinen königlichen Großvater und Vater Bezug zu nehmen.

Außer dem Haupteingang hat das Vestibül noch fünf weitere Portale. Die Nord- und Südtüren führten in andere Tempelbereiche, darunter zu einer Einheit aus zerstörten Nebenräumen an der Westseite hinter der Kapelle Ramses' I. An der Westwand lagen drei längliche Gemächer. Zwei Seitenräume waren mit versenkten Reliefs aus der Zeit Ramses' II. geschmückt. Die Flachreliefs des mittleren Gemachs wurden noch unter der Regierung Sethos' I. vollendet, der den Raum dem Kult seines Vaters Ramses I. weihte. Auch hier findet man Darstellungen der heiligen Barke Amun-Res mit den charakteristischen Widderköpfen. Auf zwei identischen Gegenstücken dahinter salbt Sethos I. seinen verstorbenen Vater Ramses I., der in Gestalt des Osiris wiedergegeben ist.

Zweck all dieser Handlungen war es, der mystischen Vereinigung Ramses' I. mit Amun-Re und Osiris im Nachleben zu gedenken. In der Rückwand befindet sich die gut erhaltene Scheintür Ramses' I., durch die sein *Ka* die Kapelle betrat, um Speisenopfer entgegen zu nehmen. Aus Platzmangel hatte man diesem Raum mehrere Funktionen zugewiesen, für die im Tempelbereich des göttlichen Sethos I. jeweils eigene Räume zur Verfügung standen.

Der heilige See und die Lagerräume

An der Südseite hinter dem eigentlichen Tempel liegt der heilige See, der mehr an einen großen Brunnen mit einer flachen Rampe erinnert. Hierher kamen die Priester, um sich vor dem Gottesdienst mit geweihtem Wasser zu reinigen. Nördlich des Tempels schlossen sich einige heute nur noch als Ruinen sichtbare Speicher für Getreide, Feldfrüchte und andere Güter an, die für die Priesterschaft bestimmt waren sowie für die am Bau des Tempels beschäftigten Arbeiter.
Mag der Sethos-Tempel auch nicht so grandios gewesen sein wie der seines Sohnes Ramses II., das Ramesseum, oder der Komplex von Ramses III. in Medinet Habu, so wurde er doch zum Prototyp aller Ramessidentempel, die in den folgenden zweihundert Jahren entstanden.

84 oben

Männliche und weibliche Halbgötter mit Opfergaben bei der Prozession. Jede dieser »Fruchtbarkeitsfiguren« symbolisiert einen anderen Gau Ägyptens. Die Lotuspflanzen auf den Köpfen identifizieren diese zwei als Personifizierung oberägyptischer Gebiete.

84 Mitte

Nach dem Tod seines Vaters ließ Ramses II. nur Teile des Tempels fertigstellen, die restlichen Arbeiten folgten viel später. Neben einem Portal mit den Titeln des Königs tragen Priester die Barke der Mut.

84 unten

Die Reliefs im Sonnenhof sind vermutlich im 30. Jahr Ramses' II. bei den Vorbereitungen zu seinem ersten Jubiläumsfest fertig gestellt worden. Der König opfert dem Sonnengott Re-Harachte.

84–85

Vier-Säulen-Halle und zerstörte Nebenräume hinter dem Sanktuarium. Pfeiler und Wände sind mit Flachreliefs geschmückt, die für die Regierungszeit Sethos' I. charakteristisch sind. Die Kultszenen an den Wänden wurden kurz vor dem Tod des Königs vollendet.

85 unten

Die tragbare heilige Barke Amun-Res auf einem Flachrelief an der Seitenwand der dem Gott geweihten Hauptkapelle. Goldene Halskrägen zieren die Widderköpfe an Bug und Heck. Die Hieroglyphen an den Wänden des Barkenschreins lobpreisen den Gott und nennen den Namen des Königs.

86–87

Luftaufnahme des Ramesseums in westlicher Richtung. Im Hintergrund die Vorberge der libyschen Gebirgskette. Der in Sandstein errichtete Tempel nimmt den Mittelteil ein. Er ist auf drei Seiten von einem ausgedehnten Wirtschaftskomplex aus Lehmziegeln umgeben. Die Gründung Ramses' II., religiöses sowie Verwaltungs- und Wirtschaftszentrum zugleich, erstreckt sich über mehrere Hektar und war eine der wichtigsten Einrichtungen von Theben-West im Neuen Reich.

86 unten

Usermaatre lautete der Thronname Ramses' II. in seiner frühesten Form. Er behielt ihn bis zur zweiten Hälfte des zweiten Jahres seiner Herrschaft bei. Danach enthielt seine Krönungskartusche eine ausführlichere Version: Usermaatre Setepenre oder »Mächtig ist die universelle Ordnung des Gottes Re«, »Derjenige, den Re auserwählt hat«.

87

Links von der Treppe des zweiten Hofs erhob sich einst eine Statue Ramses' II., von der sich nur der großartige Kopf aus Quarzdiorit erhalten hat. Die noch zu Zeiten von Diodorus Siculus vollständige Statue scheint später zerlegt worden zu sein, wahrscheinlich in christlicher Zeit. Der König, der das Nemes-Kopftuch (die Königshaube) mit der Doppelkrone trägt, dem Pschent, war wohl in sitzender Haltung dargestellt.

Das Ramesseum, der Tempel von Ramses II.

von Christian Leblanc

Eines der großartigsten Bauwerke von Theben-West ist das Ramesseum. Es wurde im 13. Jahrhundert v. Chr. von Ramses II. erbaut, einem der berühmtesten Pharaonen des Neuen Reiches. Dieser weitläufige Komplex, der sich am Rand des Fruchtlands und der Vorberge der libyschen Gebirgskette ausbreitet, liegt heute zum Teil in Ruinen, aber seine einstige Fläche wird auf mehr als sechs Hektar geschätzt. Er umfasste einen Tempel von großer architektonischer Eleganz, ein Mammisi (Geburtshaus) – anscheinend das erste bekannte Beispiel –, Hafenanlagen und einen heiligen See, dazu ein bedeutendes Ensemble aus Lehmziegelbauten, in denen Verwaltung, Justiz und Wirtschaftsbetriebe zusammengefasst waren. Zwei Umfassungsmauern umschlossen den geweihten Tempelbezirk, zu dem man von Osten her gelangte, nachdem man ein monumentales, heute verschwundenes Tor durchschritten hatte. Der Grundriss des Bauwerks ist klassisch und umfasst einen Vorplatz, Pylone (Tortürme), Säulenhallen, ein Vestibül sowie das Allerheiligste. In seinem Urzustand kamen noch Sekundärkapellen hinzu, Krypten, ein chthonischer (unterirdischer) Komplex, ein Sonnenheiligtum und eine Bibliothek. Im Süden des ersten Hofs haben sich die Reste des königlichen Palasts erhalten, in denen der Pharao mit seiner Familie residierte, vor allem bei bestimmten wichtigen religiösen Feiern der Thebaner. Dieser Palast, dessen Grundriss sich erhalten hat, lässt noch heute den Empfangssaal und den Thronsaal ahnen; er wies auf der Vorderseite eine große Öffnung auf, die unter dem Begriff »Erscheinungsfenster« bekannt ist. Von dessen Balkon verlieh der König bei besonderen Anlässen großzügige Belohnungen und Auszeichnungen an die verdientesten Würdenträger seines Reiches.

Im Westen schließt sich der offizielle Teil des Palasts an; ein langer Korridor ermöglichte den Zugang zu den königlichen Wohnungen und Privatgemächern, deren Grundflächen, soweit noch vorhanden, unter den modernen Bauernhäusern verschüttet sind, die an dieser Stelle auf dem Gelände stehen.
Verwaltungseinrichtungen und dem Handel vorbehaltene Räume teilten sich mehrere Nebengebäude, die insgesamt drei Seiten des Tempels umgeben. Dort war neben einer Schule auch ein Gerichtshof untergebracht, ferner Werkstätten sowie Speicher. In diesen lagerten Erzeugnisse von den Landgütern oder die Tributleistungen fremder Fürsten. Im Inneren dieser im Norden und Westen gelegenen und mit Kuppeln überdachten Gebäude waren Wein, Bier, Öl und Fette eingelagert, aber auch Honig, Weizen sowie zahlreiche weitere Lebensmittel, die sowohl für den Opferkult der Götter und des Königs als auch für die Verpflegung des Personals notwendig waren. Zum Teil wurden aus diesen Beständen aber auch Handwerker bezahlt, die ja in Naturalien entlohnt wurden. Sie waren beauftragt, die Königsgräber zu bauen und auszuschmücken. Neben diesen Speichern erhob sich ein langer Säulensaal, dessen Funktion als angebautes Schatzhaus inzwischen erkannt worden ist. In diesem überdachten und zweifellos auch geschützten Raum bewahrte man die kostbarsten Dinge auf, beispielsweise Weihrauch oder Balsam, Essenzen und vielleicht sogar bestimmte Einrichtungsgegenstände, die im Wesentlichen bei religiösen Zeremonien verwendet wurden. Im Nordosten, näher am heiligen See und den üppigen Gärten, zwischen den beiden Umfassungsmauern des Tempels, müssen sich die den Priestern vorbehaltenen Wohnräume befunden haben. Die Ausgrabungen haben bis heute nichts zu Tage gebracht, aber dieses Gebiet ist zugegebenermaßen durch die Ausbreitung des Fruchtlandes verändert worden, wobei die Grenze von da an durch den ersten Pylon gebildet wird.
Auf diesem Gelände waren auch die Küchen und Bäckereien untergebracht, die erst vor kurzem entdeckt worden sind. Man konnte sie von den beiden wichtigen Gebäudekomplexen im südöstlichen Teil aus sehen, deren zahlreiche Säle mit Öfen ausgestattet waren, ferner mit kleinen unterirdischen Vorratskammern, Vorratsbehältern und Werkstätten. Diese beiden architektonischen Einheiten wurden durch einen langen Innenhof getrennt. Dieser hatte zwei im Süden liegende Räume, in denen die Opfertiere geschlachtet wurden. Der Tempel war sogar mit Ställen ausgestattet, in denen zahlreiche Rinder und Schafe untergebracht waren.

Das Ramesseum, mit dessen Bau kurz nach der Krönung Ramses' II. begonnen wurde, war ein Teil dieser »Tempel der Millionen Jahre«, deren erstes bezeugtes Beispiel auf das Ende des Mittleren Reiches zurückgeht. Es handelt sich dabei wohlgemerkt nicht um reine Totentempel, sondern vielmehr um Gedenkstätten, mit denen die Monarchie in Gestalt der Person des Pharao verherrlicht wurde. Dessen Taten sind dort an den Wänden in belehrenden Darstellungen wiedergegeben und verewigen seine vollkommene Symbiose mit Maat, der Göttin der Gerechtigkeit, welche die Harmonie oder, besser noch, die allgemeingültige kosmische Ordnung verkörpert. Der Pharao, der an diesem Ort wieder Teil der göttlichen Sphäre wird, gewinnt zu diesem Zweck in Gestalt seiner versteinerten Verkörperungen kultische Eigenschaften, ob es sich nun um Statuen oder Kolosse handelt. Einer davon, der fast achtzehn Meter hoch war und sich einst auf dem ersten Hof des Bauwerks erhob, trug den Namen »Sonne der Herrscher«.

Auch die Familie Ramses' II. nimmt bestimmte Teile des heiligen Raums ein. Nefertari, die große königliche Gemahlin, erscheint auf den Reliefs und in der Bildhauerkunst, ebenso Tuja, die Mutter des Pharaos, der nicht allein das Mammisi geweiht worden war, sondern auch eine riesige Statue, die man auf dem ersten Hof errichtet hatte und von der im Verlauf unserer Ausgrabungen zahlreiche Fragmente zutage gefördert worden sind. Prinzen und Prinzessinnen hingegen teilen sich in langen Prozessionen die unteren Register an mehreren Wänden, vor allem unterhalb des Vestibüls und in dem großen Säulensaal des Hypostyls.

Während des Lebens Ramses' II. hat der Tempel als großes religiöses und wirtschaftliches Zentrum gedient. Täglich wurde dort der Opferkult für Amun-Re und die anderen Formen des Göttlichen abgehalten, die in dem »Haus des Usermaatre Setepenre« residierten, »vereint mit Theben in der Domäne von Amun von Theben-West«. Unter diesen Letztgenannten fanden sich vor allem Mut und Chons, Re-Harachte, Isis die Ehrwürdige, Ptah, Sachmet, Osiris, Hathor, Atum und noch zahlreiche andere, darunter auch die von Ramses, »dem großen Gott«, und von Ahmose-Nefertari, der Mutter Amenophis' I., die nach ihrem Tod kanonisiert und mindestens bis zur 21. Dynastie verehrt wurde. Mehrere Räume des Hauptbaus waren mit Altären in Barkenform ausgestattet. Diese tragbaren Barken, von denen jede einzelne mit einem Naos ausgestattet war, enthielten das göttliche Bild des jeweiligen Eigentümers (Eigentümerin), das man bei

Erklärung	
A	Erster Pylon
B	Erster Hof
C	Palast und Privatwohnungen in zwei Teilen
D	Koloss Ramses' II.
E	Zweiter Pylon
F	Zweiter Hof
G	Statue des »Jungen Memnon«
H	Säulengang
I	Großer Säulensaal (Hypostyl)
J	Astronomiesaal oder »Barkensaal«
K	Opfertischsaal
L	Das Allerheiligste
M	Mammisi von Tuja und Nefertari

Bildwerke	
1-2	*Die Schlacht von Kadesch (Jahr 5 der Herrschaft)*
3	*Der Friedensvertrag (Jahr 21 der Herrschaft)*
4	*Min-Fest (oberes Register). Schlacht von Kadesch (unteres Register)*
5	*Amun-Re haucht Ramses II. Leben und göttliche Kraft ein (oberes Register). Prozession der Söhne Ramses' II. (unteres Register)*
6	*Prozession der göttlichen Barken*
7	*Litaneien und Verherrlichung der Opfergaben für die kanonischen Heiligtümer Ober- und Unterägyptens*

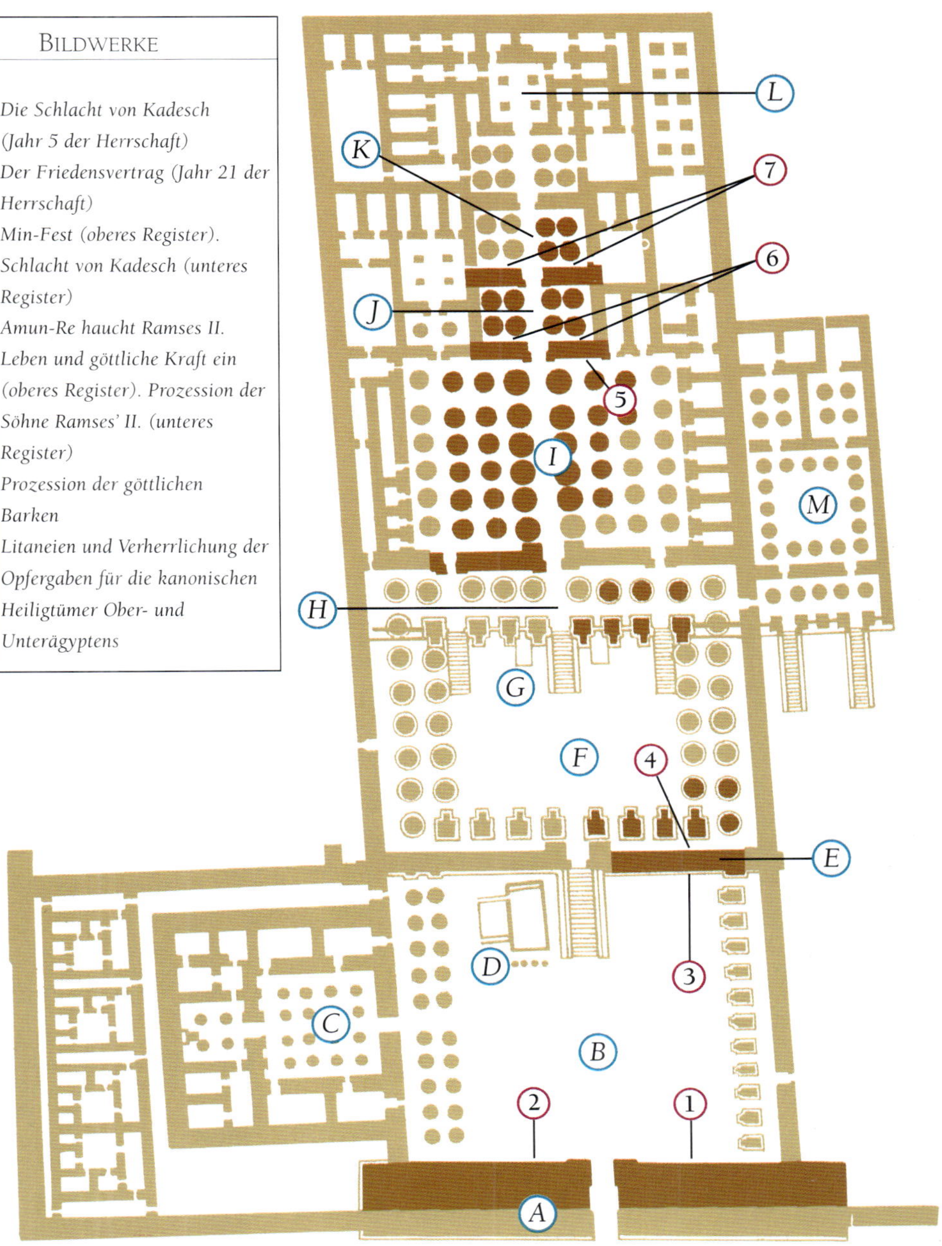

88–89
»Haus der Millionen Jahre des Usermaatre Setepenre, vereint mit Theben auf dem Gebiet der Amun-Domäne« – so lautete der Name des Tempels Ramses' II. in der Ramessidenzeit. Hecatos von Abdera und Diodorus Siculus machten daraus das »Grabmal des Osymandyas«, und der Geograph Strabo erkannte darin das »Memnonium«. 1829 verlieh J.-F. Champollion, als er die romantischen Ruinen dieses berühmten Denkmals abging und studierte, dem Bau eine neue Identität. Er nannte ihn »Ramesseum«, und unter diesem Namen ist der alte Tempel noch heute bekannt.

Das Ramesseum, der Tempel von Ramses II.

90 oben

Der Koloss Ramses' II., »Sonne der Herrscher«, der zum Teil verkauft, zum Teil niedergerissen ist, stellte den Pharao in einer göttlichen Erscheinungsform dar. Fast neunzehn Meter hoch erhob sich die Statue im ersten Hof des Tempels.

90 Mitte

Der Koloss inspirierte den englischen Dichter Percy Bysshe Shelley zu seinem Sonett »Osymandyas«. Auf dem ersten Hof liegen noch zahlreiche weitere Fragmente herum.

90–91 und 90 unten

Der zweite Hof des Tempels in westlicher Richtung. Ursprünglich war er im Norden und Süden von Kolonnaden begrenzt und umfasste im Osten und Westen Portiken mit Osirispfeilern, von denen sich nur die im Nordosten und Nordwesten erhalten haben Zum großen Hypostyl kam man über eine Treppe, die von zwei Statuen Ramses' II. flankiert wurde. Der obere Teil der linken Statue befindet sich heute im British Museum. »Der junge Memnon« wurde 1816 von G. Battista Belzoni im Auftrag der Briten entwendet. Material: Granit und Aplit. Höhe: 2,67 Meter.

festlichen Anlässen mit großem Pomp hinaustrug. Die im zweiten Monat der Erntezeit (im Sommer) an rund zwölf Tagen festlich begangene Pilgerfahrt, das »Schöne Fest des Wüstentals«, war zum Beispiel der Anlass für solche Prozessionen. Im Ramesseum beteiligte sich an dieser Prozession auch das aus Karnak gekommene große Prunkschiff, welches das Bildnis des »Königs der Götter« beherbergte. Die anderen Barken verließen dazu vorübergehend ihre jeweiligen Heiligtümer, um in Theben-West an dieser eindrucksvollen Veranstaltung teilzunehmen, mit der nicht nur die königlichen Ahnen geehrt wurden, sondern auch alle, »die sich mit der Ewigkeit vereint hatten«.

Tatsächlich war die Verwendung des Tempels als Verehrungsstätte (falls sie sich überhaupt nachweisen lässt) erst nach dem physischen Tod des Königs möglich. Das führte zwar zu einem gewissen Rückgang liturgischer oder profaner Tätigkeiten, konnte sie aber nicht ganz unterbrechen. Von da an war der Kult für den verstorbenen Pharao bestimmt, dessen materielle Formen im Inneren des Heiligtums unsterblich geworden waren. Der seines irdischen Eigentümers beraubte Palast ist somit zum privilegierten Aufenthaltsort des königlichen Ka geworden. Diese Verwandlungen werden auch in den Titeln des für den täglichen Opferdienst vorgesehenen Personals sichtbar, der von da an von »Totenpriestern« sichergestellt wurde, denen es oblag, das Andenken an den Verstorbenen für immer wach zu halten. Denn ohne

dieses wären alle Rituale zur Vergessenheit verdammt, das heißt einer unwiderruflichen Vernichtung anheim gegeben. Gegenwärtig nimmt man an, dass die Bilder des Gottkönigs in Gestalt von Osiris-Re, Ramses als Amun oder Ramses als Ptah mit Nahrungsmitteln versorgt wurden und dass man seine ruhmreichen Namen sprach, um sie für alle Ewigkeit wieder lebendig zu machen. So wurde seit der Zeit des Merenptah, des 13. Sohnes und Nachfolgers von Ramses II., bis zur Herrschaft von Ramses IX. eine kultische Tätigkeit im Ramesseum aufrecht erhalten.

Die wirtschaftliche Bestimmung der Totenstiftung hat sich zumindest für gewisse Zeit ebenfalls erhalten. Die Landgüter der Familie und der Krone setzten die Lieferung von Naturalien an den Tempel fort. Die Speicher und Magazine waren mit Lebensmitteln gefüllt, die nach den Bedürfnissen des Kults oder als Gehaltszahlungen an die mit dem Unterhalt der Gebäude betrauten Beamten verteilt wurden. Gegen Ende der Herrschaftszeit Ramses' III. war diese Tätigkeit übrigens so anerkannt, dass die Handwerker von Deir el-Medineh sich zum Tempel der »Millionen Jahre« Ramses' des Großen begaben, um bei den Schreibern ihre rückständigen Gehälter einzufordern. Dieser Streik der Arbeiterschaft von Deir el-Medineh fand im zweiten Monat der Zeit der Aussaat (Winter), und zwar am zwölften Tag des Jahres 29, am »Südtor« des Tempels statt, nicht weit von den Küchen entfernt, in denen Brote, Fladen und Kuchen gebacken wurden, die dann äußerst sparsam unter den für die Pflege des Grabs zuständigen Beamten verteilt wurden. Noch unter Ramses IX. bezeugen Dokumente die Rolle, die dieser große Komplex bei der lokalen Bevölkerung spielte. Ein Petitionssaal, der im Königspalast oder in der Nähe eingerichtet war, hatte vor allem die Aufgabe, Kupferbarren zu verteilen, und vielleicht wurden die Tempelbediensteten in dieser Währung entlohnt. Gleichwohl stellt man ein wenig später nach der Thronbesteigung Ramses' XI. eine sichtliche Verschlechterung der Situation fest. Schon beim Bau der königlichen Nekropolen begannen die Grabräuber, auch die Gedenktempel auszurauben. Auch das Ramesseum entging nicht diesen Unruhen. Gold, Kupfer und kostbare Hölzer wurden aus Kapellen und Türen gerissen. Zweifellos wurden die massiven Elektrumbeschläge, die einst die großen Türflügel jenes Tores schmückten, das den Barkensaal vom Opfertischsaal trennte – Material, auf das an diesem Ort eine Inschrift anspielt –, von den Dieben weggeschleppt. Gleichzeitig wurden das Kultgeschirr ebenso wie die Lebensmittel und Manufakturwaren entwendet – sicherlich oft genug unter den Augen von Mitwissern, deren Aufgabe es gewesen wäre, den Schutz der Kultgegenstände sicherzustellen. Bestimmte Materialien, wie etwa das Holz, konnten sehr schnell ausgetauscht und umgearbeitet werden, wie aus bestimmten Protokollen hervorgeht, die nach einer Untersuchung oder einer Durchsuchung erstellt worden sind.

92 oben links

Im großen Hypostyl des Tempels erhoben sich achtundvierzig Säulen. Die des Mittelschiffs, die höher sind als die der Seitenschiffe, sind mit glockenförmigen Kapitellen versehen.

92 oben rechts

An der Wand des Vestibüls schreibt Thot, der Gott des Wissens und der Schutzpatron der Beamten, anlässlich der königlichen Krönungsriten die Titulatur Ramses' II. ein.

92 unten

Säulen des nördlichen Seitenschiffs des großen Hypostyls. Sie sind mit Reliefs geschmückt, die den König abbilden, wie er den im Tempel residierenden Gottheiten opfert.

93

Westwand (südliche Mitte) des großen Hypostyls. Das Relief zeigt eine zur Krönungszeremonie gehörige Kulthandlung, in deren Verlauf Amun-Re und seine Gemahlin Mut Ramses II. die königlichen Attribute – Krummstab, Geißel und Sichelschwert – überreicht.

Das Ende der Ramessidenzeit markiert den Zusammenbruch der religiösen wie profanen Aktivitäten im Heiligtum von Usermaatre Setepenre. Der ausgeplünderte und verwüstete Tempel, in dem man den Kult von Gottheit und König aufgegeben hat, ist seiner Priester beraubt. Seine Magazine, die einst vor Lebensmitteln überquollen, sind vernichtet. Alles Leben scheint aus diesen Räumen verschwunden zu sein. Von da an bleibt das Andenken an Ramses den Großen allein auf den ungeheuren Szenen erhalten, die immer noch die Wände bedecken. Steinbrecher späterer Zeit haben jedoch nicht gezögert, sich hier für die Errichtung neuer Gebäude mit Baumaterial zu versorgen.

Der Tempel Ramses' II., der seit dem Beginn der Dritten Zwischenzeit in eine ungeheure Priesternekropole verwandelt ist, beginnt etwa um das Jahr 1000 v. Chr., einen neuen Abschnitt seiner Geschichte zu erleben. Namentlich im Wirtschaftskomplex erheben sich Hunderte von Familiengräbern, die zunehmend auf den Platz zwischen den dicken Umfassungsmauern übergreifen, auf dem einst die großen, von Sphingen gesäumten Prozessionswege entlang führten. Sind es zunächst hochgestellte Mitglieder der königlichen Familie der Osorkon und der Takelothis, die sich um das Allerheiligste herum beerdigen lassen, werden diese Familiengräber nach und nach für bescheidenere Priesterfamilien reserviert, die in den verschiedenen Tempeln des Bezirks dienten. Gräber und Kapellen aus Lehmziegeln sind meist mit dem an Ort und Stelle verfügbaren Baumaterial errichtet worden. Die alten Speicher, Küchen und anderen Nebengebäude sind diesen Modifikationen und der neuen Funktion unterworfen worden, die man seitdem dem ganzen Komplex auferlegt hat. Die Verwaltung dieses riesigen Friedhofs ist Priestern anvertraut, die Beisetzungen abhalten und den Kult der »Verklärten« pflegen. Je nach Rang der beerdigten Persönlichkeiten sind die Grabkapellen mehr oder weniger luxuriös oder geräumig. Weniger Wohlhabenden wurden Wandgräber zugeteilt, die Ärmeren in alten Ramessidenmauern untergebracht und anschließend mit Hilfe einiger großer Lehmziegel eingemauert. Andere sind in unterirdischen Kammern bestattet, zu denen man über Schächte gelangt, die in das Gestein der thebanischen Gebirgskette gehauen worden sind. Diese »Wohnsitze der Ewigkeit« sind im allgemeinen recht einfach und nur dazu gedacht, den Leichnam des Verstorbenen aufzunehmen. Ihre Ausstattung ist auf jenes Mindestmaß an Gegenständen beschränkt, die die man als unerlässlich für sein Weiterleben empfand. Sarkophage, Uschebtis, Papyrus und Scheinkanopen stellen häufig zusammen mit einigen Tongefäßen die einzigen Grabbeigaben dar. Von den feierlichen Bestattungszeremonien der Vergangenheit ist man schon sehr weit entfernt. Gleichwohl hat der Totenkult nicht seinen Platz und seine Bedeutung verloren. Für die Ärmsten findet er vor dem Grab unter freiem Himmel statt oder, für die Privilegierteren, in kleinen Kapellen mit Gedenkstelen und Opfertischen. Götterfiguren aus bemaltem Ton begrenzen mitunter solche Grabstätten. Zugleich bieten sie einen zusätzlichen Hinweis auf jene gut erhaltenen Bestattungen im großen Saal des Schatzhausanbaus des Heiligtums.

Fast gleichzeitig mit seiner Umwandlung zur Grabstätte, die künftig seine Bestimmung sein wird, erlebt das Ramesseum auch die ersten Verstümmelungen. Die Sphingen, die auf drei Seiten des Tempels den Prozessionsweg säumen, werden von der Dritten Zwischenzeit an als Baumaterial missbraucht. In der Zeit der 29. Dynastie, unter der Herrschaft des Hakoris, beginnt der allmähliche Abriss des Mammisi, dessen Fundamente künftig dazu dienen werden, den Kleinen Tempel zu vergrößern, der in Medinet Habu von den Thutmosiden einst begonnen wurde. Einige Zeit später, vor allem in der Ptolemäerzeit, wurden ganze Wände abgebrochen sowie Kolonnaden und Stützpfeiler des eigentlichen Heiligtums. Mit diesen Hunderten von Steinblöcken aus dem Ramesseum wurde unter Ptolemäus VIII. und Ptolemäus XII. Neos Dionysos (Spottname Auletes, der Flötenspieler) der große Pylon (Torturm) gebaut, Nachfolger der von Tahargo und Nektanebos I. in Djeme errichten Bauten. Weitere Tempel dieser Region, etwa der von Hathor-Maat in Deir el-Medineh, haben ohne Zweifel sehr von dieser veritablen Karriere profi-

94–95
Ein allgegenwärtiges Thema im ikonographischen Repertoire des Ramesseum ist die Salbung. An der Südmauer des Vestibüls kniet Ramses II. in Begleitung von Atum-Re und Month (nicht im Bild) vor Amun-Re. Der Herrscher nimmt von seinem göttlichen Schöpfer die Atefkrone entgegen.

95 oben
Die Außenseiten der Osirispfeiler sind mit Szenen geschmückt, die Ramses II. in Begleitung von Gottheiten zeigen. Hier weiht der König einem falkenköpfigen Mondgott ein Spitzbrot.

tiert. Und wenn Diodorus Siculus im ersten Jahrhundert vor unserer Zeitrechnung nach seinem Besuch des »Grabmals des Osymandyas« ein Denkmal beschreibt, das noch relativ vollständig zu sein scheint, wird er einer der letzten sein, die es noch in seiner ganzen Pracht gesehen haben. Tatsächlich wurden aus naheliegenden wirtschaftlichen Gründen von der Römerzeit bis mindestens zum Mittelalter dem Bauwerk Ramses' II. Sand- und Kalkstein bis aus den Grundmauern entnommen.

In den ersten Jahrhunderten n. Chr. erfasste jedoch ein neuer Ausbruch religiösen Lebens das Ramesseum, als christliche Eiferer nicht nur von den thebanischen Bergen Besitz ergriffen, sondern sich auch in den uralten einstigen Heiligtümern einrichteten. Diese Epoche war nicht mehr von den Kompromissen oder den Synkretismen geprägt, die noch wenige Jahrhunderte zuvor die alte pharaonische Religion geboten hatte. Von nun an wurden die »heidnischen« Bildnisse verstümmelt, sogar zerstört. Diejenigen, die als noch provokanter empfunden wurden, wie etwa die monumentalen steinernen Bildnisse des Gottkönigs, sind verkauft oder zertrümmert worden. Zweifellos wurden im Verlauf dieser turbulenten Epoche der Geschichte des Ramesseums mehrere Statuen Ramses' II. umgestürzt – darunter der berühmte Koloss im ersten Hof –, und überdies wurden die Osirispfeiler vor der zweiten Säulenhalle enthauptet.

95 unten

Detail einer in die Südmauer des Vestibüls eingemeißelten »königlichen Himmelfahrt«. Der Gott Month haucht Ramses II. göttliches Leben ein.

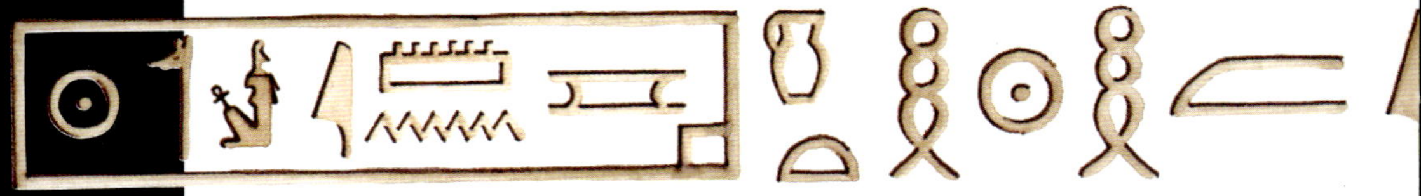

96

Die Darstellungen an den Türen und Fenstern des Zeremonialpalastes Ramses' III., der sich zum ersten Hof in Medinet Habu öffnete, sind stellenweise mit Fayencekacheln verkleidet. Links ein Libyer mit tätowiertem Körper und Seitenlocke vor dem rechten Ohr; rechts ein syrischer Stammeshäuptling, der sich ein reich verziertes Fransentuch um sein Gewand gewickelt hat.

Medinet Habu, der Tempel von Ramses III.

von Betsy M. Bryan

96–97

Nahe dem Fuß der Bergkette im Westen zwischen dem Tal der Königinnen und dem Arbeiterdorf Deir el-Medineh gelegen, ist das mit einer Lehmziegelmauer befestigte Haus der Millionen Jahre in Medinet Habu der südlichste Tempelkomplex am Westufer. Nach dem Neuen Reich entwickelte es sich mit dem Namen Djeme als Zentrum des urbanen Lebens in Theben-West.

Am Südrand der thebanischen Totenstadt erstreckt sich hinter einer gut erhaltenen hohen Lehmziegelmauer ein ausgedehnter Tempelkomplex. Der heutige Name des Dorfes Medinet Habu rührt vermutlich daher, dass in der Nähe der Totentempel Amenophis', Sohn des Hapu, liegt. Dieser war Hofbeamter unter Pharao Amenophis III. und wurde gegen Ende der pharaonischen Zeit deifiziert und verehrt. In Medinet Habu finden sich Tempelruinen aus der Achtzehnten Dynastie bis in die Ptolemäerzeit, aber am bekanntesten sind der kleine Tempel Amuns, den Hatschepsut und Thutmosis III. erbauen ließen, sowie das Haus der Millionen Jahre Ramses' III. in Theben West. Heute betritt man Medinet Habu durch den Pyloneneingang Ramses' III., aber in der Antike lag der erste Eingang einige Meter weiter nördlich und führte zu dem kleinen Tempel aus der Achtzehnten Dynastie. Errichtet wurde er von Hatschepsut und Thutmosis III. für den Kult des Schöpfergottes Amun-Re Kamutef, der auch mit den Tempeln in Karnak und Luxor in Beziehung steht. Der Überlieferung nach soll der kleine Tempel den Urhügel beherbergt haben, dem Amun-Re Kamutef entstieg

und in den er zur Erneuerung zurückkehren musste. Eine feierliche Veranstaltung mit dem Namen »Fest der Dekade« beruhte auf dem Glauben, dass Amun alle zehn Tage von Luxor über den Nil herüber kam, um sich an jenem Hügel zu verjüngen, der in späteren Texten mit »Djeme« bezeichnet wurde. Auf Grund dieser wichtigen Rolle in der ägyptischen Mythologie spielte Medinet Habu eine bedeutende Rolle als Pilgerstätte und wurde gegen Ende des Neuen Reichs und in der Folgezeit Schauplatz festlicher Veranstaltungen. Vielleicht war es die traditionelle Beziehung des kleinen Tempels zu den Prozessionen vom Ostufer über den Nil, die Ramses III. bewogen, sein Haus der Millionen Jahre nahe der Amun-Kapelle zu errichten. Damit machte er den Tempelbereich zur letzten Station der Umzüge beim Schönen Fest des Wüstentals. Wie auch in den Häusern der Millionen Jahre anderer Herrscher wurden die Darstellungen von den Festlichkeiten gut sichtbar an den Wänden der Vorhöfe angebracht. Sowohl die Lage des Tempels als auch dessen Ausmaße sicherten die Rolle Medinet Habus als Austragungsstätte von Festlichkeiten und Wallfahrtsort bis ans Ende der pharaonischen Zeit.

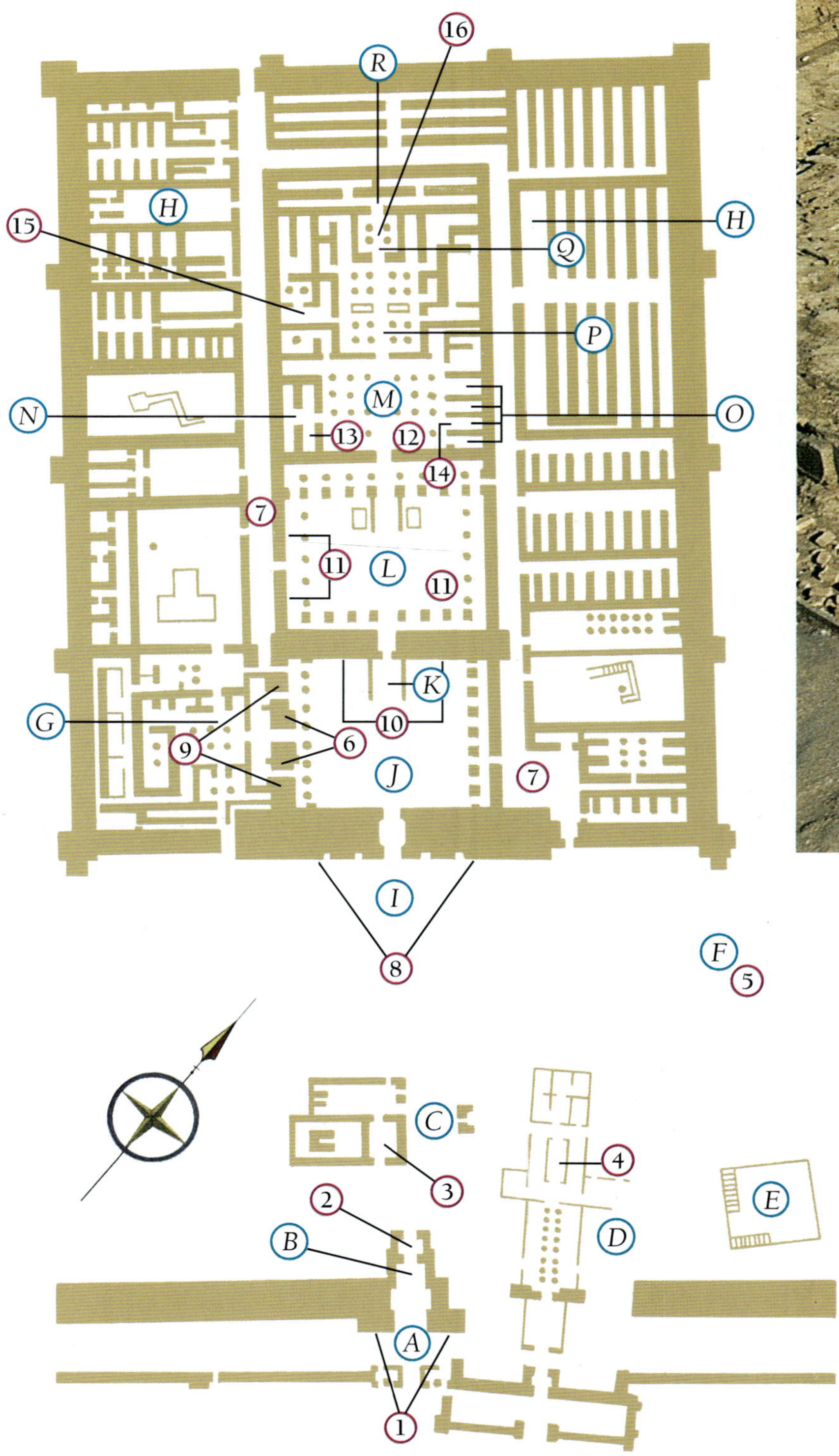

Erklärung

A	Eingang
B	Das Hohe Tor (Zinnenbewehrter Torbau)
C	Kapelle der Gottesgemahlinnen
D	Tempel aus der 18. Dynastie
E	Heiliger See
F	Nilometer
G	Königlicher Kultpalast
H	Magazinanlagen
I	Erster Pylon
J	Erster Hof
K	Zweiter Pylon
L	Zweiter Hof
M	Grosse Säulenhalle
N	Königliche Schatzkammern
O	Verschiedenen Gottheiten und dem deifizierten Ramses III. geweihte Kapellen
P	Zweite Säulenhalle
Q	Dritte Säulenhalle
R	Kapelle Ramses' III.

Bildwerke

1	*Wächterhäuser; Ramses III. vor Amun (Süden) und Re-Harachte (rechts), Asiaten niederstreckend*
2	*Erscheinungsfenster im Durchgang, Ramses III. mit Prinzessinnen im Torbau*
3	*In der Amenirdis-Kapelle; Szenen mit Sepenwepet II. beim Gründungsritual und anderen königlichen Ritualen*
4	*Der Urhügel von Djeme*
5	*Das Tor Nektanebos' I. vor dem Nilometer*
6	*Eingang vom ersten Hof, Südseite. Erscheinungsfenster*
7	*Außenwand des Tempels, Süd- und Nordflügel*
8	*König unterwirft seine Feinde in Gegenwart der Götter auf beiden Seitenflügeln des Pylons*
9	*Reliefs vom Schönen Fest des Wüstentals*
10	*Seevölker-Inschrift und Reliefs mit Gefangenen*
11	*Min-Fest und Sokar-Fest*
12	*Wandszenen mit Ramses III., den Göttern opfernd*
13	*König opfert der thebanischen Triade Gold, Edelsteine und andere Luxusgüter*
14	*König bei rituellen Handlungen vor Gottheiten. Prinzen bringen Ramses III. Opfer dar*
15	*Nebenräume für Osiris und Bestattungsmaterial*
16	*Kapellen der Barken Amuns, Chons und Muts*

Medinet Habu, der Tempel von Ramses III.

98 oben und 99 unten

Die Fenster des Kultpalastes bestehen aus Sandstein mit Fayenceeinlagen und farbiger Staffierung. Dieser Fensterrahmen befand sich unter mehreren, die auf dem Palastgelände gefunden wurden.

98–99

Luftaufnahme von Medinet Habu mit Blick nach Südwesten. Im Vordergrund rechts oben die gut erhaltenen Reste des Kultpalastes mit dem Durchgang zum ersten Tempelhof. Im Umkreis des Tempels liegen die Ruinen der Magazine und an der Südseite die Wohnungen der Priester und Hofbeamten.

100 oben links
Blick aus Süd-Südwest auf den Eingang von Medinet Habu. Man erkennt das »Hohe Tor« mit Fensteröffnungen im ersten und zweiten Stock. Die Zinnenbekrönung des Dachs findet sich auch in der Festungsarchitektur des Neuen Reichs und wurde zusammen mit dem sog. Migdol-Festungstyp wahrscheinlich aus der Levante übernommen.

100 oben rechts
König Nektanebos I. aus der 30. Dynastie (380–362 v. Chr.) fügte vor dem kleinen Tempel in Medinet Habu eine Kolonnade hinzu. Sie zeigt, wie der König Feinde erschlägt.

Im Verlauf der Zwanzigsten Dynastie schwanden Macht und Größe Ägyptens als Folge innerer und äußerer Schwierigkeiten, mit denen die Gesellschaft zu kämpfen hatte. Ramses III. wird häufig als letzter der großen Soldatenkönige Ägyptens bezeichnet und seine Regierungszeit als eine Art Renaissance, nachdem das Land vor seiner Amtsübernahme unter der Schwäche des Königtums und einer Periode des Interregnums gelitten hatte. Die dreißigjährige Regierungszeit Ramses' III. hingegen war nicht nur durch mehrere militärische Erfolge gekennzeichnet, sondern auch durch ein groß angelegtes Bauprogramm, das der König aus der Beute seiner Feldzüge und mit Hilfe der Tempelschätze Amuns finanzierte. Diese Darstellung von Macht und Stabilität, die aus den Reliefs von Medinet Habu spricht, wurde jedoch überschattet von nicht enden wollenden internen Problemen im Herrscherhaus, von denen die fehlgeschlagene

100 unten
Blick auf den großen Torbau aus der Fünfundzwanzigsten Dynastie, den König Taharqo (690–664 v. Chr.) vor dem kleinen Tempel aus der 18. Dynastie in Medinet Habu erbauen ließ.

101
Am »Hohen Tor« von Medinet Habu zeigen Kolossalszenen den Herrscher bei der Niederwerfung der Feinde der Götter. Hier, auf der Nordseite der Mittelachse, erschlägt Ramses III. Asiaten mit dem Krummschwert. Von rechts greift Re-Harachte ein und bietet dem König seine Waffe an. Darüber im Bild Wandreliefs in den Räumen der oberen Stockwerke.

Verschwörung in den Gemächern der Gemahlinnen des Königs die wohl bekannteste ist. Auch Berichte von Grabplünderungen sind aus der Regierungszeit Ramses' III. überliefert, was als Anzeichen wirtschaftlichen Niedergangs zu deuten ist. Auch der Bau einer Schutzmauer um Medinet Habu gegen Ende der Regentschaft des Königs deutet auf die zunehmende Verunsicherung im Gebiet von Theben hin. Wie dem auch sei, innerhalb des Tempelbereichs schien Ordnung zu herrschen. Das festungsähnliche Eingangstor enthielt Räume, in denen Ramses III. und seine Töchter bei vergnüglichen Beschäftigungen dargestellt sind, zum Beispiel beim Brettspiel. Es könnte gut sein, dass es sich dabei um die Privatgemächer der Königsfamilie handelte, denn die Räume liegen im obersten Stock, wo es kühler war und die Luft zirkulieren konnte. Die eigentliche Residenz, der große Kultpalast, lag aber südlich außerhalb des ersten Tempelhofs.

102 oben

Dieser Namensring zeigt einen Feind aus dem Norden; der gefangene Asiate steht über einem Oval mit der Bezeichnung des fremden Landes – hier Kamaka. Die Kartuschen befinden sich an der Außenwand des ersten Pylons, auf dem zu sehen ist, wie Ramses III. in Gegenwart von Amun und Re-Harachte gefangene feindliche Anführer niederstreckt.

102 Mitte

Bogenschützen aus dem Heer Ramses' III. schießen auf libysche Feinde, die leblos zu Boden stürzen.

102 unten

Am ersten Pylon vom Haus der Millionen Jahre Ramses' III. haben sich mehrere Szenen erhalten, die den Herrscher zeigen, wie er in Anwesenheit der Götter Feinde erschlägt. An der Fassade erkennt man Aussparungen für Fahnenstangen und kleine Maueröffnungen für Holzzangen, mit denen die Fahnenmasten gehalten wurden.

102–103

Die Außenwand des zweiten Pylons liegt an der Westseite des ersten Hofs. Hier befinden sich die langen Inschriften des Jahres 8, die von Ramses' III. Krieg gegen die Seevölker berichten. An der Südseite des Eingangs sind die Gefangenen dieses Feldzugs zu sehen. Die Abbildung zeigt eine Gruppe von Philistern mit ihrem gefiederten Kopfschmuck.

103 oben rechts

Innenseite des ersten Pylons mit Inschriften aus dem Jahr 11 vom zweiten libyschen Feldzug. Auf dem Bild empfängt Ramses den Kronprinzen, der ihm Gefangene vom Schlachtfeld übergibt.

Der erste Pylon des Tempels ist mit Reliefs verziert, auf denen Ramses III. in Gegenwart der Götter seine Feinde bezwingt. Wenn man außen ums Tor zur Rückwand auf der Nordseite geht, erblickt man den Anfang einer Reihe von Reliefdarstellungen von den Feldzügen des Königs gegen die Libyer und die Seevölker. In der Libyschen Folge an der Außenseite der Nordwand macht der König Gefangene, während sein Streitwagen auf ihn wartet. Darunter greifen Bogenschützen und Fußvolk die Libyer an. Der König und seine Mannen verfolgen die Libyer auf Streitwagen, und der Pharao nimmt den feindlichen Feldherrn gefangen. Dann empfängt er den Kronprinzen, der weitere Gefangene mit sich führt, darunter den Häuptling der Meschwesch. Das letzte Bild zeigt Ramses III., wie er die Gefangenen Amun vorführt. In der Inschrift spricht der König: »Sage dem besiegten Anführer der Meschwesch: ›Sieh, wie dein Name ausgelöscht wird für immer und alle Ewigkeit. Dein Mund hat aufgehört, Rebellion gegen Ägypten zu predigen, dank der Macht meines Vaters (Amun), des Herrn der Götter‹«. Ebenfalls an der Nordwand befindet sich der Bericht von der Schlacht gegen die Seevölker. Er zeigt den König bei der Inspektion der Truppen vor der Schlacht, dann im Streitwagen auf dem Weg in die Levante. In seinem Streitwagen ist er auch beim Angriff auf Stämme zu sehen, die mit Frauen und Kindern in Ochsenkarren gegen Ägypten ziehen. Es folgt ein Seegefecht, bei dem der König am Ufer steht und

103 unten

Innenseite des ersten Pylons mit Blick auf das »Hohe Tor«.

104 oben
Bogenschützen des Königs schießen auf wilde Stiere in den Sümpfen. Die Soldaten tragen Stricke, um die auf der Jagd getöteten Tiere zu transportieren.

104 unten
Die den Herrscher auf der Jagd begleitenden Soldaten tragen Schilde und Speere. Der König hat die Stiere in den Sumpf getrieben. Dahinter befindet sich der Fluss, und die Tiere sitzen in der Falle.

105
Am Südflügel der Rückwand des ersten Pylons befinden sich Szenen mit Ramses III. bei der Jagd auf Antilopen, Wildesel und wilde Stiere. Der König ist in seinem Streitwagen, schießt mit dem Bogen auf die kleineren Tiere und treibt auf den unteren Reliefs die Stiere in den Sumpf, wo sie von seinen Soldaten erlegt werden.

Pfeile auf die feindlichen Schiffe abschießt. Der König und sein Gefolge treiben reihenweise Gefangene vor sich her, darunter Philister, Tjekker, Scherden und Scheklesch. Bei einer Festung nimmt der König von Prinzen herangeführte Gefangene entgegen, und den Schluss bildet die Zählung der Gefangenen. Ramses III. präsentiert sie Amun, Mut und Chons. Die Inschrift, in der die siegreiche Schlacht gefeiert wird, befindet sich an der Vorderseite des zweiten Pylons. Ramses III. spricht zu seinen Kindern und Soldaten: »Seht die große Macht meines Vaters Amun-Re. Die Länder von den Inseln inmitten der See rückten nach Ägypten vor ... Ein Netz wurde gespannt, damit sie sich darin verfangen. Als sie verstohlen in die Mündung des Hafens eindrangen, fielen sie hinein und kamen nicht mehr heraus. Man entledigte sich ihrer und entkleidete ihre Körper.« Dieser Sieg verhinderte offensichtlich eine große Zuwanderungswelle ins Nildelta – zu einer Zeit,

da Ägypten nicht in der Lage war, seine wachsende Bevölkerung zu ernähren. Die zweimalige Niederlage der Libyer konnte jedoch nicht dauerhaft verhindern, dass diese Stämme sich in Ägypten ansiedelten. Sie besetzten große Teile des Nildeltas, und ihre Abkömmlinge herrschten in der Zweiundzwanzigsten Dynastie über Ägypten.
Die beiden Tempelhöfe von Medinet Habu waren als Festplätze vorgesehen, vor allem für das Schöne Fest des Wüstentals. Die Prozession ist an der Südwand des ersten Hofs und an der Nordseite des zweiten dargestellt. Hier sieht man Priester, die Barken mit den Statuen Amuns, Muts und Chons' tragen und mit Räucherwerk versorgen. An den Wänden des zweiten Hofs zeigen Reliefs die Festlichkeiten für Min und Sokar. Das Min-Fest steht in Beziehung zur Krönung des Königs und der Erneuerung seiner Herrschaft. Auf dem anderen Relief wird die Wiedereinsetzung Sokars als Sonnengottheit gefeiert. Man folgert daraus, dass im Tempel regelmäßig Festveranstaltungen stattgefun-

107 oben links

Szenen an der Nordseite des zweiten Hofs vom Schönen Fest des Wüstentals. Die thebanische Göttertriade wohnt der Veranstaltung bei; hier ist das Kopfprotom der Barke des Chons, des Mondgottes, Sohn Amuns und Muts, zu erkennen.

107 oben rechts

Im Vordergrund der Luftaufnahme ist der vor den zweiten Pylon gebaute erste Hof des Tempels zu erkennen. An ihn schließt sich der zweite Hof an und an diesen die Säulenhallen, die allerdings keine Dächer mehr haben.

107 unten links

Blick auf die Westseite des zweiten Hofs und die zum Portikus hinaufführende Rampe.

107 unten rechts

Die Süd- und Westseite des ersten Tempelhofs. Die Papyrussäulen stehen vor dem Durchgang zum Zeremonialpalast. Durch das Tor des zweiten Pylons rechts sieht man den Portikus des zweiten Hofs.

106

Der Portikus an der Rückseite des zweiten Hofs ist mit Reliefs geschmückt, deren Bemalung noch gut zu erkennen ist. Papyrusbündelsäulen tragen den Architrav, an der Wand dahinter nimmt Ramses von Amun die Herrschaftsinsignien entgegen. In der unteren Wandzone erkennt man zwei seiner 14 Söhne.

den haben müssen. Es gibt sogar einen Festkalender, dessen Inschriften an der Außenseite der Südwand des ersten Hofs eingemeißelt sind. Der Kalender führt die täglich und die jährlich abzuhaltenden Feste auf. In der Einleitung erläutert Ramses III. die Aufgaben des Tempels als Kultstätte und Schauplatz der Feste. Dabei wendet er sich unmittelbar an Amun: »Lass deine Gedanken in seine [des Tempels] Mitte bringen und alle Opfergaben in die Kapelle ... vermehre seine Kinder, damit die einen deine Priester werden, dich zum Mahl rufen und dich lobpreisen, während die anderen dafür sorgen, dass alle täglichen Opfergaben bereitstehen ...«

An die beiden Höfe schließen sich zwei Säulenhallen an. An ihrer Nord- und Südseite befinden sich Lagerräume für Kultgerät sowie Kapellen der Hauptgottheiten, darunter Ptah, Sokar und Amun, in der ersten Halle eine solche für den deifizierten Ramses II. In weiteren Räumen lagerten Salböl, Luxusgüter und Gewänder. Von der zweiten Säulenhalle zweigt eine Raumeinheit ab, in der Ramses III. mit Osiris dargestellt wird. Die Bilder hängen mit jenen seines Grabes im Tal der Könige zusammen. Die Inschriften sind Auszüge aus dem Totenbuch, und man sieht den König in der Unterwelt beim Pflügen und Ernten.

Medinet Habu, der Tempel von Ramses III.

108 oben
Detail mit dem Kopf eines libyschen Gefangenen auf einer Fayencekachel aus dem Palast Ramses' III. Mit solchen Kacheleinlagen waren die Türen und Fenster ausgestattet, um den Triumph Ägyptens über seine Feinde zu symbolisieren.

108 unten
Die Luftaufnahme vom rückwärtigen Teil des Tempelkomplexes zeigt die beiden Säulenhallen und den Bereich eines dahinter liegenden Barkenschreins. An der Nord- und Südseite zweigen kleine Kapellen ab, darunter Schreine für Osiris im Süden und Re im Norden.

108–109
Blick in die Ptah-Kapelle an der Nordseite der ersten Säulenhalle. Die kopflose Alabasterstatue Ptahs hinter dem Eingang sollte ursprünglich Amenophis III. darstellen.

109 unten links
In der Kapelle Re-Harachtes bringt Ramses III. dem Ka Sopeds und eines weiteren Gottes ein Speisenopfer.

109 unten rechts
Zwei Statuengruppen des Königs mit dem Mondgott Thot (links) und der Göttin Maat, die ursprünglich für Amenophis III. (um 1388–1359 v. Chr.) angefertigt wurden.

An der Nordseite der Halle beschwört der Pharao seine Aufnahme in die Barke des Sonnengotts Re, die täglich ihre Bahn über den Himmel und durch die Unterwelt zieht. Der Kult im Tempel Ramses' III. folgte dem traditionellen Kanon, wie dieser für das Neue Reich festgelegt war. Er verband die Kulte Osiris' und Res, um das ewige Leben des Pharaos zu sichern.
Zu Ramses' III. Lebzeiten wurden auf dem Tempelareal zwei Paläste errichtet. Daneben liegen Ruinen weiterer Gebäude aus der frühen Einundzwanzigsten Dynastie. Damals war Medinet Habu zum befestigten Zentrum des thebanischen Lebens aufgestiegen. Es blieb eine lebendige Stadt bis in die Koptische Periode.

Das Tal der Könige

Das Tal der Könige – eine Einführung

von Kent R. Weeks

110
Teil eines Pektorals aus Tutanchamuns Grab mit dem Djed-Pfeiler und der Sonnenscheibe, flankiert von den Göttinnen Nephthys (links) und Isis.

111
Die Göttin Hathor. Darstellung auf der Westwand der Vorkammer im Grab des Haremhab (KV 57).

112–113
Blick von Norden ins Tal der Könige, das von steilen Berghängen und Hügeln umgeben ist. Höchste Erhebung ist »el-Qurn«, das »Horn« am südlichen Talende, zu der ein gewundener Fußpfad hinaufführt. Dessen Pyramidenform mag die Ägypter an das Wahrzeichen des Sonnengottes Re erinnert und dazu bewogen haben, in diesem Tal den Friedhof ihrer Herrscher anzulegen.

113 unten
Pharao Haremhab und die Göttin Hathor umarmen einander. Die Figuren befinden sich an der linken Wand des Eingangs zur Vorkammer im Königsgrab KV 57. Als »Herrin des Westens« trägt Hathor das Symbol des Westens auf dem Kopf.

Während des Neuen Reichs, also etwa fünfhundert Jahre lang (um 1550–1070 v. Chr.), hat man die meisten Pharaonen in den Felsengräbern von Theben im Tal der Könige (KV) beigesetzt. Von den 32 Herrschern der Achtzehnten, Neunzehnten und Zwanzigsten Dynastie ruhen hier mindestens 26. Es gibt 62 nummerierte Grabstätten im Tal der Könige, von denen John Gardner Wilkinson 21 bereits 1827 in geographischer Reihenfolge mit fortlaufenden Nummern versehen hat. Die seitdem ausgegrabenen sind in der zeitlichen Folge ihrer Entdeckung registriert. Hinzu kommen etwa zwei Dutzend begonnene, aber aus unbekannten Gründen nicht zu Ende geführte Gräber. Die Privatgräber im Tal gehörten Beamten, Angehörigen des Herrscherhauses und Priestern. Das Tal der Könige liegt etwa einen Kilometer westlich des Schwemmlandstreifens am Nilufer bei Theben (heute Luxor). Es ist ein kleines Wadi, das durch Regengüsse und Erosion im Laufe mehrerer starker Niederschlagsperioden im Pleistozän aus einer dicken Kalksteinschicht ausgewaschen wurde. Das Tal liegt etwa 70 Meter über dem Nil – 140 Meter über dem Meeresspiegel –, und die angrenzenden Hügel erheben sich im Durchschnitt 80 Meter über den Talboden. Als königlichen Friedhof hat man es vermutlich wegen der geologischen Verhältnisse und der Nähe zum Nil gewählt und wohl auch wegen des pyramidenförmigen Berggipfels el-Qurn, der am Südende des Tals etwa 300 Meter hoch aufragt und wohl als Symbol des Gottes Re gedeutet wurde.

Die Lage eines Herrschergrabes wurde vom Wesir und den führenden Architekten des Landes ausgewählt und dann vom Pharao bestätigt. Während der Achtzehnten Dynastie bevorzugte man Lagen am Fuß steiler Felshänge, die das Tal säumen, vorzugsweise unterhalb von Felsrinnen, die sich bei starkem Regen in Geröll führende »Wasserfälle« verwandelten und so den Grabeingang im Lauf der Jahrhunderte immer tiefer unter Gestein begruben. Gegen Ende der Achtzehnten, Anfang der Neunzehnten Dynastie bevorzugte man die tiefer gelegenen Hänge, und in der Zwanzigsten einen der kleinen Felsausläufer, die von der umliegenden Hügelkette ins Tal hineinragen. Dieser Wechsel der geographischen Lage mag ein Hinweis darauf sein, dass die Gräber der Achtzehnten Dynastie für immer verschlossen bleiben sollten, wohingegen man in der Neunzehnten und Zwanzigsten Dynastie die Grabstätten teilweise zugänglich halten wollte, damit dort noch lange nach der Beisetzung eines Pharaos Zeremonien abgehalten werden konnten. In diesem Fall hat man wahrscheinlich nur die Sargkammer und ihre Nebenräume endgültig verschlossen. Die Ausrichtung der Grabanlagen erfolgte offensichtlich ausschließlich auf Grund geologischer Überlegungen (siehe Tabelle unten). Die Gräberachsen liegen in Kompassrichtungen zwischen 68° und 375°. Um die Wanddekorationen richtig anordnen zu können, gingen die Künstler von einer fiktiven Ost-West-Achse aus, von der aufgehenden zur untergehenden Sonne.

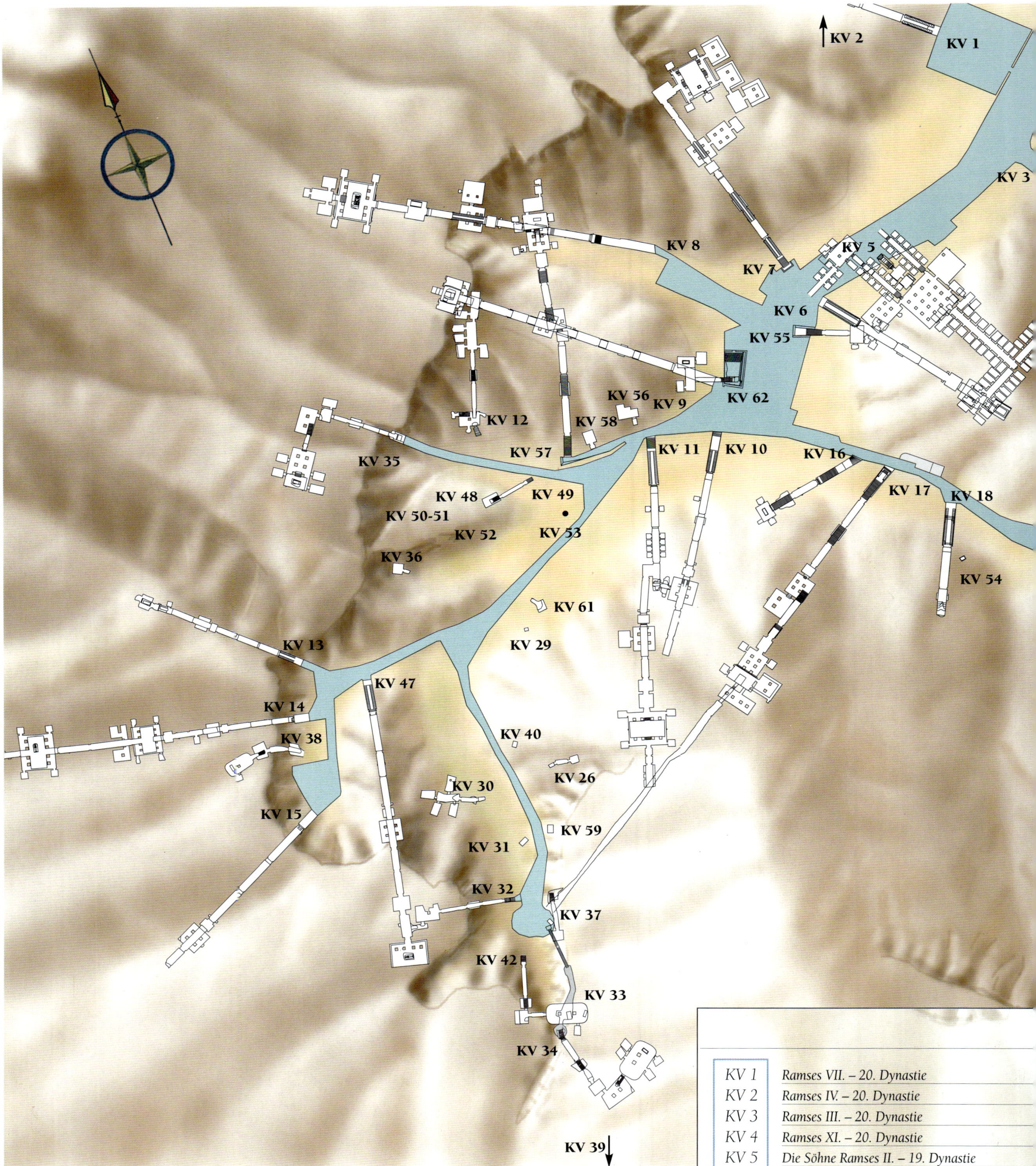

KV 1	Ramses VII. – 20. Dynastie
KV 2	Ramses IV. – 20. Dynastie
KV 3	Ramses III. – 20. Dynastie
KV 4	Ramses XI. – 20. Dynastie
KV 5	Die Söhne Ramses II. – 19. Dynastie
KV 6	Ramses IX. – 20. Dynastie
KV 7	Ramses II. – 19. Dynastie
KV 8	Merenptah – 19. Dynastie
KV 9	Ramses V./VI. – 20. Dynastie
KV 10	Amenmesse – 19. Dynastie
KV 11	Ramses III. – 20. Dynastie
KV 12	Unbekannt – 18. Dynastie
KV 13	Bay – 19. Dynastie
KV 14	Tausert/Sethnacht – 19. Dynastie
KV 15	Sethos II. – 19. Dynastie
KV 16	Ramses I. – 19. Dynastie

114–115
Das Tal der Könige. Wege sind hellgelb eingezeichnet, Pfade nach Deir el-Bahari und Deir el-Medineh als gestrichelte Linien. Die Gräber 1–20 sind in Nord-Süd-Richtung fortlaufend nummeriert, die Nummern 21–62 wurden in etwa in der Reihenfolge der Entdeckung der Gräber vergeben.

115
Pektoral (Detail) aus dem Grab des Tutanchamun mit Lotosblütenmotiven.

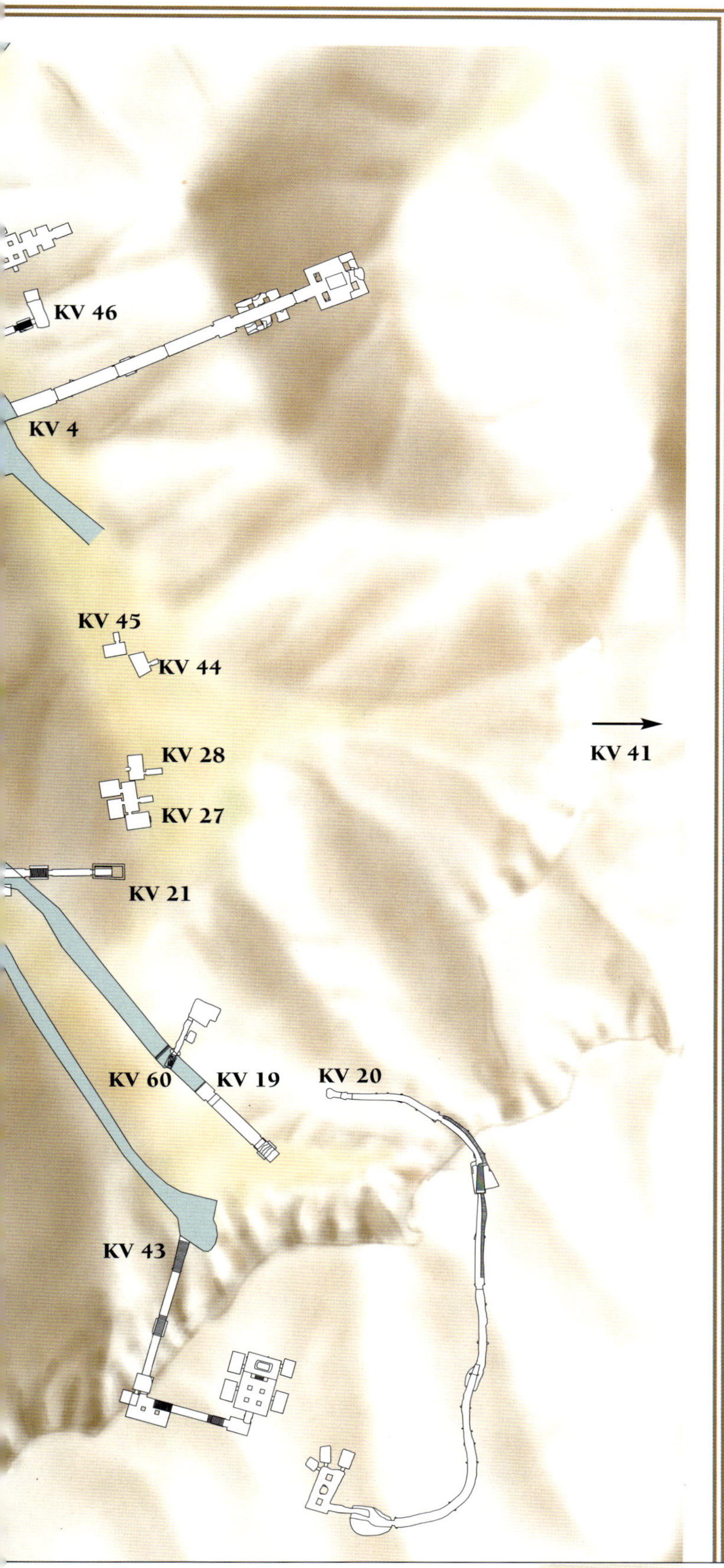

Gegen Ende des Neuen Reichs gab es im Tal der Könige so viele Gräber, dass man für die Anlage neuer kaum noch geeignete Stellen fand. Aus dieser Überfüllung entstanden Probleme. Es ist unwahrscheinlich, dass sich die Architekten der Antike auf einen Gesamtplan des Tals mit der Lage aller Grabstätten stützen konnten, denn in drei Fällen wissen wir, dass man bei der Ausschachtung eines neuen Grabs auf ein bereits vorhandenes stieß. In solchen Fällen hatte man vermutlich drei Möglichkeiten: das neue Grab anders auszurichten, damit es am alten vorbeiführte, die Grabung aufzugeben und anderswo neu zu beginnen oder das alte Grab ins neue einzubeziehen. Sobald man sich auf die Lage eines Grabes geeinigt hatte, wurde die Entscheidung rituell bestätigt. Dazu gehörte, dass man vier oder fünf kleine Gruben aushob, in die Miniaturmodelle von Grabwerkzeugen, Ton- und Steingefäße, religiöse Symbole und Nahrungsmittel gelegt wurden. Solche Gründungsgruben hat man bei neun Gräbern im Tal der Könige gefunden, und manche Wissenschaftler vermuten, dass alle Königsgräber damit ausgestattet waren.

ERKLÄRUNG

KV 17	*Sethos I. – 19. Dynastie*	KV 33	*ca. Thutmosis III. – 18. Dynastie*	KV 49	*Maya (?)– 18. Dynastie*
KV 18	*Ramses X. – 20. Dynastie*	KV 34	*Thutmosis III. – 18. Dynastie*	KV 50	*Tiere – 18. Dynastie*
KV 19	*Mentuherkhepshef – 20. Dynastie*	KV 35	*Amenophis II. – 18. Dynastie*	KV 51	*Tiere – 18. Dynastie*
KV 20	*Hatschepsut – 18. Dynastie*	KV 36	*Maiherperi – 18. Dynastie*	KV 52	*Tiere – 18. Dynastie*
KV 21	*Zwei Königinnen – 18. Dynastie*	KV 37	*ca. Thutmosis III. – 18. Dynastie*	KV 53	*Unbekannt – 18. Dynastie*
KV 22	*Amenophis III. – 18. Dynastie*	KV 38	*Thutmosis I. – 18. Dynastie*	KV 54	*ca. Tutanchamun – 18. Dynastie*
KV 23	*Eje – 18. Dynastie*	KV 39	*Unbekannt – 18. Dynastie*	KV 55	*Teje – 18. Dynastie*
KV 24	*Unbekannt – 18. Dynastie*	KV 40	*Unbekannt – 18. Dynastie*	KV 56	*Unbekannt – 18. Dynastie*
KV 25	*Echnaton (?) – 18. Dynastie*	KV 41	*Unbekannt – 18. Dynastie*	KV 57	*Haremhab – 18. Dynastie*
KV 26	*Unbekannt – 18. Dynastie*	KV 42	*Unbekannt – 18. Dynastie*	KV 58	*ca. Eje – 18. Dynastie*
KV 27	*Unbekannt – 18. Dynastie*	KV 43	*Thutmosis IV. – 18. Dynastie*	KV 59	*Unbekannt – 18. Dynastie*
KV 28	*Unbekannt – 18. Dynastie*	KV 44	*Anen (?)– 18. Dynastie*	KV 60	*Zwei Arbeiter – 18. Dynastie*
KV 29	*Unbekannt – 18. Dynastie*	KV 45	*Userhet – 18. Dynastie*	KV 61	*Unbekannt – 18. Dynastie*
KV 30	*Unbekannt – 18. Dynastie*	KV 46	*Juja und Tuja – 18. Dynastie*	KV 62	*Tutanchamun – 18. Dynastie*
KV 31	*Unbekannt – 18. Dynastie*	KV 47	*Siptah – 19. Dynastie*		
KV 32	*Unbekannt – 18. Dynastie*	KV 48	*Amenemopet – 18. Dynastie*		

116 oben

Werkzeuge aus dem Grab des Architekten Cha (18. Dynastie) in Deir el-Medineh (heute im Ägyptischen Museum, Turin). Zu sehen sind ein Holzhammer, eine Form für Lehmziegel, eine Matte zum Anmischen von Lehm für Ziegel, eine Hacke und ein Beil zur Bearbietung von Holz.

116 unten

Papyrus mit Grabplan Ramses' IV., KV 2, im Ägyptischen Museum, Turin. Die Maße auf der Zeichnung entsprechen denen des Grabes. Es herrscht jedoch Unklarheit darüber, ob das Grab nach diesem Plan angelegt wurde oder ob er erst nach Beendigung der Arbeiten entstanden ist.

117

Auf dieser Luftaufnahme liegt unten Deir el-Medineh, das Dorf im Süden der Totenstadt, wo die Handwerker wohnten, die am Bau und an der Ausschmückung der Königsgräber beteiligt waren. Es gab etwa 70 aus Feldsteinen errichtete Häuser und mehrere Werkstätten entlang der Straße durchs Dorf. Nördlich davon liegt ein Tempel aus der Ptolemäerzeit. Links im Bild führte der Weg der Arbeiter ins Tal der Könige in die Hügel hinauf. Heute ist hier aus Sicherheitsgründen in Abständen Polizei postiert. In der Ferne (rechts oben) erkennt man die moderne Fahrstraße zum Tempel der Hatschepsut in Deir el-Bahari.

Auf Grund Tausender von Gegenständen und Inschriften, die man in Deir el-Medineh gefunden hat, sind wir gut darüber unterrichtet, wie die Königsgräber angelegt, und teilweise auch, wie sie dekoriert wurden. Das Dorf Deir el-Medineh liegt etwa einen Kilometer südlich des Tals der Könige. Dort lebten im Neuen Reich die Handwerker und Künstler, die an der Ausschmückung der Königsgräber beteiligt waren. Hier wurden sie auch bestattet. Heute stehen noch die Überreste von 70 Häusern. Im Neuen Reich lebten hier rund 400 Menschen in kleinen Felssteinhütten an einer schmalen Straße. Jeder war auf eine bestimmte Tätigkeit oder Kunstfertigkeit spezialisiert. Es gab Schachtarbeiter, Maurer, Schreiber, Steinmetzen, Architekten, Entwurfszeichner – eben alle Berufszweige, die der Bau eines Königsgrabs erforderte. Der Beruf wurde vom Vater auf den Sohn vererbt, oft über bis zu sechs Generationen einer Familie. Der Lohn bestand aus Naturalien: Brot, Bier, getrocknete Fische und Gemüse. Im Dorf hat man Tagebücher, Liebesbriefe, Geschäftsaufzeichnungen, Inventare, Einkaufslisten, juristische Schriftsätze und andere Berichte aus dem Alltag gefunden. Was wir über die Arbeit im Tal der Könige wissen, stammt überwiegend aus diesen Quellen.

Die Ausschachter arbeiteten in den Gräbern in einer »linken Kolonne« und einer »rechten Kolonne« von jeweils bis zu mehreren Dutzend Leuten, angeführt von einem Vorarbeiter. Die Arbeiten begannen kurz nach Inthronisierung eines neuen Pharaos und Auswahl der Lage seines Grabes. Die Grabwerkzeuge bestanden aus Feuerstein. Ein oder zwei Hauer brachen den Kalkstein heraus, die anderen bildeten Ketten und förderten den Abraum in Körben aus dem Stollen. Das nötige Licht stammte von Öllampen mit Leinendochten von genau bemessener Länge; wenn der Docht heruntergebrannt war und die Lampe ausging – was nach vier Stunden der Fall war – wurde es Zeit für eine Essenspause oder Feierabend. Dem Öl wurde Salz beigemengt, damit die Flamme nicht rußte. Die Schicht dauerte acht Stunden an acht aufeinanderfolgenden Tagen. Dann gab es zwei freie Tage. Hinzu kamen zahlreiche Feiertage im Jahreslauf. Trotzdem dürfte das Ausschachten eine elende Plackerei gewesen sein. In den Grabstollen war es unerträglich heiß und feucht und man war ständig in Staubwolken gehüllt. Jederzeit lief man Gefahr, sich am scharfkantigen Kalkstein zu verletzen oder von tonnenschweren Brocken erschlagen zu werden.

Es war nicht einfach, einen Stollen genau in der vorgegebenen Richtung vorzutreiben, und die Vorarbeiter brachten Markierungen an Wänden und Decke an, damit die Stollenachse gerade verlief, Richtungsänderungen rechtwinklig wurden oder Durchgänge an die vorgesehene Stelle kamen. Die Vermessungsgeräte waren einfach, aber zweckmäßig. Mit dem Zimmermannswinkel bestimmte man rechte Winkel, das Senkblei garantierte gerade Wände, ein Stück Schnur diente als Längenmaß. Diese elementaren Hilfsmittel erlaubten Vortriebe von großer Genauigkeit. Das Ägyptische Museum in Turin besitzt einen Papyrus mit dem Plan eines ägyptischen Baumeisters von KV 2, dem Grab Ramses' IV., sowie den Abmessungen aller Räume. Inzwischen können wir die antiken Maßeinheiten ins metrische System übersetzen – 1 Elle = 52,3 cm, 1 Hand = 7,47 cm oder $^{1}/_{7}$ Elle, 1 Finger = 1,87 cm – und sie mit den Abmessungen freigelegter Räume vergleichen. Wenn wir davon ausgehen, dass der Plan vor Baubeginn der Grabanlage festgelegt wurde und nicht nach ihrer Fertigstellung – wofür es aber keinerlei Beweise gibt –, dann sind die Schachtarbeiter nur Bruchteile eines Zentimeters von den Vorgaben abgewichen.

118 links

Königin Sethnacht mit der Krone Unterägyptens bei der Begrüßung der Götter. Die schwarzen Linien stammen vom ersten Entwurf; die roten sind Korrekturen an den Proportionen der Figuren. Von einem Pfeiler im Grab der Tausert, KV 14.

Der Kalkstein, in den die Königsgräber geschlagen wurden, ist verhältnismäßig weich und leicht zu brechen und behauen. In vielen Teilen des Tals aber ist das Gestein von fester Struktur, feinkörnig und stabil. An anderen Stellen ist es jedoch rissig und gesprungen und mit tennisballgroßen Einschlüssen aus Feuerstein durchsetzt, was den Abbau erschwert. Festes Gestein erlaubte es, die Wandverzierungen als Halbrelief oder versenktes Relief anzubringen. Bei bröckligem Untergrund musste man sie auf dicke Putzschichten malen, mit denen man zuvor die Wand geglättet hatte. Die Feuersteineinschlüsse im Kalkstein waren übrigens ein wertvoller Werkstoff für die Anfertigung von Werkzeugen wie Axtklingen, Meißel und Hämmer. Viele solcher Feuersteingeräte hat man im Tal der Könige gefunden.

Beim Anlegen der Grabstollen ging man arbeitsteilig zu Werk. Auf die mit dem Vortrieb beschäftigen Hauer folgten Steinmetze, die Wände und Decken mit Sandstein glätteten und Ecken rechtwinklig abschliffen. Sie wurden abgelöst von Arbeitern, die auf den Wänden eine dünne Putzschicht aufzogen, die Wandfläche mit Linien in Felder unterteilten und mit roter Tinte die

118 unten rechts

Für die Farben zum Bemalen der Grab- und Tempelwände verwendete man heimische Rohstoffe wie gelben und roten Ocker und zerstoßene ägyptische Fayence. Die Bestandteile wurden im Mörser zerrieben und mit einem Bindemittel wie Gummiarabicum oder Öl vermischt.

118–119

Die Sonnenbarke im Pfortenbuch, 3. Stunde, mittleres Register, zeigt den Sonnengott als Widder auf einem Schrein, über den die Mehen-Schlange wacht und dem der Gott Sia voranschreitet. Grab des Haremhab, KV 57, Raum J.

119 oben rechts

Pfortenbuch, 2. Stunde, mittleres Register: Detail einer Szene mit der Bezeichnung »Der Stier der Erde«. Grab des Haremhab, KV 57, Raum J.

119 unten rechts

Zwei der neun Götter aus dem Pfortenbuch, 2. Stunde, unteres Register. Grab des Haremhab, KV 57, Raum J.

Figuren und Hieroglyphen grob aufrissen, die als Reliefs entstehen sollten. Künstler und Schreiber benutzten schwarze Tinte, um die Bilddarstellungen zu verfeinern und Schreibfehler zu korrigieren. Die Szenen und Inschriften wurden entweder als Flachrelief aus dem Stein gemeißelt oder auf Putz gemalt. Für die Farben verwendete man Mineralverbindungen: roten und gelben Ocker, blaues und grünes Kupferoxid, Holzkohle und Gips.

Wahrscheinlich brauchten fünfzig oder sechzig Arbeiter nur wenige Jahre, um ein Pharaonengrab im Tal der Könige in den Fels zu schlagen und auszuschmücken. Danach konnten sich die Handwerker von Deir el-Medineh bei anderen herrschaftlichen Bauprojekten verdingen, Gräber für Adelige oder für die eigene Familie in der Nachbarschaft ihres Dorfes anlegen – bis der nächste Pharao gekrönt wurde und dessen Grabanlage an der Reihe war.

Die Gräber der Könige waren manchmal größer als die der Adeligen und von unterschiedlichen Ausmaßen. Es bestand kein Zusammenhang zwischen der Größe eines Königsgrabes und der Länge der Regierungszeit des Pharaos, für den es angelegt wurde. KV5, das Grab der Söhne Ramses' II., war das ausgedehnteste von allen, und seine bis heute ausgegrabenen Räume bedecken eine Grundfläche von über 1800 Quadratmeter. Das Raumvolumen dürfte vermutlich an die 6000 Kubikmeter betragen. Es ist anzunehmen, dass KV5 nach der vollständigen Erforschung eine Ausdehnung von 2500 Quadratmetern haben wird. Die Baupläne für die Königsgräber des Neuen Reichs änderten sich im Verlauf der Epoche. Es gibt kein Grab, das dem anderen gleicht. In einigen Fällen mögen Größe und Planung von der zur Verfügung stehenden Zeit oder den vorhandenen Ressourcen bestimmt worden sein. Viele Ägyptologen vermuten jedoch, dass manche Änderungen der Grabpläne das Ergebnis einer Auseinandersetzung innerhalb der ägyptischen Priesterschaft über theologische Zielsetzungen gewesen sein könnten. Entsprechend den wechselnden Vorstellungen der Priester vom Jenseits und der Reise des Pharaos von diesem Dasein ins nächste könnten Korridore und Kammern hinzugefügt, Räume vergrößert oder verkleinert und die Achse statt gekrümmt gerade ausgerichtet worden sein. Der

KV 22 Grab Amenophis' III. – 18. Dynastie

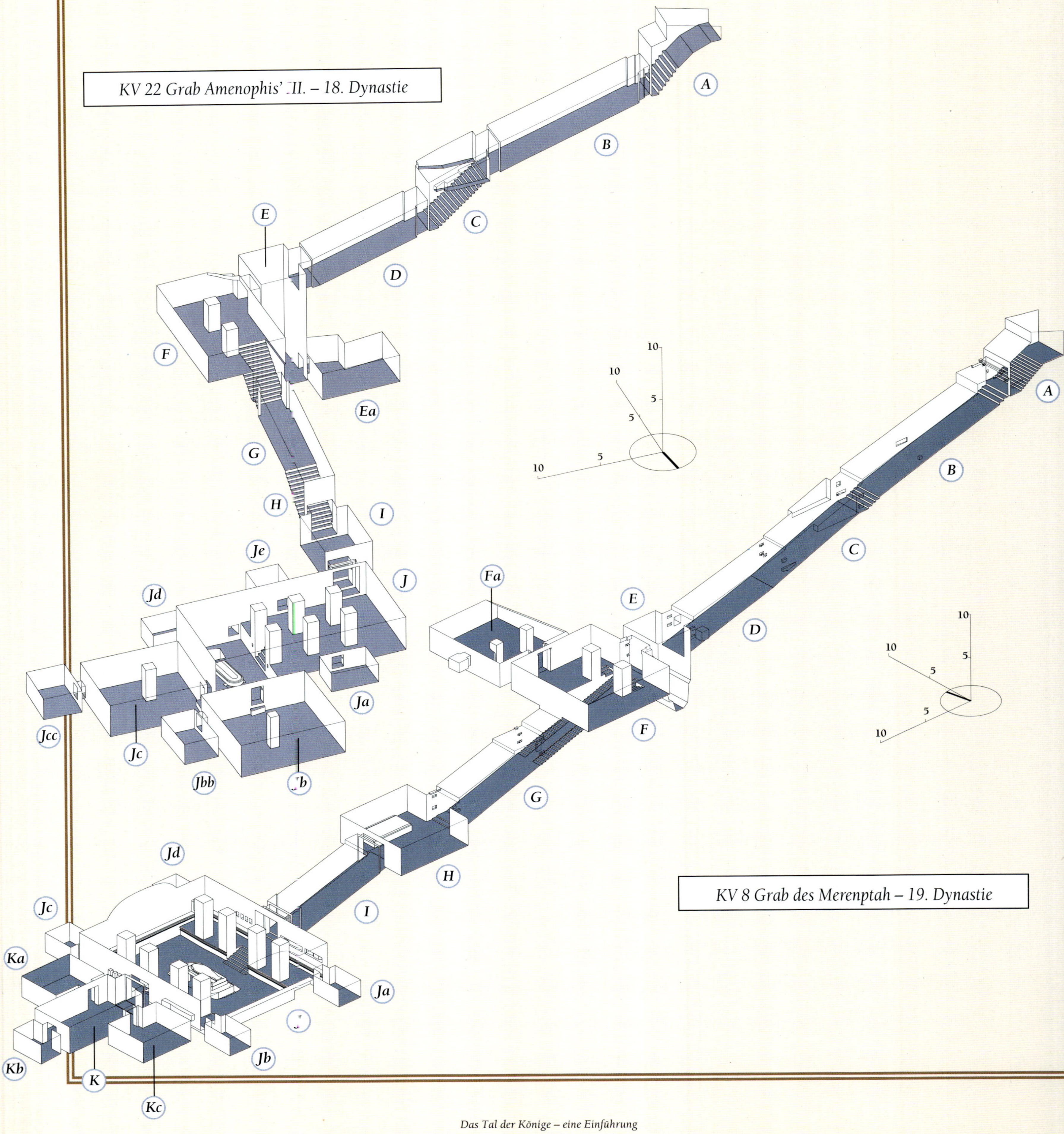

KV 8 Grab des Merenptah – 19. Dynastie

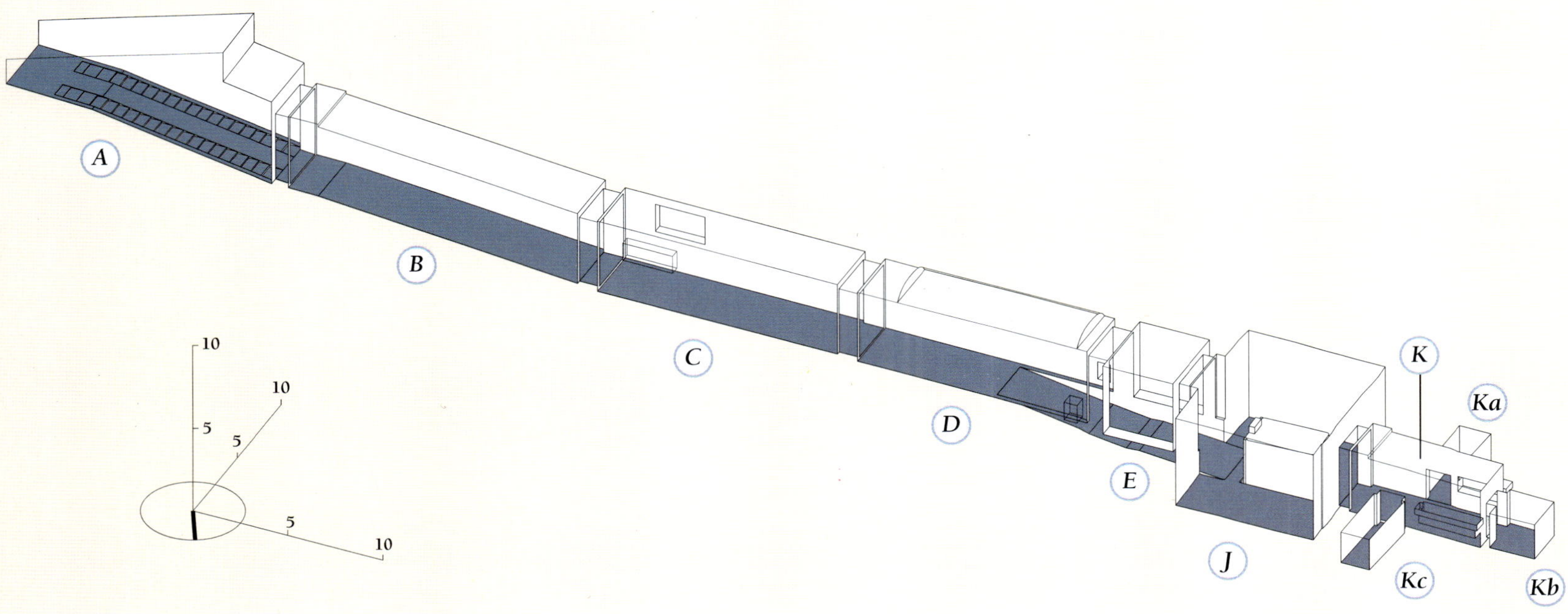

Bauplan eines Königsgrabs war sozusagen eine Straßenkarte von diesem Leben ins nächste, wobei die Inschriften und szenischen Darstellungen als Führer durch die Landschaft dienten. Wenn die Priesterschaft sich auf eine neue Reiseroute festlegte, wurden Grabplan und dekorative Ausstattung geändert.

Die verstorbene amerikanische Ägyptologin Elizabeth Thomas hat die einzelnen Bereiche der Königsgräber des Neuen Reichs untersucht und ihnen Buchstaben zugewiesen. Bei manchen Köngisgräbern fehlen einige Räume, andere haben mehrere davon. Die folgende Tabelle führt diese Räume auf und gibt an, welche Veränderungen sich im Lauf der Zeit ergaben. Soweit bekannt, wird der altägyptische Name jedes Raums angegeben, aber man sollte bedenken, dass die Bezeichnungen aus Texten der Ramessidenzeit stammen und in früheren Epochen anders gelautet haben könnten.

A. Grabeingang, genannt »Durchgangsweg des Schu«. Schu war der Gott der Luft, und vor der Regierungszeit Thutmosis' IV. waren die Eingänge nach oben offen, danach nur noch teilweise.

B. Erster Korridor, »Durchgang des Re« genannt, weil in diesen Gang bei manchen Gräbern – je nach Ausrichtung, Abwärtsneigung und Bauplan – noch Sonnenlicht eindringen konnte. Häufig trugen die Wände Inschriften mit der »Sonnenlitanei«.

C. Anfangs ein Raum mit abschüssigem Boden, später eine Treppe mit Nischen, dann ein Korridor. Die Bezeichnung »Halle, in der sie ruhen« bezieht sich auf die Statuetten der siebenunddreißig Götter aus der Sonnenlitanei.

D. Ein Korridor, dessen antiker Name einfach »Zweiter Gang« gelautet haben mag und/oder »Dritter Gang.«

E. Ein tiefer Schacht oder »Brunnen«, genannt »Halle des Abhaltens«, von dem angenommen wurde, dass er Wassereinbrüche abfangen oder Grabräuber abschrecken sollte. Als Giovanni Belzoni 1817 den Korridor auf der anderen Seite des Brunnens von KV 17, dem Grab Sethos' I., verschlossen und bemalt vorfand, entdeckte er auch Stricke, an denen sich antike Grabräuber in den Schacht hinabgelassen hatten und auf der anderen Seite wieder hinaufgeklettert waren. Dort hatten sie die Barriere aufgebrochen und waren ins Grab eingedrungen. Den Zweck, das Grab zu schützen, konnten diese Schächte also nicht erfüllen. In mehreren Schächten gehen unten Kammern ab, und heute vermuten Ägyptologen, dass sie symbolische Grabstätten des Gottes Sokar-Osiris waren.

F. Diese Säulenhalle heißt »Halle der Wagen«, weil man in den Gräbern Thutmosis' IV., Amenophis' III., Tutanchamuns und anderer Herrscher hier die Überreste von Streitwagen gefunden hat. Manche Ägyptologen gehen davon aus, dass es sich bei dieser Halle um den Übergang zwischen dem höher gelegenen Teil des Grabes, der »Oberen Duat« (Teil der Unterwelt), und dem tiefer gelegenen Teil oder »Unteren Duat« handelte.

G. Den antiken Namen dieses Raums und der nächsten beiden kennen wir nicht. Sie dienten anscheinend dazu, zusätzliche Wandflächen für Darstellungen und Inschriften zu schaffen, und vielleicht auch als Lagerplatz für Bestattungsgerät.

H. Ursprünglich eine Treppe, später ein Gang, dann – zumindest in KV 57, 8 und 11 – ein Raum.

I. Anfangs ein Raum, in späteren Gräbern ein Korridor. Der Papyrus von KV 2 in Turin beschreibt ihn als Rampe.

J. Die Sargkammer hieß in der Antike »Halle, in der man ruht« oder »Haus des Goldes«, wegen des Sarkophags und der Schreine, die hier untergebracht waren, oder auch »Die verborgene Kammer«. Die Gestaltung dieses Raums veränderte sich im Lauf der Zeit; so gibt es welche mit kartuschenförmigem oder rechteckigem Grundriss, mit Pfeilern, Deckengewölbe und/oder zwei Ebenen. Häufig gingen davon vier Nebenkammern ab (Ja-d), von denen zwei der Aufbewahrung von Speisen und Getränken dienten; in den beiden übrigen standen Statuetten und Ritualgerät. Gelegentlich, wie in den Gräbern Amenophis' III., Haremhabs und Sethos' I., waren es mehr als vier.

K. Der »Durchgang an der Innenseite vom Haus des Goldes«, auch »Zweiter Durchgang jenseits vom Haus des Goldes« genannt, wurde in einigen Gräbern gefunden, anfangs als Korridor, später als Raum gestaltet.

L. Die Bestimmung dieses Raums, ursprünglich ein Korridor, später eine Kammer, ist unbekannt. Im Tal der Könige kommt er nur selten vor.

Der beigefügten Tabelle ist zu entnehmen, über welche der oben genannten Räume die jeweiligen Grabanlagen verfügten. Die Gräber sind in chronologischer Reihenfolge aufgeführt.

Im Neuen Reich änderten sich die Achsen der Gräber im Tal der Könige mehrmals. Gräber der Achtzehnten Dynastie hatten häufig die Form eines L, mit einer oder zwei Richtungsänderungen im 90°-Winkel nach links, und lagen gewöhnlich am Fuß eines Steilhangs (Typ 1). Die rechteckige oder kartuschenförmige Grabkammer hatte vier kleine Nebenkammern für Nahrungsmittel und Beigaben. Eine Variante (Typ 2) weist eine Richtungsänderung um 90° nach rechts auf und verfügte erstmalig über den

KV 5 Grab der Söhne Ramses' II. – 19. Dynastie

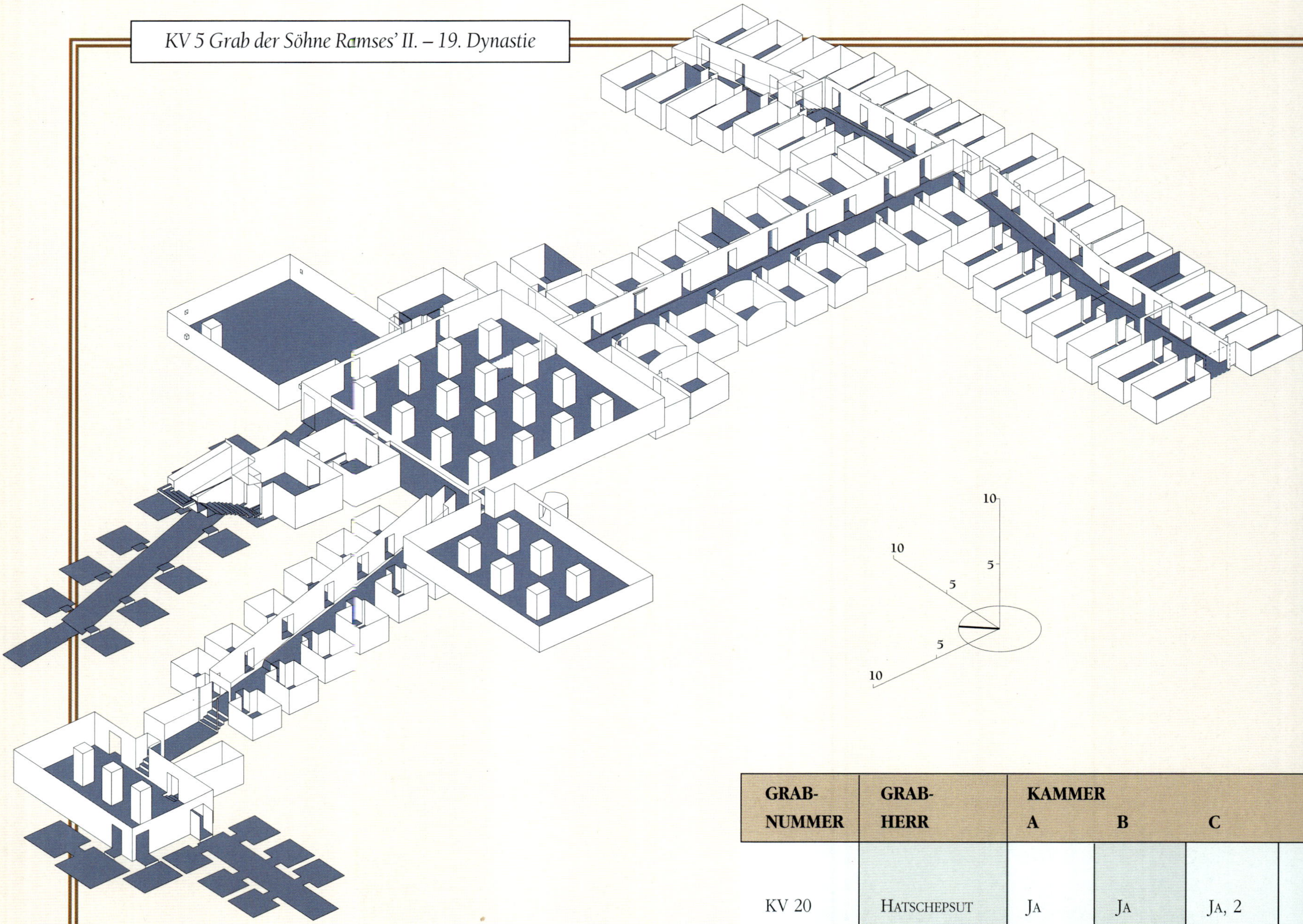

GRAB-NUMMER	GRAB-HERR	KAMMER A	B	C
KV 20	Hatschepsut	Ja	Ja	Ja, 2
KV 38	Thutmosis I.	Ja	Ja	Ja
KV 34	Thutmosis III.	Ja	Ja	Ja
KV 35	Amenophis II.	Ja	Ja	Ja
KV 43	Thutmosis IV.	Ja	Ja	Ja
KV 22	Amenophis III.	Ja	Ja	Ja
KV 62	Tutanchamun			
KV 23	Eje	Ja	Ja	Ja
KV 57	Haremhab	Ja	Ja	Ja
KV 16	Ramses I.	Ja	Ja	Ja
KV 17	Sethos I.	Ja	Ja	Ja
KV 7	Ramses II.	Ja	Ja	Ja
KV 8	Merenptah	Ja	Ja	Ja
KV 10	Amenmesse	Ja	Ja, 1c	Ja
KV 15	Sethos II.	Ja	Ja	Ja
KV 14	Sethnacht	Ja	Ja	Ja
KV 13	Bay	Ja	Ja	Ja
KV 47	Siptah	Ja	Ja	Ja
KV 11	Ramses III.	Ja	Ja, 2c	Ja, 4c
KV 2	Ramses IV.	Ja	Ja	Ja
KV 9	Ramses V./VI.	Ja	Ja	Ja
KV 1	Ramses VII.	Ja	Ja	
KV 6	Ramses IX.	Ja	Ja	Ja
KV 18	Ramses X.	Ja	Ja	Ja
KV 4	Ramses XI.	Ja	Ja	Ja

Erläuterungen zur Tabelle

R	= rechteckiger Grundriss
S	= annähernd quadratischer Grundriss
C	= kartuschenförmiger Grundriss
V	= Deckengewölbe
F	= flaches Dach
c	= Seitenkammer
p	= Pfeiler
var	= Abweichung vom Typus
U	= Schachtkammer vorhanden, aber ohne Schacht
D	= mit Schacht
B	= Absatz an zwei Seiten der Kammer
L	= Boden der Kammer im hinteren Teil liegt tiefer als im vorderen
KV 62	in seiner Art einzigartiger Grundriss; Zuweisung einer typisierenden Kennung oder Funktion nicht möglich
KV 17	K = tunnelartiger Korridor, wenigstens 140 m lang
KV 14	Grabkammer J1 entspricht RV/4c/8p/B; J2 gleichartig
KV 47	Nach dem Durchbruch in KV 32 blieb J1 unvollendet; J2 entspricht RV/4p
KV 11	Nach dem Durchbruch in KV 10 wurden die Arbeiten in D1 aufgegeben; die Achse des Grabs wurde versetzt und D2 angelegt

Raum E. Diese Anlagen lassen sich in die Achtzehnte und Neunzehnte Dynastie datieren. Ende der Achtzehnten Dynastie und in der Neunzehnten gab es einen dritten Ausführungsplan (Typ 3). Die Achse dieser Gräber ist gerade und führt vom Eingang in steilem Gefälle tief in den Hügel hinein. Diese Anlagen sind gewöhnlich größer als die älteren Königsgräber. Der vierte Typ gleicht Typ 3, abgesehen von einem Knick etwa in der Mitte zischen Eingang und Grabkammer. Diese Grabanlagen entstanden in der Neunzehnten und Zwanzigsten Dynastie. In der Zwanzigsten gab es weitere Änderungen am Typ 3 und 4. Die steil abfallenden Korridore wurden aufgegeben zu Gunsten nahezu horizontaler, die Gänge selbst wurden breiter und höher.

In über 30 Gräbern im Tal der Könige lagen keine Pharaonen. Die meisten Gräber sind ziemlich klein, oft unvollendet und undekoriert. Eines ist auf seine Art einzigartig: KV 5, das Grab der Söhne Ramses' II. 1822 betrat James Burton den Eingang und die vorderen Räume. Später wurde das Grab unter angeschwemmtem Geröll und dem Abraum von nahegelegenen Ausgrabungsstätten verschüttet. Erst 1995, als im Zuge des Theban Mapping Project der Eingang erneut lokalisiert und das Grabinnere erforscht werden konnte, stellte sich heraus, dass es das größte Grab im Tal der Könige war. Inzwischen hat man 150 Kammern gefunden, aber die symmetrische Form der Grabanlage und die Wahrscheinlichkeit, dass in vielen Wänden Türen versteckt sein könnten, lassen vermuten, dass die Zahl der Räume auf mindestens 200 ansteigen wird.

Das Interesse der Europäer am Tal der Könige lässt sich bis in die griechische und römische Antike zurückverfolgen. Aber erst seit kurzem gesellt sich dazu die Sorge um die Erhaltung der Gräber. Nachdem man 1922 das Grab Tutanchamuns entdeckt hatte, stieg das Interesse erneut an, aber mit Schutz und Bewahrung der Königsgräber beschäftigte man sich erst seit den 1990er Jahren. Diesem Sinneswandel sind die sorgfältigen Ausgrabungen von KV 5, KV 10, KV 14 und KV 16 zu verdanken sowie die Konservierungsarbeiten von KV 17. Im Rahmen des Theban Mapping Project wurden detaillierte Landkarten des Königstals veröffentlicht, hydrologische Untersuchungen des Tals und Baupläne der Gräber. Die Arbeiten sind noch im Gange. Nur eine Handvoll Gräber ist bisher vollständig freigelegt, einige wenige sind registriert und veröffentlicht, und für nur ganz wenige wurden ausreichende Schutzvorkehrungen ergriffen.

D	E	F	G	H	I	J	K	L	Typ	Achse	Volumen	Regier.-länge
Ja, 2						Ja, 2			gebogen	94°02	1366,2	20
						C			gebogen	284°04	383,92	13
Ja, 2p	Ja/D	Ja, 2p				CF/4c/2p			1	161°29	837,28	54
	Ja/D+c	Ja, 2p	Ja			RF/4c/L			1	289°05	940,49	24
Ja	Ja/D	Ja, 2p	Ja	Ja	Ja	RF/4c/6p/L			var. 1	196°55	1112,43	11
Ja	Ja/D+c	Ja, 2p	Ja	Ja	Ja	RF/7c/4p/L			var. 1	95°15	1463,77	38
									Sondertyp	271°40	283,72	9
Ja	Ja/U					RF/1c			3	296°26	615,24	4
Ja	Ja/D	Ja, 2p	Ja	Ja	Ja	RF/9c/6p/L			4	357°43	1296,54	28
						SF/3c			3	240°24	253,86	1
Ja	Ja/D	Ja	Ja	Ja	Ja	RV/5c/6p/L Ja	Ja		4	217°40	2429,11	15
Ja	Ja	Ja, 2c	Ja	Ja	Ja	SV8c/8p/B			2	324°45	1885,71	67
Ja	Ja/D	Ja/1c/4p	Ja	Ja	Ja	RV/4c/8pB	Ja, 3c		3	280°51	2741,89	10
Ja	Ja/U	Ja/1c/4p	Ja	Ja					3	191°02	939,78	3
Ja	Ja/U	Ja/1c/4p				Ja			3	223°44	866,88	6
Ja	Ja/U	Ja	Ja, 1c	Ja	Ja	J1+J2	K1 + K2	Ja	3	263°37	2148,57	2
Ja	Ja/U	Ja	Ja	Ja, 2c	Ja					292°54	419,59	
Ja	Ja/U	Ja, 4p	Ja	Ja	Ja	J1+J2			3	172°02	1596,39	6
D1+D2	Ja/D	Ja, 2p	Ja	Ja	Ja	RV/4c/6p/L	Ja	Ja	3	178°43	2039,28	30
Ja	Ja/U					SF/	Ja		3	291°30	1116,29	6
Ja	Ja/U	Ja, 4p	Ja	Ja	Ja	RV/4p/B/pi	Ja		3	290°20	1750,42	12
						R/V/N	Ja		3	327°43	453,08	8
Ja	Ja/U	Ja				SV			3	123°00	1124,85	18
										185°57	322,55	
Ja	Ja/U	Ja				SV/4p/pit			3	68°13	1634,75	28

124 ober

Ausschnitt aus der 11. Stunde des Amduat, Grab Thutmosis' III. Am Anfang des oberen Registers erscheint ein doppelköpfiger Gott (»Herr der Zeit«), daneben Atum zwischen zwei Udjat-Augen; er packt eine geflügelte Schlange, die wohl ein Bild der Zeit ist. Es geht darum, den richtigen Zeitpunkt für die Erneuerung am Morgen nicht zu versäumen.

124–125

Die erste Nachtstunde des Amduat im Grab Amenophis' II. (links). Sie gibt eine Liste der wichtigsten Gottheiten, die dem Verstorbenen begegnen, angefangen mit den Pavianen, welche die Sonne bei ihrem Erscheinen bejubeln. Die Figuren, vor allem die Sonnenbarke im mittleren Register, sind zum Teil verstümmelt, die Texte in kursiven Hieroglyphen geschrieben. Die zweite Nachtstunde des Amduat im Grab Amenophis' II (rechts). Im mittleren der drei Register wird die Sonnenbarke von einer Anzahl weiterer Boote begleitet, die der Versorgung und dem Fortleben der Toten dienen; auch im unteren Register sorgen die Götter mit Kornähren für die Nahrung der Verstorbenen.

Die Totenliteratur in den Königsgräbern

von Erik Hornung

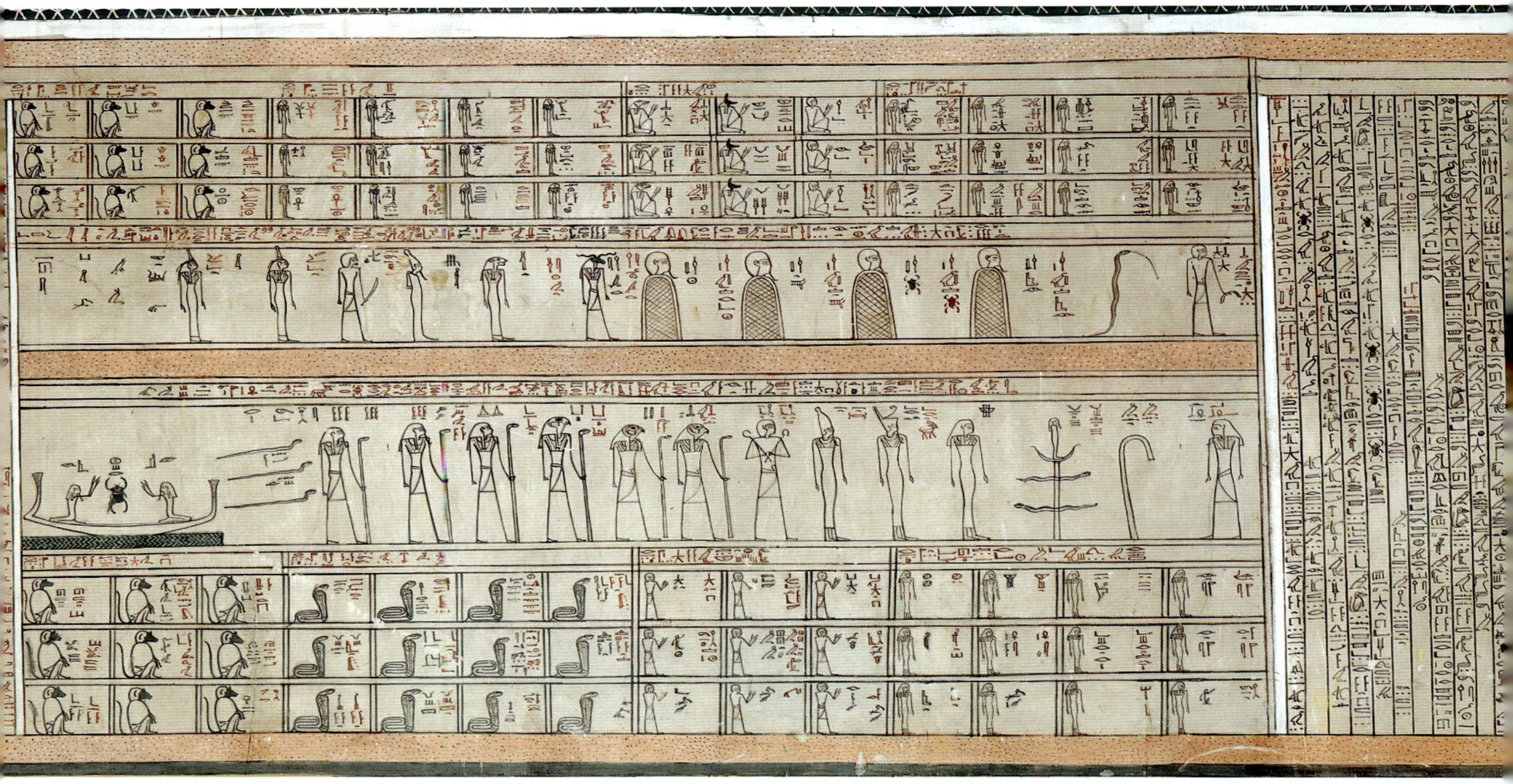

Die älteren Gräber im Tal der Könige sind sehr bescheidene Anlagen, in denen meist nur die Sargkammer dekoriert wurde. Dafür wählte man einen illustrierten Text, der vor der 18. Dynastie nicht belegt ist. Parallel zur Weiterentwicklung des traditionellen Bestandes an Totentexten (Sargtexte, Totenbuch) wird im Neuen Reich eine neue, zunächst rein königliche Literaturgattung geschaffen, ägyptisch als »(Bücher von dem,) was in der Duat (Unterwelt) ist« bezeichnet.

Modern hat man zunächst von »Jenseitsführern« gesprochen, doch hat sich jetzt der Gattungsname »Unterweltsbücher« wohl allgemein durchgesetzt, englisch als »Books of the Netherworld (oder: Underworld)«, französisch als »Livres du monde inférieur« o. ä. Es sind erstmals religiöse Bücher, die nicht aus einzelnen Sprüchen immer neu zusammengestellt werden, wie noch das Totenbuch, sondern die einen festen, unveränderlichen Textbestand haben; dazu sind auch die Bilder nicht einzelne Vignetten, sondern bilden mit dem Text eine feste Einheit. Diese somit durchgehend illustrierten Bücher sind bis zur 21. Dynastie, von wenigen Ausnahmen abgesehen, nur im königlichen Bereich überliefert und durften nicht einmal von Königinnen verwendet werden, wie das Grab der Nefertari zeigt.

Die älteren Unterweltsbücher (*Amduat* und *Pfortenbuch*) benutzen zur Gliederung die zwölf Stunden der Nacht und setzen in den Mittelpunkt jeder Stunde die Barke mit dem Sonnengott in seiner widderköpfigen Nachtgestalt. In den jüngeren fehlt die Sonnenbarke nahezu ganz; stattdessen wird die Anwesenheit des Gottes durch seine rote Sonnenscheibe dokumentiert, fehlt aber in Szenen, in denen Verdammte bestraft werden. Die Zwölfteilung nach den Stunden ist im ***Höhlenbuch*** durch eine Teilung in sechs Abschnitte, im ***Buch der Erde*** durch eine noch nicht geklärte Einteilung ersetzt.

Im Mittelpunkt aller Unterweltsbücher steht die nächtliche Fahrt der Sonne. Sie wird nun konsequent auch für die Räume des Jenseits zum ordnenden und schaffenden Prinzip. Ihre nächtliche Regeneration zeigt beispielhaft, welche erneuernden Kräfte jenseits des Todes wirken. Zugleich führt diese Fahrt aber in Seelenräume des Menschen, in denen eine Erneuerung von der Tiefe her möglich wird.

Dass es sich um einen Weg der Seele handelt, betonen bereits die Ägypter durch den Hinweis, dass der Sonnengott als Ba-Seele (deshalb widderköpfig, denn der Widder heißt Ba) in die Tiefe hinabsteigt. Hier liegen wichtige Ansätze für die moderne Tiefenpsychologie. Der nächtliche Weg führt durch einen innerkosmischen Raum, der nicht nur als Unterwelt und Erdtiefe gesehen wird, sondern ebenso als Wasser (Urgewässer Nun), als Finsternis und als Himmelstiefe. Hier schließen sich auch die seit der Amarnazeit so beliebten symbolischen Bilder an, die versuchen, den ganzen Sonnenlauf in einem einzigen komplexen Bild zusammenzufassen.

Die ausführliche Titelei des *Amduat* betont das Wissen, das durch diese Schrift vermittelt werden soll, indem sie neunmal das »Wissen« um jenseitige Phänomene verspricht; damit gibt sie zugleich eine Übersicht über den Inhalt des *Amduat*. Das Buch beschreibt in Wort und Bild die Fahrt des Sonnengottes durch die zwölf Stunden der Nacht, von seinem Untergang bis zu seinem morgendlichen Aufgang. Im Mittelpunkt stehen einmal die Handlungen und Reden des Gottes, zum anderen die Beschreibung der jenseitigen Wesen und ihrer Funktionen.

Es ist der erste religiöse Traktat, der den König konsequent in den täglichen Sonnenlauf einbeziehen will. Osiris wird zwar immer wieder genannt und mehrfach abgebildet, aber er bleibt völlig passiv und kommt im gesamten *Amduat* nicht zu Wort. Auf die verstorbenen Könige wird nur in der sechsten Stunde direkt Bezug genommen, bei der entscheidenden Vereinigung des Sonnen-Ba mit seinem Leichnam in der Mitte seiner Nachtfahrt.

Mit ihrer listenförmigen Anordnung einiger wichtiger Jenseitswesen legt die erste Nachtstunde Grundlagen für eine Ordnung und Erschließung des Unbekannten, in welchem die Sonne am Abend versinkt. Neben den Sonnenpavianen und den Stundengöttinnen verkörpern auch die anderen Gottheiten des oberen und unteren Registers den allgemeinen Jubel, den das Erscheinen des Gestirns hervorruft; mit Ausnahme der Verdammten (der »Feinde«) beteiligen sich alle Bewohner des Jenseits daran.

Im Mittelregister tritt die Göttin Maat, Verkörperung von Ordnung und Harmonie, direkt vor der Sonnenbarke in doppelter Gestalt hervor; sie eröffnet danach die zweite Stunde und betont damit, dass auch hier, im Jenseits, Recht und Gesetz herrschen. In einer zweiten Barke ist der Sonnengott bereits in seiner morgendlichen Gestalt des Skarabäus-Käfers anwesend, angebetet von Osiris, den man als seine Nachtgestalt sieht. So deutet schon der Anfang der Fahrt auf ihr glückliches Ende hin. Am Schluss der ersten Stunde geht es um das »Öffnen« und wiederum »Versiegeln« der Unterwelt, die wegen der Fülle ihrer Bewohner auch »Größte Stadt« genannt wird.

Die beiden folgenden Stunden eröffnen die eigentliche Unterwelt, die sich zunächst als fruchtbares Gefilde zeigt, dominiert von der Wasserfläche Wernes in der zweiten und vom »Gewässer des Osiris« in der dritten Stunde. In beiden Stunden wird die Sonnenbarke von weiteren Barken begleitet, während sie in den übrigen Stunden allein dahinfährt. Der Gott sorgt für den Unterhalt der seligen Toten, die im unteren Register Kornähren in der Hand oder im Haar tragen. Sie sind die »Bauern vom Wernes«, deren materielle Versorgung hier thematisiert ist. In der dritten Stunde wird im unteren Register die Anwesenheit des Osiris mehrfach dokumentiert, und Re wendet sich im Schlusstext der Stunde auch direkt an Osiris. Daneben erscheinen noch strafende Wesen mit Messern in den Händen, um alle »Feinde« unschädlich zu machen.

Mit der vierten Stunde bricht die fruchtbare, wasserreiche Landschaft jäh ab. Es öffnet sich die Wüste von Ra-setjau, das »Land des Sokar, der auf seinem Sand ist«, ein ödes Sandreich, das von Schlangen bevölkert ist. Ihre unheimliche Beweglichkeit wird durch Beine und Flügel am Schlangenleib unterstrichen. Im Zickzack führt ein Weg, der voller Feuer und immer wieder durch Türen versperrt ist, durch diesen Stundenbereich. Erstmals muss die Sonnenbarke gezogen werden, um sie voranzubringen, und dazu verwandelt sie sich selber in eine Schlange, deren Feuerhauch einen Weg in die sonst undurchdringliche Finsternis »sticht«. Genau im Zentrum der Stunde wird das Sonnenauge, um dessen Bewahrung und Erneuerung es hier geht, von Horus und Sokar betreut.

Die fünfte Stunde weicht etwas vom üblichen Aufbau ab und betont die Mitte durch eine Überschneidung der Register. Dieser Stundenbereich verkörpert den »Westen« und enthält alle wesentlichen Elemente des Totenreiches. Der Hügel mit den beiden Klagevögeln (Isis und Nephthys) ist der Grabhügel des Osiris, aus dem die Sonne als Skarabäus verjüngt hervorgeht. Die »Schlächter« jenseits des Hügels und die vielen bedrohlichen

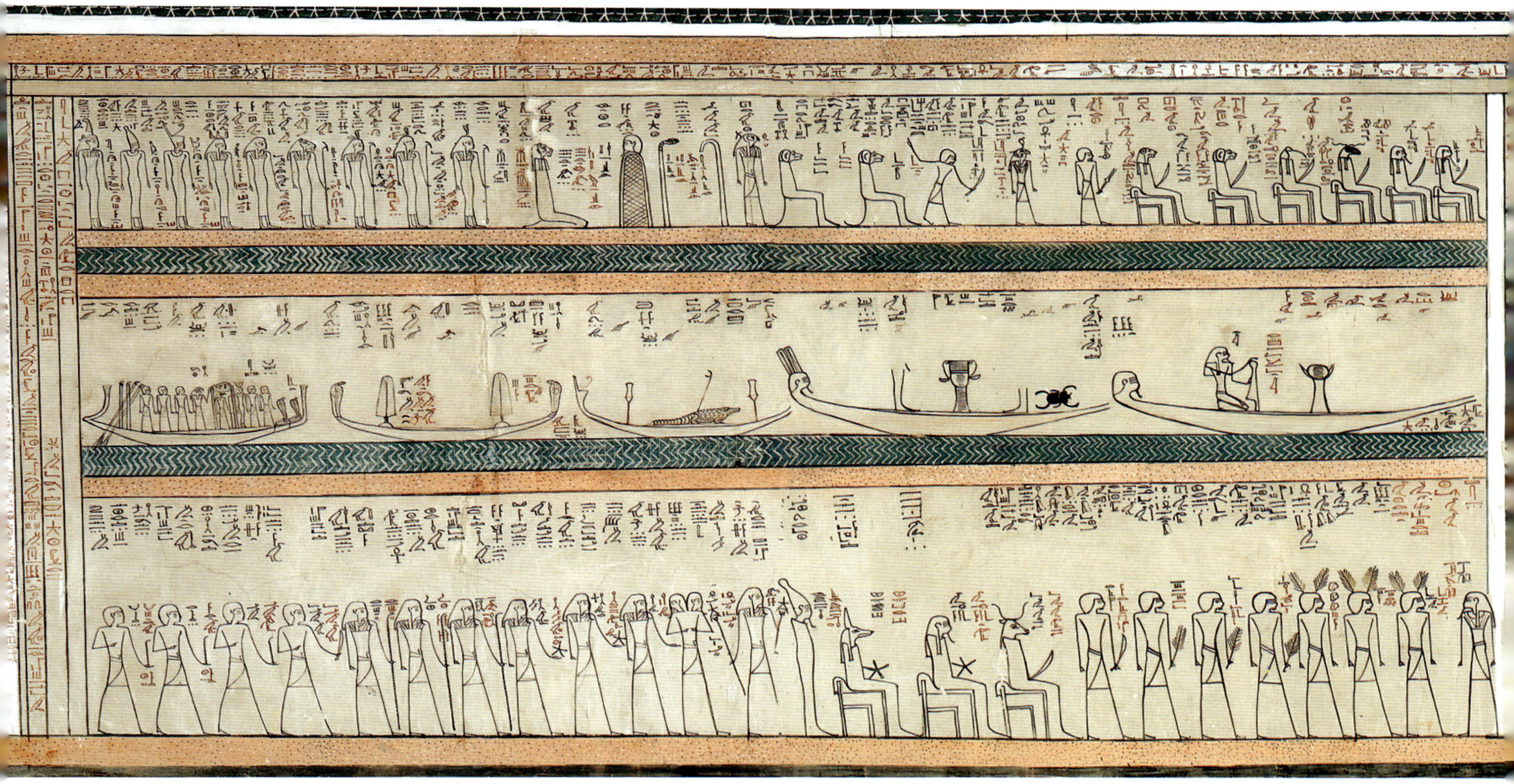

Schlangen werden beschworen, den Sonnengott »in Frieden« passieren zu lassen, so dass er den Engpass in der Mitte der Stunde überwinden kann. Je sieben männliche und weibliche Ziehende packen jetzt das Zugseil, dazu von oben her noch der Sonnenkäfer. Die Fahrt geht über ein Oval, das die »Höhle« des Sokar darstellt und in den Doppelkopf des Aker-Sphinx eingebettet ist. Es ist wohl wiederum ein Bild der gesamten Unterwelt, in der sich jede Nacht die geheimnisvolle Vereinigung von Osiris = Sokar mit dem Sonnengott vollzieht. Noch tiefer wird wiederum der »Feuersee« als Strafort angedeutet.

Nach der Wüste des Sokarlandes erreicht die Sonne in der sechsten Stunde das »Wasserloch«, die Tiefe der Unterwelt, die vom Urgewässer Nun erfüllt ist. Hier ruht der Sonnenleichnam, mit dem der Gott sich als Ba-Seele vereinigt. Gleich zweimal, am Ende des oberen und des mittleren Registers, ist der Leichnam abgebildet; er wird nicht als Mumie gezeigt, sondern als Sonnenkäfer (Skarabäus) angedeutet, also bereits mit der verjüngten Morgengestalt verbunden. Dazu gilt der Körper auch als »Bild des Osiris«, der im oberen Register durch den löwengestaltigen »Stier mit der Donnerstimme« verkörpert ist. Wie Ba und Körper, vereinigen sich Re und Osiris am tiefsten Punkt der Nachtfahrt, und das beginnende Wiederaufleben kündigt sich in der halb erhobenen Haltung der Gottheiten im oberen und unteren Register an. Nur an dieser entscheidenden Stelle sind die »Könige von Ober- und Unterägypten« mit ihren Machtattributen (Szepter, Kronen und Uräus) hervorgehoben, um beim Wiederaufleben des verstorbenen Pharao zu assistieren.

Das untere Register wird von Sobek und Nun als Herren des Urgewässers eingerahmt, und in den Texten tritt auch Tatenen hervor, der Herr der Erdtiefe.

Um Mitternacht erstrahlt die Sonne neu, aber diese Selbstzeugung des Lichtes ist auch ein Augenblick höchster Gefährdung. Daher steht in der siebenten Stunde die Bestrafung der »Feinde« im Vordergrund, allen voran des Erzfeindes Apophis, der schlangengestaltig auf seiner »Sandbank« vor der Barke liegt und versucht, den erneuerten Lauf des Lichtes zum Stillstand zu bringen. Es gelingt ihm nicht, denn Isis und Seth bezaubern ihn, und Selkis wirft ihre Fesseln um seinen Leib, der von weiteren Helfern zerstückelt wird; dazu wird die Sonne jetzt zusätzlich durch die Mehen-Schlange geschützt. Analog triumphiert im Register darüber Osiris über seine Feinde, die ein Strafdämon vor ihm gefesselt und geköpft hat; auch Osiris ist von der schützenden Mehen-Schlange umringelt. Hinter der Sandbank im Mittelregister erscheinen nochmals die Grabstätten des Sonnenleichnams, von Messern geschützt.

Im unteren Register thront der Sonnengott als »Horus der Unterwelt«, um für den Gang der Gestirne zu sorgen, deren Personifikationen den Rest des Registers füllen; den Schluss bildet das hilfreiche Krokodil mit dem Kopf des Osiris, den es aus dem Wasser gerettet hat.

Die achte Stunde fällt durch ihren regelmäßigen Aufbau ins Auge. Oberes und unteres Register sind in jeweils fünf »Höhlen« oder »Grüfte« eingeteilt, die durch Türen verschlossen sind, aber durch den Anruf des Sonnengottes geöffnet werden. So gut wie alle Wesen in diesen Grüften thronen auf Stoff-Hieroglyphen, welche die Beischrift als ihre Kleider kennzeichnet.

Thema der Nachtstunde ist somit die Versorgung mit Kleidern, die unter den Jenseitswünschen seit alter Zeit einen hohen Rang hat: Zur Neugeburt der Verstorbenen gehört auch ihre neue Einkleidung. Dazu aber schildern die Texte, wie die Ba-Seelen der Götter und Verstorbenen aus diesen Grüften, die für alle Grüfte des Totenreiches stehen, dem Sonnengott jubelnd antworten; die Klangwelt dieses Jubels können menschliche Ohren nur als Tiergeschrei und Naturlaute (Summen von Bienen, Schlagen auf Metall, etc.) wahrnehmen, während es für den Gott vernehmbare Rede wird. So ist auch die Welt der Töne im Jenseits verzerrt!

Im Mittelregister wird die Sonnenbarke wieder gezogen, um rascher ans Ziel zu gelangen. Ihr folgen personifizierte Schemes-Hieroglyphen, Zeichen für die Gerichtshoheit und zugleich für das »Gefolge« des Gottes, dazu die vier Widder des Tatenen, die am Ende des Neuen Reiches zur Gestalt des vierköpfigen Sonnenwidders verdichtet werden.

In der neunten Stunde wird die Mannschaft der Sonnenbarke vorgeführt; mit ihren Rudern in der Hand bildet sie das beherrschende Thema im Mittelregister, das daneben noch drei Götterbilder zeigt, die für die materielle Versorgung der Toten zuständig sind. Dazu wird im oberen und unteren Register das Thema der Versorgung mit Kleidern aus der achten Stunde fortgesetzt.

Die erste obere Gruppe mit ihren Stoff-Zeichen wird als Gerichtshof beschrieben, der »die Feinde des Osiris zu Fall bringt«, und die folgende Gruppe von Göttinnen umsorgt Osiris, wozu ebenso die Abwehr seiner Feinde gehört. Der Abschreckung dienen noch die zwölf Uräus-Schlangen im unteren Register, während die neun »Feldgötter« daneben, mit Getreidehalmen in der Hand, wieder den Lebensunterhalt der Verstorbenen sichern.

Die zehnte Nachtstunde bringt im unteren Register das Wasser-Rechteck mit den Ertrunkenen, das im Pfortenbuch das Mittelregister der neunten Stunde füllt. Die wie Osiris im Wasser Dahintreibenden, in verschiedenen Stellungen gezeigt, werden von Horus vor Verwesung und Zerfall bewahrt und nachträglich zu einem seligen Dasein geführt, obwohl ihnen keine reguläre Bestattung zuteil werden konnte. Hier erweist sich das Urgewässer als regenerierendes Element und erfüllt die ganze Nachtstunde, die »Mit tiefem Wasser und hohen Ufern« benannt ist. Dazu herrscht Finsternis, die von den vier Göttinnen mit Schlangen um den Kopf erleuchtet wird.

Im oberen Register geht es um die Bewahrung und Heilung des »Auges«, das als Sonnenauge wie als Horusauge erscheint. Zuständig ist hier neben Thot (der thronende Pavian) die löwenköpfige Sachmet als Göttin der Heilkunst, in mehreren Erscheinungsformen präsent. In der Mitte erscheinen vor der Sonnenbarke die Ba-Seelen des Sokar (Falke auf der Schlange) und des Osiris (falkenköpfige Schlange), dazu die »Leibwache« des Sonnengottes, die ihn gegen seine Feinde in der Finsternis

beschützt und dabei mit verschiedenen Waffen auftritt.
Die elfte Stunde ist erfüllt von Vorbereitungen für den bevorstehenden Sonnenaufgang, das »Herausgehen aus dem Ostberg des Himmels«. Vor der Barke wird bereits der »Weltumringler« herbeigetragen — die Schlange, in der sich in der nächsten Stunde das Wunder der Verjüngung ereignet. Isis und Nephthys transportieren als Schlangen die beiden Landeskronen zum östlichen »Tor von Sais«, bei dem vier Gestalten der Göttin Neith stehen.
Im oberen Register geht es noch einmal um die Zeit und die Geburt der Stunden. Es kommt darauf an, den richtigen Zeitpunkt für den erneuerten Sonnenaufgang nicht zu versäumen. Neben der Begleitung des Sonnengottes erscheinen am Ende des oberen Registers vier Göttinnen auf Doppelschlangen, jeweils eine Hand vor das Gesicht haltend. Von ihnen geht der Feueratem aus, der im unteren Register die Feinde verbrennt, die in feuergefüllte Gruben gestürzt sind. Die Schlange »Die Millionen verbrennt« und strafende Göttinnen mit Messern vollziehen das letzte Strafgericht, um jegliche Bedrohung vom Sonnenaufgang fernzuhalten.
In der zwölften Nachtstunde vollzieht sich die Neugeburt der Sonne. Da es sich um eine Wiederholung der uranfänglichen Schöpfung handelt, assistieren dabei die Urgötter, von denen zwei Paare zu Beginn des unteren Registers dargestellt sind. Der Vorgang wird in das Innere der Schlange »Weltumringler« verlegt, die in der vorigen Stunde herbeigetragen wurde, und die Zugkraft des Geschehens ist durch die ungewöhnlich große Zahl der Ziehenden angedeutet, zwölf männliche und dreizehn weibliche. Sie alle ziehen die Barke mit ihren »Millionen« von seligen Toten durch den Leib der riesigen Schlange hindurch. Die verkehrte Richtung, vom Schwanz zum Maul, weist auf die notwendige Umkehr der Zeit; nach der Beischrift treten alle Wesen als hinfällige Greise und Altersschwache in den Schwanz der Schlange ein und kommen als kleine Kinder aus ihrem Maul heraus. Der Sonnenkäfer, schon am Bug der Barke anwesend, fliegt am Ende der Stunde in die ausgebreiteten Arme des Gottes Schu, der die Sonne zum Tageshimmel emporhebt.
Umrahmt wird der Vorgang durch den allgemeinen Jubel, den die Gottheiten im oberen und unteren Register ausführen. Er gilt nicht nur der Sonne, sondern auch Osiris, dem Leben verheißen wird, obwohl er im Totenreich zurückbleibt. Dazu vertreiben die Göttinnen im oberen Register mit ihren feuerspeienden Schlangen ein letztes Mal den Apophis und spenden mit ihren lebenden Fackeln den Toten weiterhin Licht, wenn die Sonne die Unterwelt verlassen hat. Einen Augenblick lang steht die Unterwelt offen, aber Schu »versiegelt« sie neu, die Nachtfahrt ist zu Ende. Zusammen mit Osiris, der mumiengestaltig am Ende des unteren Registers gezeigt ist, versinken alle Verstorbenen wieder im Todesschlaf.

126–127
Die Barken im mittleren Register der zweiten Nachtstunde des Amduat, Grab Sethos' I. (Sargkammer). In der ersten Barke ein Mond-Symbol und die Feder der Maat (Gerechtigkeit, Ordnung), in der zweiten ein Symbol der Göttin Hathor und der Skarabäus-Käfer, die verjüngte Sonne; in der dritten ein Krokodil als Herr des Wassers, und links die Barke des Sonnengottes.

127 unten
Die Barke des Sonnengottes im Pfortenbuch (5. Stunde), obere Pfeilerhalle im Grab Sethos' I. Gegenüber der zahlreichen Besatzung im Amduat begleiten hier nur Sia und Heka (Zauber) den Sonnengott, dessen Widderkopf ihn als Ba-Seele kennzeichnet.

128

Figuren aus der Sonnenlitanei auf einem der Pfeiler im Grab Thutmosis' III. Sie illustrieren die nächtliche Aktivität des Sonnengottes unter verschiedenen Aspekten. Der »Feurige« ist rot ausgemalt, die Köpfe schwarz bemalt.

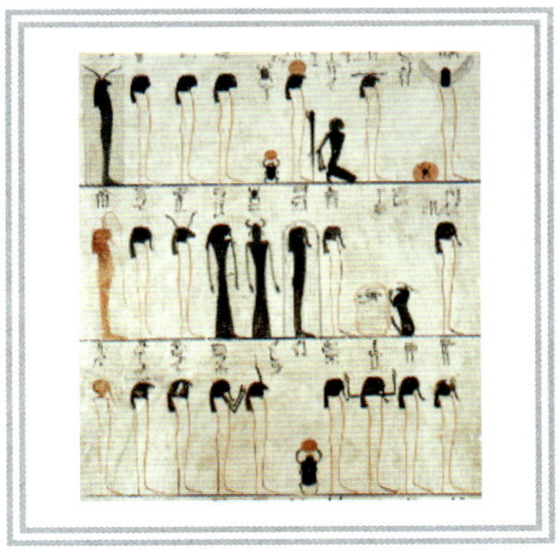

129

Die nächtliche Vereinigung von Re und Osiris in einer symbolischen Darstellung im Grab der Königin Nefertari. Der Widderkopf deutet auf die nächtliche Sonne, die Mumiengestalt und die Anwesenheit von Isis (rechts) und Nephthys auf Osiris.

Gleichzeitig mit dem *Amduat* ist in den Gräbern Thutmosis' III. und seines Wesirs Useramun auch die *Sonnenlitanei* belegt. Seit Sethos I. füllt sie die beiden ersten Korridore der Königsgräber aus. Im Gegensatz zu den Unterweltsbüchern trägt dieses Buch einen originalen Titel, der »Buch der Anbetung des Re im Westen, der Anbetung des Vereinigten im Westen« lautet.

Der Text beginnt mit der Großen Litanei, die 75mal den Sonnengott in wechselnden Namen und Gestalten anruft, wobei der erste Vers in jedem Anruf »Lobpreis sei dir, Re, du mit hoher Macht« lautet. Beim übrigen Text ist der Aufbau nicht so deutlich, nur die Litaneien (insgesamt neun) treten durch ihren einheitlichen Strophenanfang hervor.

Zum alten Bestand gehören die Götterfiguren, mit denen jeder Anruf der Großen Litanei illustriert ist. Von Anfang an sind diese Figuren auf zwei Reihen aufgeteilt, die sich in den ramessidischen Gräbern auf den beiden Wänden des zweiten Korridors gegenüberstehen. Die Verteilung ist bis zum 51. Anruf streng alternierend, eine Figur links (ungerade Zahlen), eine Figur rechts (gerade Zahlen). In beiden Reihen sind Re- und Osiris-Elemente miteinander vermischt, doch ohne schematische Aufteilung, da es sich ja um die »Vereinigung«, um das vorübergehende Aufgehen der beiden Götter ineinander handelt.

Die Namen und die Figuren, die sie illustrieren, nehmen Bezug auf die wichtigsten Gestalten und Funktionen des Sonnengottes in der Unterwelt. So begegnen die Morgengestalt Chepri (sogar dreimal), die Abendgestalt Atum, der Ba des Re (als zusätzliche Figur), die Gestalten als Widder, Kater und Kind, das »Göttliche Auge« und die Sonnenscheibe, dazu die Begleitfigur des Pavians.

Neben Atum treten auch die übrigen Götter und Göttinnen der »Neunheit« auf, wobei aber Seth durch Horus ersetzt ist. Von den übrigen Göttern sind weiterhin Nun und Tatenen vertreten, also Wasser- und Erdtiefe; Osiris erscheint nur als Chontamenti, doch weisen zwei Namen auf die »Vereinigung« der beiden Götter Re und Osiris hin, die das zentrale Thema der ganzen Litanei bildet.

Im Übrigen unterstreichen mehrere Namen die enge Verbindung des Gottes mit dem unterweltlichen Totenreich; so ist er »Der von der Unterwelt«, »Der von der Gruft«, »Der über seine Gruft gebietet«, »Der die Erde erneuert« und sogar direkt »Der Westen«. Weitere Namen kennzeichnen ihn als Wanderer durch diese Sphäre, im Schlusstext der Großen Litanei sogar als »Zugvogel«, der verschwindet und wiederkehrt. Jubel und Trauer sind beide vertreten, denn es geht um Tod und Neugeburt, und in einigen Namen wird auf den Leichnam des Gottes Bezug genommen, sogar auf seine Verwesung, die der Regeneration vorangehen muss. Das Doppelgesicht der Nachtsonne zeigt sich im Nebeneinander von Leuchten und Strahlen auf der einen, Verhüllung und Dunkelheit auf der anderen Seite. Schließlich werden die Wohltaten des Gottes für die seligen Toten, aber auch seine strafende Funktion gegenüber den Verdammten angesprochen.

Als weitere Illustration erscheint seit Sethos I. ein »Titelbild«, das zwischen den Buchtitel und die Große Litanei gesetzt wird und programmatischen Charakter trägt. Es zeigt Skarabäus und widderköpfigen Gott in der Scheibe, vor der die feindlichen Mächte in Tiergestalt (oben als Schlange und Antilope, unten Krokodil und Antilope) nach beiden Seiten die Flucht ergreifen.

Ad hoc ist für das Grab der Königin Nefertari noch ein Bild des »vereinigten« Re/Osiris geschaffen worden, wobei die Mumiengestalt auf Osiris, ihr Widderkopf und die Sonnenscheibe auf Re weisen; es gehört jedoch nicht als Illustration zur Sonnenlitanei selbst, sondern zum Anfang von Spruch 180 des Totenbuches und hat deshalb auch Eingang in einige Beamtengräber der 19. Dynastie gefunden.

Das Buch eröffnet die Dekoration der ramessidischen Königsgräber und wurde offenbar als besonders wichtig angesehen. Es geht hier um Beschreibung und Lobpreis derjenigen Gottheit, die nachts in die Unterwelt hinabsteigt, die Toten zu neuem Leben erweckt, die Seligen versorgt und die Verdammten bestraft. Die Vielzahl der Figuren und der Funktionen des nächtlichen Sonnengottes in der Großen Litanei erschließt dem Verstorbenen die gesamte Unterwelt. Zugleich geht es darum, den toten König in den Sonnenlauf hineinzunehmen und damit seine tägliche Regeneration zu sichern.

Nach der Großen Litanei kommt der Verstorbene erstmals selbst zu Wort und betont, dass er mit den nächtlichen Erscheinungsformen Res und ihren Namen wohlvertraut ist. Er knüpft daran die Hoffnung, dass sie die Unterwelt für ihn und seine Ba-Seele öffnen werden, da er ja Ebenbild des Sonnengottes und seines Ba ist. Dass der Verstorbene hier selbst spricht oder in der dritten Person genannt ist, unterscheidet den Text von den Unterweltsbüchern.

In der folgenden 2. Litanei werden die Jenseitsbewohner aufgefordert, dem Verstorbenen im Gefolge Res den Weg zu bereiten. Unterbrochen nur durch einen Anruf der Nachtsonne, »die unter den Unterweltlichen leuchtet«, schließt sich die 3. Litanei an: »Mögest du mich führen zu den Wegen des Westens«. Hier ist ein uralter Totenwunsch formuliert, der überleitet zu den ersten direkten Gleichsetzungen des Verstorbenen — zuerst mit Nun, dann mit Re, seinem Ba und seinem Wandel. Dass Nun, der Gott des Urgewässers, an den Anfang gestellt ist, entspricht dem hohen Ansehen, das er auch im Buch von der Himmelskuh genießt, und seiner aktiven Rolle am Ende des *Pfortenbuches*.

Der folgende Text ruft den »Vereinigten« an und setzt den Verstorbenen mit Ba und Körper desselben gleich; seine Bedeutung wird durch die separate Anbringung an der Decke des 2. Korridors der Königsgräber unterstrichen. Ein Rezitationsvermerk verweist auf die Gestalten der Götter und auf die Opfer, die ihnen gebühren. An sie als »Götter, die im Westen sind« wendet sich der folgende Ruf des toten Königs, der dazu betont »ich bin einer von euch« und sich danach wieder mit dem Sonnengott identifiziert, mit dem er den Triumph »über alle seine Feinde im Himmel und in der Erde (also im Jenseits allgemein!)« teilt.

Es folgt die kurze 4. Litanei (»Jubel sei dir«), worin jetzt auch Osiris angesprochen ist; Re und Osiris begrüßen sich und reichen einander die Hand. In der 5. Litanei ist allgemein die Fürsorge des Gottes für den Verstorbenen angesprochen. Es folgt die Bitte um Rettung vor den Schlächtern der Unterwelt, ihren Kesseln, Fallen und Öfen, »denn ich bin Re«. Einer Schilderung der hoheitsvollen Erscheinung des Gottes als Ba folgt die 6. Litanei mit der Bitte »O Re, komm zu mir, Leitender«, dazu neuerliche Identifizierungen und Wechselreden mit den »Herzensmatten« in der Unterwelt.

Nach der 7. Litanei (»Wahrlich, ihr habt mich aufsteigen lassen«) folgt die Gliedervergottung, durch die der Verstorbene »gänzlich ein Gott« wird. Jeder seiner Körperteile wird mit einer Gottheit identifiziert. Jetzt erfolgt auch eine betonte Gleichsetzung mit Osiris, wobei der tote König zugleich als dessen Sohn auftritt und seine Befehlsgewalt übernimmt. Er wendet sich an die Bewohner des Jenseits, »Die mit Opfern Versorgten«, und dieser Abschnitt endet mit der jubelnden 8. Litanei. Mit der Anbetung des Totenreiches als »Westen« (9. Litanei) und einer letzten Identifizierung des toten Königs mit Re endet der Text, wobei gegen Schluss die alte Formel erscheint, wonach die Ba-Seele zum Himmel, der Körper zur Erde (mit dem Zusatz »unter die Götter«) gehören.

Am Ende der 18. Dynastie erscheint im Grab des Haremhab statt des *Amduat* ein neues Unterweltsbuch, das *Pfortenbuch*. Wie im *Amduat*, geht es um die nächtliche Sonnenfahrt durch die zwölf Stunden.

Dabei wird der thematische Inhalt zum Teil nur leicht verschoben (so die Ertrunkenen in der neunten statt in der zehnten Stunde). Anders als im *Amduat*, werden jetzt Gottheiten und selige Verstorbene genauer unterschieden, und die Verstorbenen scheinen an ihren jeweiligen Nachtstunden-Bereich gebunden zu sein. Dadurch tritt die Sonderstellung des Pharaos noch stärker hervor, der den Sonnengott bis zu seiner Wiedergeburt am Morgen begleitet und in seinem Jenseitsweg den Lauf der Sonne spiegelt.

Bei seinem Eintritt in das Totenreich wird der Sonnengott nicht von einzelnen Gottheiten, sondern vom Kollektiv der Verstorbenen begrüßt, die als »Götter der Wüste« bezeichnet und in das Westgebirge hineingestellt sind. Wie im Amduat, ist die erste Nachtstunde ein Zwischenreich vor der eigentlichen Unterwelt, die am ersten Tor ihren Anfang nimmt. Zwei Pfähle, mit Widder- bzw. Schakalkopf, verkörpern die Befehlsgewalt des Gottes, die den Bewohnern des Jenseits Belohnung wie Strafe zuweist.

Die zweite Stunde teilt die Bewohner des Jenseits deutlich in Selige (oberes Register: sie haben Maat gesprochen und leben jetzt von Maat) und Verdammte (unteres Register, mit einer »Strafpredigt« des Atum gegen sie). Im unteren Register sind neben den »Feinden« noch die vier »Trägen« dargestellt, die ermattet am Boden liegen — als Hinweis darauf, dass hier im Jenseits auch die Himmelsrichtungen »ermattet« und aufgehoben sind.

Die dritte Stunde bringt einige zentrale Motive der Nachtfahrt, so im oberen Register die Auferweckung und Belebung der Mumien in ihren Schreinen, daneben den ambivalenten »Feuersee«, aus dem die Seligen versorgt werden, obwohl sein Wasser für die Verdammten Feuer ist. Im Mittelregister wird der Sonnengott durch die »Erdbarke« hindurchgezogen, eine symbolische Verdichtung der gesamten Fahrt durch die Erdtiefe. Zur Erneuerung gehört auch die Einkleidung in leuchtend weißes Leinen, die am Ende des Registers angedeutet ist. Im unteren Register erscheint ein erstes Mal Apophis als riesige Schlange vor Atum, den zwei »Neunheiten« bei der Überwindung des Erzfeindes unterstützen.

Das obere Register der vierten Stunde wird von zwei Gewässern beherrscht, dem »See des Lebens« (von Schakalen bewacht) und dem »See der Uräen«, beide Variationen des »Feuersees« aus der dritten Stunde. Vor der Barke im Mittelregister sind Schreine mit Mumien gezeigt, die noch im Todesschlaf liegen; der Sonnengott bewirkt ihr Wiederaufleben und ihre Versorgung.

Sonst werden die Verstorbenen nur selten als Mumien dargestellt, weil sie sich im Jenseits einen neuen, vollkommenen Körper erhoffen. Ihr erneuertes Leben füllt eine Nachtstunde aus, bis der Sonnengott zur nächsten Stunde weiterzieht. Den Wechsel der Stunden gestaltet die folgende Szene mit der vielfach gewundenen Zeit-Schlange und den zwölf Göttinnen als Verkörperung der Stunden. Im unteren Register wird Osiris in seinem Schrein auf allen Seiten von den Göttern seines Gefolges schützend umschlossen. Horus als treuer Sohn umsorgt seinen toten Vater, und die »Feinde« des Gottes werden in den Feuergruben am Ende des Registers gestraft.

Die fünfte Nachtstunde hat einen sehr komplexen Inhalt. Hier werden den Verstorbenen Raum (als Felder – die Götter mit dem Messstrick im oberen Register) und Zeit zugemessen (die Götter mit dem Schlangenleib und den Hieroglyphen für »Lebenszeit« im unteren Register). Damit dies ungehindert vonstatten geht, muss der Erzfeind Apophis als »Zurückweichender« vor der Barke nochmals gebändigt und festgehalten werden.

Am Anfang des unteren Registers erscheinen die vier »Rassen« der Menschheit als je vier Vertreter der Ägypter, Asiaten, Nubier und Libyer. Ihnen allen ist jenseitige Existenz zugesichert, und sie werden der Obhut von Horus und Sachmet anvertraut. Wie Aton im großen Hymnus Echnatons auch für die fremden Völker sorgt, so sind sie hier in das Totenreich einbezogen.

Vor die sechste Stunde ist die Szene mit der Gerichtshalle des Osiris als besonderes Bild eingeschoben und setzt damit einen Schwerpunkt. Es ist die einzige Darstellung des Totengerichts in den Unterweltsbüchern, dazu durch die Verwendung von Kryptographie ausgezeichnet. Osiris als Richter thront auf einer Empore, vor ihm zeigt die personifizierte Waage – anders als im Totenbuch – leere Schalen. Auf den Stufen steht die »Neunheit« der seligen, gerechtfertigten Toten, während die »Feinde« unsichtbar unter seinen Sohlen liegen und der Vernichtung zugewiesen sind. In der Gestalt eines Schweines wird eine weitere feindliche Macht vertrieben.

So bildet hier das Totengericht den Auftakt zur Vereinigung von Ba und Körper des Sonnengottes wie aller seligen Verstorbenen in der sechsten Nachtstunde, am tiefsten Punkt der Fahrt. Wie im *Amduat*, steht der Sonnenleichnam im Zentrum, doch bleibt er jetzt unsichtbar.

Im Mittelregister, unmittelbar vor der Barke und ihrer Zugmannschaft, wird er von Göttern getragen, deren Arme durch die Berührung mit dem Leichnam ebenso unsichtbar und »verborgen« sind. Im Register darunter liegen die Mumien der Verstorbenen auf einer langen, schlangengestaltigen Bahre, um an der Vereinigung mit dem Ba und dem dadurch bewirkten Wiederaufleben teilzuhaben. Damit dieser entscheidende Vorgang nicht gestört wird, muss Apophis nochmals ferngehalten werden, wofür die Götter mit gegabelten Schlangenstäben im oberen Register sorgen. Aus dem Schlangenleib ragen Menschenköpfe, die Apophis »verschlungen« hat und nun wieder freigeben muss. Gleich daneben ist die Zeit als doppelt gewundenes Seil dargestellt, das aus dem Schlund des Gottes Aqen abgespult wird.

Die siebente Stunde thematisiert, wie im *Amduat*, die Ausschaltung aller feindlichen Mächte, damit die Neuwerdung der Sonne nicht gefährdet wird. Vor der Sonnenbarke erscheinen im Mittelregister die schakalköpfigen »Pfähle des Geb«, an die jeweils zwei Götterfeinde gebunden sind; Strafdämonen mit unheilvollen Namen kümmern sich um ihre Bestrafung, welcher Re »zustimmt«. In scharfem Gegensatz dazu zeigt das obere Register zwei Gruppen von Seligen, mit Körben voller Opferspeisen als Zeichen ihrer materiellen Versorgung und mit der Feder der Maat als Zeichen ihrer Rechtfertigung im Totengericht. Sie alle haben »ein Sein bis an sein Ende«, geborgen in der Maat, während die Verurteilten in die »Vernichtungsstätte« gehören. In der Beischrift begrüßt Osiris seine neuen Gefolgsleute. Für die versprochene Versorgung sind im unteren Register Götter oder Verstorbene mit großen Kornähren beschäftigt, sowie mit Sicheln zum

Ernten des Getreides versehen; unter den Strahlen der erneuerten Sonne kann auch das Korn üppig wachsen!

Die achte Stunde bringt im oberen Register noch einmal das Bild der Zeit als endloses Seil, welches Stunde für Stunde abgespult wird (wie in der sechsten Stunde), dazu noch das Zugseil der Barke, die »das Mysterium hervorbringt«. Vor der Barke im Mittelregister erscheinen »die Herren der Versorgung im Westen«, die im Auftrag des Re für die Seligen sorgen und den Feinden »Schlimmes zufügen«. Die Mumien im unteren Register haben sich auf ihren Bahren umgedreht und befinden sich damit schon im Stadium des Wiederauflebens.

In der neunten Stunde begegnet als zentrales Motiv vor der Sonnenbarke das Wasser-Rechteck mit den Ertrunkenen, eine Übernahme aus dem *Amduat*, wo Greif, gefolgt von zwei sehr komplexen Schlangenwesen, die bei der Bestrafung des Apophis und aller Feinde mitwirken. Im unteren Register verbindet ein durchlaufendes Seil alle Figuren; im Zentrum ist der Sonnengott als Falke gezeigt, wird zugleich aber Chepri (Skarabäus) genannt. Der begleitende Text spricht bereits vom »Herausgehen« und betont, dass die Fahrt dem Himmel zustrebt.

Auch in der elften Stunde wird, dieses Mal im oberen Register, Apophis gefesselt, zerstückelt und unschädlich gemacht. Der Strick, mit dem er und seine Helfer gefesselt sind, wird von einer riesigen Faust gehalten, die aus der Tiefe aufragt. Im Mittelregister zieht »das Gesicht des Re« in einer Barke dahin, so dass die Toten dem Gott ins Angesicht blicken können. Sterne gehen dem Gott voraus, um sein Wiedererscheinen anzukünden.

131 oben
Götter, die mit Messern bewaffnet sind, aus der 89. Szene des Pfortenbuches (12. Nachtstunde) im Grab von Ramses VI. In dieser Szene geht es um die Bestrafung des gefährlichen Sonnenfeindes Apophis, der immer wieder versucht, den Sonnenlauf zum Stillstand zu bringen.

es im unteren Register der zehnten Stunde gezeigt war. Hier sind es vier Gruppen von Verstorbenen, die in verschiedenen Stellungen im Urgewässer Nun dahintreiben und von seiner Fähigkeit zur Regeneration profitieren; denn das Wasser bedeutet für sie »Erfrischung«. Ihre Nasen sollen Luft atmen und ihre Ba-Seelen nicht vernichtet werden, so dass sie an der seligen Fortexistenz Anteil haben. Re selbst ist hier »Der im Nun« und wird im Schlussbild ja aus dem Nun emporgehoben.

Die erwähnten Ba-Seelen erscheinen bildlich im oberen Register, daneben ein Kollegium, das ihnen Brot und Gemüse spendet. Dagegen ist das untere Register der Bestrafung vorbehalten. Der »Feurige« als riesige Schlange, in deren Windungen die Horuskinder stehen, speit seinen Gluthauch gegen zwölf »Feinde«, die auf drei verschiedene Arten gefesselt sind. Horus wirft ihnen ihre Untaten gegen seinen Vater Osiris vor und fordert den »Feurigen« auf, die Feinde in Flammen zu setzen.

In der zehnten Stunde ist das ganze mittlere Register vom Kampf gegen Apophis erfüllt, wobei vor allem die zweimal sieben Gottheiten mit Netzen ins Auge fallen. In den Netzen, die sie über sich halten, ist wie in einem Kraftfeld der Zauber enthalten, durch den Apophis wehrlos gemacht wird. Das obere wie das untere Register führen besondere Erscheinungsformen des Sonnengottes vor. Oben erscheint er als Im unteren Register erscheinen die Ruderer des Gottes, hier zusammen mit den Stundengöttinnen – Zeit und Energie (Rudern) wirken zusammen, um die Barke zum Osthorizont voranzubringen. Mehrere Gottheiten haben bereits die Funktion, den Gott im Horizont »anzukünden«, und ihr »Rufen« lässt den Lärm erahnen, der den Sonnenaufgang begleitet.

Durch die Pforte »Mit geheimer Einführung« erreicht der Sonnengott die zwölfte und letzte Nachtstunde, in der sich das Wunder der Neugeburt vollzieht. Wieder künden Sterne das Erscheinen der Sonne an, und die auf Schlangen thronenden Göttinnen umgeben das Sonnenkind. Vor der Barke liegt Apophis bereits in Banden, er kann den Sonnenaufgang nicht behindern und wird von Göttern mit Messern und Hirtenstäben in Schach gehalten. Hinter ihm »verkünden« vier Paviane mit einem Jubelgestus ihrer Fäuste den Sonnengott im Osthorizont.

Im unteren Register geht es um die Kronen als Machtzeichen, die beim Verlassen der Unterwelt gebraucht werden, dazu um die Aufzucht des gerade neu geborenen Sonnenkindes durch seine »Ammen« und um die Beklagung des Osiris, der in der Unterwelt zurückbleibt. Isis und Nephthys hüten als Schlangen das letzte Tor des Totenreiches, durch das der Sonnengott nunmehr wieder den Horizont betritt.

Es folgt noch ein Schlussbild ohne die übliche Registereinteilung. Hier wird der gesamte Sonnenlauf in einem einzigen Bild verdichtet, wie es nach der Amarnazeit in zahllosen Illustrationen zu Sonnenhymnen geschieht. Halb in der Tiefe verborgen, hebt der Gott Nun aus dem Urgewässer (durch Wellenlinien angedeutet) die Sonnenbarke empor. In ihr wird die Sonne als schwebender Skarabäus von Isis und Nephthys umfangen und schiebt die Sonnenscheibe der Himmelsgöttin Nut entgegen, die Re »in Empfang nimmt«. Ihre Kopfüber-Haltung zeigt die Umkehr des Sonnenlaufes, der nun wieder der Unterwelt entgegenstrebt, verkörpert durch Osiris, der als gekrümmte Figur »die Unterwelt umschließt«. Von oben wie von unten strecken sich der Sonne Arme entgegen, die sie halten und zugleich durch die Räume des Alls bewegen, Tag für Tag.

130–131
Das mittlere Register der dritten Stunde des Pfortenbuches in der Grabkammer Ramses' I. Von rechts her wird die Sonnenbarke durch ein langes Gebilde hindurchgezogen, das die Unterwelt darstellt. Eingang und Ausgang sind als Stierkopf gestaltet. Auf die allgemeine Erneuerung weisen die vier weiß gekleideten Figuren links außen hin.

Sethos I. verwirklicht ein völlig neues Dekorationsprogramm: Da er sein Grab vom Eingang bis zur Sargkammer mit Reliefs ausschmückt, kann er die Dekoration reicher entfalten, als es in den bisherigen Gräbern möglich war, und seine Nachfolger gehen noch darüber hinaus. Vor allem Ramses VI. vereinigt in seiner Grabanlage nahezu die gesamte Totenliteratur des Neuen Reiches. Dazu gehört natürlich auch das Totenbuch, das vor allem praktische Hilfe im Jenseits gewähren will: Versorgung, Wiederaufleben und Schutz vor Gefahren. Besonders wichtig ist der Spruch 125 mit der Anrufung des Totengerichts, der seit Merenptah auch im Königsgrab erscheint.
Seit Ramses IV. wird dazu das *Höhlenbuch* in die Dekoration aufgenommen. Es ist in sechs Abschnitte eingeteilt, die keine Beziehung mehr zu den Stunden der Nacht haben. Seine moderne Bezeichnung verdankt das Buch den »Höhlen« oder Grüften, aus denen sich das Totenreich hier aufbaut. In den Darstellungen treten die vielen Ovale hervor, die Sarkophage meinen. Im Inhalt geht es wiederum um die nächtliche Sonnenfahrt, wobei sich der Sonnengott in den beiden ersten Abschnitten in langen Monologen an die Götter des Totenreiches wendet und im dritten dem Leichnam des Osiris in seinem »Kasten« begegnet. In allen Abschnitten wird ausführlich auch die Bestrafung der Verdammten geschildert. Am Ende fasst ein Schlussbild, das schon im Grab des Merenptah belegt ist, noch einmal den gesamten Lauf der Sonne zusammen.
Das *Buch von der Erde* ist im Grab Ramses' VI. am vollständigsten erhalten. In den späteren Gräbern finden sich nur einzelne Szenen. Es betont vor allem die Götter der Erdtiefe wie Aker, Geb und Tatenen, beschreibt aber daneben auch die nächtliche Wiedergeburt der Sonne, weshalb A. Piankoff für das Buch den Titel »La création du disque solaire« wählte. Von vielen Armpaaren wird hier die Sonne aus der Tiefe emporgehoben, in der die Verdammten gestraft werden.
Die Himmelsbücher verlegen die nächtliche Fahrt der Sonne von der Unterwelt in den Leib der Himmelsgöttin Nut, welche die Sonne am Abend verschluckt und am Morgen neu gebiert. Deshalb werden diese Werke nicht an den Wänden, sondern an den Decken der Gräber angebracht, die schon im Alten Reich als Himmel gestaltet wurden, seit Sethos I. dann als »Astronomische Decke« mit Sternbildern. Die Motive dieser himmlischen Nachtfahrt sind weitgehend die gleichen wie in den Unterweltsbüchern, und sogar dem Urozean Nun begegnen wir hier am Himmel.
Eine besondere Komposition ist das *Buch von der Himmelskuh*, das sich auf dem äußeren vergoldeten Schrein Tutanchamuns und seit Sethos I. in einem Seitenraum der Sargkammer findet. Im Mittelpunkt steht das Bild der Himmelskuh, auf der sich der Sonnengott einst von der Erde entfernt hat, als sich die Menschen gegen ihn, der altersschwach wurde, empörten. Ein Teil der Rebellen entgeht der Bestrafung durch das »feurige« Sonnenauge, die Göttin Hathor, aber auch ihr Schicksal sind nun Gottesferne, Streit und Tod. So erklärt dieser Mythos den jetzigen, unvollkommenen Zustand der Welt.
Seit Sethos I. werden nicht nur die Grabwände, sondern auch die Sarkophage der Könige reich mit religiösen Büchern ausgeschmückt. Der berühmte Alabastersarg von Sethos enthält das erste vollständige Exemplar des *Pfortenbuches*, und die immer größer werdenden Sarkophage seiner Nachfolger geben Ausschnitte aus mehreren Unterweltsbüchern. Dazu waren auch diese Sarkophage von vergoldeten und dekorierten Schreinen umgeben, wie sie sich bei Tutanchamun erhalten haben.
Als das Tal der Könige mit dem Ende des Neuen Reiches als Begräbnisstätte aufgegeben wird, werden die wichtigsten religiösen Bücher auf Särge und Papyri übernommen, seit der 26. Dynastie auch wieder auf Sargwände, aber dieses Mal von Beamten und Priestern. Damit leben sie bis in die Ptolemäerzeit weiter, und es ist durchaus möglich, dass ihr Inhalt auch den Verfassern der gnostischen und hermeneutischen Schriften noch bekannt war.

132
Ausschnitt aus dem Schlussbild des Höhlenbuches in der Sargkammer des Königs Merenptah. Das Bild fasst den nächtlichen Lauf der Sonne (rote Scheibe) zusammen, der Skarabäus-Käfer ist ihre verjüngte Gestalt am Morgen.

132–133
Die Himmelsgöttin Nut, die jeden Abend die Sonne verschluckt. Während der Nacht wandert die Sonne durch ihren Leib und wird am Morgen von ihr neu geboren. Der Kopf der Göttin ist eingebettet zwischen die rote Wüste und das blaue Urgewässer. Detail der Decke der Sargkammer im Grab Ramses' VI.

134–135
Auf der Nordwand der Sarkophaghalle der »Großen königlichen Gemahlin« Tausret (KV 14) ist das Höhlenbuch abgebildet. Die Pfeiler zeigen Schutzgottheiten des Königtums.

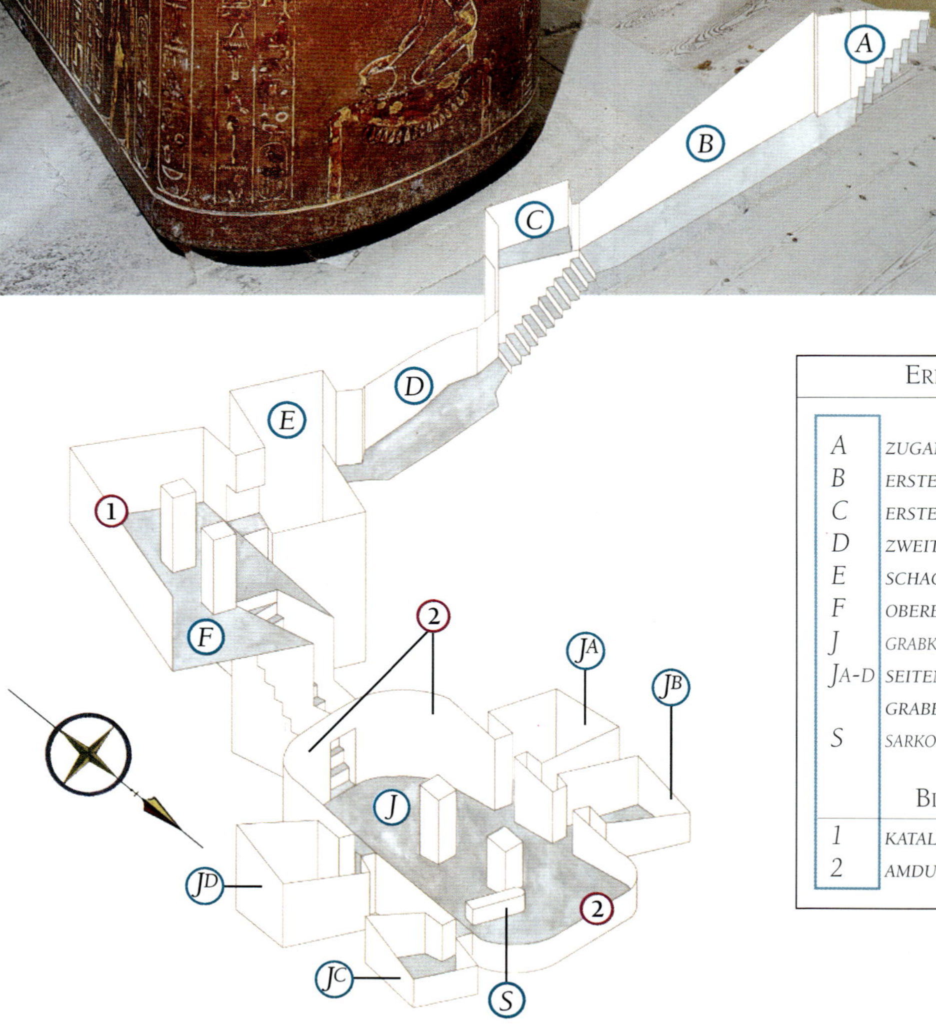

136-137
Blick in die Sargkammer Thutmosis' III. mit ihren zwei Pfeilern (sichtbar sind Figuren aus der Sonnenlitanei) und dem Sarkophag des Königs. Aus Gründen der Sicherheit sind die Wände jetzt hinter Glas. Der Raum hat einen ovalen Grundriss, als Wanddekoration sind die zwölf Nachtstunden des Unterweltsbuches Amduat verwendet.

Erklärung

A	ZUGANG
B	ERSTER KORRIDOR
C	ERSTE KAMMER
D	ZWEITER KORRIDOR
E	SCHACHT
F	OBERE PFEILERHALLE
J	GRABKAMMER
JA-D	SEITENKAMMERN MIT GRABBEIGABEN
S	SARKOPHAG

Bildwerke

1	KATALOG DER GÖTTER
2	AMDUAT

Das Grab von Thutmosis III.

von Erik Hornung

In einer engen Felsschlucht liegt, hoch über dem Niveau des Tales, der Eingang zur Grabanlage (KV 34) dieses Königs, der 20 Jahre lang im Schatten seiner Stiefmutter Hatschepsut stand, dann aber durch seinen Sieg bei Megiddo Ägypten zur führenden Weltmacht erhob. Als großer Eroberer lebt er im Gedächtnis späterer Generationen, doch gilt seine Aktivität auch friedlichen Werken, vor allem einer ganzen Reihe von Tempelbauten. Die Totentempel der Könige sind jetzt räumlich vom Grab getrennt und liegen am Rande des Fruchtlands von Theben-West.
Im Februar 1898 entdeckten Arbeiter der Antikenverwaltung den Zugang. Die Achse des Grabes verläuft nicht gerade, sondern stark gebogen, wie bei allen frühen Gräbern im Tal der Könige. Der Eingang liegt im Norden, die Sargkammer ist nach Osten abgeknickt. Damit wird eine Tradition fortgesetzt, die im Mittleren Reich unter Sesostris II. ihren Anfang nimmt; in dieser Zeit wird der bisher immer gerade, nach Norden ausgerichtete Korridor der Pyramide durch ein kompliziertes System von Gängen ersetzt, in dem sich die gekrümmten Räume des unterirdischen Jenseits

137 links
Die obere Pfeilerhalle, auch sie mit zwei Pfeilern, die unbemalt geblieben sind. An den Wänden ein Katalog der Gottheiten des Amduat. Die Decke ist als Himmel mit gelben Sternen bemalt.

137 rechts
Eine der Statuen Thutmosis' III. im Museum von Kairo, aus dem Tempel von Karnak; das Material ist Granodiorit. Die Füße des Königs treten auf die »Neun Bogen«, welche die Gesamtheit der feindlichen Völker symbolisieren. Das königliche Kopftuch ist mit der Uräus-Schlange geschmückt.

138–139
In der Sargkammer haben die fünfte und sechste Nachtstunde des Amduat eine besondere Position, vor dem Anfang des Buches mit Titel und erster Stunde rechts. Die fünfte Stunde enthält zwischen den Köpfen eines Doppelsphinx das Oval des Gottes Sokar, die sechste den Leichnam des Sonnengottes, von einer mehrköpfigen Schlange beschützt.

138 Mitte
Auf dem vorderen Pfeiler der Sargkammer begegnet uns die heute beschädigte Szene mit Isis als Baumgöttin, die dem König die Brust reicht und ihn damit in die Welt der Götter aufnimmt. Daneben steht der König mit Keule und Zepter in den Händen.

138 unten
Der strafende Dämon in der siebenten Stunde des Amduat, der die »Feinde« des Osiris fesselt und köpft. Er hat die spitzen Ohren eines Katers und weist damit auf den strafenden Aspekt des Sonnengottes.

139 unten links
Anfang der siebenten Nachtstunde des Amduat: der Gott Shepsi, die löwenköpfige »Preisende« und eine menschenköpfige Uräus-Schlange. Daneben thront, von einer Schlange schützend umringelt, Osiris, vor dem die Bestrafung seiner »Feinde« erfolgt.

139 unten rechts
Eine Holzfigur des Königs, die Loret im Grab Thutmosis' III. gefunden hat, jetzt im Museum von Kairo.

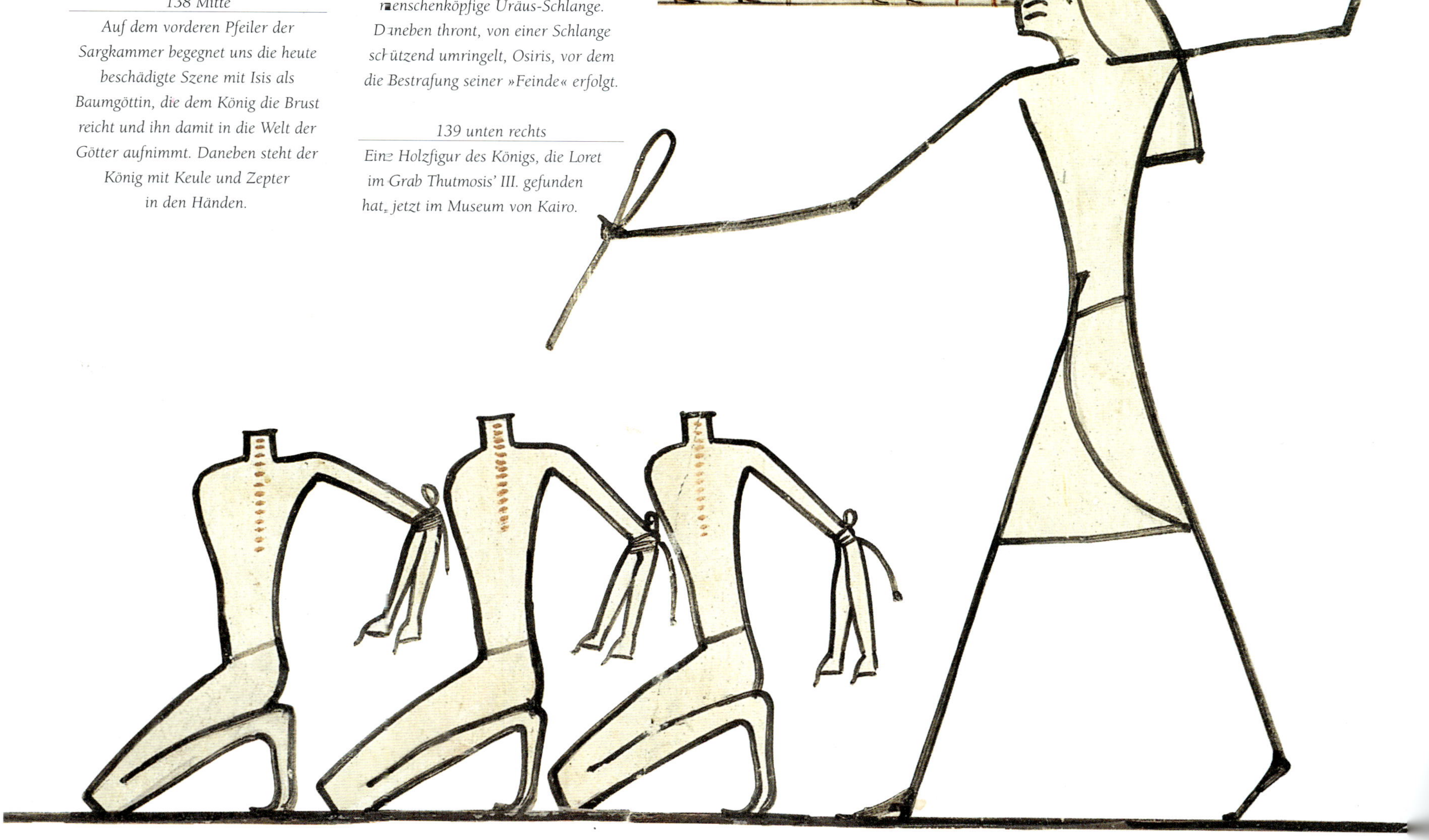

spiegeln. Mit diesem neuen Jenseitsbild hängt sicher auch der ovale Grundriss der Sargkammer zusammen, den wir auch bei Thutmosis I. und Thutmosis II. finden. Neue Elemente sind der Schacht (6 Meter tief) und eine obere Halle mit zwei (undekorierten) Pfeilern, die durch eine Treppe direkt mit der Sargkammer verbunden ist.

Im Übrigen führt ein rhythmischer Wechsel von Treppen und Korridoren, nur durch den Schacht und die obere Pfeilerhalle unterbrochen, bis zur Sargkammer mit ihren vier kleinen Nebenkammern, die für Beigaben bestimmt waren. Von diesen Beigaben waren nur noch Reste von Holzfiguren des Königs und diverser Gottheiten vorhanden.

Der königliche Sarkophag aus Quarzit befindet sich noch im Grab, die Mumie fand sich 1881 im Versteck (Cachette) von Deir el-Bahari, eingehüllt in ein Leichentuch mit dem Text der Sonnenlitanei. Korridore und Treppenräume blieben ohne Dekoration. Dagegen ist im Schacht der Rahmen für eine gemalte Dekoration ausgeführt, mit einem dekorativen Fries, der auch die Wände in der Sargkammer bekrönt; dazu ist die Decke als blauer Himmel mit gelben Sternen bemalt. Auf den Wänden der oberen Halle ist ein Katalog mit 741 Gottheiten aus dem *Amduat* angebracht, der ohne Parallele ist. Das *Amduat* mit seinen zwölf Nachtstunden schmückt die Wände der Sargkammer, deren Grundriss 12 x 9 Meter misst. Dabei folgt die Anordnung der Stunden den Vermerken, die sich im Text des Buches finden und auf die Himmelsrichtungen Rücksicht nehmen. So gehören die Stunden 1–4 auf die Westwand, 5 und 6 auf die Südwand, 7 und 8 auf die Nordwand, 9–12 auf die Ostwand. Dieses Ideal konnte allerdings nur ungefähr erreicht werden, denn Probleme mit dem vorhandenen Platz machten mehrfach Umstellungen und Auslassungen notwendig, dazu mussten viele Figuren eng gestaffelt werden.

Die Figuren sind nur in Umrissen (Strichzeichnung) ausgeführt, gezeichnet in schwarzer und roter Farbe. Die Texte geben kursive Hieroglyphen, so dass sich der Eindruck eines monumentalen Papyrus ergibt. Auf den zwei Pfeilern in der Sargkammer sind zwei Seiten mit der Kurzfassung des *Amduat*-Buches geschmückt (nur Text, keine Figuren), die einem ausführlichen Inhaltsverzeichnis entspricht. Vier Seiten tragen die 76 Figuren der Sonnenlitanei, eine weitere die Darstellung des Königs mit seiner Mutter Isis in einem Boot sowie von Mitgliedern der königlichen Familie und dazu die bekannte Szene, in der Isis als Baumgöttin den König stillt. Eine Pfeilerseite blieb frei von Dekoration. Auch hier ist die Decke als Himmel mit Sternen bemalt.

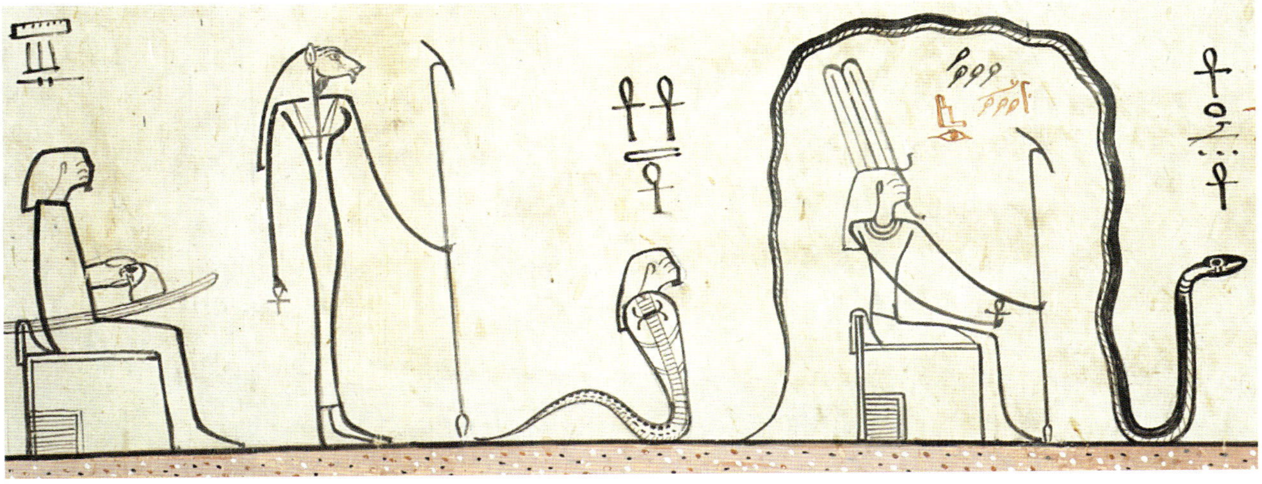

Das Grab von Amenophis II.

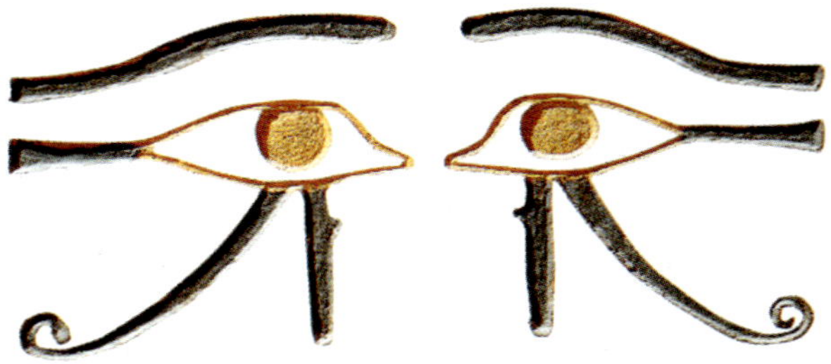

von Erik Hornung

Der Nachfolger von Thutmosis III. hat die Außenpolitik seines Vorgängers konsequent weitergeführt und die ägyptische Vormachtstellung in Syrien gegen Angriffe des Mitanni-Reiches und seiner Verbündeten verteidigt. In seinen Inschriften legt er besonderen Wert auf seine persönlichen Leistungen in Krieg und Sport, doch tritt er auch als Bauherr hervor, vor allem in Karnak und in Nubien. Im Tal der Könige erhielt auch sein Wesir Amenemope ein Grab (KV 49). Der Eingang seines eigenen Grabes (KV 35) liegt versteckt am Fuß einer hohen Felswand. Victor Loret fand ihn im März 1898, nur einen Monat nach der Entdeckung des Thutmosis-Grabes. Die Achse des Grabes ist wiederum geknickt, dieses Mal genau im rechten Winkel. Dazu ist der rhythmische Wechsel von Treppen und Korridoren beibehalten, und zwischen die beiden Pfeilerhallen wird ein zusätzlicher Korridor eingeschoben. Nur die Sargkammer wurde ausgemalt, alle anderen Räume sind ohne Dekoration geblieben. Zum Schutz der bemalten Wände vor den Besuchern hat man schon früh Glasplatten davorgesetzt, wie es jetzt auch in anderen Gräbern geschieht. Die Texte aus den Gräbern von Thutmosis III. und Amenophis II. wurden von Paul Bucher aufgenommen und 1932 veröffentlicht.

Im Gegensatz zu seinem Vorgänger geht Amenophis II. wieder zu einem rechteckigen Grundriss der Sargkammer über und gibt ihr eine Gestaltung, die bis zu Sethos I. Vorbild bleibt: Auf einen höher gelegenen Teil mit sechs Pfeilern folgt ein tiefer liegender mit dem Sarkophag des Königs. Wie bei Thutmosis, sind vier Seitenkammern für die Beigaben bestimmt, von denen Loret noch einige hölzerne Figuren antraf. In einer Königsfigur war ein Papyrus versteckt, der die älteste Fassung von Totenbuch Spruch 168 gibt, in dem die zwölf »Grüfte« der Unterwelt mit ihren Göttern beschrieben werden.

140

Amenophis II. im Schutz einer Göttin in Schlangengestalt, hinter der ein Papyrusdickicht angedeutet ist. Kuhgehörn und Sonnenscheibe weisen auf Hathor, die als Göttin der Regeneration in seinem Grab eine wichtige Rolle spielt. Die Statue befindet sich im Ägyptischen Museum in Kairo.

141 oben

Blick in die Sargkammer mit dem Sarkophag Amenophis' II. Am Fußende kniet Isis auf dem Zeichen für »Gold«, auf den Seiten Darstellungen der Horussöhne. Die beiden vorderen Pfeiler zeigen die Göttin Hathor, die dem König das Zeichen für »Leben« reicht.

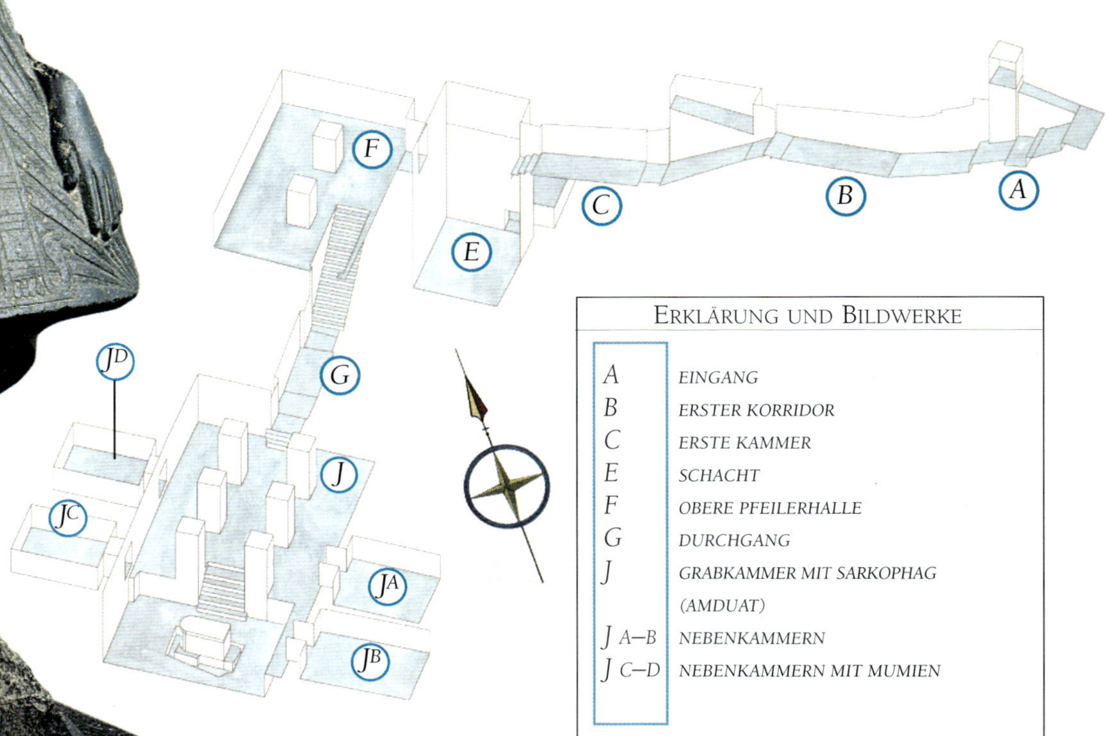

Erklärung und Bildwerke

A	Eingang
B	Erster Korridor
C	Erste Kammer
E	Schacht
F	Obere Pfeilerhalle
G	Durchgang
J	Grabkammer mit Sarkophag (Amduat)
J A–B	Nebenkammern
J C–D	Nebenkammern mit Mumien

141 unten

Figur eines Panthers aus dem Grab Amenophis' II., jetzt im Ägyptischen Museum in Kairo (CG 24622). Das Tier hat mit der Regeneration im Jenseits zu tun, und aus dem Grabschatz Tutanchamuns kennt man das Motiv vom König auf dem Panther.

In der zweiten Seitenkammer auf der rechten Seite stieß Loret auf neun Königsmumien, die nach dem Ende des Neuen Reiches, um 1000 v. Chr., hierher in Sicherheit gebracht wurden. Die Mumie von Amenophis selbst lag noch in ihrem Sarkophag aus Quarzit und wurde 1934 nach Kairo gebracht. Daneben blieben auch Reste der Kanopen-(Eingeweide-) Bestattung erhalten; die Eingeweide wurden bei der Mumifizierung aus dem Körper entfernt und in vier Krügen separat beigesetzt.

Weitere Funde waren Uschebti-Figuren, Modelle von Booten, Gefäße aus Fayence, Glas und Ton, und diverse Amulette. Kuhkopf und Panther haben Parallelen im Grabschatz des Tutanchamun. Alle Funde aus dem Grab, zu denen auch Beigaben für einen Prinzen gehören, sind jetzt im Ägyptischen Museum von Kairo ausgestellt.

142–143
Blick durch die Eingangsachse im oberen Teil der Sargkammer. Man erkennt die sechs Pfeiler mit ihren Götterszenen, in denen Amenophis von Osiris, Anubis und Hathor symbolisch »Leben« erhält. Der König trägt überall das Kopftuch mit der schützenden Uräus-Schlange.

143 unten links
Pfeilerseite mit dem König vor dem schakalköpfigen Anubis, der als »Herr des Heiligen Landes« bezeichnet ist, damit als Schutzherr der Nekropole. Auch hier wird symbolisch »Leben« an die Nase des Königs gespendet.

143 unten rechts
Eines der vielen Amulette aus blauer Fayence (andere aus Holz), die Loret im Grab verstreut fand (jetzt Kairo, CG 24348). Es ist die Hieroglyphe für »Leben« (ägyptisch Anch), welche die Götter auf den Pfeilern dem König an die Nase halten.

Die Wände der Sargkammer sind weiterhin mit dem *Amduat* in Strichzeichnung ausgeschmückt, doch werden die Nachtstunden jetzt nacheinander auf die Wände gebracht, ohne Unterbrechung der Reihenfolge. Der Beginn ist auf der Rückwand, die zwölf Stunden folgen einander im Uhrzeigersinn, und die Kurzfassung steht am Schluss, auf der linken Wand. Die ganze Komposition wird von einem breiten, roten Sandstreifen eingerahmt, der das Totenreich in der westlichen Wüste andeutet, in das die Sonne jeden Abend versinkt. Sandstreifen trennen auch die einzelnen Register in den Stunden. Die Sonnenbarke fährt auf einem Wasserstreifen, doch ist auf der rechten Wand der Übergang von der wasserreichen dritten Nachtstunde zum Sandreich des Sokar in der vierten deutlich zu sehen. Die letzte Nachtstunde, in der sich in einer riesigen Schlange die Verjüngung der Sonne

142 oben
Pfeilerseite mit Hathor als Westgöttin und Amenophis II. Die Göttin trägt auf dem Kopf ihr Symbol, Kuhgehörn und rote Sonnenscheibe.

142 unten
Amenophis II. vor Osiris, von einem Pfeiler in seiner Sargkammer. Der Gott trägt die Weiße (oberägyptische) Krone und hält Uas-Szepter, Hirtenstab und Geißel in den Händen; ein Zeichen für »Leben« reckt sich vom Szepter zur Nase des Königs, um seine Belebung anzudeuten.

144 oben links
Eine geflügelte Schlange aus bemaltem Holz, die als Schutzgottheit für Amenophis II. gedacht war, jetzt Kairo, CG 24629. Solche Schlangen begegnen mehrfach auch im Amduat.

144–145
Die Eingangswand der Sargkammer mit der sechsten, siebenten und achten Stunde des Amduat. Die siebente, vom Eingang durchschnitten, zeigt den Sieg über Apophis, den schlangengestaltigen Feind der Sonne, die achte oben und unten Höhlen, die von Türen eingerahmt sind und sich durch den Anruf des Sonnengottes öffnen.

144 unten
Die zwölfte Nachtstunde des Amduat mit ihrem ovalen Abschluss. Der Sonnengott verjüngt sich in einer riesigen Schlange und steigt als Skarabäus-Käfer zum Himmel, Osiris bleibt als Mumie in der Unterwelt zurück. Es folgt die Kurzfassung des Buches, die keine Illustrationen hat.

vollzieht, hat einen ovalen Abschluss. Die Wände tragen als oberen Abschluss einen dekorativen Fries, wie ihn schon Thutmosis III. verwendet hat. Die Decke des Raumes ist blau bemalt und mit gelben Sternen geschmückt.
Alle sechs Pfeiler in der Sargkammer sind mit Szenen bemalt, die den König vor einem Gott oder einer Göttin zeigen, die ihm das Lebens-Zeichen (Anch) an die Nase halten. Seine Partner sind dabei Osiris, Anubis und Hathor, die neben dem Sonnengott Re (dessen nächtliche Fahrt das *Amduat* beschreibt) für den Verstorbenen die größte Bedeutung haben und sein Fortleben im Jenseits garantieren. Osiris ist der Herrscher der Toten und verantwortlich für das Totengericht, Anubis sorgt für das körperliche Fortleben in Form der Einbalsamierung, und Hathor verkörpert alle Aspekte der Regeneration im Diesseits und Jenseits. Das erste Pfeilerpaar ist ganz für Osiris reserviert, das dritte für Hathor, während sich beim zweiten Anubis und Hathor in die Dekoration teilen. Die Gottheiten tragen verschiedene Beinamen, der König wird meistens »geliebt von Osiris« genannt. Alle Szenen sind, wie im *Amduat*, meist nur in schwarzer und roter Farbe ausgeführt, bunte Bemalung findet sich erst im folgenden Königsgrab Thutmosis' IV. Das Himmels-Zeichen ist jedoch über allen Götterszenen (und ebenso über dem *Amduat*) blau bemalt, und eine bunte Umrahmung umgibt jede der Szenen. Blau sind auch die Wasserflächen im *Amduat* ausgemalt, vor allem in der zehnten Nachtstunde, in der Ertrunkene im Urgewässer Nun dahintreiben.

145 unten links
Ein Kuhkopf aus dem Grab Amenophis' II., jetzt Kairo, CG 24630. Die Augen sind als »Horusaugen« (Udjat) stilisiert, und gemeint ist die kuhgestaltige Göttin Hathor, die als Frau mit Kuhgehörn auf den Pfeilern erscheint.

145 unten rechts
Eine der Holzfiguren des Königs, jetzt Kairo, CG 24598. Amenophis II. trägt hier das königliche Kopftuch und den Zeremonialbart, andere Figuren sind mit einer Krone ausgestattet.

Das Grab des Tutanchamun

von T. G. Henry James

Vor der Entdeckung seines Grabes im Jahr 1922 wusste man von Tutanchamun nicht sehr viel, außer dass er König war und gegen Ende der Achtzehnten Dynastie regiert hat. Erst die Auffindung seiner Grabstätte machte ihn vorübergehend zum berühmtesten aller ägyptischen Herrscher, und noch heute ist die Welt fasziniert von seinem Namen und den atemberaubenden Schätzen aus seinem Grab. Leider lieferte das Grabmal nur unbedeutende geschichtliche Informationen, und obwohl es der Forschung inzwischen gelungen ist, ein sehr viel klareres Bild seiner Herrschaft zu entwerfen, bleibt vieles über den König und die Ereignisse seiner Zeit im Dunkeln.

Es scheint außer Zweifel zu stehen, dass der junge Prinz, der ursprünglich Tutanchaton hieß, der Sohn Echnatons war, des Ketzerkönigs. Mit seiner Gemahlin Nofretete verließ der Pharao Theben und gründete in Mittelägypten eine neue Residenz, die er Achetaton nannte, »Horizont des Aton«, das heutige Tell el-Amarna. Hier kam Tutanchaton zur Welt – vermutlich als Sohn einer Nebenfrau des Pharaos namens Kija. Er wurde am Königshof erzogen und mit der dritten Tochter Echnatons und Nofretetes verheiratet. Der Knabe war zu diesem Zeitpunkt wahrscheinlich nicht älter als sieben oder acht Jahre, seine Gemahlin jedoch doppelt so alt.

Eheschließungen zwischen Halbgeschwistern einer Königsfamilie waren nichts Außergewöhnliches. Als der junge Prinz heiratete, standen die

147

Die goldene Totenmaske über dem Gesicht der Königsmumie. Sie besteht aus zwei hälftigen Goldblechen mit dem getriebenen Antlitz und ist mit Karneol, Lapislazuli, Obsidian, Quarz und Glaspasten verziert. Aus der Stirn ragen die Köpfe der Schutzgöttinnen Nechbet (Geier) und Wadjit (Kobra).

146 links

Luftaufnahme vom Grab Tutanchamuns. Rechts führt ein breiter Weg zum Grab Merenptahs; auf dem schmalen Pfad links gelangt man an den Gräbern Haremhabs und Ramses' III. vorbei zur Gruft von Amenophis II. Oben ist der Eingang zum Grab Ramses' VI. zu sehen.

146 oben rechts

Detail vom Goldenen Thron Tutanchamuns mit der Namenskartusche des jungen Pharaos.

146 unten rechts

Geißel und Krummstab, die Insignien königlicher Macht.

Chancen schlecht, dass er König werden könnte, aber das änderte sich mit dem Tod Echnatons. Bestrebungen, Achetaton aufzugeben und Theben als bedeutende Stadt und religiöses Zentrum der Verehrung Amuns wieder einzusetzen, scheinen schon während der kurzen Regierungszeit Neferneferuatens verfolgt worden zu sein – nach der Thronbesteigung Tutanchatons erhielten sie zusätzlichen Auftrieb. Das Herrscherpaar nahm die Namen Tutanchamun und Anchsenamun an. Königliche Residenz und Sitz der Verwaltung wurden nach Memphis verlegt, das während der Amarnazeit nichts von seiner Bedeutung eingebüßt hatte. Gegenreformation und politische Erneuerung lagen in den Händen erfahrener Verwaltungsbeamter: Eje führte die Regierungsgeschäfte, Maja war für die Finanzen zuständig und General Haremhab für das Heer. Unter diesem Triumvirat fand Ägypten zu geordneten Verhältnissen mit Wohlstand in Frieden zurück, wie sie vor der Amarnazeit, unter Amenophis III., geherrscht hatten. Nur an der Ostgrenze, wo Ägyptens Einfluss während Echnatons Herrschaft zurückgegangen war, mag es zu militärischen Auseinandersetzungen gekommen sein. Als Tutanchamun in jugendlichem Alter um 1325 v. Chr. starb, hatte er gute neun Jahre regiert. Sein Tod scheint plötzlich eingetreten zu sein; die Ursachen konnten nie überzeugend geklärt werden. Sein Totentempel war noch nicht fertig, und ein relativ kleines Grab von nicht herrschaftlichem Zuschnitt wurde in aller Eile für die Beisetzung des Königs vorbereitet. Als einige Jahre später auch Eje starb, wurde er im Westtal des Tals der Könige in einer Grabanlage bestattet, die ursprünglich für Tutanchamun vorgesehen gewesen sein könnte.

148 und 149

Die Grabkammer mit dem großen Quarzit-Sarkophag in der Mitte. Links geht der Blick nach Osten; der Eingang zur Schatzkammer liegt hinter dem Sarkophag. Vier Göttinnen schützen den Inhalt mit ausgebreiteten Schwingen: in der Mitte ist Nephthys zu sehen, links Isis, rechts Selkis und an der vierten Ecke Neith. Auf dem rechten Bild ist im Sarkophag der äußere Sarg des Königs zu erkennen. Er enthält noch die Überreste von Tutanchamuns Mumie.

ERKLÄRUNG

1	16 STUFEN FÜHREN ZUM 1. VERSCHLOSSENEN EINGANG
2	ABSTEIGENDER KORRIDOR
3	VERSCHLOSSENER EINGANG ZUR GRABKAMMER
4	VORRAUM
5	WANDLOCH FÜR BALKEN ZUM HEBEN VON SCHWERLASTEN
6	NEBENRAUM
7	SARGKAMMER
8	NISCHEN FÜR MAGISCHE ZIEGEL
9	SCHATZKAMMER

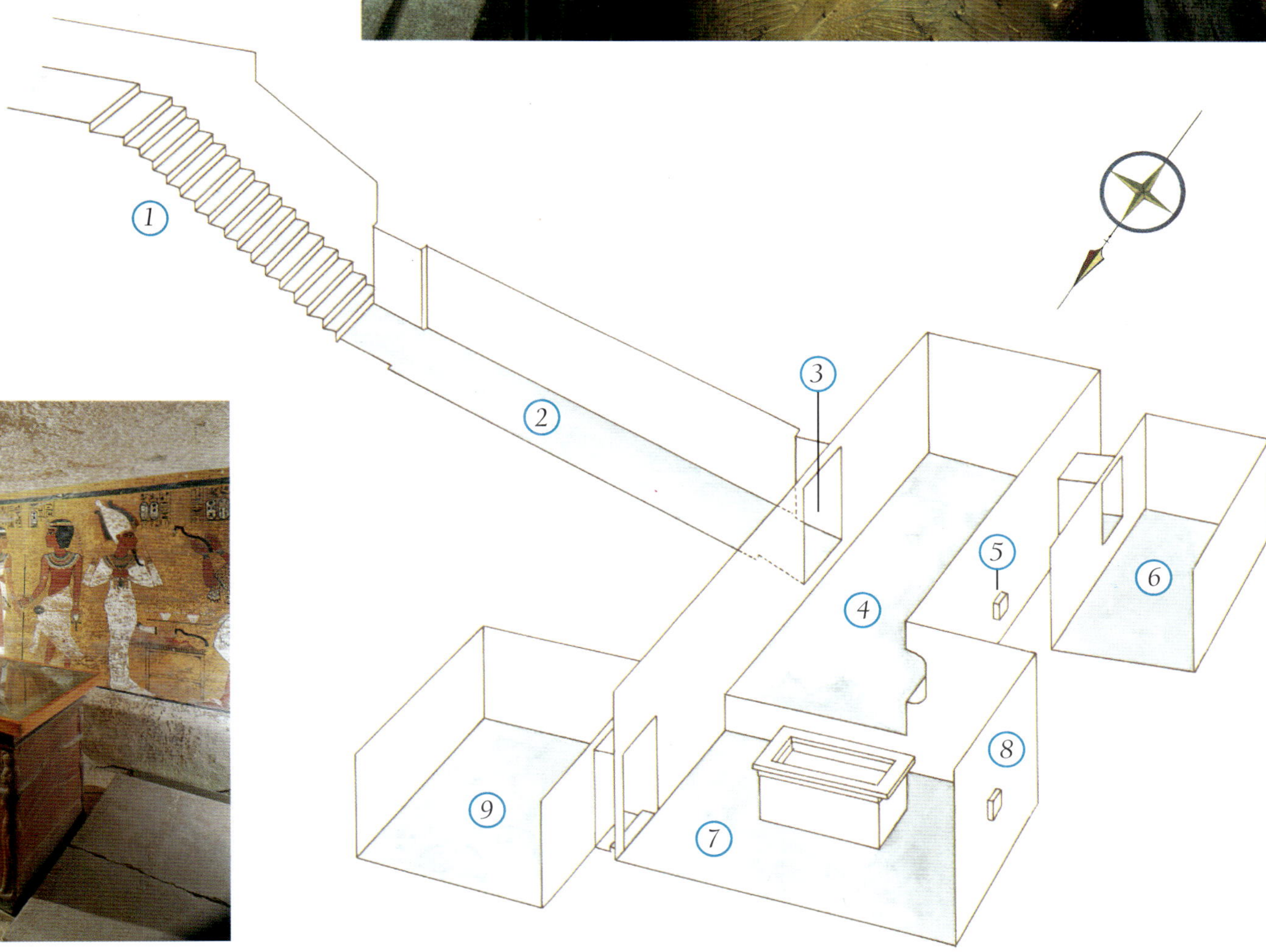

150 und 155

Wandmalereien in der Sargkammer: links (Detail der Westwand) schwebt die Nachtbarke Chepris über den Paviangottheiten (Amduat, 1. Stunde); rechts (Detail der Ostwand) die Mumie des Königs auf einer girlandengeschmückten Bahre unterwegs zum Begräbnis.

151–153

Eje vollzieht das Mundöffnungsritual an der königlichen Mumie; Nut begrüßt den König; Osiris empfängt den König und sein Ka.

154

Pektoral (Detail eines Mieders). Amun-Re übergibt dem König in Begleitung Atums und Iusaas eine Jahresrispe, Abzeichen einer langen Regierungszeit.

Das bescheidene Grab, das Tutanchamuns letzte Ruhestätte wurde, lag nicht weit vom Eingang zum Tal der Könige entfernt. Diese Gegend war bis zu diesem Zeitpunkt noch nicht für die Errichtung von Königsgräbern erschlossen, abgesehen von dem Depot für Grabbeigaben KV 55, in dem Bestattungsmaterial aus der Amarnazeit gelagert wurde, das möglicherweise unter Tutanchamun nach Theben gebracht worden war. KV 55 war nach den Gepflogenheiten der Achtzehnten Dynastie genauso wenig als Königsgrab geplant gewesen wie KV 62, Tutanchamuns Grab. Wahrscheinlich hat man den urspünglichen Grabplan von KV 62 in der zur Verfügung stehenden kurzen Zeit abgeändert, um einen Bestattungsbereich zu schaffen, der eines Königs für würdig erachtet wurde. Es deutet vieles darauf hin, dass die Art und Weise, in der die Grabausstattung auf die vier Räume verteilt wurde, vom Zeitdruck diktiert war und nicht von der für einen König gebotenen Sorgfalt. Man muss jedoch vorsichtig sein, daraus keine falschen Schlüsse zu ziehen. Denn zum einen war der König unerwartet gestorben, und zum anderen ist seine Grabstätte das bisher einzige Beispiel dafür, wie vollständige Königsgräber des Neuen Reichs ausgesehen haben könnten. Wie dem auch sei – was Howard Carter 1922 entdeckte, ist jedenfalls nicht das Grab Tutanchamuns im Originalzustand. Wenigstens zweimal nach der Bestattung waren Grabräuber eingedrungen. Nach der ersten Schändung hatte man von offizieller Seite Material für das Einbalsamieren des Leichnams und für die Beisetzungszeremonien aus dem abfallenden Korridor entfernt und in einem Depot vergraben, das Theodore Davis 1907 entdeckte. Dieser Fund lieferte den Hinweis, dass Tutanchamuns Grab in der Nähe liegen könnte. Nachdem man das Grab nach dem letzten Einbruch wieder verschlossen hatte, war es völlig in Vergessenheit geraten und lag seitdem unberührt im Tal der

156 oben

Deckel eines kartuschenförmigen Schmuckkastens. Die Hieroglyphen mit dem Namen des Königs sind mit Ebenholz und Elfenbein eingelegt und teilweise rot ausgemalt: »Tutanchamun, Herrscher im Südlichen Heliopolis«.

156 unten

Bei der Bestattungsprozession wird der Schlitten mit dem Schrein des mumifizierten Königs von zwölf hochgestellten Hofbeamten, darunter die Wesire von Ober- und Unterägypten, zum Grab gezogen.

156–157

Malerei an der Südwand der Sargkammer. In der Unterwelt wird Tutanchamun von der Göttin Hathor, Herrin des Himmels, empfangen, die ihm das Leben anbietet. Begleitet wird der König vom schakalköpfigen Anubis, der die Einbalsamierung beaufsichtigt.

Könige, bis Howard Carter am 4. November 1922 darauf stieß. Die dramatischen Ereignisse dieses Tages bildeten den Höhepunkt seiner Forschertätigkeit im Tal, die er seit 1917 systematisch betrieb. Tutanchamun war zweifelsfrei einer der wenigen Könige, deren Gräber man noch nicht kannte, und Carter mochte bis 1922 zu dem Schluss gekommen sein, dass die Entdeckung seines Grabes nur noch eine Frage der Zeit sei. Was er nicht ahnen konnte, war, dass das Grab nahezu unversehrt sein und er die überwältigende Fülle der Grabausstattung in beinahe originalem Zustand vorfinden würde. Trotz anfänglicher Schwierigkeiten und Rückschläge betrieb Carter die Freilegung des Grabes mit beispielhafter Sorgfalt und persönlichem Einsatz. 1932, fast zehn Jahre nach der Entdeckung, war das Werk vollendet. Hier die wichtigsten Daten:

- 24. November 1922: der erste versiegelte Eingang wird geöffnet;
- 27. November 1922: Öffnung des zweiten versiegelten Eingangs zum Vorraum;
- 6. Februar 1923: Betreten der Sargkammer;
- 12. Januar 1924: Öffnung des Sarkophags;
- 11. November 1925: Öffnung des innersten Sargs, Beginn der Untersuchung der Mumie;

- ab 24. Oktober 1926: Ausräumen der Schatzkammer;
- November/Dezember 1927: Ausräumen der Nebenkammern;
- 27. Februar 1932: nach Abschluss der Ausbesserungsarbeiten an den letzten Schreinen werden diese ins Freie geschafft und die Arbeiten im Grab abgeschlossen.

Wie schon erwähnt, entsprach der Grabplan nicht dem eines königlichen Grabmals der Achtzehnten Dynastie. Es ist auch nicht möglich, den ursprünglichen Plan zu rekonstruieren, bevor er abgeändert wurde, um das Grab für die Aufnahme der sterblichen Hülle eines Königs herzurichten. Möglicherweise hat man die Sargkammer, die etwas tiefer liegt als der Vorraum, vergrößert, so dass sie in etwa der eines konventionellen Königsgrabs entsprach, in dem man von der vorgelagerten Pfeilerhalle zum Sarkophag herabstieg. Man musste den Raum so ausweiten, dass er auch die großen Schreine der Grabausstattung aufnehmen konnte. Für die dafür zuständigen Beamten dürfte der gesamte Umbau keine leichte Aufgabe gewesen sein, und die Arbeiter waren vermutlich bis zum letzten Moment damit beschäftigt, Veränderungen vorzunehmen, während die großen Gegenstände der Grabeinrichtung schon hereingetragen wurden. Dabei scheint man nach einem sorgfältig ausgearbeiteten Plan vorgegangen zu sein. Zum Beispiel musste als erstes die Einrichtung der Schatzkammer abgeschlossen sein, die einige der bedeutendsten Grabbeigaben enthielt. Daneben fand man aber auch Gegenstände im Vorraum und im Nebenraum, die eigentlich in die Sargkammer gehört hätten.

Das Grab liegt tief im Felsgestein unter dem Tal der Könige. Sechzehn aus dem Kalkstein geschlagene Stufen führen hinunter zum abfallenden Korridor. Die sechs unteren Stufen hat man schon in der Antike entfernt, zweifellos während der Bestattungsvorbereitungen, um die größten Stücke der Grabausstattung wie den Kanopenschrein, den Sarkophag und die Wände der Schreine über dem Sarkophag ins Grab trans-

158 links

Teil eines Pektorals mit Sonnen- und Mondsymbolen. Der Skarabäus besteht aus durchscheinendem grünem »Wüstenglas«; die goldenen Flügel sind mit blauer, roter und grüner Glaspaste eingelegt. Die Hinterbeine haben die Form von Geierklauen.

158 rechts

Die Königsmumie wurde besonders geschützt: Man bedeckte sie mit Amuletten und einer magischen Maske, bettete sie in einen inneren Sarg aus purem Gold und in zwei äußere aus Holz mit Goldbelag und reicher Verzierung. Die drei Särge legte man in einen Außensarkophag aus Quarzit.

portieren zu können Vor dem Verschließen des Grabes wurden die Stufen dann aus Steinen und Mörtel wieder eingesetzt.

Der erste zugemauerte Eingang lag unmittelbar am Fuß der Treppe. Dahinter führte ein 8,08 m langer, 1,68 m breiter und 2 m hoher Gang nach unten. Als man ihn entdeckte, war er mit Geröll angefüllt, aber ursprünglich hatte er die Materialien enthalten, die in dem 1907 freigelegten Depot zum Vorschein kamen. Am Westende des Korridors liegt der Eingang zur Grabanlage, den man wie den ersten am Ostende des Ganges am Fuß der Treppe mit Kalkstein und Mörtel verschlossen und versiegelt hatte. Die vier Räume des Grabes heißen noch heute so, wie Carter sie bei der Entdeckung bezeichnet hat. Der Vorraum, in den der abfallende Korridor unmittelbar einmündet, misst 7,85 x 3,55 m und ist 2,68 m hoch. Die Wände sind grob behauen, nicht verputzt und unverziert. Die knapp einen Meter hohe und wenig über einen Meter breite Tür zum Nebenraum am Südende der Westwand war zugemauert. Die Größe des Nebenraums beträgt 4,35 x 2,60 m bei einer Höhe von 2,55 m. Er liegt etwa einen Meter tiefer als der Vorraum. Am Nordende des Vorraums hatte man eine Mauer aus verputztem Kalkstein aufgerichtet, in deren Mitte sich eine ebenfalls zugemauerte Tür befand. Durch sie gelangt man in die 6,37 x 4,02 m große, etwa 3,65 m hohe Sargkammer, die 0,94 m tiefer liegt als der Vorraum. Es ist der einzige Raum im Grab mit verputzten und verzierten Wänden. Vier Nischen, in jeder Wand eine, enthielten die magischen Ziegel, die dem Leichnam des verstorbenen Königs zusätzlichen Schutz bieten sollten. Ein offener Durchgang in der Ostwand führt in die 4,75 x 3,8 m große und 2,33 m hohe Schatzkammer.

Diese nüchterne Beschreibung lässt wenig vom Inhalt ahnen, den man in dieser fast unversehrt gebliebenen königlichen Grabanlage angetroffen hat. Der wichtigste Teil des Grabes lag hinter der zugemauerten Tür in der Nordwand des Vorraums. Er enthielt die Mumie des Königs und alle Grabbeigaben, die für das Weiterleben des Pharaos nach dem Tod erforderlich waren. Der

159

Oberer Teil des inneren Mumiensargs aus massivem Gold. Tutanchamun trägt das Nemes-Kopftuch; auf der Stirn die Symbole der Schutzgöttinnen, Geierkopf und Kobra; in den Händen hält er die Insignien seiner göttlichen Königswürde, Zepter und Geißel. Um seinen Hals liegt eine Kette aus runden Gold- und Glasscheiben.

Leichnam lag in drei ineinander passenden Särgen (der innerste bestand aus purem Gold), die auf einer niedrigen, vergoldeten Holzbahre ruhten und von einem Sarkophag aus Quarzit umgeben waren. Diese vierschichtige Schutzhülle war ihrerseits von vier ineinander geschachtelten Schreinen umgeben, die den Raum nahezu vollständig ausfüllten. Vor den Schreinen und auf dem schmalen Bodenstreifen zwischen dem äußeren und nächsten Schrein lagen verschiedene Gegenstände, denen man magische Kräfte zuschrieb. Die wichtigsten Objekte zum Schutz des Königs hatte man auf die Mumie gelegt, insgesamt 150 herrliche Einzelstücke – Amulette, Schmuck und andere Beigaben – alle ausgestattet mit magischen Kräften und dazu bestimmt, das Weiterleben des Königs in der Nachwelt zu sichern. In einem Königsgrab konventionellen Zuschnitts wurden die Wände dazu benutzt, Inschriften und Bilder anzubringen, die dem König auf seiner Reise durch die niederen Regionen zu dem für ihn vorgesehenen Platz neben dem Gott Re im Himmel Beistand leisten sollten. In Tutanchamuns Grab zeigen die Wandmalereien in der Grabkammer vorwiegend Episoden aus dem Bestattungsritual, abgesehen von der Westwand, wo eine Darstellung der Stunden der Nacht zu sehen ist, durch die der Weg des verstorbenen Königs führt. Wichtige Texte zu dieser nächtlichen Wanderung und weitere über das Schicksal des Königs nach dem Tod stehen auf den vergoldeten Wänden der Schreine.

Viele Gegenstände im Grab waren ursprünglich für andere Mitglieder der Herrscherfamilie angefertigt worden. Für Tutanchamuns Begräbnis hat man die Inschriften nachträglich geändert und auf ihn bezogen. Beispiele dafür sind der mittlere Sarg und der Quarzitsarkophag. Auch Funde in der Schatzkammer bestätigen, dass bereits vorhandene Grabbeigaben umgewidmet wurden, damit

160–161

Rückenlehne (Detail) des Goldenen Throns. Anchesenamun salbt die linke Schulter des Königs; in der Linken hält sie eine Schale mit Salböl. Darüber die Leben spendenden Strahlen der Sonnenscheibe Aton im Stil der Amarna-Zeit, aus der dieser Thronsessel mit Sicherheit stammt.

161 unten

Der Goldene Thron ist das großartigste Stück altägyptischer Möbelbaukunst. Er besteht aus mit Goldblech überzogenem Holz; in die Verkleidung sind Schmucksteine, Glaspasten und Fayencestücke eingelegt. Für das Gewand der Königin und den Schurz des Königs wurde Silberblech verwendet.

162 links

Der Kanopenschrein. Schrein und Säulenbaldachin bestehen aus vergoldetem Holz. Die Bekrönung beider Teile bilden vollplastische Uräus-Schlangen mit bunten Glaspasteneinlagen. Vor den vier Wänden stehen Schutzgöttinnen, von denen auf der Abbildung Isis und Selket zu sehen sind.

162–163

Die beiden aus Alabaster geschnittenen Königsköpfe, die über dem Kanopenkasten herausragen, sind die Deckel der zwei Fächer mit den Kanopensärgen.

Tutanchamuns Grab in der knappen Zeit zwischen seinem Ableben und der Beisetzung den Gebräuchen entsprechend ausgestattet werden konnte. Das betrifft unter anderem die Kanopengegenstände in der Schatzkammer. Die Eingeweide des Königs wurden in kleinen Särgen bestattet, die in einen Kasten aus Alabaster eingelassen waren, welcher wiederum in einem vergoldeten Schrein stand, an dessen Wänden vier Göttinnen darüber wachten, dass dem Inhalt kein Schaden zugefügt wurde. Diese Göttinnengestalten gehören zu den bemerkenswertesten und schönsten Gegenständen aus dem Grab. Die Aufsicht über die Schatzkammer führte die eindrucksvolle Statue des schakalköpfigen Anubis auf einem Tragschrein. Daneben befanden sich in der Schatzkammer noch viele kleine Schreine mit Götter- und Königsfiguren, Schatullen mit Schmuck und Uschebti-Statuetten sowie mehrere Miniaturbarken.

163 rechts unten
Pektoral mit dem Thronnamen des Königs: Neb-cheperu-re. Der Korb (Neb) besteht aus Türkis, der Skarabäus (Cheper) aus Lapislazuli und die Sonnenscheibe (Re) aus Karneol mit Goldfassung. Die Flügel des Käfers sind mit bunten Glaspasten, Türkis und Lapislazuli eingelegt.

164

Kopf der Kuhgöttin Mehetweret, eine Erscheinungsform der Hathor speziell in Verbindung mit der Nekropole. Die Holzplastik ist vergoldet und mit einer schwarzen Harzmasse überzogen, die Hörner bestehen aus Holz mit Kupferblechbeschlag. Der Kopf lag in der Schatzkammer vor dem Kanopenschrein.

165

Kopf einer Löwin an einem der drei Ritualbetten aus dem Vorraum. Vermutlich ist damit die Göttin Isis-Mehit gemeint. Die vergoldete Holzplastik wirkt bemerkenswert lebendig. Die Augen sind aus transparentem Quarz, der auf der Rückseite bemalt ist, die Augenumrandungen aus schwarzem Glas, die schrägen Streifen und die Nase aus blauem Glas.

Unübersehbar in der Schatzkammer waren die Spuren der Grabräuber, die sich vor allem über die Schmuckkästen hergemacht hatten Am schlimmsten hatte es jedoch den Vorraum und den Nebenraum getroffen, wo kein Stück der Ausstattung mehr an seinem ursprünglichen Platz stand und die Plünderer ein wüstes Durcheinander hinterlassen hatten, das bei den Aufräumungsarbeiten, wohl durch die Beamten der Nekropole, nur notdürftig beseitigt worden war. Die aufsehenerregendsten Gegenstände im Vorraum waren drei vergoldete Ritualbetten und am Nordende zwei lebensgroße Ka-Statuen Tutanchamuns, die den Eingang zur Grabkammer bewachten. Daneben gab es zerlegte Prunkwagen, Möbelstücke und einen goldenen Thron mit einer prachtvollen, im Amarnastil gehaltenen Darstellung Königin Anchesenamuns bei der Salbung des Pharaos. Außerdem fand man Behälter für Nahrungsmittel, Alabasterkrüge mit kostbarem Öl und die »bemalte Holztruhe« mit äußerst fein ausgeführten Miniaturdarstellungen der Kriegstaten des Königs. Insgesamt bildete der Inhalt des Raums ein Konglomerat aus Kunstwerken höchster Qualität und banalen Gegenständen.

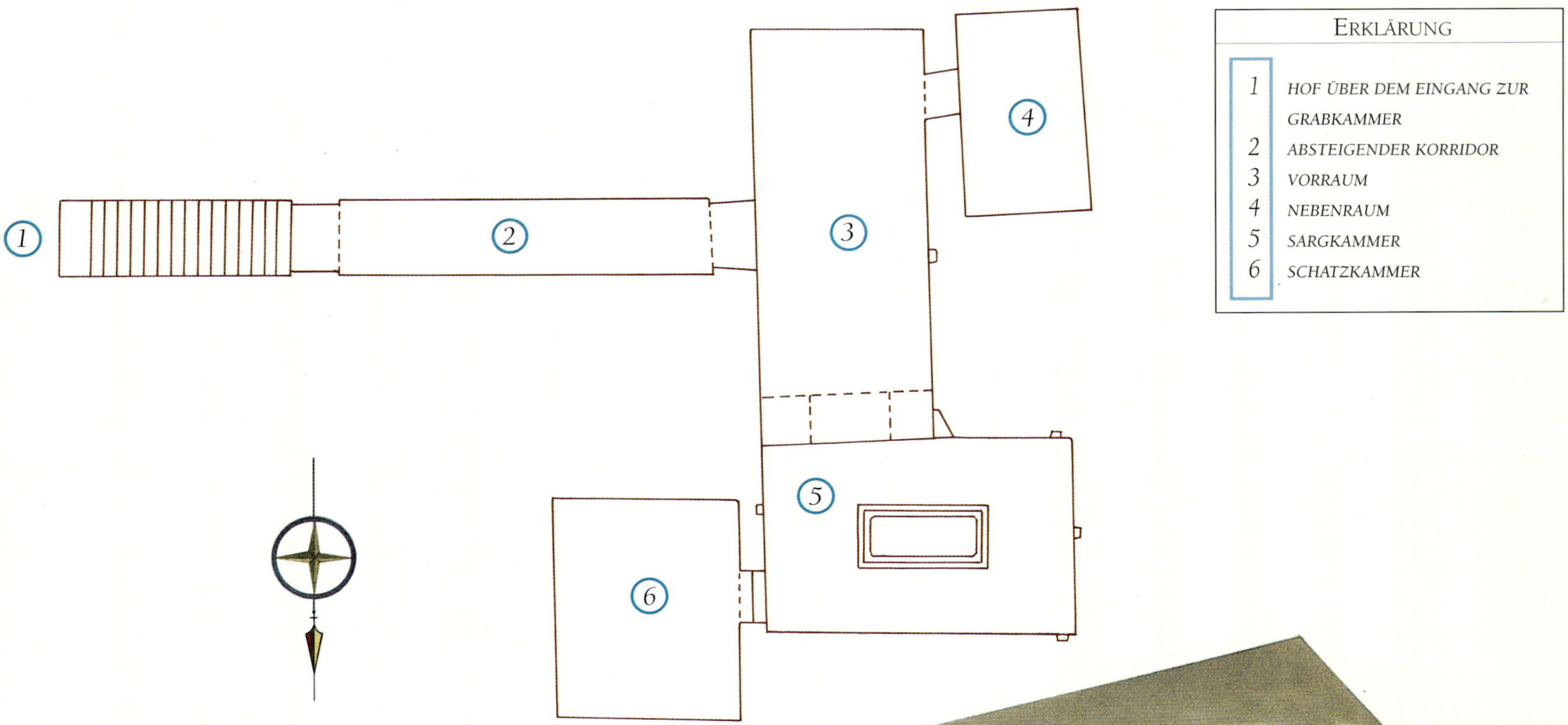
ERKLÄRUNG
1 HOF ÜBER DEM EINGANG ZUR GRABKAMMER
2 ABSTEIGENDER KORRIDOR
3 VORRAUM
4 NEBENRAUM
5 SARGKAMMER
6 SCHATZKAMMER

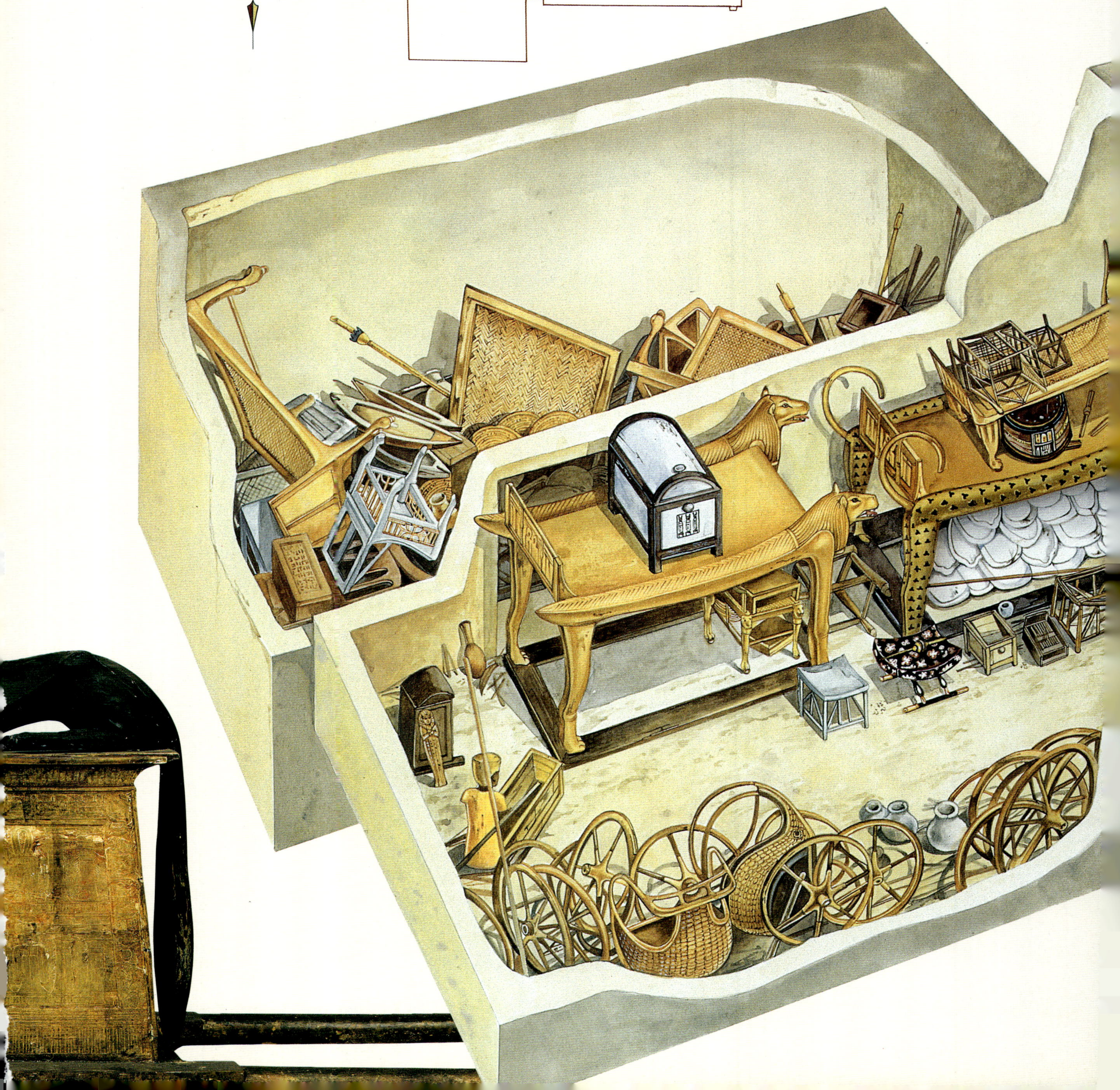

Mehr oder weniger gilt das auch für den Nebenraum, den Carter mit den als Vorratskammern verwendeten Seitenräumen eines konventionellen Königsgrabs verglichen hat. Er diente zur Aufbewahrung von Dingen, die der König auf seinem Weg zum Nachleben brauchte – Krüge mit Wein, Alabastergefäße mit Salben und Ölen, Kästen mit Nahrungsmitteln und Körbe mit Obst. Bei den auf dem Boden abgestellten Gegenständen herrschte noch eine gewisse Ordnung, aber darüber war alles kreuz und quer aufgestapelt, darunter Betten und anderes Mobiliar wie der »goldene Thron«, Kästen mit Uschebti-Statuetten, Kleidungsstücke und Schmuck. Dieses Durcheinander rührte zweifellos zum großen Teil von den Aufräumungsarbeiten nach den Plünderungen in der Antike her, aber man kann auch vermuten, dass hier Gegenstände abgestellt wurden, die anderswo nicht unterzubringen waren. Auch ist zu überlegen, ob nicht bei allen Königsgräbern eine gewisse Unordnung und Hast beim Einräumen üblich war, bevor das Grab verschlossen und versiegelt wurde.

Nach der gängigen Meinung sah so also das Grab für einen unbedeutenden Pharao aus. Aber vielleicht sind Quantität und Qualität des Inhalts von Tutanchamuns Grabstätte gar nicht so bescheiden, verglichen mit dem, was man vorangegangenen Königen der Achtzehnten Dynastie mit auf die Reise gegeben hat. Welche Maßstäbe man auch anlegen mag: Tutanchamun gegenüber hat man sich nach seinem Tod jedenfalls nicht schäbig verhalten.

166

Fast lebensgroße Kalksteinstatue des Gottes Amun, dessen Kult Echnaton aus dem Tempel verbannt hatte und der unter Tutanchamun wieder eingesetzt wurde. Die Statue trägt die Züge des Königs. Sie wurde in Karnak gefunden.

171

Kopfende des Quarzitsarkophags mit dem oberen Teil einer Figur der Isis in Schutz gewährender Haltung. Der eingemeißelte Name Tutanchamuns ist deutlich zu erkennen.

167 links

Figur des Ptah, der Hauptgottheit von Memphis, die immer als Mumie dargestellt ist. Die Kopfkappe besteht aus blauer Fayence; die Augen sind mit blauem Glas umrandet; Bart und Zepter sind aus vergoldeter Bronze.

167 oben rechts

Eine der vergoldeten Holzfiguren aus der Schatzkammer, auf dem Sockel Mamu benannt, dem Namen eines weniger bekannten Gottes, der hier als Mumie mit Osirisbart dargestellt ist.

167 unten rechts

Gott Anubis auf einem kapellenförmigen Schrein, der auf einem Schlitten mit Tragholmen ruht. In den Fächern des Schreins befanden sich Schmuckstücke, Amulette und andere Gegenstände.

168–170

Rekonstruktion von Tutanchamuns Grab mit der Anordnung der wichtigsten Gegenstände aus der Grabausstattung. Vom Eingang gelangt man in den Vorraum mit den Bestattungsbetten und anderem Mobiliar. Links sieht man die zerlegten Prunkwagen. Im Nebenraum sind Möbelstücke und Kästen planlos aufgestapelt. Hinter den Wächterfiguren im Vorraum liegt die Sargkammer mit den Mumiensärgen, dem Sarkophag und den ihn umgebenden Schreinen. Von hier aus führt ein Durchgang in die Schatzkammer, wo Anubis den Kanopenschrein, Kästen von Gottheiten, Uschebtistatuetten, Schmuckstücke und mehrere Miniaturbarken bewacht.

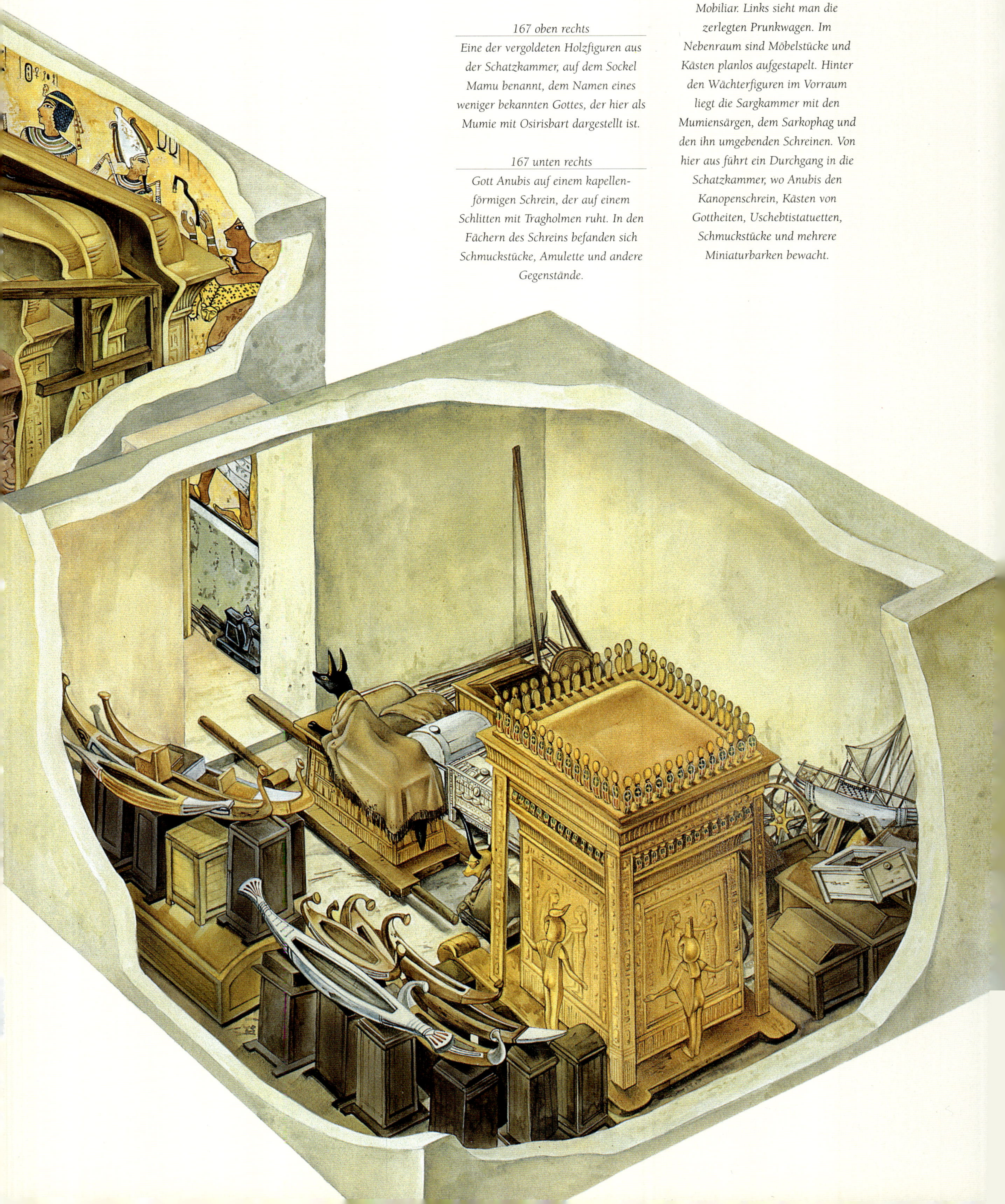

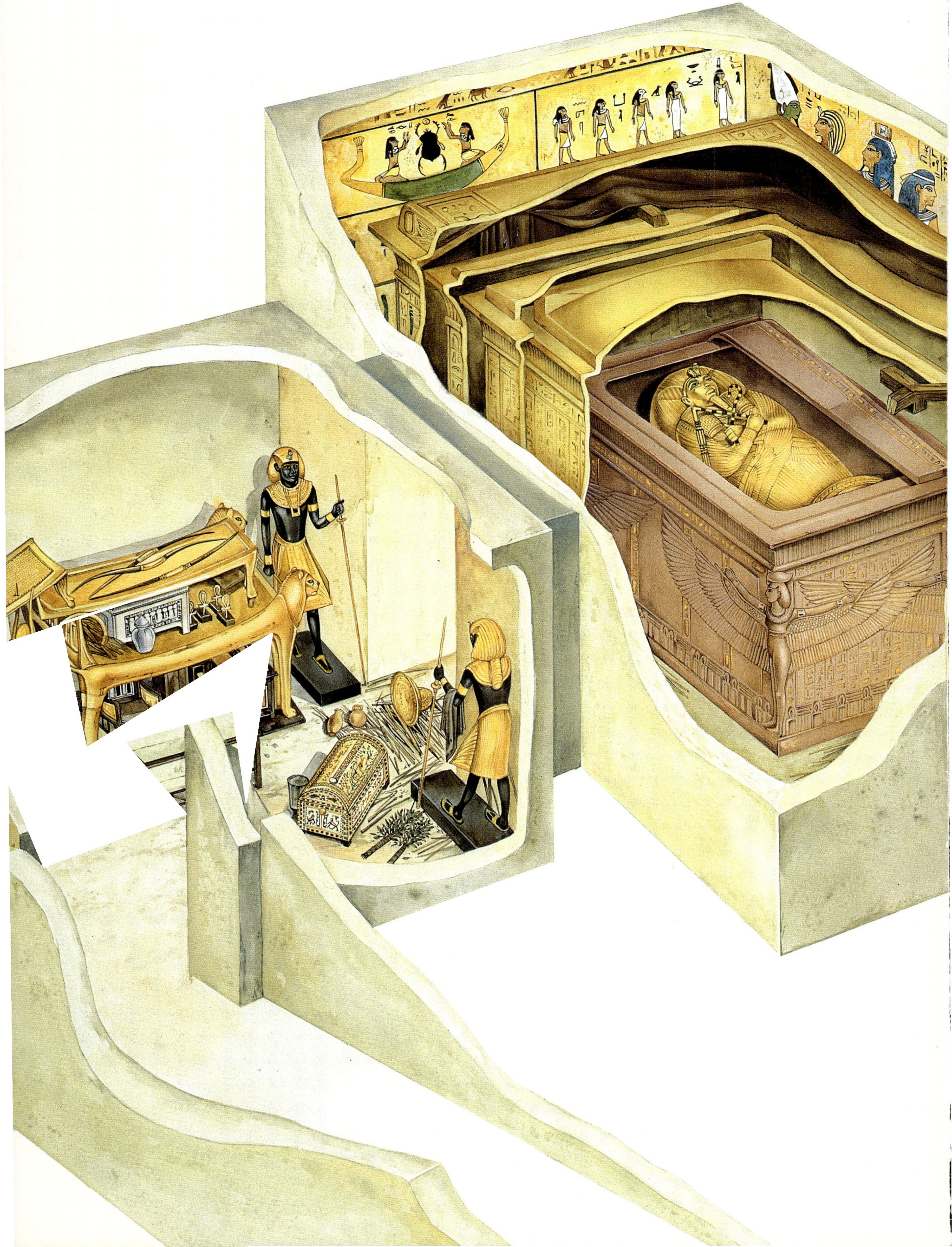

Das Grab des Eje

von T. G. Henry James

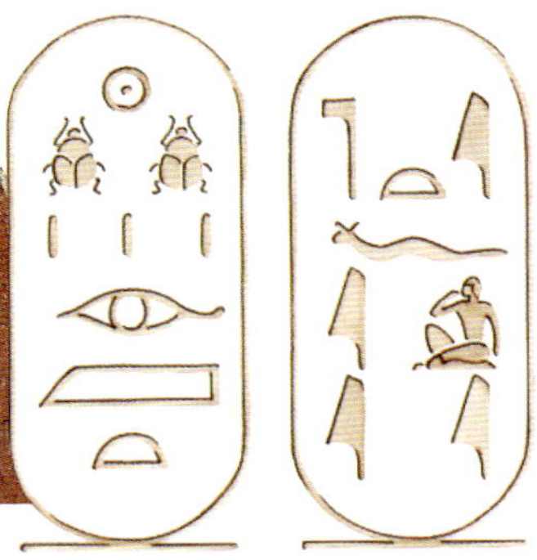

Cheper-cheperu-re Eje leitete das Begräbniszeremoniell Tutanchamuns und folgte ihm auf dem Pharaonenthron. Obwohl er nicht königlicher Abstammung war, hatte er während der Herrschaft des jungen Königs die Regierungsgeschäfte geleitet. Den Anspruch auf die Thronfolge hatte er sich wohl durch die Vermählung mit der Witwe seines Vorgängers, Anchesenamun, gesichert. Damals war er bereits ein alter Mann, und seine kurze Regentschaft verlief ohne besondere Ereignisse. Mit seinem Vertrauten Haremhab setzte er die unter Tutanchamun eingeleitete innenpolitische und religiöse Konsolidierung des ägyptischen Staates fort. Seine Bemühungen um die Wiederherstellung des inneren Friedens retteten ihn jedoch nicht vor der *Damnatio memoriae*, die den sogenannten Amarna-Königen in der Folgezeit widerfuhr.

Für seine eigene Bestattung ließ Eje im Westtal ein Grab nicht weit von dem Amenophis' III. anlegen, das ursprünglich für Tutanchamun vorgesehen gewesen sein könnte. Entdeckt wurde es 1816 von Giovanni Battista Belzoni während seiner ersten Erforschung des Tals der Könige. Er hatte das Grab Amenophis' III. besucht, auf das Mitglieder der napoleonischen Expedition gestoßen waren, und fand Ejes Grab zufällig bei seinen tiefer ins Tal hinein führenden Erkundungen. Mit Hilfe einiger Arbeiter unternahm Belzoni, den eine Augenentzündung behinderte, eine oberflächliche Inspektion des Grabes. Die Einschätzung seiner Entdeckung war nüchtern: »... seine Ausmaße und die Reste eines Sarkophags in der Mitte einer großen Kammer lassen mich vermuten, dass es sich um die Grabstätte einer hochgestellten Persönlich-

172 oben
Das Ka des Eje, Detail aus der Sargkammer.

172 unten
Die vier Söhne des Horus in Mumiengestalt mit Geißel, aber ohne Zepter. Eine seltene Darstellung über dem Eingang zur Kanopenkammer. Links im Bild Duamutef und Kebehsenuef mit der Krone Oberägyptens, rechts Amset und Hapi mit der Krone Unterägyptens. Die Züge sind denen Tutanchamuns nicht unähnlich.

172–173

Die Sargkammer mit dem rekonstruierten Sarkophag. Die linke Wandszene zeigt Eje, verschiedentlich mit seinem Ka, wie er von Hathor und Nut empfangen und von Osiris umarmt wird. Rechts die erste Nachtstunde aus dem Amduat mit den Paviangottheiten und der Barke des Chepri.

173 unten

Blick über den Sarkophag zur Südwand der Grabkammer. Oben Nephthys zwischen zwei Barken; die linke trägt zwei Falken-Standarten, in der rechten fährt die Große Götterneunheit mit Re-Harachte an der Spitze. Der Text im unteren Register ist Sprüchen aus dem Totenbuch vorbehalten.

174 oben
Zwei Detailbilder aus der Sargkammer. Links: Lockenten, von der königlichen Hand gehalten (aus der Sumpfjagdszene an der Ostwand); rechts einer der heiligen Paviane aus der ersten Nachtstunde des Amduat an der Nordwand.

174 Mitte
Ausschnitt des oberen Registers der Malerei an der Westwand der Sargkammer. Nephthys hinter der Barke mit den neun Gottheiten, welche die Große Enneade bilden: Re-Harachte gefolgt von Atum, Schu, Tefnut, Geb, Nut, Osiris, Isis und Horus.

175
Eine für Königsgräber ungewöhnliche, zweiteilige Darstellung an der Ostwand. Eje und seine erste Gemahlin Tij bei der rituellen Jagd auf Nilpferde und Wildvögel. Die Wiedergabe des Papyrussumpfes mit einem Flug Wildenten ist steif und gänzlich unbeeinflusst von der Anmut ähnlicher Szenen aus der Amarna-Zeit.

keit handelt.« Viele Jahre später wurde der stark beschädigte Sarkophag ins Ägyptische Museum in Kairo gebracht und nach der systematischen Erforschung des Grabes durch Otto Schaden von der Universität von Minnesota 1972 wieder an seinem angestammten Platz aufgestellt.
Man hat den einfachen Grabplan mit dem von Echnatons Grab in El-Amarna verglichen. Die Achse verläuft annähernd in Nord-Süd-Richtung. Zwei rechtwinklig abgesetzte Korridore führen zu einer Kammer, die als Schacht geplant gewesen sein könnte, wie man sie in älteren thebanischen Gräbern der Achtzehnten Dynastie gefunden hat. Eine Pfeilerhalle ist nicht vorhanden, so dass man durch eine Tür in der Schachtkammer unmittelbar in die Sargkammer mit dem Sarkophag gelangt. Hinter der Sargkammer schließt sich, ähnlich wie in Tutanchamuns Grab, die Schatzkammer, die Kanopenkammer für den Schrein mit den Särgen der Eingeweide König Ejes an. Nur die Sargkammer ist mit Wandmalereien ausgeschmückt, auf denen der König mit verschiedenen Gottheiten und auf der Jagd in den Sümpfen dargestellt ist. Große Teile der Dekoration wurden schon in der Antike herausgeschlagen.

Erklärung

A	EINGANG ZUM GRAB
B	ERSTER KORRIDOR
C	STUFEN AM ENDE DES 1. KORRIDORS
D	ZWEITER KORRIDOR
E	RAUM FÜR DEN GEPLANTEN SCHACHT
J	SARGKAMMER MIT SARKOPHAG
JA	KANOPENKAMMER

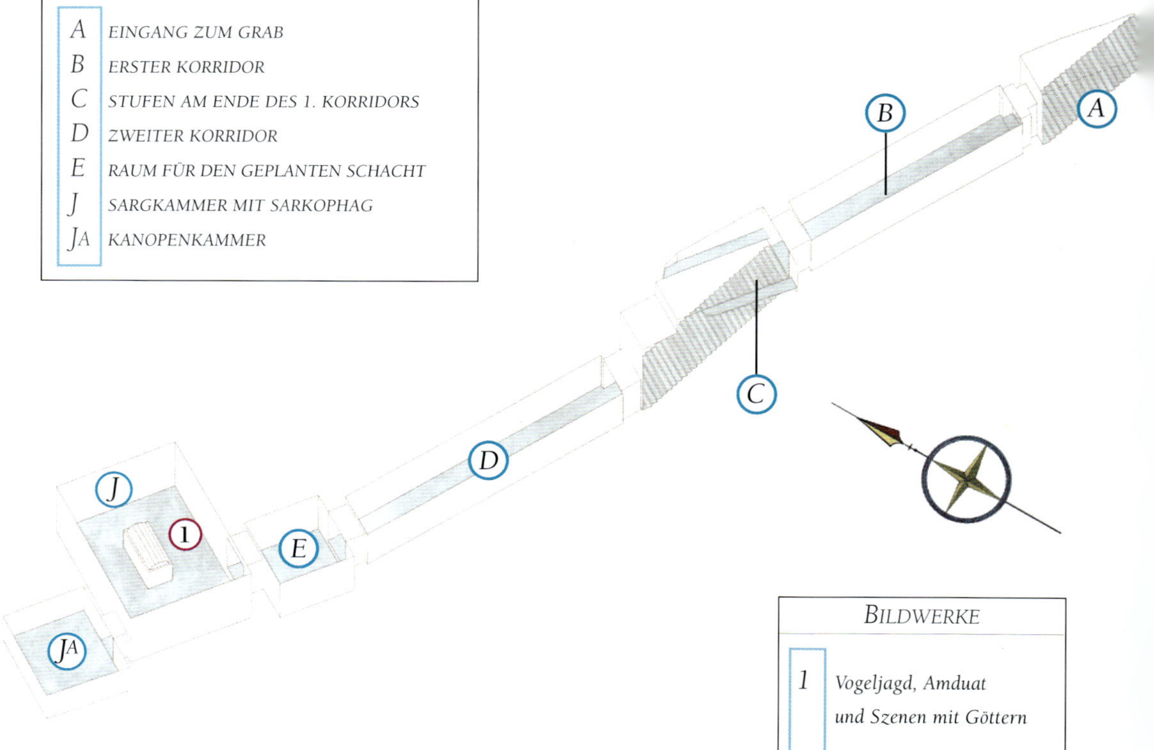

Bildwerke

1	*Vogeljagd, Amduat und Szenen mit Göttern*

176–177

Detail eines Flachreliefs Haremhabs, der Hathor, der Herrin beider Länder, Göttin des Westens, zwei Gefäße mit Wein darbietet. Vor der linken Hand Haremhabs liegt das obere Ende des Was-Zepters der Macht, das Hathor ihm entgegen hält.

177

Statuengruppe mit dem knienden Haremhab, der dem großen Gott von Heliopolis und Gott der Schöpfung Atum in Gestalt eines sitzenden Königs mit der Doppelkrone Ober- und Unterägyptens zwei Gefäße mit Wein opfert. An den Seiten des Königsthrons beschreiben Szenen die symbolische Vereinigung der beiden Länder durch Nilgottheiten. Die Sitzfigur Atums ist nahezu lebensgroß. Beide Figuren sind in einen gemeinsamen Sockel eingelassen. Die Skulptur wurde 1989 in einem Statuendepot im Luxor-Tempel gefunden.

Das Grab des Haremhab

von T. G. Henry James

Djeser-cheperu-re-Setepenre Meryamun-Haremhab regierte an einem Wendepunkt der Geschichte des Neuen Reichs. Die Historiker können sich nicht darauf einigen, ob man ihn als letzten König der Achtzehnten oder ersten Herrscher der Neunzehnten Dynastie bezeichnen soll. Zweifellos hat er die Neunzehnte Dynastie eingeleitet, indem er den General Paramessu zum Stellvertreter machte, der dann als Ramses I. sein Nachfolger wurde, aber es gab keine direkte Blutsverwandschaft mit dem Herrschergeschlecht der Achtzehnten Dynastie. Möglicherweise war seine Gemahlin Mutnodjmet eine Schwester Nofretetes und Tochter Ejes, aber das müsste noch bewiesen werden.

Haremhabs Karriere begann in Memphis mit militärischen Ämtern unter Echnaton und Tutanchamun. In Saqqara, der großen Nekropole von Memphis, ließ er sich ein Grab bauen. Es war eine ungewöhnliche Anlage für einen Beamten mit vielen unüblichen Darstellungen in herrlichen Reliefs. Aber bestattet wurde er dort nicht. Kaum hatte er Ejes Nachfolge angetreten, wurde das Saqqara-Grab aufgelassen, und Haremhab ließ im Tal der Könige eine prächtige Grabstätte errichten.

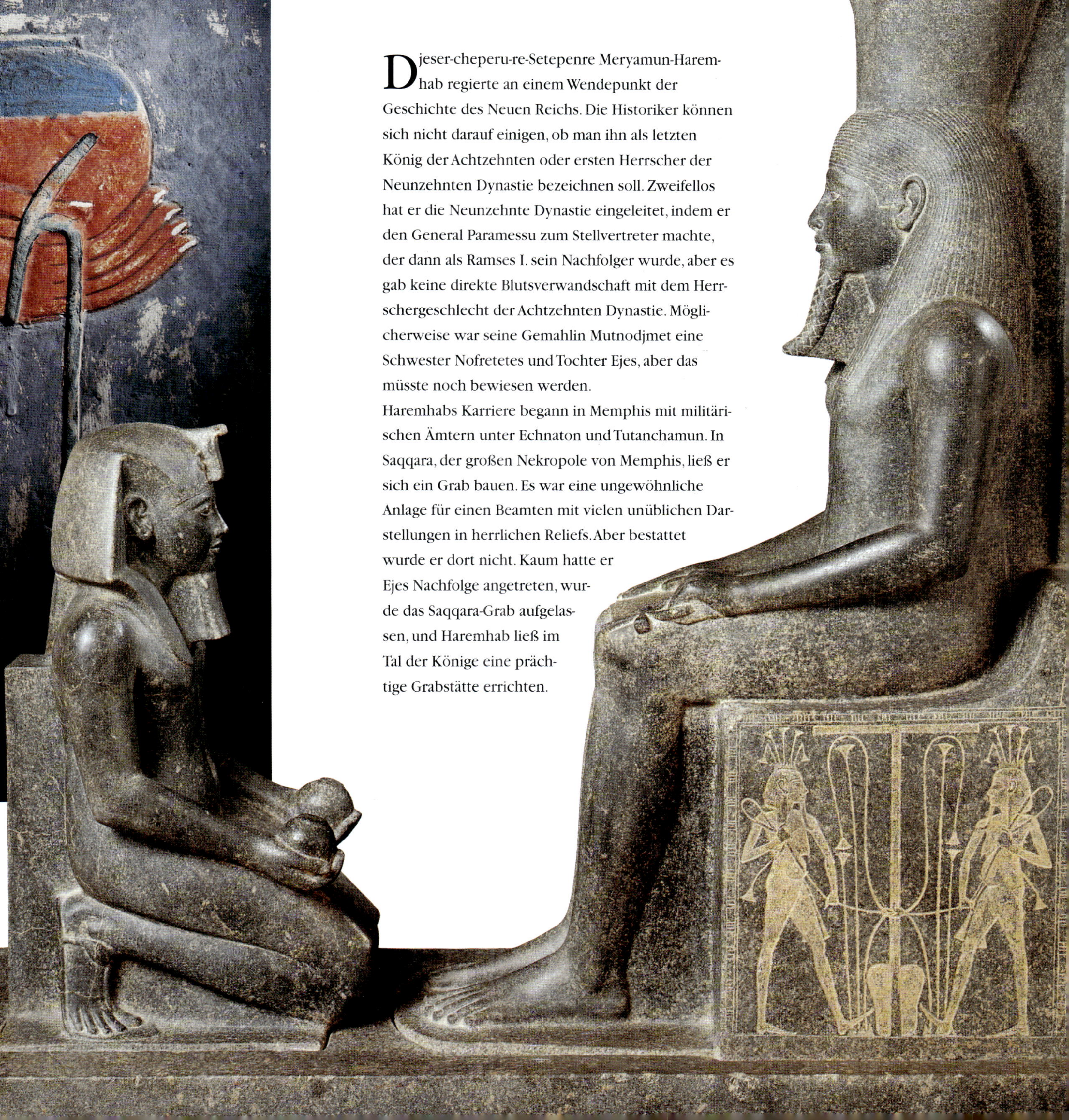

179 oben

Blick in den Schachtraum, über deren Schacht eine moderne Brücke zum Eingang der Sargkammer führt. Die Darstellungen der oberen Wandflächen zeigen den König, wie er verschiedenen Gottheiten opfert. Die Decke ist als Sternenhimmel gestaltet.

179 unten

In der Schachtkammer ist Haremhab (nicht im Bild) in Gesellschaft dreier Götter dargestellt: Osiris, sitzend, in Mumiengestalt mit den Herrscherinsignien, dahinter der schakalköpfige Anubis und der falkenköpfige Horus, Sohn der Isis (Harsiese).

Während seiner langen Regierungszeit von etwa dreißig Jahren führte er das soziale, religiöse und militärische Reformwerk zur Wiedererstarkung Ägyptens, mit dem unter Tutanchamun begonnen worden war, zu Ende. In Karnak und Theben entfaltete er eine rege Bautätigkeit, wobei er während der Regierungszeit Amenophis' III. und Tutanchamuns begonnene Bauwerke vollenden ließ und manche davon usurpierte. Viele Standbilder Tutanchamuns wurden mit Haremhabs Namen neu beschriftet, um die Erinnerung an den Nachfolger des Ketzerkönigs Echnaton zu tilgen. Außerdem ließ er die Aton geweihten Tempel Echnatons und Nofretetes in Karnak schleifen und verwendete die Steine zum Auffüllen der Pylone, die er zur Erweiterung des Tempels des Amun-Re errichten ließ.
Für sein Grab im Tal der Könige wählte Haremhab eine Stelle, die jenseits von Tutanchamuns Grab einige hundert Meter tiefer im Tal lag. 1908 wurde es von Edward Ayrton entdeckt, der für den Amerikaner Theodore Davis arbeitete. Die ziemlich steil abfallenden Gänge und Treppen bis zur Schachtanlage waren voller Geröll, das größtenteils von Unwettern angeschwemmt worden war. Auf der anderen Seite des Schachtes lagen die Steine des aufgebrochenen Eingangs, aber in den Räumen dahinter herrschte einigermaßen Ordnung, abgesehen von Spuren der Zerstörung und Verwüstung wie

178

Kopf und Schultern einer Hathor-Figur, Herrin des Westens, Fürstin des Himmels und Geliebte der Götter. Sie trägt eine lange Perücke und darauf zwischen zwei Kuhhörnern die Sonnenscheibe. Hier nimmt sie vom König ein Weinopfer eintgegen.

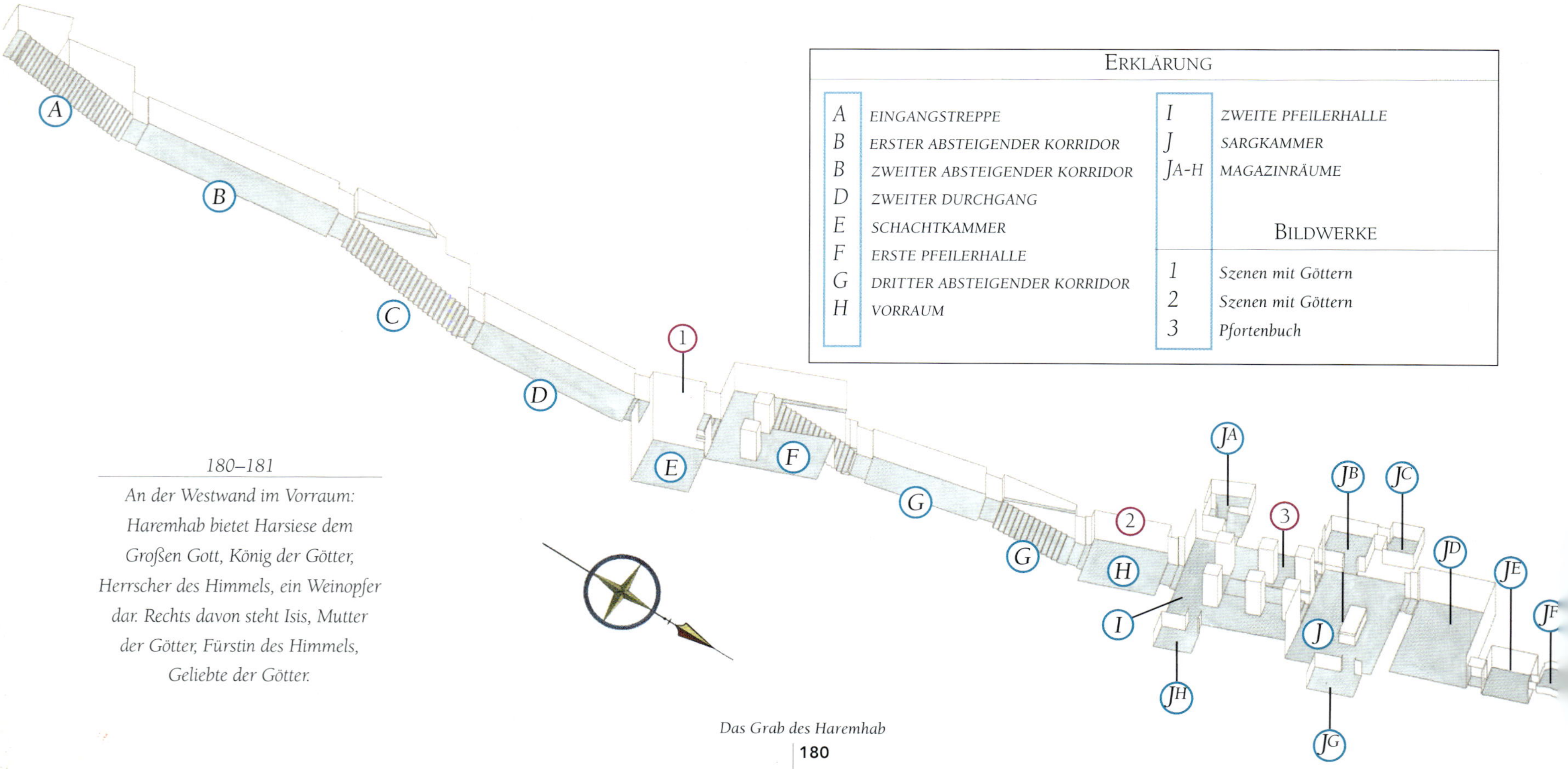

Erklärung

A	EINGANGSTREPPE	I	ZWEITE PFEILERHALLE
B	ERSTER ABSTEIGENDER KORRIDOR	J	SARGKAMMER
B	ZWEITER ABSTEIGENDER KORRIDOR	JA-H	MAGAZINRÄUME
D	ZWEITER DURCHGANG		
E	SCHACHTKAMMER		**Bildwerke**
F	ERSTE PFEILERHALLE	1	Szenen mit Göttern
G	DRITTER ABSTEIGENDER KORRIDOR	2	Szenen mit Göttern
H	VORRAUM	3	Pfortenbuch

180–181

An der Westwand im Vorraum: Haremhab bietet Harsiese dem Großen Gott, König der Götter, Herrscher des Himmels, ein Weinopfer dar. Rechts davon steht Isis, Mutter der Götter, Fürstin des Himmels, Geliebte der Götter.

181 oben
Blick entlang der versetzten Grabachse aus dem Vorraum in die Grabkammer und Krypta, wo man den Sarkophag erkennt. Die bemalten Reliefs an beiden Seitenwänden des Vorraums zeigen Haremhab vor den Göttern, darunter Ptah, Anubis, Nefertem, Osiris, Harsiese und Isis.

181 unten
Haremhab, sich selbst als »der Osiris« bezeichnend, opfert dem Herrscher der Ewigkeit, Osiris, Großer Gott, Herr des Westens, der hier als Mumie auf einer Plinthe mit den königlichen Insignien dargestellt ist, zwei Weingefäße. Die grüne Hautfarbe des Gottes symbolisiert den regenerativen Aspekt des Osiris.

beschädigte Mumienteile, Holzfiguren von Göttern und Genien der Unterwelt und Bestattungsgerät. Das Grab war offensichtlich schon in der Antike mehrmals betreten worden. Es könnte vermutlich als drittes Mumiendepot benutzt worden sein.

Der Grabplan gilt als der erste im Übergangsstil, wie er in der Neunzehnten und Zwanzigsten Dynastie verbreitet war. Ältere Gräber im Tal der Könige haben abgewinkelte Achsen, wobei der Gang einen Knick um 90 Grad macht, bevor er in den Grabkomplex weiterführt. Bei den späteren Gräbern zieht sich eine gerade Achse vom Eingang bis zur Sargkammer. Haremhabs Grab hat eine versetzte oder parallele Achse, wobei der Eingang bis zur ersten Pfeilerhalle geradlinig verläuft und nach einem Knick nach links in der ursprünglichen Richtung weiter zur Grabkammer führt. Entsprechend der Tradition der frühen Achtzehnten Dynastie liegt das Grab sehr tief, und die in den Kalkstein geschlagenen Gänge und Treppen mit rohen Wänden fallen bis zum Schachtraum steil ab.

182
Haremhab, als lebender König dargestellt, wird von Hathor umarmt. Die Hauptgöttin Thebens trägt auf dem Kopf eine Falken-Standarte, das Symbol des Westens. Auf der rechts anschließenden Wand befindet sich der König im Kreis der Götter (siehe die Abbildung auf der nächsten Seite)

187
Nefertem, göttlicher Sohn Ptahs und Sachmets, Angehöriger der Göttertriade von Memphis. Hier trägt er einen Götterbart und auf dem Kopf eine Lotosblüte, Quelle des Duftes, der beim Schöpfungsakt das Leben spendete.

183–186
Die vollständige Darstellung an der Westwand des Vorraums. Der schakalköpfige Anubis begrüßt den König; der König bietet Isis, der Herrin der zwei Länder, Wein an; der falkenköpfige Harsiese verkündet dem König sein Erscheinen im Himmel; der König bringt Hathor, die vor Osiris steht, ein Weinopfer dar.

Es wird vermutet, dass der Grabplan eines Königsgrabes in gewisser Weise den nächtlichen Reiseweg symbolisieren sollte, den der verstorbene König beschreiten würde. Das wäre eine Erklärung für die Richtungswechsel, die grob behauenen Wände und, später, im Neuen Reich, die Art der Ausschmückung der Gänge und Räume.

Die ersten Darstellungen in Haremhabs Grab befinden sich oben an den Wänden der Schachtkammer. Es sind Reliefs mit Szenen des Königs in Gesellschaft verschiedener Götter, deren Stil an die künstlerisch hervorragenden Arbeiten zur Regierungszeit Amenophis' III. erinnert. Die Farben der Figuren und Zeichen sind außergewöhnlich brillant erhalten und stehen vor einem Hintergrund aus gebrochenem Blau, so dass sich eine reiche, aber sachliche Wirkung ergibt.

Ähnliche Szenen mit dem König im Kreis der Götter schmücken die Vorkammer der Sargkammer, deren Decke von vier Pfeilern getragen wird. Hier zeigt die Dekoration, wie in den Grabanlagen anderer Könige des Neuen Reichs, Szenen aus dem *Pfortenbuch*, die den verstorbenen Pharaonen dabei helfen sollen, ihren Weg durch die Unterwelt zu finden. In der Sargkammer steht noch der rote Granitsarkophag. Bei seiner Entdeckung lagen darin die Knochen mehrerer Mumien, von denen wohl keine die Haremhabs war. Wahrscheinlich wird sie für immer verschollen bleiben.

188

Die Figur in versenktem Relief auf dem Sarkophag zeigt Amset, den menschenköpfigen Sohn des Horus, der als eine der Kanopengottheiten über die Leber des Verstorbenen zu wachen hatte. Über seinem Körper liegt die ausgebreitete Schwinge einer Schutzgöttin.

189 oben

Haremhabs roter Granitsarkophag an seinem ursprünglichen Platz in der Krypta. Die Seiten tragen Darstellungen der vier Söhne des Horus und anderer Gottheiten. An den Ecken breiten die vier Schutzgöttinnen Isis, Nephthys, Neith und Selket die Schwingen aus.

189 unten

Zwei Figuren in versenktem Relief auf den Seitenwänden des Sarkophags von Haremhab: der falkenköpfige Horussohn Kebehsenuef, dem der Schutz der königlichen Gedärme oblag und der hier von der ausgebreiteten Schwinge einer Göttin teilweise bedeckt wird, und der schakalköpfige Anubis, der die Einbalsamierung beaufsichtigte.

Das Grab von Ramses I.

von Erik Hornung

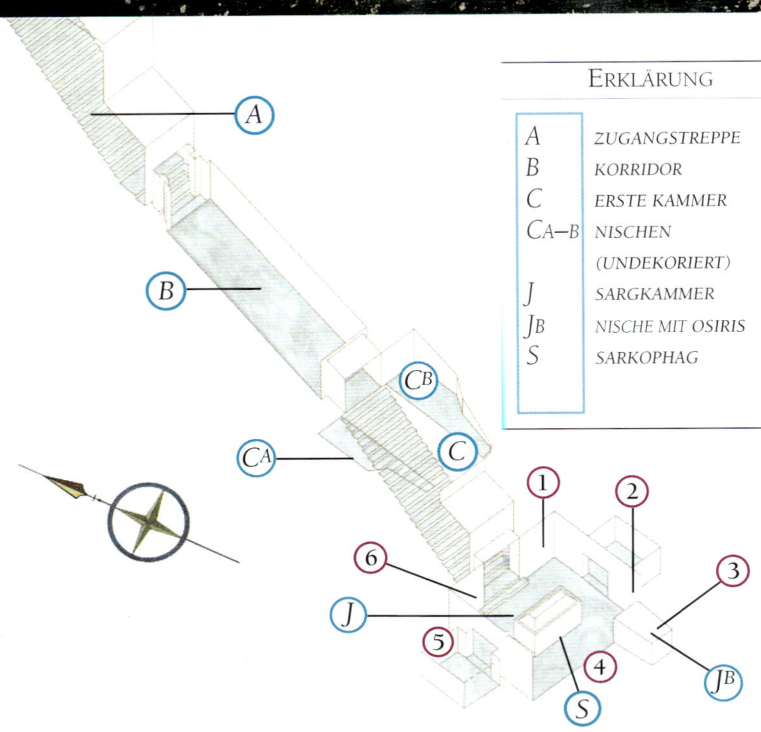

Erklärung		Bildwerke	
A	Zugangstreppe	1	Der König vor Ptah und einem Djed-Pfeiler
B	Korridor	2	Der König vor Harsiese und Anubis; Pfortenbuch
C	Erste Kammer	3	Nische mit einer widderköpfigen Gottheit
CA–B	Nischen (undekoriert)	4	Der König mit den Seelen von Pe und Nekhen vor Chepri und anderen Gottheiten
J	Sargkammer	5	Pfortenbuch
JB	Nische mit Osiris	6	Der König bei einem Weinopfer an Nefertem
S	Sarkophag		

190

Ramses I. zwischen den Göttern Horus-Sohn-der-Isis (links, mit Falkenkopf und Doppelkrone) und dem schakalköpfigen Anubis. Jeder spricht zu ihm: »Ich komme zu dir« (als Schützer und Helfer).

191

Ausschnitt aus der dritten Stunde des Pfortenbuches: die Barke mit dem widderköpfigen Sonnengott (von der Schlange Mehen schützend umringelt) und den Göttern Sia und Heka, darunter der Gott Atum vor der Apophis-Schlange, die den Lauf der Sonne bedroht.

193 unten
Die vierte Stunde des Pfortenbuches bei Ramses I. Sie beginnt mit einer Pforte, die von einer Schlange bewacht ist, und die Darstellungen gehören alle in das mittlere Register. Die Sonnenbarke passiert eine Reihe von Schreinen mit Mumien, danach folgt das Bild der Zeit-Schlange und der zwölf Nachtstunden.

192–193
Die Rückwand der Sargkammer Ramses' I., mit den thronenden Göttern Chepri und Osiris im Zentrum; die Throne stehen auf einer Matte und einer Basis in Form der Hieroglyphe für Maat. Von rechts wird der König herangeführt, links bringt er ein Opfer dar und jubelt zwischen zwei göttlichen Wesen.

192 Mitte
Blick in die Sargkammer Ramses' I. mit dem Sarkophag des Königs in der Mitte; an seinem Kopfende eine geflügelte Figur der Göttin Nephthys. Die Wände haben überall blauen Hintergrund, der Sockel ist schwarz bemalt.

192 unten
Osiris, auf einer Schlange stehend, in einem Schrein, zwischen einem widderköpfigen Anubis und einer Uräus-Schlange. Mit dieser Szene ist die Rückwand der Seitennische ausgemalt. Sie gehört eigentlich zur vierten Stunde des Pfortenbuches, in der es um den Schutz des Osiris geht.

Der Begründer der 19. Dynastie gelangte erst in hohem Alter auf den Thron und konnte mit keiner langen Regierung rechnen; er hat in der Tat nur ein Jahr und vier Monate regiert. Die Planung seines Grabes (KV 16) nahm von Anfang an darauf Rücksicht und verkürzte Grundriss und Dekoration auf ein Minimum. Auf eine Treppe, einen Korridor und eine zweite Treppe folgt sogleich die relativ kleine Sargkammer. Ihre Wände sind vollständig ausgemalt, auf eine Ausführung im Relief wurde verzichtet, und auch der Granitsarkophag des Königs trägt nur gemalte Dekoration. Das *Amduat* fehlt im Bildprogramm und ist, wie bei Haremhab, durch einen Teil des *Pfortenbuches* ersetzt. Auf jeder Schmalseite des Raumes ist eine Nachtstunde aus diesem Buch angebracht – rechts die dritte, links die vierte Stunde, beide ohne das obere Register, da die niedrigen Wände nicht mehr Platz boten. In der dritten Stunde wird die Sonnenbarke durch ein langgestrecktes Gebilde gezogen, das auf beiden Seiten in einen Stierkopf endet. Es ist als »Barke der Erde« bezeichnet und verkörpert die Unterwelt, die der Sonnengott in seiner widderköpfigen Nachtgestalt durchzieht. Seine Fahrt wird immer wieder von der riesigen Apophis-Schlange bedroht, die unter der Barke dargestellt ist und von Atum und einer Neunheit von Göttern überwunden wird. In der vierten Stunde fährt die Barke des Sonnengottes an einer Reihe von Schreinen mit schwarz ausgemalten Mumien vorbei, die noch im Todesschlaf liegen, bevor sie der Anruf des Gottes daraus erweckt und mit einem neuen Leib versieht, der nicht mehr die Gestalt der Mumie hat. Darunter begegnet eine symbolische Darstellung der Zeit; sie wird als vielfach gewundener Schlangenleib gezeigt, aus dem die einzelnen Stunden »geboren« und zuletzt wieder »verschlungen« werden. Die zwölf Stunden der Nacht verkörpern sich in den zwölf Göttinnen, die auf dreieckigen Gebilden stehen, die halb mit Wasserlinien, halb schwarz (für Finsternis) ausgemalt sind und so den Weg durch die finstere, vom Urwasser erfüllte Unterwelt darstellen. Links befindet sich eine Szene, die den König zwischen Horus-Sohn-der-Isis und Anubis zeigt. Auch die beiden langen Wände der rechteckigen Kammer sind mit Götterszenen ausgemalt. Auf beiden Seiten des Eingangs empfängt die Göttin Maat den eintretenden König. Sie verkörpert Recht, Wahrheit und Ordnung, die auch im Reich der Toten herrschen sollen. Hinter ihr betet oder opfert Ramses links vor Ptah (vor einem großen Djed-Amulett), rechts vor Nefertem (mit einem Tit-Amulett), der eine Lotosblüte auf dem Kopf trägt. Im Zentrum der Rückwand thronen Chepri (mit einem Skarabäus-Käfer anstelle eines Kopfes) und Osiris Rücken an Rücken; Chepri ist die morgendliche, verjüngte Gestalt des Sonnengottes, während Osiris im Neuen Reich als seine nächtliche Erscheinungsform gilt. Vor Osiris steht, mit einem Pantherfell bekleidet, eine kleine Figur des Iunmutef-Priesters, der als idealer Sohn des Osiris gilt. Von rechts her führen, sich an den Händen fassend, Horus-Sohn-der-Isis, Atum und die Göttin Neith den König vor den Gott. Links opfert Ramses über vier Kleiderkästen vor Chepri und erscheint daneben zwischen einer falkenköpfigen »Seele« von Nekhen (Hierakonpolis) und einer schakalköpfigen »Seele« von Pe (Buto), göttliche Mächte, die hier zusammen mit dem König einen Jubelgestus ausführen. Unter dieser Szene öffnet sich eine kleine Nische, in der man Osiris auf einer Schlange stehend erkennt, beschützt von einer Uräus-Schlange vor ihm und umsorgt von Anubis, der hier als seltene Ausnahme einen Widderkopf anstelle des Schakalkopfs trägt; weitere Nischen in der Wand sind ohne Dekoration. Alle Wände haben einen blauen Hintergrund, nach dem Vorbild bei Amenophis III. und Haremhab.

Das Grab von Sethos I.

von Erik Hornung

Die Entdeckung dieses Königsgrabes durch Giovanni Battista Belzoni aus Padua im Oktober 1817 fand in der ganzen damaligen Welt ein lebhaftes Echo. Belzoni veröffentlichte einen ausführlichen Bericht über seine Entdeckungen und zeigte 1821 eine Kopie mehrerer Räume des neu gefundenen Grabes in London in einer Ausstellung, die später auch in Paris zu sehen war.

Belzoni und alle frühen Besucher des Grabes waren begeistert von der Pracht der Farben, die noch völlig frisch waren, als ob die Maler gerade erst ihre Arbeit beendet hätten. Von den Hieroglyphen erstrahlte jedes Zeichen in seiner bestimmten Farbe. Der englische Konsul Henry Salt, der die Arbeit Belzonis finanzierte, hat in einer Serie von Aquarellen diese leuchtenden Farben festgehalten. Doch schon Champollion, der 1829 zusammen mit Rosellini an der Aufnahme des Grabes gearbeitet hat, klagte über den fortschreitenden Verfall. Mechanische Abnutzung, Staub und Feuchtigkeit haben inzwischen weiter dazu beigetragen und von der einstigen Pracht wenig übrig gelassen. Howard Carter bemühte sich nach 1900 um eine Restaurierung des Grabes, das seit Beginn des modernen Massentourismus dieser zusätzlichen Bedrohung ausgesetzt war. In den Jahren 1921 bis 1928 hat Harry Burton, der für Carter den gesamten Tutanchamun-Schatz fotografierte, auch dieses Königsgrab vollständig ausfotografiert und damit eine Dokumentation des damaligen Zustands gegeben.

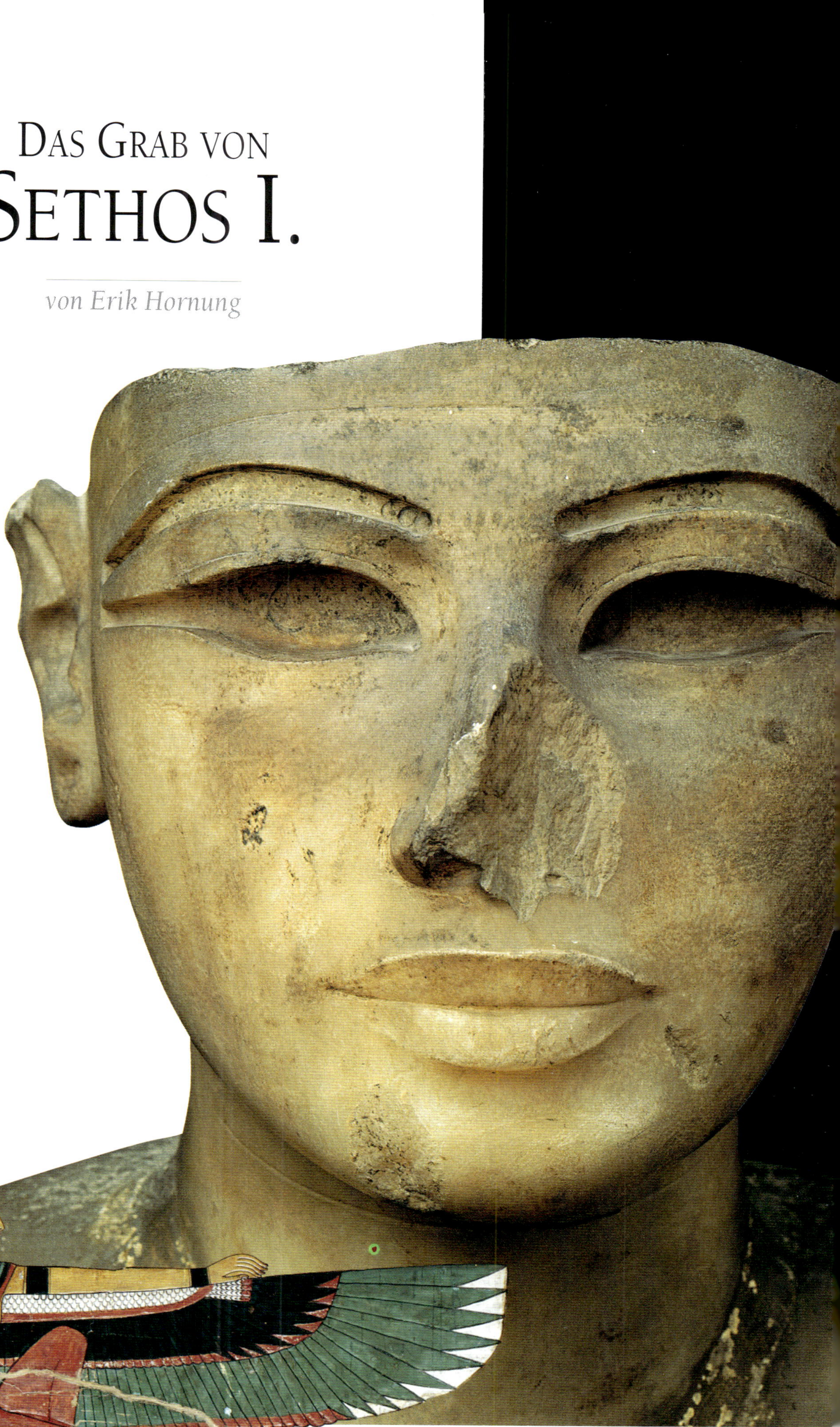

194

Der Kopf Sethos' I. von einem Pfeiler in der Sargkammer (vor dem Gott Geb). Er trägt das königliche Kopftuch mit der Uräus-Schlange an der Stirn und einen umgebundenen Zeremonialbart; um den Hals liegt ein breiter Halskragen aus Fayence-Perlen.

195 links unten

Die Göttin Isis, die mit ausgebreiteten Flügeln den verstorbenen König schützt. Sie kniet direkt unter der »Astronomischen Decke« auf der linken Wand der Sargkammer, ursprünglich gegenüber dem Fußende des königlichen Sarkophages.

195 rechts

Kopf einer Königsstatue Sethos' I. aus Alabaster, die in der »Cachette« des Tempels von Karnak gefunden wurde; sie ist aus sechs Teilen zusammengesetzt und jetzt im Ägyptischen Museum in Kairo ausgestellt. Augen und Augenbrauen waren aus kostbarem Material eingelegt, darüber saß ursprünglich wohl ein königliches Kopftuch.

Sethos I. ist der erste bedeutende König der Ramessidenzeit, auf den einige der schönsten Tempelbauten Ägyptens zurückgehen, vor allem sein Tempel in Abydos, dem Kultort des Osiris, und der Große Säulensaal im Amuntempel von Karnak. In Karnak hat er auch seine erfolgreichen Kämpfe in Syrien verewigt, wo sich Ägypten gegen die Hethiter behaupten konnte. Daneben bemühte er sich, die von Echnaton zerstörten Götterbilder wiederherzustellen und die alten Kulte neu zu beleben. Die Qualität des bemalten Reliefs in seinen Tempeln wie in seinem Grab bildet einen Höhepunkt in der ägyptischen Kunstgeschichte.
Die Konzeption dieses Grabes ist grundlegend neu und wurde bis zu Ramses III. mit nur geringen Änderungen kopiert. Sie bringt nicht nur architektonisch eine Erweiterung um zusätzliche Räume und eine deutliche Zweiteilung in eine obere und eine untere Hälfte, sondern zum

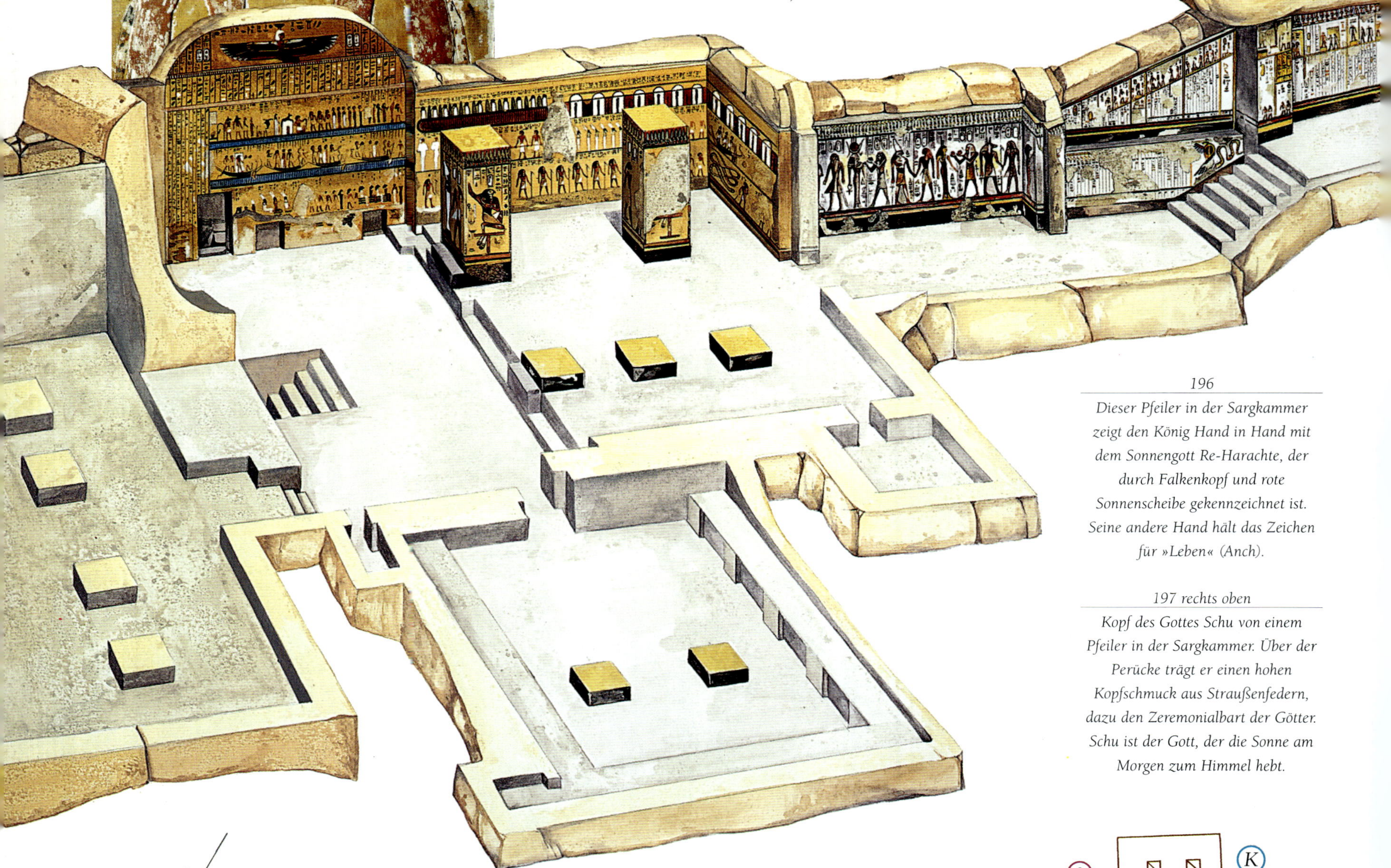

196
Dieser Pfeiler in der Sargkammer zeigt den König Hand in Hand mit dem Sonnengott Re-Harachte, der durch Falkenkopf und rote Sonnenscheibe gekennzeichnet ist. Seine andere Hand hält das Zeichen für »Leben« (Anch).

197 rechts oben
Kopf des Gottes Schu von einem Pfeiler in der Sargkammer. Über der Perücke trägt er einen hohen Kopfschmuck aus Straußenfedern, dazu den Zeremonialbart der Götter. Schu ist der Gott, der die Sonne am Morgen zum Himmel hebt.

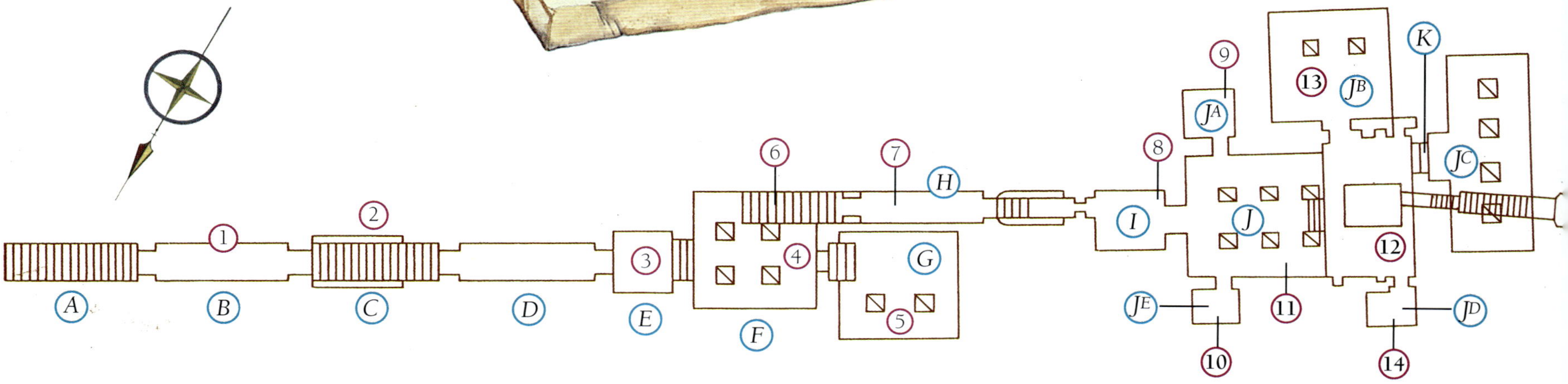

197 unten

Mit dieser Szene begann die zweite, untere Hälfte des Grabes. Die Göttin Hathor, die alle Aspekte der Regeneration verkörpert, begrüßt Sethos, indem sie ihm einen Perlen-Kragen entgegen reicht; in ihr reich gemustertes Kleid sind hieroglyphische Wünsche für den König eingefügt. Champollion ließ die Szene für den Louvre in Paris herausnehmen.

ERKLÄRUNG

A	ZUGANGSTREPPE	H	KORRIDOR
B	ERSTER KORRIDOR	I	VORKAMMER
C	RAMPE	J	SARGKAMMER
D	ZWEITER KORRIDOR	JA–E	NEBENRÄUME
E	SCHACHT	K	DURCHGANG
F	OBERE PFEILERHALLE		UNDEKORIERT
G	BILDERSAAL		

BILDWERKE

1	Sonnenlitanei	8	Götterszenen
2	Sonnenlitanei / Amduat	9	Pfortenbuch
3	Götterszenen	10	Himmelskuh
4	Pfortenbuch	11	Pfortenbuch
5	Amduat	12	Amduat
6	Mundöffnung	13	Amduat
7	Mundöffnung	14	Djed

198 oben
In der sechsten Stunde des Pfortenbuches, auf der rechten Wand der oberen Halle, geht es um die Vereinigung von Ba-Seele und Körper, ohne die ein neues Leben nicht möglich ist. In Erwartung dieser Vereinigung liegen im unteren Register Mumien auf einer Bahre in Schlangengestalt.

198 unten
Blick in die obere Pfeilerhalle, mit zwei von den vier Pfeilern. Die Wände sind mit dem Pfortenbuch dekoriert, die Pfeiler mit Darstellungen des Königs vor Gottheiten.

198–199
Die obere Pfeilerhalle mit einem Blick in die folgende Seitenkammer, mit der die obere Hälfte des Grabes endet. Die Wände und Pfeilerseiten haben hier neutralen, weißen Hintergrund, nur die Szene des Königs vor Osiris auf der Rückwand ist durch gelben Hintergrund hervorgehoben, wie die Wände und Pfeiler der Sargkammer.

ersten Mal wird hier ein Königsgrab vom Eingang bis zum Sarkophag vollständig dekoriert, während vorher nur einzelne, besonders wichtige Räume ausgeschmückt worden waren. Bis auf wenige unfertige Stellen ist die gesamte Dekoration (auf 100 Meter Länge!) in bemaltem Relief ausgeführt. Der Hintergrund ist in der Regel weiß, im Schacht blau, in der Sargkammer und an einigen Schwerpunkten gelb – womit Gold dargestellt werden sollte.

Nach dem Eingang des Grabes folgt links eine Szene, die den König anbetend vor dem Sonnengott Re in seiner falkenköpfigen Tagesgestalt mit der Sonnenscheibe zeigt. Es schließt sich das Titelbild der Sonnenlitanei an, mit der Sonnenscheibe in der Mitte. In der Scheibe verkörpern ein Skarabäus-Käfer und ein widderköpfiger Gott die beiden Erscheinungsformen des Sonnengottes am Morgen und am Abend. Die Tiere (Krokodil, Schlange, Gazelle) vertreten die feindlichen Mächte, über welche die Sonne immer wieder triumphiert. Der Text der Sonnenlitanei füllt den Rest des ersten Korridors und soll dazu dienen, den König in den nächtlichen Sonnenlauf zu integrieren. Auf der linken Wand hebt sich rein optisch der immer gleiche Anfang der 75 Anrufe heraus (»Preis dir, Re, mit hoher Macht«), aus denen die erste, »Große Litanei« besteht, während auf der rechten Wand die Kartuschen mit dem Namen des Königs dominieren. Die Decke des ersten Korridors ist mit geflügelten Wesen bemalt, die abwechselnd Geier- und Schlangenköpfe haben. Solche Vögel schützen mit ihren ausgebreiteten Flügeln auch die Achse der Tempel.

Der zweite Korridor ist mit einer Treppe versehen und mit zwei Nischen ausgestattet. Er bringt im oberen Teil die Figuren, die zur »großen« Litanei an den Sonnengott gehören; sie verkörpern verschiedene Aspekte der nächtlichen Aktivität des Gottes in der Unterwelt. Darunter ist, nur in Vorzeichnung, auf beiden Seiten der Schlusstext zur dritten Stunde des *Amduat* angebracht. Am Ende des Korridors knien Isis und Nephthys, die Hände auf das schützende Schen-Amulett gelegt. Darüber liegt auf beiden Seiten der Gott Anubis in reiner Tiergestalt, als Schakal mit einem Halsband und einer roten Schleife um den Hals. Hier wird auf den Totenbuch-Spruch 151 hingewiesen, zu dem auch die vier Horussöhne gehören, von denen sich im Durchgang zum nächsten Korridor noch Spuren erhalten haben. Über diesem Durchgang erscheint Maat in dreifacher Gestalt, jeweils mit Flügeln versehen, daneben die Kartuschen des Königs.

Der dritte Korridor zeigt rechts die vierte, links die fünfte Nachtstunde des *Amduat*. In beiden Stunden geht es um die Fahrt der Sonnenbarke durch eine Wüstenregion, die als Reich des Gottes Sokar, »der auf seinem Sand ist«, bezeichnet wird. Dieser Gott ist eigentlich der alte Totengott von Memphis, der im Neuen Reich mit Osiris identifiziert wird. Die Wände sind mittlerweile stark zerstört, wohingegen Belzoni sie noch vollständig kopieren konnte.

Es folgt der Schacht, ausgeschmückt mit Szenen, die auf den beiden Längswänden nahezu

199 unten Mitte

Die Göttin Hathor, vom Arm des Königs vor ihr überschnitten. Auf ihrer blauen Perücke trägt sie ein Kuhgehörn mit der Sonnenscheibe, von der eine Uräus-Schlange herabhängt. Im Kanon der ägyptischen Kunst werden Frauen mit gelber, Männer (der Arm des Königs!) mit roter Hautfarbe abgebildet.

199 rechts

Blick aus der tiefer liegenden Seitenkammer in die obere Halle mit ihren vier Pfeilern. Zu beiden Seiten des Eingangs erkennt man die Sonnenbarke aus dem Amduat, links in der elften, rechts in der neunten Nachtstunde.

200–201
Die rechte Wand der Vorkammer, die Belzoni wegen ihrer besonders schönen Reliefs »Halle der Schönheiten« nannte. Die hässlichen Flecke stammen von Abklatschen, die man im 19. Jahrhundert von den Reliefs genommen hat. Der König (von rechts) erscheint hier vor Anubis, Isis, Horus-Sohn-der-Isis, Hathor und Osiris.

symmetrisch angeordnet sind und den König vor Isis, Hathor und Osiris zeigen. Am Anfang ist »Horus-Sohn-der-Isis« sein Begleiter. Auf der Rückwand stand eine nunmehr verschwundene Figur des Königs vor der Dreiheit Osiris, Anubis und Horus. Daneben war der Durchgang zur oberen Pfeilerhalle ursprünglich zugemauert und bemalt, um ein Ende des Grabes vorzutäuschen. Die obere Pfeilerhalle weist jetzt vier Pfeiler auf, die mit weiteren Götterszenen dekoriert sind. In der Mitte der Rückwand ist eine Szene durch ihren gelben Hintergrund hervorgehoben. Hier wird Sethos von Horus vor Osiris geleitet, hinter dem Hathor als Göttin des Westens steht. Die Decke des Raumes ist als gestirnter Himmel bemalt, und die Wände sind dem *Pfortenbuch* vorbehalten, mit der fünften Nachtstunde im linken Teil und der sechsten im rechten. Die sechste Stunde bringt den Höhepunkt der nächtlichen Sonnenfahrt, die Vereinigung des Sonnengottes mit seinem Leichnam. Analog vereinigen sich die Ba-Seelen der Verstorbenen mit ihren Mumien, die im unteren Register auf einer langgestreckten Bahre in Gestalt einer Schlange (als Symbol der Verjüngung) liegen. Jede Stunde beginnt mit einer reich ausgestalteten Pforte, die von Schlangen bewacht wird.

In der fünften Stunde fand vor allem eine Szene im unteren Register die Aufmerksamkeit der frühen Besucher und wurde oft kopiert, allerdings auch teilweise zerstört. Sie zeigt, im Schutze des Gottes Horus, je vier Vertreter der vier »Rassen« der Menschheit, die der Ägypter unterscheidet: Ägypter, Asiaten, Nubier und Libyer. Sie sind durch ihre typische Kleidung und Haartracht gekennzeichnet; die Nubier haben dunklere, die Libyer hellere Hautfarbe als die Ägypter. Ungewöhnlich ist, dass die Fremdvölker hier nicht als verachtete »Feinde« erscheinen, sondern auf gleicher Ebene mit den Ägyptern stehen. Auch Echnaton betont in seinem Großen Sonnenhymnus die Fürsorge seines Gottes Aton für alle Völker, und unter Ramses II. »verbrüdern« sich die Ägypter mit den bisher feindlichen Hethitern. Gleich hinter dieser Szene erscheint die Zeit als eine Schlange, aus deren Leib allen Menschen eine »Lebenszeit« (die Hieroglyphen auf der Schlange) im Diesseits wie im Jenseits zugemessen wird. Analog erscheinen im oberen Register Götter mit einem Messstrick,

200 unten

Für die Opfer, die bei der Mundöffnung dargebracht werden, wird ein gefesseltes Rind geschlachtet. Links überwacht ein Priester im Pantherfell die Szene.

201 unten

Der Iunmutef-Priester, der seine Hand dem König vor dem Opfertisch entgegenstreckt. Er gilt als Verkörperung des Osiris-Sohnes Horus und trägt zu seiner Perücke eine Jugend-Locke, dazu das Pantherfell als alte Priestertracht.

202 oben

Sethos vor Ptah-Sokar auf einem Pfeiler in der Sargkammer. Der Gott, der gern mit Osiris identifiziert wird, trägt die Osiris-Krone auf seinem Falkenkopf. Über dem König sind die beiden Kartuschen mit seinem Namen durch weißen Hintergrund herausgehoben.

202 unten

Auf einem anderen Pfeiler der Sargkammer umarmt der ibisköpfige Gott Thot den König. Als Schutzherr der religiösen Schriften trägt er die Schärpe des Vorlese-Priesters; der Schurz der Götter ist deutlich von dem des Königs unterschieden.

202–203

Blick vom unteren Teil der Sargkammer in den oberen Teil mit seinen Pfeilern. Man erkennt links die dritte Stunde des Amduat, über den Pfeilern Texte aus der Kurzfassung des Buches und darüber die »Astronomische Decke« mit ihren Sternbildern. Die Wände im oberen Teil sind mit dem Pfortenbuch geschmückt.

die für alle Menschen jenseitige Felder abmessen. Dazwischen wird Apophis als langgestreckte Schlange gebändigt.
In der Verlängerung der bisherigen Grabachse gelangt man in einen Nebenraum mit zwei Pfeilern, der keine Fortsetzung hat. Dass nach einer Fortsetzung gesucht wurde, zeigen Zerstörungen auf der Rückwand. Die Dekoration ist nur in Vorzeichnung ausgeführt und besteht aus drei Nachtstunden aus dem *Amduat*, der neunten bis elften Stunde. Ins Auge fallen hier vor allem die Ruderer auf der linken Wand (neunte Stunde) und die in verschiedenen Positionen im Wasser schwimmenden Gestalten auf der Rückwand (zehnte Stunde). Sie weisen auf Verstorbene hin, die keine reguläre Bestattung erhalten konnten (da sie beispielsweise im Nil ertrunken sind), aber trotzdem am seligen Geschick Anteil haben und im Jenseits alles Nötige erhalten. Im unteren Register der elften Stunde, auf der Eingangswand, vollzieht sich die Bestrafung der im Totengericht Verurteilten. Die Pfeilerseiten tragen weitere Götterszenen, allerdings auch nur in Vorzeichnung.
Die Fortsetzung des Grabes beginnt mit einer Treppe, die gegen die bisherige Achse etwas nach links verschoben ist. Ihre Wände sind undekoriert, aber im Durchgang zum nächsten Korridor war auf beiden Seiten eine besonders schöne Szene auf gelbem Hintergrund angebracht, die Sethos Hand in Hand mit der Göttin

203 oben rechts

Eine Seitenkammer hat auf der Rückwand das Bild der Himmelskuh, auf der sich der Sonnengott nach einer Rebellion der Menschen von der Erde entfernt hat. In den Texten daneben wird dieses Bild genau beschrieben.

203 unten

Die linke Wand im oberen Teil der Sargkammer. Die gefesselten »Feinde« und die anderen Figuren gehören zur zweiten Stunde des Pfortenbuches; die vierte Stunde folgt in der Seitenkammer, deren Eingang man sieht. Die Wände haben in der Sargkammer gelben Hintergrund, womit eigentlich Gold gemeint ist.

Hathor zeigt. Hathor trägt eine reich gestaltete Perücke und darüber ein Kuhgehörn mit der Sonnenscheibe; ihr Gewand ist mit Wünschen für den König beschriftet. Champollion und Rosellini haben bei ihrer gemeinsamen Expedition beide Szenen herausgesägt, so dass sich die linke Szene heute im Museo Archeologico in Florenz befindet, die rechte im Louvre in Paris.

Die folgenden beiden Korridore geben eine nicht ganz vollständige Fassung vom Ritual der Mundöffnung. Dieses Ritual hatte vor allem den Zweck, eine angefertigte Statue zu »beleben« und sie damit zu einem lebendigen Abbild des Verstorbenen zu machen. Vor dem Titel des Rituals thront Sethos vor einem Opfertisch mit Broten, nach denen er eine Hand ausstreckt, während die andere Hand ein Szepter hält. Vor ihm zelebriert der Iunmutef-Priester, mit einem Pantherfell bekleidet, das Ritual. Zu jedem Ritualspruch gehören Illustrationen, die verschiedene Kulthandlungen vor einer Statue des Königs zeigen; die Statue steht auf einem Sandhügel und wird von Priestern gereinigt, geschmückt und mit Opfergaben versorgt. Am Schluss steht eine ausführliche Opferliste.

Die Figur des thronenden Sethos ist sehr stark beschädigt worden, in alten Kopien aber noch vollständig. Auch die vielen Zerstörungen in den Szenen der Mundöffnung sind erst nach der modernen Entdeckung erfolgt; sie galten vor allem den »Kartuschen« mit dem Namen des Königs, die man als Souvenir aus der Wand herausschnitt. Heute sind Fragmente von der Dekoration des Grabes über Museen in aller Welt verstreut; vieles ist aber auch verloren und nur in den alten Kopien noch sichtbar, die Belzoni, Alessandro Ricci, Henry Salt, Robert Hay und andere bald nach der Entdeckung des Grabes angefertigt haben. Zum Glück hat sich Belzoni – im Hinblick auf die geplante Ausstellung in London – systematisch darum bemüht, das ganze Grab in Kopien aufzunehmen.

In der Vorkammer, die an die beiden Korridore mit der Mundöffnung anschließt, stößt man auf eine andere Art der Zerstörung. Im 19. Jahrhundert, vor Erfindung der Fotografie, machte man von Reliefs oft feuchte Abklatsche, um eine Kopie zu erhalten. Dabei wurde bei bemalten Reliefs die Farbe zerstört oder abgelöst, hässliche Flecke blieben an der Wand zurück, und so ist von der früheren Farbenpracht in diesem Raum, den Belzoni »Halle der Schönheiten« nannte, nur noch wenig geblieben.

Sethos erscheint hier wiederum bei Opfer und Gebet vor Anubis, Isis, Horus-Sohn-der-Isis, Hathor

204 und 205
Vor den Szenen der Mundöffnung ist zweimal der Iunmutef-Priester im Pantherfell abgebildet. Der eine wendet sich dem König vor dem Opfertisch zu, der andere, hier abgebildete, eröffnet das Ritual der Mundöffnung.

und Osiris und auf der Rückwand vor Ptah (links) und Nefertem (rechts, mit einer Lotosblüte auf dem Kopf und einem großen »Isisblut«-Amulett in seinem Rücken), die beide stark beschädigt wurden. Die alten Kopien zeigen, dass im Eingang und im Durchgang zur Sargkammer auf jeder Seite eine Figur der Göttin Maat stand, die jetzt verschwunden ist. Ein größeres Fragment einer dieser Figuren befindet sich in Florenz. Die Decke der Vorkammer ist als Himmel mit Sternen bemalt, ebenso die Decke im vorderen Teil der Sargkammer.

Die eigentliche Sargkammer ist immer noch, wie seit Amenophis II., zweigeteilt. Man tritt zunächst in einen Raum mit sechs Pfeilern und steigt dann über mehrere Stufen in einen tieferen Teil hinunter, in dem ursprünglich der Sarkophag des Königs stand. Ein neues Element ist die gewölbte »Astronomische Decke« über diesem tieferen Teil, die mit Listen von Dekan-Sternen und mit Sternbildern bemalt ist. So konnte die Seele des verstorbenen Königs aus dem Sarkophag direkt zum Himmel, der sich darüber wölbt, aufsteigen.

Von den sechs Pfeilern ist einer vollständig zerstört, die anderen weisen zum Teil schwere Beschädigungen auf; nahezu vollständige Pfeilerseiten befinden sich in den Museen von Berlin und London. Alle waren mit Götterszenen geschmückt, wobei hier Osiris dominiert und Göttinnen ganz fehlen. Auf allen sechs Seiten, die zur Mittelachse gerichtet sind, begegnen uns die schakalköpfigen (links) und falkenköpfigen (rechts) »Seelen« von Buto und Hierakonpolis, alte religiöse Mächte, die sich mit den Fäusten auf die Brust schlagen und damit dem König zujubeln. Auf dem ersten Pfeilerpaar erscheint noch einmal der Iunmutef im Pantherfell, den wir bereits aus dem Ritual der Mundöffnung kennen.

Für die Dekoration der Wände wurde im oberen Teil das *Pfortenbuch*, im unteren Teil das *Amduat* ausgewählt, jeweils mit drei Stunden-Abschnitten. Dazu trägt

206 oben
Die Nilpferd-Konstellation an der »Astronomischen Decke« der Sargkammer. Sie gehört zu den Sternen des Nordhimmels, doch ist eine eindeutige Identifizierung mit einem Sternbild bisher nicht gelungen.

206 unten
Die linke Wand der Sargkammer und der Eingang in die Seitenkammer mit den zwei Pfeilern. Nach einer Darstellung des Königs vor dem Sonnengott folgt die erste Stunde des Amduat. Darüber Texte aus der Kurzfassung des Buches und Isis als geflügelte Schutzgöttin.

207 oben
Der untere Teil der Sargkammer, in dessen Mitte der Sarkophag des Königs stand. Links ist die zweite, in der Mitte die dritte Stunde des Amduat dargestellt. Darüber Nephthys als geflügelte Schutzgöttin und die gewölbte »Astronomische Decke«. Rechts erkennt man im oberen Teil noch das Ende des rot bemalten »Feuersees«.

207 unten
In der dritten Nachtstunde wird die Sonnenbarke von weiteren Barken begleitet, bei denen Bug und Heck in Tierköpfe enden. Hier die Barke der löwenköpfigen Göttin Pachet (links) und die »Pavianbarke« (rechts).

der Sarkophag des Königs, aus durchscheinendem Alabaster, ein vollständiges Exemplar des *Pfortenbuches* und einige Totenbuch-Sprüche. Belzoni hat diesen Sarkophag aus dem Grab entfernt; er befindet sich seit 1824 im Sir John Soane's Museum in London; der Deckel (mit einer Figur des Königs) war schon zuvor in viele Teile zerbrochen.

Auf der rechten Seite fällt in der dritten Stunde des *Pfortenbuch*es der rot ausgemalte »Feuersee« auf. Sein Wasser ist, wie der zugehörige Text betont, nur für Osiris und die seligen Toten kühle Erfrischung, für die übrigen Toten aber feurige Glut. Am Anfang dieser Stunde fährt die Sonnenbarke an einer Reihe von Schreinen mit aufrecht stehenden Mumien vorbei, und im unteren

208–209 oben

Das ganze Mittelregister der dritten Stunde im Amduat, mit den tierköpfigen Barken, welche die Sonnenbarke (links) auf dem Strom der Unterwelt begleiten. Jede ist mit zwei Ruderern bemannt und transportiert verschiedene Aspekte des Sonnengottes, der sich aus seinen Barken an Osiris wendet.

208 unten

Drei Gottheiten aus dem Mittelregister der ersten Nachtstunde im Amduat: Osiris, die löwenköpfige Göttin Sachmet und eine widderköpfige Gestalt des Sonnengottes als »Großer Leuchtender«.

208–209 unten

Der Anfang des oberen Registers in der dritten Stunde des Amduat. In der Reihenfolge von links nach rechts erkennt man hinter Anubis den krokodilköpfigen Gott »Mit schrecklicher Stimme«, dann ein Götterpaar, das sich um die Pupillen der göttlichen Augen kümmert, und einen Widder mit Messer, »Der seine Feinde schlachtet«.

Register erscheint Atum vor der Apophis-Schlange.
Die Stunden des *Amduat* beginnen auf der linken Wand im unteren Teil, nach einer Szene, die Sethos noch einmal vor dem falkenköpfigen Re-Harachte zeigt. Gegen das Ende dieser Wand ist eine größere Nische eingefügt, in der Anubis bei der Mundöffnung vor Osiris dargestellt ist, dazu die vier Horussöhne. Über der illustrierten Langfassung des *Amduat* steht der Text der Kurzfassung, soweit er Platz fand.
Jede der beiden Hälften der Sargkammer hat zwei Nebenräume, die in das allgemeine Dekorationsprogramm mit einbezogen sind. In der vorderen Hälfte ist die linke Kammer mit einer weiteren Stunde (der vierten) des *Pfortenbuches* ausgeschmückt. Hier treffen wir die im Todesschlaf liegenden Mumien und die Darstellung der Zeit als Schlange, zusammen mit den zwölf Göttinnen der Nachtstunden. Die Wände der rechten Kammer hat man für ein vollständiges Exemplar des »Buches von der Himmelskuh« reserviert, das sich zum ersten Mal auf einem der vergoldeten Schreine Tutanchamuns findet.
Der Text enthält zu Beginn den bekannten Mythos von der »Vernichtung der Menschen«, die ägyptische Fassung der Sintflut-Erzählung. Nach einer paradiesischen Urzeit, in der Götter und Menschen gemeinsam auf Erden lebten und durch die ständige Anwesenheit der Sonne ewiger Tag herrschte, haben sich die Menschen gegen den alt gewordenen Sonnengott Re empört. Re berät sich mit den anderen Göttern und sendet dann die Göttin Hathor als sein »Auge« (Kobra-Schlange) zur Bestrafung der Rebellen aus. Ein Teil wird durch Feuer vernichtet, der Rest aber gerettet, da Re selbst Mitleid hat und die Göttin durch blutrot gefärbtes Bier täuschen lässt. Nach dieser Episode richtet Re den Himmel und die Unterwelt neu ein und entfernt sich auf dem Rücken der Himmelskuh von der Erde; in der Mitte der Rückwand ist diese Himmelskuh, die von Schu und anderen Göttern gestützt wird, dargestellt und beschrieben. In Zukunft wohnen die Götter im Himmel und in der Unterwelt, die Menschen bleiben auf der Erde allein zurück und können die Gegenwart der Götter nur in den Kultbildern der Tempel ahnen.

210 oben
Die Seitenkammer mit Pfeilern, links von der Sargkammer. Auf dem Pfeiler Osiris zwischen zwei Imiut-Symbolen und ein Bild des thronenden Königs als Osiris, im Hintergrund die siebente Stunde des Amduat.

210 unten
Der »Stier mit der Donnerstimme« im oberen Register der sechsten Stunde des Amduat. Stier und Löwe sind als königliche Tiere austauschbar, und die Bezeichnung des Osiris als »Stier der Unterwelt« kennzeichnet ihn als Herrscher über die Toten. Da gleich daneben Isis erscheint, meint diese Figur wahrscheinlich einen Aspekt des Osiris.

211
Auf einem Pfeiler der Seitenkammer umarmt Sethos eine ungewöhnliche Darstellung des Osiris als Res-udja (»Der heil erwacht«). Die Kappe auf seinem Kopf gehört eigentlich zum Gott Ptah, die grüne Hautfarbe deutet auf das erneuerte Leben. Deutlich ist der Unterschied bei den Zeremonialbärten: beim König gerade, beim Gott gebogen.

Die rechte Kammer im hinteren Teil wurde »Kammer des Djed (ein Symbol des Osiris)« genannt und zeigt im Eingang Spuren eines personifizierten Djed-Pfeilers, blieb aber sonst ohne Dekoration. Dagegen ist die Kammer auf der linken Seite vollständig dekoriert, dazu besonders groß und mit zwei Pfeilern ausgestattet. Das Thema der Pfeilerseiten ist Osiris in verschiedenen Gestalten, darunter auch der König als Osiris; das Thema der Wände im oberen Teil bildet das *Amduat* (sechste bis achte Stunde). Im unteren Teil, der auf drei Seiten eine Art Bank bildet, waren Teile des Grabmobiliars abgebildet, so z. B. Götterschreine und tierköpfige Betten, wie man sie aus dem Grabschatz Tutanchamuns kennt. Davon sind nur noch Spuren erhalten. Die sechste Nachtstunde, in der rechten Hälfte, zeigt am Ende den Leichnam des Sonnengottes, von einer vielköpfigen Schlange umringelt; die Szene hat durch Abklatsche im 19. Jahrhundert sehr gelitten, wie auch die Darstellung der Apophis-Schlange vor der Sonnenbarke neben dem Eingang. Auf der Rückwand schreiten vier Widder des Gottes Tatenen vor der Sonnenbarke und ihrer Begleitung. Die interessanteste Szene auf den Pfeilern ist beim Heraussägen zerbrochen; sie zeigte den König mit einem Ruder in der Hand bei einem kultischen Lauf (»Ruderlauf«), der mit seinem Erneuerungsfest (Sed-Fest) zusammenhängt.

In die Wände der Sargkammer sind vier Nischen für die »Magischen Ziegel« eingeschnitten, die dem Schutz des Raumes dienen. Hinter der Sargkammer liegt ein weiterer Raum mit vier Pfeilern, der verputzt, aber nicht dekoriert wurde. Hier fand Belzoni eine Fülle von Uschebti – Figuren des Toten, die im Jenseits bei schweren Arbeiten als Ersatz für ihn dienen sollten. Heute sind diese Figuren, aus Holz oder Fayence, über viele Museen verstreut. Mit diesem Raum endet das Grab noch nicht, denn von der Stelle, an der ursprünglich der Sarkophag stand, führt ein langer Gang steil in die Tiefe, bis er auf das Grundwasser trifft, in dem der Urozean Nun verkörpert ist, der die Sonne und den verstorbenen Pharao jede Nacht regeneriert.

Das Grab von Ramses II.

von Christian Leblanc

Im Tal der Könige befindet sich das Grabmal von Ramses II. (KV 7) am Fuß des Nordhangs des Hauptwadis, rund vierzig Meter vor dem Grab Tutanchamuns (KV 62). Es handelt sich um ein weitläufiges Grab, das architektonisch in zwei Achsen angeordnet ist. Lange Korridore führen zu einer Vorhalle, die mit dem »Goldhaus« verbunden ist, das mehrere Seitenkammern umgeben.

Das Grab muss noch zur Römerzeit zugänglich gewesen sein. Das bestätigen die Graffiti einiger Reisender, die sich an den Wänden der ersten Korridore verewigt haben, sowie die Spuren von Feuerstellen, die auf dem Boden der tiefstgelegenen Kammern entdeckt worden sind. In der Folgezeit wurde das Grab viele Jahrhunderte lang durch Ablagerungen wolkenbruchartiger Regenfälle verschüttet. Sein Eingang war während der ägyptischen Expedition Napoleons noch erkennbar, doch erst von 1817 an wurde es auf Verlangen von Konsul H. Salt teilweise freigelegt. Diese Arbeiten wurden jedoch unterbrochen, und erst später, in den Jahren 1913 bis 1914, wurden an einigen Stellen neue Ausgrabungen vorgenommen.

Inzwischen hatte das Grab jedenfalls die Neugier von J.-F. Champollion und R. Lepsius geweckt, denen wir die ersten wissenschaftlichen Erkenntnisse verdanken. Zwischen 1917 und 1921 säuberte Howard Carter den Zugang zum Grab und unternahm im Inneren erste Erkundungen. In den Jahren 1938 und 1939 machte Ch. Maystre auf sich aufmerksam, als er die Texte des *Buches der Himmelskuh* kopierte. Diese schmücken die Wände einer kleinen Kammer, die im Süden an die Sargkammer angrenzt. Erst im Jahre 1993 wurde die systematische Freilegung des Grabmals in das Programm des Laboratoire d'Archéologie et d'Histoire Thébaines du Musée du Louvre aufgenommen, und zwar im Rahmen einer Studie über die Bestattungsmonumente von Ramses II. in Theben-West. Doch um dieses Vorhaben zu verwirklichen, erforderte der besonders verfallene Zustand des Grabes zunächst wichtige Sicherungsarbeiten, die dank der Hilfe von Sponsoren vorgenommen werden konnten. Dann konnten nach und nach die Ausgrabungen beginnen. Heute ist das Grabmal Ramses' II. fast vollständig von Ablagerungen befreit, aber baulich wie wissenschaftlich noch keineswegs vollständig gesichert. Zu nennen sind etwa die Anlage von Grabungslisten sowie notwendige Restaurationsarbeiten. Erst danach kann man in fernerer Zukunft eine Öffnung für das allgemeine Publikum ins Auge fassen.

Einem von E. Baraize im Jahre 1912 im Ramesseum entdeckten Ostrakon zufolge wissen wir, dass die Arbeiten an dem königlichen Grabmal im Jahre 2 seiner Herrschaft begannen, »im zweiten Monat der Peret-Jahreszeit (Aussaat, Winter), am 13. Tag«. Diese Information wird im ersten Korridor durch die Sonnenlitaneien bestätigt, und zwar in einer Version über die Krönung des Königs, die vor dem Ende des Jahres 2 erfolgt sein muss. Die beteiligten Handwerker und Künstler scheinen insgesamt nicht mehr als rund zwölf Jahre für sämtliche Arbeiten gebraucht zu haben. Die Ausgrabungen der jüngsten Zeit haben enthüllt, dass das Grab eindeutig fertiggestellt war. In der letzten Kammer (J 8) verraten die Spuren der Ausschmückung, die sich erhalten haben, noch schöne Farbreste auf den Reliefs der Pfeiler.

Im Gegensatz zu anderen Königsgräbern, die seit der Herrschaft von Amenophis IV./Echnaton in einer einzigen Achse angelegt worden sind, kann man beim Grab Ramses' II. mit seinen zwei Achsen beobachten, dass es die in der Zeit vor der Amarna-Epoche übliche Anordnung wieder aufnimmt. Es ist nicht sicher, ob diese Entscheidung das Ergebnis religiöser Vorstellungen ist, denn in der Vorhalle (I) des Grabs sieht man, dass der Fußboden eine Verbindung zwischen dem Kalkstein, der seit der Gründung Thebens verwendet wurde, und dem sogenannten Esna-Mergel aufweist, den die Handwerker hier vielleicht nicht erwartet hatten. Tatsächlich lässt das Auftauchen von Mergel an diesem Ort vermuten, dass die Handwerker bei der Fortsetzung der Grabungen in die gleiche Richtung auf eine sehr instabile geologische Schicht stießen. Da sie in diesem Material keine Kammern anlegen konnten, haben sie sich dafür entschieden, nach rechts (zur Ostseite hin) abzubiegen, wo sich ihnen eine solide Kalksteinschicht anbot. Diese Entscheidung, die aufgrund des fortgeschrittenen Zustands der Arbeiten zweifellos die

212 oben

Der Eingang zum Grab KV 7. Er eröffnet den Zutritt zu einer Reihe von Korridoren, die in die Vorhalle (Kammer der Maat) führen und in das Goldhaus (Sargkammer). An den Wänden finden sich feine Reliefs von mehreren der großen königlichen Spruchsammlungen.

212 unten

In den Texten der Sonnenlitaneien, die die Wände des ersten Korridors schmücken, erscheint Ramses II. noch als Usermaatre, der frühen Form seines Thronnamens.

212–213

Südliche Mitte der Sargkammer (J) vor der archäologischen Ausgrabung. Im Lauf der Jahrhunderte sind Ablagerungen starker Regenfälle in die Räume eingedrungen und haben der Architektur schwere Schäden zugefügt.

213 oben

Der mit einem Beil bewaffnete Ramses II. packt drei Feinde bei den Haaren (einen Nubier, einen Syrer und einen Libyer). Relief in bemaltem Kalkstein aus Memphis. Ägyptisches Museum Kairo.

213 unten

Unter den Einzelstücken der Grabausstattung tauchten mehrere Arten von »Uschebtis« auf. Einer der schönsten stellte den König in Form einer Mumie dar. Gesichtszüge und die Umrisse der Frisur sind in Schwarz nachgezeichnet. Blauer Anhydrit.

214–215

Südseite der Grabkammer (J) nach der Freilegung. Im Mittelteil mit der gewölbten Decke ruhte einst der Sarkophag, der von einem Ensemble von Schreinen geschützt war. Im Hintergrund in der Nische der Seitenkammer (J 1) zeichnete sich eine Figur des Osiris in Hochrelief ab.

214

Büste einer Statue Ramses' II. aus Tanis. Der König trägt ein gefälteltes Gewand und ist mit einem großen Halskragen geschmückt. Er hält das Heka-Zepter, eines der königlichen Attribute. Quarzdiorit. Ägyptisches Museum Kairo.

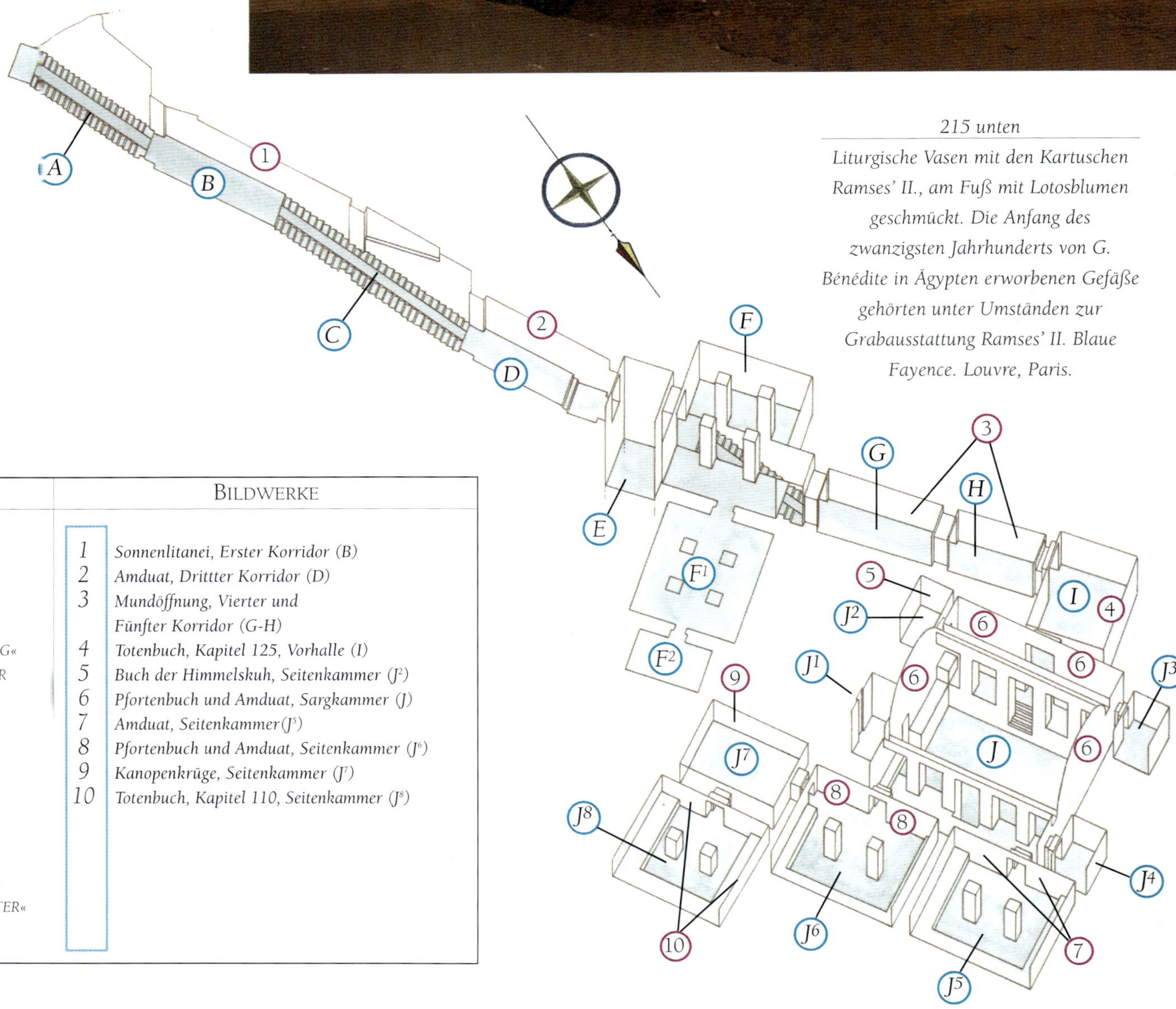

215 unten

Liturgische Vasen mit den Kartuschen Ramses' II., am Fuß mit Lotosblumen geschmückt. Die Anfang des zwanzigsten Jahrhunderts von G. Bénédite in Ägypten erworbenen Gefäße gehörten unter Umständen zur Grabausstattung Ramses' II. Blaue Fayence. Louvre, Paris.

Erklärung	
A	EINGANGSTREPPE
B	ERSTER KORRIDOR
C	ZWEITER KORRIDOR
D	DRITTER KORRIDOR
E	SCHACHT ODER »RAUM DER ERWARTUNG«
F	»WAGENKAMMER« UND SEITENKAMMER
G	VIERTER KORRIDOR
H	FÜNFTER KORRIDOR
I	VORHALLE ODER »KAMMER DER MAAT«
J	SARGKAMMER ODER »GOLDHAUS«
$J^1, J^2, J^3, J^4 J^5, J^6, J^7$ UND J^8	SEITENKAMMERN SEITENKAMMERN ODER »WOHNSITZE DER GÖTTER«

Bildwerke	
1	Sonnenlitanei, Erster Korridor (B)
2	Amduat, Drittter Korridor (D)
3	Mundöffnung, Vierter und Fünfter Korridor (G-H)
4	Totenbuch, Kapitel 125, Vorhalle (I)
5	Buch der Himmelskuh, Seitenkammer (J^2)
6	Pfortenbuch und Amduat, Sargkammer (J)
7	Amduat, Seitenkammer(J^5)
8	Pfortenbuch und Amduat, Seitenkammer (J^6)
9	Kanopenkrüge, Seitenkammer (J^7)
10	Totenbuch, Kapitel 110, Seitenkammer (J^8)

klügste war, könnte eine Erklärung für die merkwürdige zweiachsige Anlage liefern.
Das Grabmal Ramses' II. ist das letzte Königsgrab, in dem die Ausstattung noch in Hochrelief ausgeführt ist, sei es nun auf Kalkstein oder, wenn dieser von mittelmäßiger Festigkeit ist, auf Putz. Nach der langen Herrschaft dieses Königs änderten die Künstler aus Gründen, die bis heute noch nicht ganz geklärt sind, nach und nach ihr Vorgehen. Im Grabmal des Merenptah (KV 8) und einigen anderen Königen existieren noch Hochreliefs und versenkte Reliefs nebeneinander, doch ist festzustellen, dass sich für die Ausgestaltung von Szenen und Texten der letzten Ramessidengräber allein die zweite Technik erhalten hat.
Die Ausgrabungen der letzten Jahre haben es ermöglicht, die Themen zu erkennen, die das ikonographische Programm des Grabmals von Ramses II. ausmachen. Man findet sowohl die großen klassischen Kompositionen mit der Abfolge von Begrüßungsszenen und den Opferungen an verschiedene Gottheiten als auch die großen Spruchsammlungen, die freilich meist schwer beschädigt sind. In den Korridoren sind die Wände mit der Sonnenlitanei geschmückt, mit bestimmten Passagen aus dem *Amduat*, dem »Buch von der Unterwelt«, und dem Mundöffnungsritual.
Wenn man die Ausschmückung der Wagenkammer (F 1) und ihrer Seitenkammer (F 2) außer Acht lässt, die bis heute durch Abraum versperrt sind, ist jedenfalls interessant festzustellen, dass an den Wänden des mindestens sechs Meter tiefen Schachts (E) die zwölfte Abteilung des *Amduat* eingemeißelt ist – ein im ganzen Tal der Könige singulärer Fall. In der Vorhalle (I) des Grabs sind es Kapitel 125 des *Totenbuchs* und das Wiegen des Herzens, die einen Teil der Wände einnehmen, während die großen Spruchsammlungen, etwa der *Amduat* und das *Pforten-* sowie das *Höhlenbuch* im Goldhaus (J) und in mehreren Seitenkammern wieder auftauchen. An der Südseite, in einer kleinen Kammer (J 2), die an die Sargkammer angrenzt, wurde einst das *Buch der Himmelskuh* rezitiert, was bereits an den Seitenwänden des größten Schreins aus vergoldetem Holz im Grab des Tutanchamun und kurze Zeit später im Grabmal Sethos' I. der Fall war. An den Wänden der Seitenkammer (J 7) erscheinen die vier Kanopenbehälter, auf denen an verschiedenen Teilen des Eingangs die Göttinnen Isis und Nephtys Wache halten. In der letzten Seitenkammer (J 8) schließlich erkennt man Kapitel 110 des *Totenbuchs* mit seinen Vignetten, das sich wie ein Papyrus über breiten und tiefen Wandvorsprüngen entrollt.
Wie die anderen Königsgräber ist auch das Grab Ramses' II. den Plünderungen der Antike nicht entgangen. Ein erster Entweihungsversuch wird bereits durch den Turiner Königspapyrus dokumentiert, der aus dem Jahr 29 der Herrschaft Ramses' III. stammt Wir wissen, dass die Nekropole gegen Ende der Ramessidenzeit intensiven Plünderungen ausgesetzt war, was es nötig machte, die sterblichen Überreste der Pharaonen in Sicherheit zu bringen. Die Mumie Ramses' II., die zunächst im Grab seines Vaters (KV 17) untergebracht war, wurde anschließend von den Hohepriestern in das Versteck von Deir el-Bahari überführt, wo sie 1881 von Heinrich Brugsch und G. Maspero entdeckt wurde. Drei Protokolle, Inschriften auf dem inneren Deckel des Sarges, in dem der Pharao erneut beigesetzt wurde, legen von diesen Schändungen Zeugnis ab. Der erste dieser Texte, der wie die beiden anderen in hieratischer Schrift aufgezeichnet ist, ist über den Knien angebracht. Er verkündet, dass der Hohepriester des Amun-Re, Herihor, im »Jahre 6 der Zeit der Erneuerung, am 15. Tag des dritten Monats der Achet-Jahreszeit« (Überschwemmung) den Auftrag erhielt, die neu gewickelte und mit Blumengirlanden geschmückte Mumie umzubetten. Die zweite dieser Inschriften, welche die vorhergehende überlagert und aus dem Jahr 10 der Herrschaft Siamuns stammt, berichtet, dass eine Gruppe von Priestern die

216

Der Sarkophag Ramses' II. war ursprünglich auf einem Totenbett aufgestellt. Darauf weisen die vor kurzem entdeckten Überreste hin, unter denen zwei wunderschön gearbeitete Löwinnenköpfe aus Kalkstein zu nennen sind. Die Figuren sind rundplastisch ausgeführt und gelb bemalt.

217

Vom seit langer Zeit gesuchten steinernen Innensarkophag Ramses' II. werden im Lauf der fortschreitenden Ausgrabungen immer neue Fragmente gefunden. Er besteht aus Alabaster, war mumienförmig gestaltet und innen und außen in drei Registern mit dem Pforten- und Höhlenbuch geschmückt.

Mumie »am 17. Tag des vierten Monats der Peret-Jahreszeit (Aussaat)« aus dem Grab Sethos' I. entfernt habe, um sie in das von Königin Inhapi in Deir el-Bahari zu überführen, wo schon die sterblichen Überreste von Amenophis I. ruhten. Ein dritter Bericht, der sich auf der Scheitelzone des Sarges befindet, deutet darauf hin, dass dieser Vorgang drei Tage später vollendet war, nämlich »am 20. Tag des vierten Monats der Peret-Zeit des Jahres 10«.

Obwohl der größte Teil der königlichen Grabbeigaben von Dieben entfernt oder verstreut worden ist, haben die jüngsten Nachforschungen im Grab einige Überreste zu Tage gefördert. Mehr als 450 Alabasterfragmente, die bei der Freilegung der Korridore und Kammern entdeckt wurden, beweisen, dass die Mumie des Pharaos in einem Sarkophag lag. Die Entdeckung der beiden superben Löwenköpfe aus Kalkstein, die in Hochrelief ausgeführt und goldgelb bemalt sind, lässt vermuten, dass man den Sarkophag mit der Leiche des Königs ursprünglich auf ein Totenbett gelegt hatte. Auf dem Rahmen, einer großen Steinplatte, war der Körper dieses Tieres im Relief wiedergegeben. Ein vergleichbares Totenbett, das aber aus einem großen Kalksteinblock geschnitten worden ist, befindet sich im Grab des Merenptah (KV 8).

An der Südseite der Sargkammer (J) wurde 1995 eine Vertiefung im Boden der »Krypta der Entstehung« freigelegt. Form und Standort erinnern an vergleichbare Krypten, wie sie sich in den Gräbern von Thutmosis I. (KV 38) und Amenophis III. befinden. Mehrere Fragmente des Kanopenkastens, ebenfalls aus Kalkstein, wurden dort gefunden. Sie bestätigen die ursprüngliche Bestimmung dieser Einrichtung. Der Hohlraum war auf halber Höhe durch eine Klappe aus Kalkstein verschlossen, deren Ränder auf einem Sims ruhten. Wenn die obere Hälfte die Unterbringung des Kanopenkastens ermöglichte, spricht alles für die Vermutung, dass im unteren Teil, der durch die Platte verborgen war, andere Gegenstände untergebracht waren. Der verfügbare Raum genügt, um dort beispielsweise die vier großartigen blauen Vasen unterzubringen, die seit Anfang des zwanzigsten Jahrhunderts im Louvre zu sehen sind und die Leinenstreifen zur Mumifizierung sowie organisches Material enthielten. Höchstwahrscheinlich hatten diese Vasen aus glasierter Fayence, die bei der Einbalsamierung des Königs verwendet wurden, in früherer Zeit eine rituelle Bestimmung.

Der Kanopenkasten war aus einem einzigen Kalksteinblock gefertigt, wie die ausgegrabenen Überreste und der Entwurf zu seiner Rekonstruierung beweisen. Er enthielt vier zylindrische Hohlräume, die einst kleine Särge mit den Eingeweiden des Königs aufgenommen haben müssen. Das Äußere des Kanopenkastens könnte den Kanopenbehältern von Amenophis II. und Tutanchamun ähnlich gewesen sein, die beide im Ägyptischen Museum Kairo aufbewahrt werden.

Die »Uschebtis« von Ramses II., die in Holz, Kalkstein oder sogar in Kupfer gefertigt sind, haben sich bis heute in den ägyptischen Sammlungen mehrerer internationaler Museen erhalten. Sie entsprechen aber in keiner Weise dem fragmentarischen Exemplar, das wir bei unseren Ausgrabungen geborgen haben. Die Statuette, die wir bei unseren Ausgrabungen in der Sargkammer (J) fanden, ist von außergewöhnlicher Ausführung. Die aus blauem Anhydrit hergestellte Figur stellt den noch jungen Pharao in mumifizierter Form dar. Er trägt das Nemes-Kopftuch, und die Gesichtszüge und die Umrisse der Figur sind in Schwarz nachgezeichnet. Die dazugehörigen Füße, die an anderer Stelle gefunden wurden, waren mit dem Rest der Statuette durch Zapfen verbunden.

In den verschiedenen Kammern wurden auf der Erde zahlreiche Vasenfragmente gefunden: steinerne Behälter, deren Deckel aus Alabaster oder Kalkstein die königlichen Kartuschen oder noch das Bild einer Lotosblüte mit schwarz geränderten Blütenblättern aufweisen; ferner Gefäße aus glasierter Fritte und vor allem aus Ton, auf denen in hieratischer Schrift vermerkt war, welches Produkt sie einst enthielten, vor allem Wein und Fett. Durch ihre Form und ihre bezeichnenden Materialien spiegeln diese Töpferwaren die wichtigsten Perioden der Grabgeschichte vollkommen wider: die Ramessidenzeit (das Mobiliar des Grabes), Dritte Zwischenzeit (Gebrauchskeramik aus der Epoche, die der Verlegung der Mumie entspricht), schließlich Römer- und Koptenzeit (Plünderungen und Besuche des Grabs). Große Stöpsel aus Lehm oder Gips, von denen einige ein Schutzzeichen mit dem Namen des Königs tragen, ergänzen diese reiche Produktion.

Das Grab des Merenptah

von Edwin C. Brock

Merenptahs letzte Ruhestätte liegt in einem Hügel an einer westlichen Gabelung des Hauptarmes im Tal der Könige, hoch über der Talsohle. Griechische und lateinische Graffiti lassen erkennen, dass die oberen Räume seit der Antike zugänglich waren. Die tiefer gelegenen Korridore und die Sargkammer waren jedoch von Geröll verschüttet und wurden erst von Howard Carter im Winter 1903/04 frei gelegt. Pococke, Wissenschaftler aus Napoleons Expedition und Burton haben die Grabanlage teilweise in Lageplänen festgehalten. Obwohl Wandmalereien des Grabes in der ersten Hälfte des 19. Jahrhunderts von Champollion, Lepsius, Burton und Hay dokumentiert wurden, kam es nie zu einer umfassenden Veröffentlichung.
Die Eingangstreppe, die heute unter modernen Stufen liegt, führte zum ersten Tor hinab. Dahinter

218 links
Diese Granitbüste Merenptahs, die sich heute im Ägyptischen Museum in Kairo befindet (JE 31414, CG 607), wurde 1891 von Petrie in den Ruinen des Totentempels des Königs von Theben-West gefunden.

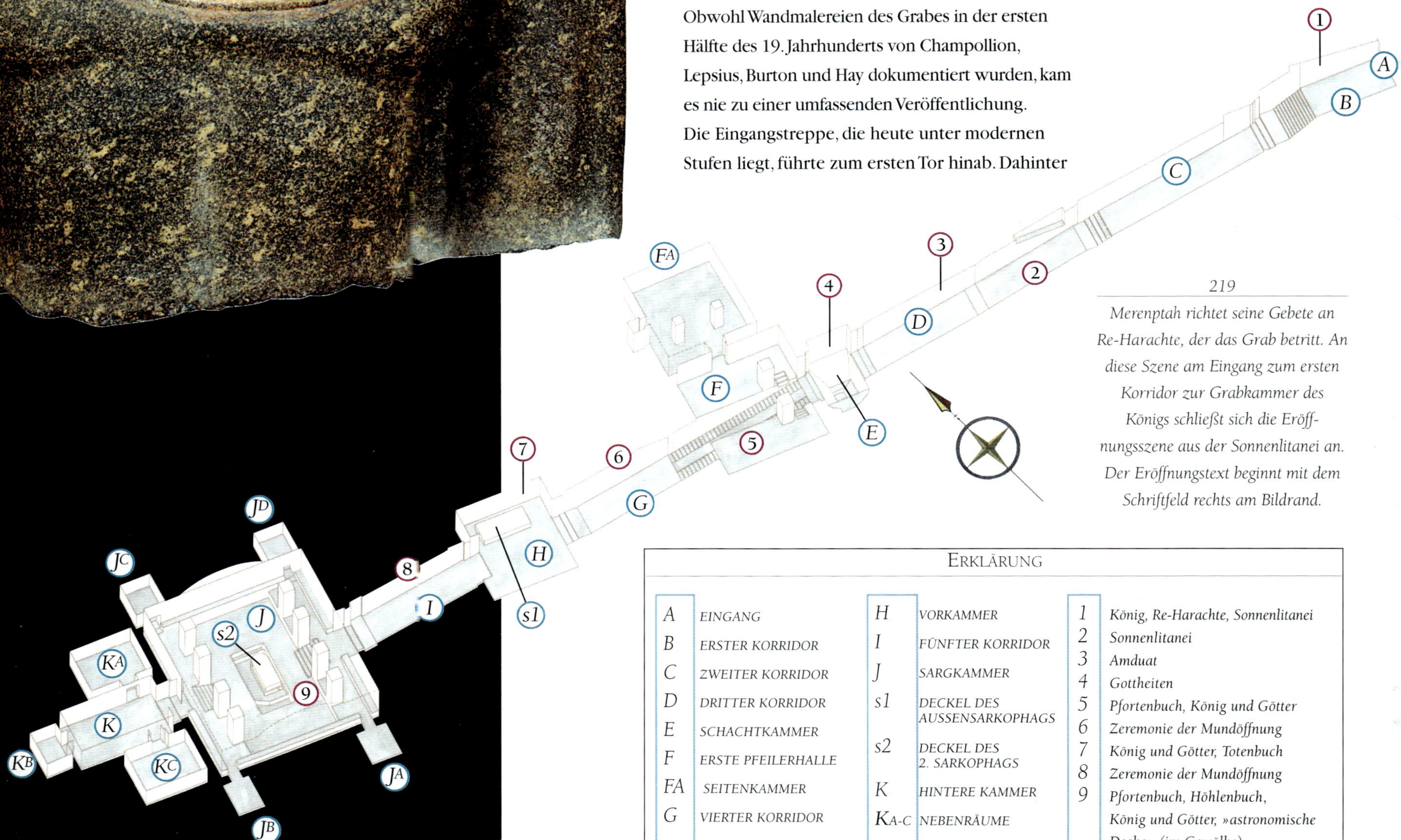

219
Merenptah richtet seine Gebete an Re-Harachte, der das Grab betritt. An diese Szene am Eingang zum ersten Korridor zur Grabkammer des Königs schließt sich die Eröffnungsszene aus der Sonnenlitanei an. Der Eröffnungstext beginnt mit dem Schriftfeld rechts am Bildrand.

Erklärung

A	Eingang	H	Vorkammer	1	König, Re-Harachte, Sonnenlitanei
B	Erster Korridor	I	Fünfter Korridor	2	Sonnenlitanei
C	Zweiter Korridor	J	Sargkammer	3	Amduat
D	Dritter Korridor	s1	Deckel des Aussensarkophags	4	Gottheiten
E	Schachtkammer	s2	Deckel des 2. Sarkophags	5	Pfortenbuch, König und Götter
F	Erste Pfeilerhalle	K	Hintere Kammer	6	Zeremonie der Mundöffnung
FA	Seitenkammer	KA-C	Nebenräume	7	König und Götter, Totenbuch
G	Vierter Korridor			8	Zeremonie der Mundöffnung
				9	Pfortenbuch, Höhlenbuch, König und Götter, »astronomische Decke« (im Gewölbe)

220

Die Grabkammer Merenptahs hat ein Tonnengewölbe und liegt in der Mitte tiefer als die vier Pfeilerpaare zu beiden Seiten. Der Deckel des zweiten Granitsarkophags mit der Figur des Königs ruht auf einem neuzeitlichen Podest aus Kalksteinblöcken. An der Wand rechts im Hintergrund erkennt man noch einen großen Vogel mit Widderkopf, der die Seele Res symbolisiert, und darüber die Schlussszene aus dem Buch der Höhlen mit der Auferstehung des wiedergeborenen Sonnengotts.

221 oben

In der ersten Pfeilerhalle führt ein Gang in die Tiefe. Ein ursprünglich vorhandenes zweites Pfeilerpaar wurde vor der Bestattung entfernt. In der Mitte der Rückwand erscheinen zwei gegenläufige Opferszenen mit Osiris und dem König. Das Thema wird an den uns zugewandten Seiten der beiden Pfeiler erneut aufgegriffen, ist aber nur auf der linken erhalten geblieben. Die Zerstörungen im unteren Wandbereich und an den Pfeilern lassen erkennen, bis zu welcher Höhe Geröll durch Sturzfluten hereingeschwemmt wurde.

221 unten

Dieser Ausschnitt aus der Wanddekoration im Hintergrund der vorangehenden Seite zeigt die Schlussszene aus dem Buch der Höhlen. Die Vögel mit Menschenköpfen als Sinnbilder der Seelen und die gebogenen Fächer als Schattensymbole zeigen verschiedene Aspekte der Toten in der Unterwelt.

lagen ein abschüssiger Korridor (B), ein Treppenhaus mit Alkoven im oberen Teil (C), und ein weiterer abschüssiger Gang (D). Im nächsten Raum (E) war ein Schacht im Boden eingelassen, und dahinter lag die erste Pfeilerhalle (F). Von dieser ging nach Norden eine Seitenkammer mit zwei Pfeilern ab (Fa). Eine in den Boden der Halle F geschlagene Rampe mündete in einen weiteren abschüssigen Gang (G); dahinter lagen eine quadratische Kammer (H) und nochmals ein abschüssiger Gang (I), der in die Sargkammer (J) führte. Diese ist dreigeteilt. Zwischen zwei seitlichen Absätzen mit je vier Pfeilern liegt die eigentliche Halle mit Tonnengewölbe und abgesenktem Boden. Von jedem der beiden Absätze zweigen an den Enden zwei Kammern ab, und hinter der Tür in der Rückwand liegt ein rechteckiger Gang (K) mit zwei Kammern an den Seiten und einer an der hinteren Wand. Weder die Nebenräume von J noch die seitlichen Kammern von K wurden bisher freigelegt.

Vier ineinander verschachtelte Steinsarkophage wurden für die Bestattung des Königs vorbereitet, drei aus rotem Granit, der innerste in Mumienform aus Alabaster. Sie ruhten auf einem sockelartigen Untersatz aus Alabaster, die in eine Grube im Fußboden eingelassen waren. In die Türpfosten der Eingänge oberhalb von Raum H hatte man Ausbuchtungen geschlagen, um den mächtigen äußeren Sarkophag in die Sargkammer schaffen zu können. Außerdem hatte man in die Gangwände je fünf einander gegenüberliegende Löcher geschlagen, in die Holzbalken gesteckt wurden, die man mit Seilen umwickelte, um den Sarkophag in die Tiefe hinablassen zu können.

Die Wände der ersten beiden Korridore sind mit der Sonnenlitanei dekoriert, die des dritten mit der vierten und fünften Stunde des *Amduat* und die der ersten Säulenhalle mit der vierten, fünften und sechsten Abteilung aus dem *Pfortenbuch*. Spuren von Szenen vom Ritual der Mundöffnung sind an den Wänden von Gang G zu erkennen. Spruch 125 aus dem Totenbuch sowie Bilder des Königs und der Götter schmücken die Wände von Raum H.

Die Sargkammer zeigt ein neuartiges Dekorationsschema, unter anderem mit Auszügen aus einem religiösen Traktat, das wir heute *Buch der Erde* nennen.

Das Grab der Tausert und des Sethnacht

von Hartwig Altenmüller

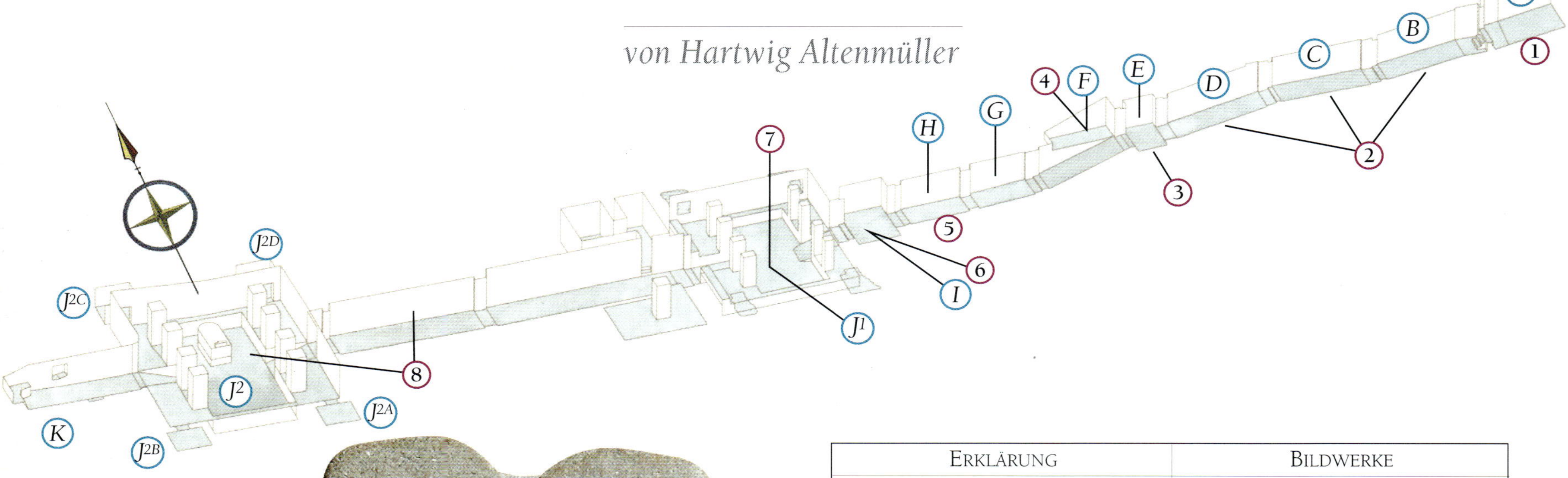

Erklärung	
A	Grabeingang
B	Erster Korridor
C	Zweiter Korridor
D	Dritter Korridor
E	Schachtraum
F	Obere Halle
I	Vorraum
J1	Ursprüngliche Sargkammer Tauserts
J2	Sargkammer der Tausert mit dem Sarkophag des Sethnacht
J2A–D	Seitenkammern
K	Durchgang

Bildwerke	
1	*Anbetung der untergehenden Sonne*
2	*Tausert opfert Gottheiten und begrüßt die Torhüter der Unterwelt*
3	*Gottheiten der Stundenwache beschützen die Königin*
4	*Tausert begrüßt weitere Torhüter der Unterwelt*
5	*Ritual der Mundöffnung an einer Statue der Königin*
6	*Tausert wird von verschiedenen Gottheiten begrüßt*
7	*Undekoriert*
8	*Verschiedene Texte aus den königlichen Unterweltsbüchern*

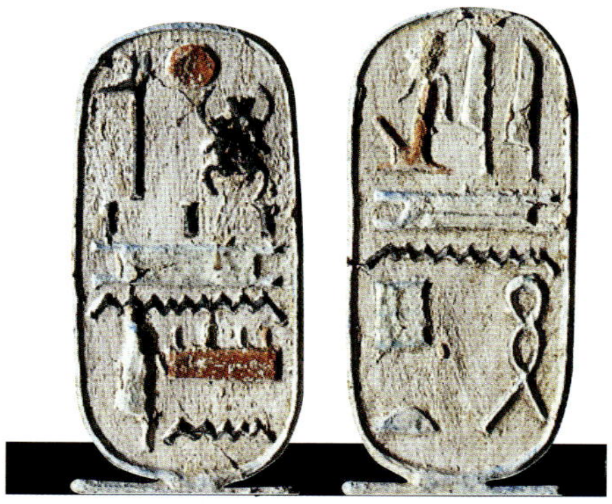

222 links

Im Inneren der von Tausert errichteten großen Sargkammer am Ende des Grabbaus steht der Sarkophag des Sethnacht aus Granit. Sein Deckel zeigt den König in der mumifizierten Gestalt eines Osiris, die das Herrscherzepter und die Geißel des Gottes in den Händen hält.

222 rechts

Kartuschenpaar mit dem Namen Sethos' II.

223

Die Sargkammer der »Großen königlichen Gemahlin« Tausert ist in der Zeit ihrer Mitregentschaft mit König Siptah mit Texten und Bildern von königlichen Unterweltsbüchern geschmückt worden, darunter mit Bildern aus dem Pfortenbuch. Die Pfeiler tragen Bilder von Schutzgottheiten. Zu ihnen gehört auch Horus, Sohn der Isis (Harsiese) mit der Doppelkrone der beiden Landeshälften.

224 links
Der Jenseitsweg der Königin Tausert führt an einer Reihe von Bildern vorbei, die Unterweltstore und ihre mit Messern bewehrte Torhüter zeigen. Das Ziel des Wegs ist die Ankunft bei Osiris. Das Bild der Königin ist bei der Usurpation des Grabes durch die Kartuschen des Sethnacht ersetzt worden.

Mitte Mai 1182 v. Chr., zu Beginn des 4. Monats der Schemu-Jahreszeit seines 1. Regierungsjahres, geleitete Pharao Ramses III. die Mumie seines Vaters Sethnacht zu einem Grab ganz im Westen des Tals der Könige von Theben. Das Grab, zu dem sich der Begräbniszug bewegte, war kurz zuvor für den König hergerichtet worden. Es war nicht das ursprüngliche Grab des Königs Sethnacht, der in seinem dritten Regierungsjahr verstorben war, sondern das Grab einer Königin, die bis Mitte März des Jahres 1187 v. Chr. regiert hatte. Sie war als letztes Glied der von Ramses II. abstammenden 19. Dynastie eine der wenigen Frauen auf dem Pharaonenthron. Nach ihrem Tod erlosch die Herrscherlinie der 19. Dynastie. Die Gründe für diese ungewöhnliche Wahl des Begräbnisplatzes in einem bereits von einem anderen Herrscher belegten Grab sind rätselhaft. Denn eigentlich hätte Sethnacht in Grab Nr. 11 des Tals beigesetzt werden müssen, wo er als erster Herrscher der 20. Dynastie gleich nach seinem Regierungsantritt mit dem Bau eines eigenen großen Königsgrabs begonnen hatte. Sethnachts Grab war bei seinem Tod am 7. März 1183 v. Chr. bereits weit fortgeschritten, so dass eigentlich genügend Zeit gewesen wäre, um das für seine Jenseitsexistenz bestimmte Grab Nr. 11 in den 70 Tagen der Balsamierungs- und Mumifizierungszeit zu einem regulären Königsgrab auszubauen und damit seiner geplanten Funktion zuzuführen. Doch wurde durch Sethnachts Nachfolger Ramses III. kurzfristig anders entschieden. Das für Sethnacht bestimmte Grab Nr. 11 wurde aufgegeben – es sollte später das Grab Ramses' III. werden. Als Ersatz dafür wurde das Grab der Königin Tausert, Nr. 14

224 rechts

Isis und Nephthys beschützen den auf einem Thron sitzenden Unterweltsherrscher Osiris. Die beiden Schwestern tragen die Tracht der Klagefrauen, auf ihrem Kopf sind ihre Namenshieroglyphen angebracht. Isis, die vorn zu sehen ist, erhebt schützend die Hand. Ihr wunderbar gestaltetes Gesicht könnte ein Portrait der Königin Tausert sein.

224–225

Die »Große königliche Gemahlin« Tausert wird bei Eintritt in das Grab von einem Götterkollegium in Empfang genommen. Eines seiner Mitglieder ist der Sonnengott Harachte, der Herr des Himmels, der sich in Begleitung der mit einer Feder geschmückten Maat befindet.

225 unten links

Der in einem Schrein stehende memphitische Gott Ptah gehört zu den Schutzgottheiten des Jenseits. Er hat Mumiengestalt, seine beiden Hände treten aus der Mumienhülle heraus und halten ein Komposit-Zepter. Hinter dem Gott ist die Göttin Maat zu sehen, deren Arme als Flügel gebildet sind.

225 unten rechts

Osiris ist als Herrscher der Unterwelt dargestellt. Er hält Zepter und Geißel in den Händen und ist mit der sog. Atefkrone bekrönt. Sein Thron ist seitlich mit kleinen Federn besetzt, die in der blauen Farbe der Götterwelt bemalt sind.

bestimmt, das mit einer Gesamtlänge von 112 Metern zu den größten Gräbern im Tal der Könige zählt. Das bereits von der Mumie der Tausert belegte Grab wurde für Sethnacht kurzfristig freigeräumt. Es wurde umdekoriert und durch eine neue Beschriftung für den neuen Herrn, den König Sethnacht, hergerichtet.

Dieses Verfahren der Annexion des Königsgrabs eines Vorgängers durch einen neuen Herrscher ist in der Zeit der frühen 20. Dynastie höchst ungewöhnlich. Mit Ausnahme von Ramses V. ist jeder König dieser Zeit in dem Grab beigesetzt, das er für sich hatte bauen lassen.

Es darf daher als sicher gelten, dass außergewöhnliche Umstände Ramses III. dazu bewogen haben, Sethnacht nicht in seinem vorbereiteten, sondern in einem usurpierten Grab beizusetzen. Desgleichen darf man annehmen, dass die Umverlegung des Begräbnisplatzes des Sethnacht aus dem zentralen Teil des Tals der Könige in dessen Westteil nicht dem testamentarischen Willen des Sethnacht entsprochen hat, sondern eine tiefgreifende und persönliche Entscheidung Ramses' III. war.

Über die wahren Gründe für die Aufgabe des Grabes KV 11 kann nur spekuliert werden. Sicher ist, dass die Realisierung der einmal gefällten Entscheidung einer Beisetzung des verstorbenen Königs Sethnacht im Grab der Königin Tausert in KV 14 ohne große Probleme vor sich ging. Denn das Grab der Königin Tausert erfüllte sämtliche Voraussetzungen für ein reguläres Königsgrab. Die Architektur des Grabes, die Dekoration der Wände und die Ausrüstung der Sargkammer wiesen das Grab als ein vollwertiges Königsgrab der Ramessidenzeit aus. Trotz seiner exklusiven Lage im Tal der Könige von Theben war das von Sethnacht usurpierte Grab der Königin Tausert jedoch keineswegs von Anfang an als Königsgrab geplant gewesen. Tausert selbst hatte erst die Voraussetzungen für die Verwendung von KV 14 als Königsgrab geschaffen.

Die Vorgeschichte des Grabes, die mehrere Etappen und Phasen aufweist, lässt sich gut an der Gesamtkonzeption der Grabanlage ablesen. Das Grab der Königin Tausert, das heute zu Unrecht meist als Grab des Sethnacht bezeichnet wird, ist in einem Zeitraum von etwa zehn Jahren gebaut worden. An der Architektur des Grabes lassen sich vier verschiedene Bauphasen ablesen, die alle mit der Person der Tausert verbunden sind. Für den Kenner der ägyptischen Geschichte und den aufmerksamen Betrachter der Architektur und Dekoration des Grabes zeichnen diese Phasen den Weg der Königin Tausert zur Macht nach.

226–227

Die Sargkammer des Grabes der »Großen königlichen Gemahlin« Tausert ist nach dem Vorbild eines Königsgrabes angelegt und unterscheidet sich von anderen Königsgräbern hauptsächlich durch die bescheideneren Ausmaße des Raumes und die geringere Größe der Pfeiler. Auch die Dekoration der Wände erinnert an den königlichen Prototyp. Die Wände sind mit einer Aufzeichnung des »Pfortenbuchs« geschmückt, das sonst nur in Königsgräbern vorkommt. Die Pfeiler zeigen Schutzgottheiten des Königtums, und im vertieften Teil der Sargkammer sind Bilder von königlichen Grabbeigaben zu sehen.

227

Die Pfeiler der Sargkammer zeigen verschiedene Gottheiten, die zum Schutz der Königin Tausert angetreten sind. Unter den Göttern befinden sich der Mondgott Thot, der die Mondsichel auf seinem Ibiskopf trägt und die Nachtseite vertritt, während Hathor mit der Sonnenscheibe zwischen dem Rindergehörn die Tagseite des Himmels repräsentiert. Ptah-Sokar von Memphis hat Mumiengestalt und übt mit Doppelzepter und Geißel an der Seite des Totengottes Osiris die Herrschaft über die Unterwelt aus.

Das Grab ist am Tag 8 des 1. Monats der Peret-Jahreszeit im 2. Jahr von Sethos II., also im Dezember 1199 v. Chr., begonnen worden. Der Bauherr des Grabes ist Sethos II. Er hat seiner Königin Tausert, der geliebten »Großen königlichen Gemahlin« das ungewöhnliche Privileg eines Grabbaus im Tal der Könige eingeräumt, eine Gunst, die nicht einmal Ramses II. für seine Königin Nefertari vorgesehen hatte. Die zweite Phase fällt in die Zeit der Herrschaft des Königs Siptah, der nach seiner Thronbesteigung im Oktober 1194 grundsätzlich an der Konzeption des von Sethos II. begonnenen Grabplans festhielt und das Grab in der Art einer verkleinerten Kopie eines Königsgrabs als »Königinnengrab« weiter ausbauen ließ. Dieser 60 Meter lange Grabbau weist eine Raumfolge auf, die ihn als Miniatur eines Königsgrabes ausweist. Das Grab der Tausert aus der ersten Hälfte der Regierung des Siptah besteht im Jahre 1190 v. Chr. somit aus einem »oberen« und »unteren« Grabbereich und endet in einer großen, aber nicht königlichen Sargkammer (Nr. 1 bis 8 des Grabplans). Die dritte Phase des Grabes schließlich ist mit der Zeit der Tausert als Mitregentin des Siptah verbunden und vermutlich in das Jahr 1190 v. Chr. zu datieren. In diesem Jahr nimmt Tausert den Königstitel an und führt erste Änderungen am Grabplan und an der Dekoration aus. In dieser Zeit der Mitregentschaft wird hinter der kleineren Sargkammer mit einer Sargkammer von königlichen Ausmaßen begonnen und die Dekoration des bestehenden Grabes um königliche Themen erweitert (Nr. 8a des Grabplans). Die vierte und letzte Phase der Erweiterung ist die des eigentlichen königlichen Baus. Nach ihrer Thronbesteigung im Jahre 1187 v. Chr. lässt die zum Pharao aufgestiegene Königin Tausert ihr gesamtes Grab zu einem repräsentativen Königsgrab umgestalten und die Dekoration auf absolut königliche Themen umstellen. An die erste Sargkammer wird eine zweite große Sargkammer angehängt und darin ein Pharaonensarg aufgestellt, für dessen Einführung die Durchgänge des gesamten Königinnengrabes verbreitert und erhöht werden mussten (Nr. 9 bis 11 des Grabplans). Die Wände der Korridore und Räume des nun erweiterten Grabbaus werden jetzt mit Bil-

228–229

Die Ostwand der Sargkammer ist mit einer Aufzeichnung des Pfortenbuchs dekoriert. Das Buch beschreibt den Zustand der Unterwelt und zählt zwölf Räume auf, die der Sonnengott während der Nacht besucht. Die 9. Nachtstunde des Pfortenbuchs wird bestimmt von dem Wasserbecken mit den Ertrunkenen, die in verschiedenen Stellungen im Urgewässer dahintreiben und vom Sonnengott belebt werden. Im oberen Register sind die vogelgestaltigen seligen Toten zu sehen, die während der Nacht mit Speise versorgt werden, im unteren Register die Verdammten, die von einer Feuer speienden Schlange vernichtet werden.

229 oben

Auf dem Türgewände zwischen dem 3. und 4. Korridor des Grabes ist die Göttin Maat zu sehen. Auf einem Korb sitzend begrüßt sie die Eintretenden. Auf der Nordwand erscheint die Göttin über Papyruspflanzen, den Wappenpflanzen von Unterägypten, auf der Südwand über Lilien, den Wappenpflanzen von Oberägypten.

229 unten

In die 10. Nachtstunde des Pfortenbuchs fällt der Kampf des Sonnengottes gegen den Götterfeind Apophis. Verschiedene Wesen, darunter auch Schlangen, wirken bei der Bestrafung der Feinde des Sonnengottes mit.

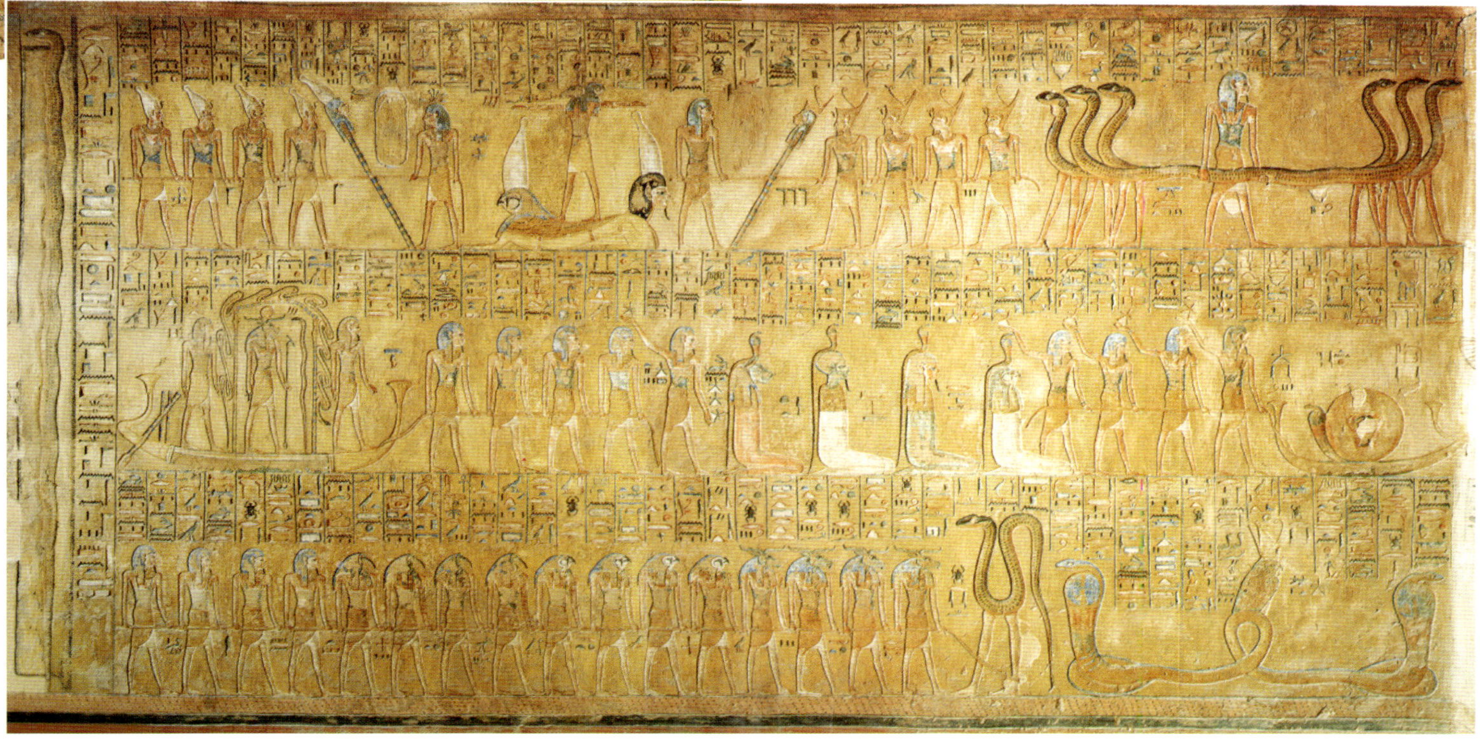

230

Sargkammer des Grabs der Königin Tausert, Nordabschnitt und Südabschnitt. Auf den Stirnseiten der Sargkammer sind weitere Unterweltsbücher aufgezeichnet. Das Höhlenbuch auf der Nordwand zeigt über dem Bild eines geflügelten Wesens die Auferstehung der Sonne am frühen Morgen in drei Gestalten als Sonnenscheibe, Skarabäus und Kind. Das dazu komplementäre Buch von der Erde auf der Südwand behandelt die Wiederbelebung des als Mumie vorgestellten Sonnengottes während der Nacht.

dern und Texten von Totenbüchern eines wahren Königsgrabes dekoriert. Dieses zu einem echten Pharaonengrab umgestaltete Königinnengrab ist das Grab Nr. 14 des Tals der Könige in seinem heutigen Zustand. Es ist jenes Grab, das Ramses III. für seinen Vater Sethnacht als Königsgrab annektiert hat. Die Usurpation des Grabes erforderte keinen allzu großen Aufwand. Denn einzig und allein das Bild des in der Dekoration des Grabes auftretenden Pharaos in Gestalt einer Frau, das mit dem Namen der Tausert beschriftet war, musste abgeändert werden.

Die übrige Gesamtdekoration des Grabes konnte bleiben. Innerhalb der für die Balsamierung und Mumifizierung erforderlichen 70 Tage zwischen Tod und Bestattung des Königs wurden sämtliche Bilder der Königin mit Gipsstuck überschmiert. In den oberen Räumen des Grabes und in der Sargkammer wurde auf den neuen Bildgrund über das Bild der Pharaonin das Bild des männlichen Pharao Sethnacht aufgemalt und neu mit den Kartuschen des Sethnacht beschriftet. An den zahlreicheren anderen Stellen des Grabes kam es aus Zeitmangel nicht mehr zu einem Figurenwechsel, sondern das mit Putz abgedeckte Bild der Königin wurde durch die riesenhaften, in schwarzer Farbe ausgeführten Kartuschen des Königs Sethnacht ersetzt.

Da im Grab Nr. 14 des Tals der Könige nur die Bilder und die Namensinschriften der Königin Tausert getilgt und durch Bilder und die Kartuschen des Sethnacht ersetzt worden sind, hat sich das Grab der Königin Tausert in großer Vollkommenheit erhalten. Die heute sichtbare Grabdekoration stammt fast vollständig aus der Zeit der Königin Tausert und liefert in außergewöhnlicher Reinheit einen Einblick in die Kunstproduktion der Zeit des Pharao Siptah und der Königin Tausert zwischen 1190 und 1185 v. Chr.

230–231

Auf der Südwand ist das Buch von der Erde abgebildet. Auch hier geht es um die Wiederbelebung des Sonnengottes, speziell um die Erweckung des Leichnams der Sonne am Ende der Nacht. Die Todesgestalt des Sonnengottes wird durch die liegende und von Scheiben und Sternen umgebene Mumie des Sonnengottes symbolisiert, die belebte Gestalt durch die stehende und sich wiederaufrichtende Mumie.

231 unten
In der Sargkammer der Pharaonin Tausert steht heute der monumentale Sarkophag des Königs Sethnacht. Der von Grabräubern bereits im Altertum zerschlagene Sarkophag ist restauriert. Der aufliegende Deckel zeigt den Pharao in Mumiengestalt.

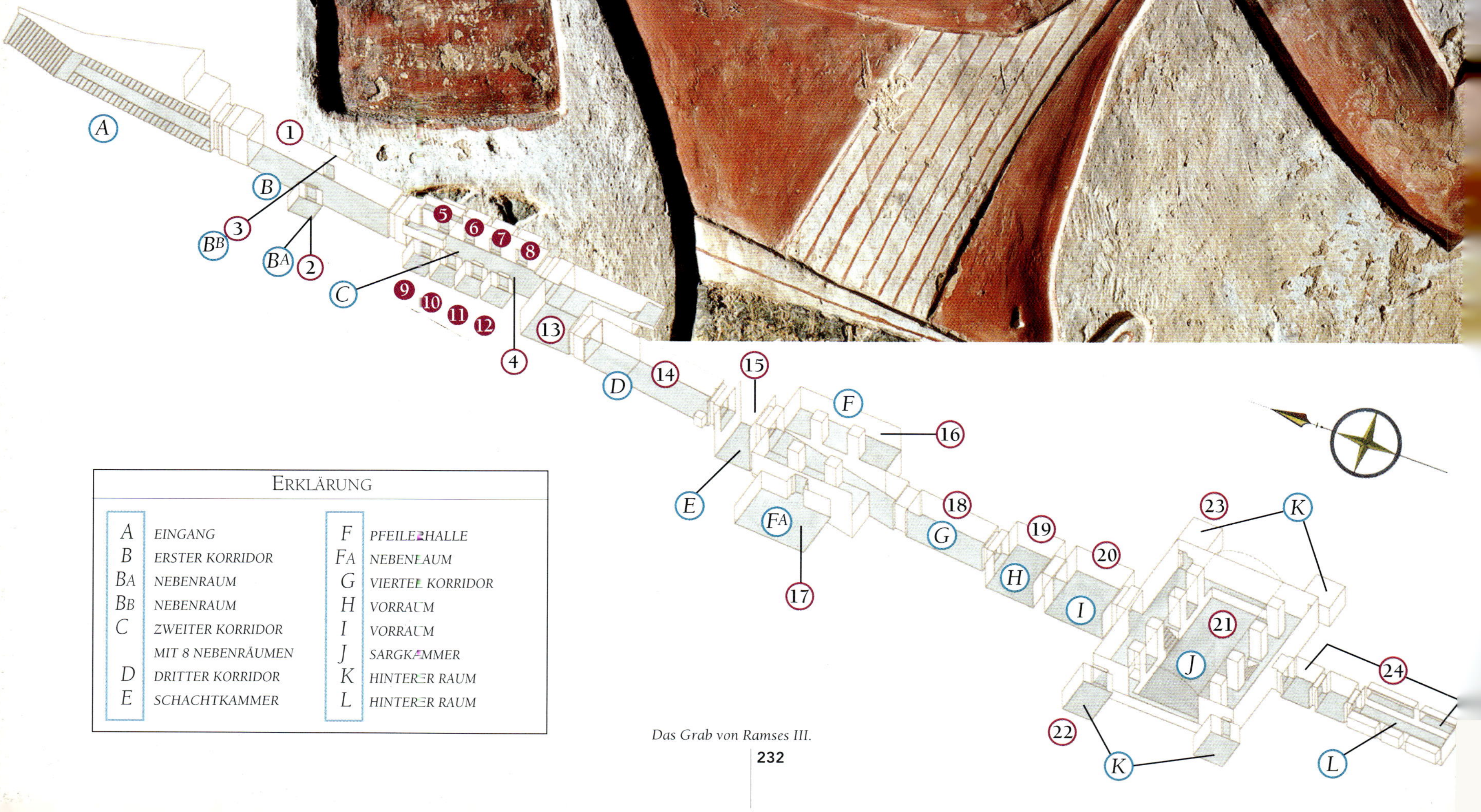

ERKLÄRUNG

A	EINGANG	F	PFEILERHALLE
B	ERSTER KORRIDOR	FA	NEBENRAUM
BA	NEBENRAUM	G	VIERTER KORRIDOR
BB	NEBENRAUM	H	VORRAUM
C	ZWEITER KORRIDOR MIT 8 NEBENRÄUMEN	I	VORRAUM
		J	SARGKAMMER
D	DRITTER KORRIDOR	K	HINTERER RAUM
E	SCHACHTKAMMER	L	HINTERER RAUM

Das Grab von Ramses III.

DAS GRAB VON RAMSES III.

von Edwin C. Brock

232–233
Detail von der Ostwand des dritten Korridors. Ramses III. beim Rauchopfer. Die Gestalt des Königs ist die seines Vater Sethnacht, dessen Reliefkartuschen verputzt und mit dem Namen Ramses III. neu beschriftet wurden. Der aufwändige Kopfschmuck verweist auf Re und Osiris und auf die eigene Königswürde.

233
Diese Statue Ramses' III. aus grauem Granit steht heute im Ägyptischen Museum in Kairo (JE 36682, CG 42150). G. Legrain fand sie 1905 in der »Cour de la Cachette« im Karnak-Tempel. Der König trägt eine Prozessions-Standarte mit Widderkopf-Bekrönung, dem Emblem Amun-Res.

BILDWERKE

1	König und Re-Harachte, Litanei des Re	12	Göttliche Standarten
2	Nahrungszubereitung	13	König und Götter
3	Boote der Pilgerfahrt nach Abydos	14	Amduat
4	Sonnenlitanei mit Göttergestalt	15	Gottheiten
5	Nilgötter und Götter des Ackerbaus	16	Pfortenbuch, König, doppelter Osiris
6	Nilgötter und andere Götter	17	König und Götter, Pfortenbuch
7	Stier und sieben Kühe, heilige Ruder	18	Zeremonie der Mundöffnung
8	Harfner vor den Sonnengöttern	19, 20	Götter
9	Bilder des Osiris	21	Pfortenbuch, Buch der Erde
10	Schilffelder	22, 23	Götter
11	Möbel und Luxusgüter	24	Götter, Pfortenbuch

Der Vortrieb des Stollens für das Grab Ramses' III. wurde unter Sethnacht begonnen und bis zur Westachse des dritten Korridors fortgesetzt, wo man Spuren seines Namens fand. Nach dem unbeabsichtigten Durchbruch in KV 10 wurden die Arbeiten eingestellt. Offensichtlich ließ Ramses III. die Nebenräume des ersten und zweiten Korridors anlegen, das Grab entlang einer versetzten Achse zu Ende bauen und weitere Dekorationen hinzufügen. Hieratische Wandinschriften in der ersten Pfeilerhalle, in den Seitenkammern des ersten und zweiten Korridors sowie in der Sargkammer zeugen von Inspektionen während der Einundzwanzigsten Dynastie. Reste vom Sarg Ramses' III. wurden im Königsversteck KV 35 gefunden, seine Mumie jedoch im Depot von Deir el-Bahari (DB 320). Sowohl die napoleonische Expedition als auch James Burton berichten von menschlichen Überresten in einem von der Grabkammer abzweigenden Nebenraum, die aus der Dritten Zwischenzeit stammen. Die oberen Bereiche der Grabanlage waren seit griechisch-römischer Zeit zugänglich.

Als »Bruces Grab« war Ramses' III. letzte Ruhestätte europäischen Besuchern seit dem 18. Jahrhundert bekannt, nachdem es der schottische Reisende James Bruce 1768 betreten hatte. Wegen einer Szene mit zwei Harfenspielern, die Bruce kopiert und veröffentlicht hatte, nannte man es auch »Grab der Harfner«. Bei einem Besuch in den 1730er Jahren entwarf Richard Pococke einen Lageplan der oberen Bereiche, in dem auch der Durchbruch in KV 10 eingetragen ist, wobei er allerdings die Lage der beiden Gräber umkehrte. 1792 gelang es William Browne, bis in die Sargkammer und die Nebenräume vorzustoßen. Auch die Wissenschaftler von Napoleons Expedition haben einen Plan des Grabs und Zeichnungen von den Darstellungen in den Nebenräumen angefertigt. Belzoni ließ den Sarkophag samt Deckel entfernen. Die beiden Stücke befinden sich heute im Louvre beziehungsweise im Fitzwilliam Museum in Cambridge. Im 19. Jahrhundert publizierten Forscher wie Lepsius, Champollion und Rosellini einige Details der Grabdekoration. In den 1970er-Jahren wurde von einer polnischen Mission die vollständige Dokumentation des Grabes erstellt, die jedoch bis heute noch nicht publiziert ist.

Dieses Grab weist mehrere architektonische Besonderheiten auf. Der Eingang mit absteigender

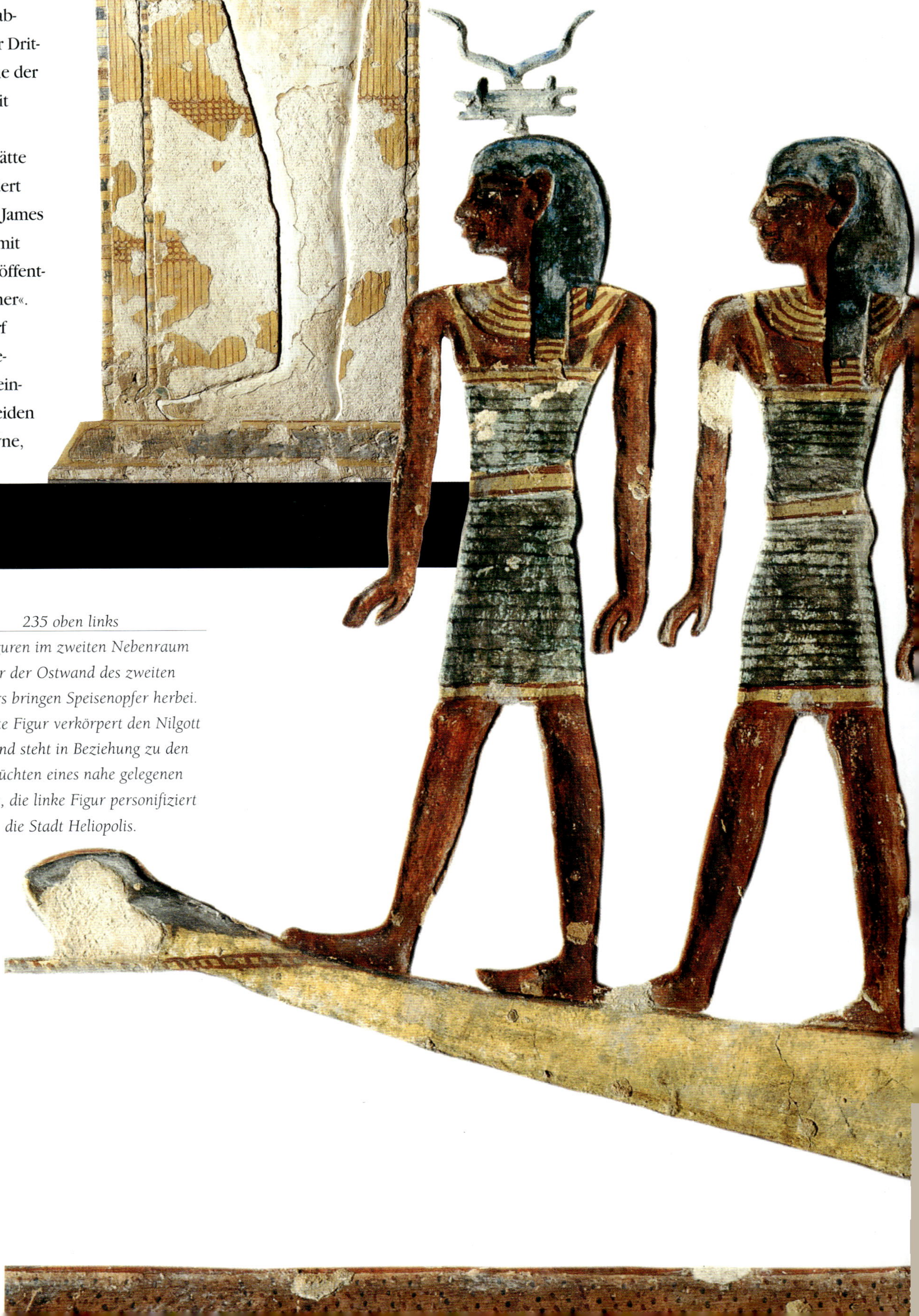

234 oben

Schöpfergott Ptah von Memphis steht in einem Schrein, wo er Opfergaben des Königs entgegen nimmt. Der ungewöhnliche Kopfschmuck des Gottes aus Sonnenscheibe und Federn neben der üblichen Kappe aus kurz geschorenem Haar ist dem des Königs ähnlich.

235 oben links

Die Figuren im zweiten Nebenraum hinter der Ostwand des zweiten Korridors bringen Speisenopfer herbei. Die rechte Figur verkörpert den Nilgott Hapi und steht in Beziehung zu den Feldfrüchten eines nahe gelegenen Gebietes, die linke Figur personifiziert die Stadt Heliopolis.

234–235

Detail aus der fünften Stunde des Amduat mit dem widderköpfigen Sonnengott auf einer Barke mit Schlangenköpfen an Bug und Heck. Die Barke gleitet über den Hügel Sokars, des Gottes der Nekropole von Memphis.

235 oben rechts

Die sitzenden Figuren an der Rückwand des ersten Nebenraums hinter der Ostwand des zweiten Korridors personifizieren Gottheiten, die mit Getreide und Fruchtbarkeit des Landes in Beziehung stehen. Die Figuren darunter sind Kobras, die ebenfalls Nahrungsmittel und Opfergaben symbolisieren.

236 links
Ramses III. opfert Osiris, der vor einem Opfertisch sitzt, eine Statuette der Göttin Maat. Die Darbringung dieses Symbols, das auch Bestandteil seines Namens ist, verweist auf die Verantwortung des Königs für die Herstellung und Aufrechterhaltung göttlicher Ordnung.

236 unten rechts
Dieses Detail an der Nordwand des erweiterten dritten Korridors zeigt den König beim Rauch- und Trankopfer. Ursprünglich repräsentierte die Gestalt Sethnacht, aber dessen Namenskartuschen wurden verputzt und statt dessen der Name Ramses' III. eingemeißelt. Das Trankopfer fließt aus einem ungewöhnlichen dreiteiligen Gefäß.

237
Auf diesem Detail an der Ostseite des südöstlichen Pfeilers in der ersten Pfeilerhalle opfert Ramses III. Räucherwerk. Im Stil unterscheidet sich dieses Relief von denen in den oberen drei Korridoren. Es stammt aus der Zeit, als das unter Sethnacht begonnene Grab für Ramses III. vorbereitet wurde.

236 oben rechts
Der König beim Trankopfer aus einem Gefäß, das mit dem Widderkopf bekrönt ist, dem Emblem Amun-Res. In der anderen Hand hält er eine Schale mit Räucherwerk. Die beiden Reinigungsopfer sind an den »Edlen von Heliopolis« gerichtet.

Rampe zwischen zwei Stufenreihen hat am Südende zwei mit Antilopenköpfen bekrönte Pilasterpaare. Im ersten Korridor wurden in die Ost- und Westwand je ein Nebenraum geschlagen und jeweils vier nischenartige Kammern in die Seitenwände des zweiten Korridors. In vorangegangenen Königsgräbern des Neuen Reichs hatte sich der zweite Korridor aus einem Raum mit absteigender Rampe im Boden zu einem Treppenschacht mit trapezförmigen Nischen am oberen Absatz entwickelt. Beginnend mit KV 11, wurden aus den Nischen rechteckige, oben liegende Wandvertiefungen am Anfang des Korridors. Dass aus dem dritten Korridor ein Raum entstand, erklärt sich daraus, dass man Platz brauchte, um nach dem Durchbruch in KV 10 die Achse nach Westen versetzen zu können. Die Fortsetzung des Korridors durch die Südwand führte an KV 10 vorbei, und um eine weitere Kollision zu vermeiden, ließ man den Gang ansteigen, anstatt ihn eben oder abschüssig weiter zu führen. Der Schacht – in späteren Gräbern wurden keine solchen mehr angelegt – ist mit angeschwemmtem Geröll und Schutt zugeschüttet. Die erste Pfeilerhalle hinter dem Schacht hat einen großen Nebenraum und eine in der Mitte abwärts führende Rampe zu einem tiefer gelegenen Korridor, zwei Vorkammern und der Sargkammer.

238

Kopfende des roten Granitsarkophags Ramses' III. mit der Göttin Nephthys, die auf dem Symbol für Gold kniet. Ihre ausgestreckten Arme sind mit Schwingen versehen, Hinweis auf ihre Personifikation als eine der beiden um Osiris Trauernden.

239 links

Das untere Teil des Sarkophags Ramses' III. wurde vom Louvre aus der Sammlung Henry Salt erworben, der Deckel vom Fitzwilliam Museum in Cambridge von Belzoni. Die rechte Seitenwand ist mit der siebten Stunde des Amduat verziert.

239 oben rechts

Diese Ansicht der Sargkammer zeigt die Verwüstungen durch Wassereinbrüche, nachdem der Schacht vollgelaufen war. Die Kalksteinsäulen saugten sich voll mit Wasser und barsten, so dass Teile des Deckengewölbes einstürzten.

239 unten rechts

Diese ungewöhnliche Figurengruppe aus Medinet Habu zeigt die Krönung des Königs durch Horus und Seth. Die restaurierte Steinplastik befindet sich heute im Ägyptischen Museum in Kairo (JE 31628, CG 629).

Dieses Grab ist das letzte, das mit einer geräumigen Sargkammer und Nebenräumen an den Ecken nach der in der Neunzehnten Dynastie unter Merenptah festgelegten Bauweise angelegt wurde. Der Boden der Sargkammer ist in der Mitte tiefer gelegt und im Norden und Süden von erhöhten Podesten flankiert, auf denen jeweils vier Pfeiler stehen. Der große Granitsarkophag, der einst die Mitte des Raums einnahm, stand im Gegensatz zu anderen Sarkophag-Ausrichtungen auf der Hauptachse des Grabs. Hinter der Grabkammer liegen auf gleicher Achse drei weitere Räume.

Die bis zur ersten Pfeilerhalle gut erhaltene Dekoration besteht aus vertieften Reliefs mit polychromer Bemalung. Dargestellt sind unter anderem die Sonnenlitanei, Auszüge aus dem *Amduat* und dem *Pfortenbuch* sowie Opferszenen. Die Ausschmückung der tiefer liegenden Korridore und der Sargkammer hat unter Wassereinbrüchen stark gelitten. In der Sargkammer sind Reste von Szenen aus dem *Höhlenbuch* und dem *Buch der Erde* zu sehen.

Die stilistischen Unterschiede zwischen der Dekoration der ersten drei Korridore und den tiefer gelegenen Bereichen sind auf die beiden Bauabschnitte unter Sethnacht und Ramses III. zurückzuführen. Die dekorativen Neuerungen betreffen hauptsächlich die Thematik in den Seitenkammern des ersten und zweiten Korridors. Dazu gehören Nahrungszubereitung, Opfergaben aus verschiedenen Teilen des Reichs und Bestattungsmaterial.

Das Grab von
Ramses IV.

von Erik Hornung

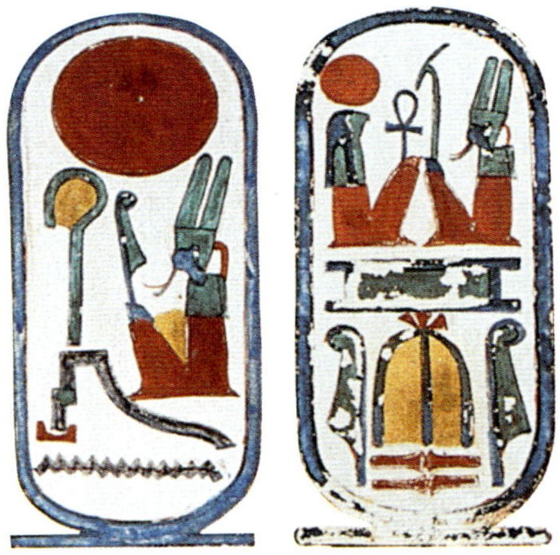

Nach der Ermordung von Ramses III. gelang es seinem Sohn Ramses IV., die vom Harem ausgehende Verschwörung niederzuschlagen und die Schuldigen zu bestrafen. Um die gestörte Ordnung neu zu festigen, bestätigte der neue König durch den großen Papyrus Harris die Schenkungen seines Vaters an die Tempel und ergänzte sie mit eigenen Opferstiftungen. Seine Bautätigkeit konzentrierte sich auf einen Totentempel, der in großen Dimensionen geplant war, aber unvollendet blieb.

Es dauerte ungewöhnlich lange, bis der Platz für das neue Königsgrab festgelegt wurde. Das hängt sicher mit einem völlig neuen Planungskonzept zusammen. Bisher waren die Königsgräber von Regierung zu Regierung immer größer und reicher ausgestattet worden – jeder König suchte seine Vorgänger zu übertreffen. Diese Entwicklung hatte jetzt, in einer Zeit wirtschaftlicher Probleme, ihre Grenze erreicht. Ramses IV. reduziert den Grundriss und die Dekoration, verzichtet auf Pfeiler und Treppen, auf Nebenräume und auf die vielen Darstellungen des Königs vor den Göttern. Dafür erweitert er die verwendeten Maße, so dass dieses Grab viel geräumiger als alle früheren ist – ein Grabpalast mit Korridoren, die über drei Meter breit und über vier Meter hoch sind. Im 19. Jahrhundert diente es daher als »Hotel« für viele Expeditionen, die im Tal der Könige arbeiteten, so vor allem für Champollion und Rosellini (1829), aber auch für Robert Hay, Fürst Pückler, Theodore Davis und viele andere. Von den Besuchern und Bewohnern in der Antike zeugen die vielen griechischen und koptischen Graffiti, die über das ganze Grab verteilt sind. Die Fassade des Grabes ist repräsentativ ausgestaltet, mit der Titulatur des Königs und einer Szene, in der Isis und Nephthys die Sonnenscheibe verehren. In der Scheibe ist der Sonnengott in seiner Morgen- und Nachtgestalt abgebildet – als Skarabäus-Käfer und als widderköpfiger Gott. Die Korridore führen nicht mehr steil in die Tiefe, wie in den früheren Gräbern, sondern verlaufen

240 oben

Der in eine »Kartusche« eingeschlossene Thronname des Königs, Heqamaatre setepenimen, »Herrscher der Maat ist Re, erwählt von Amun«. Links unten der Königstitel »Sohn des Re«.

240 unten

Eine Szene aus der vierten Stunde des Pfortenbuches. Die Zeit erscheint als vielfach gewundene Schlange, aus der die Nachtstunden (als Göttinnen) »geboren« und nach ihrem Ablauf wieder »verschlungen« werden. Die blauen Dreiecke verweisen auf das Wasser in der Unterwelt.

241

Blick durch die Sargkammer mit dem riesigen Sarkophag, der mit Darstellungen der Nachtfahrt des Sonnengottes dekoriert ist. An den Wänden Teile des Pfortenbuches, und an der Decke, Rücken an Rücken, zweimal die Himmelsgöttin Nut mit der roten Sonnenscheibe, die sie am Abend verschluckt und am Morgen neu gebiert.

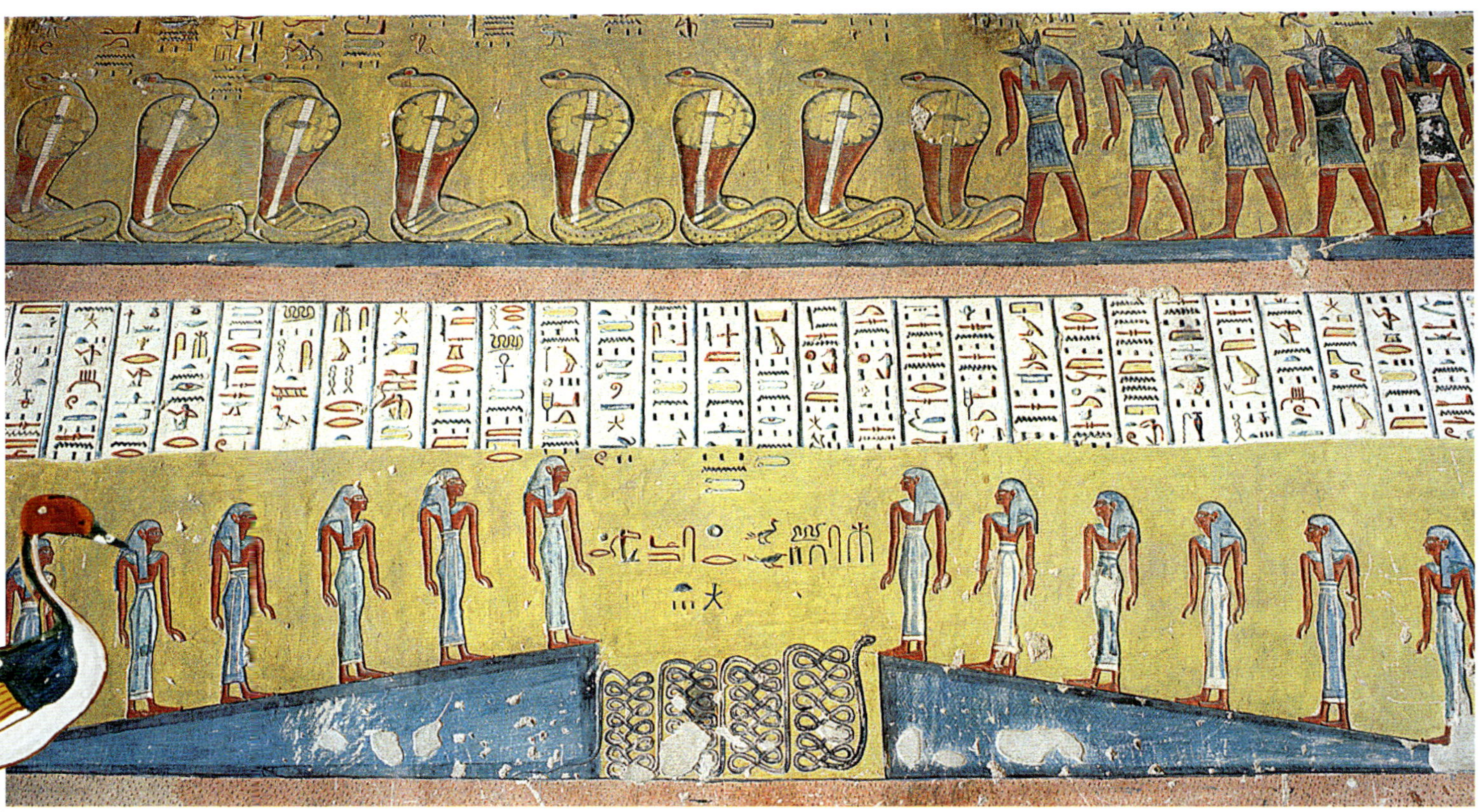

Erklärung		Bildwerke	
A	Eingang	1	Sonnenlitanei
B	Erster Korridor	2	Sonnenlitanei mit Figuren
C	Zweiter Korridor	3	Höhlenbuch
D	Dritter Korridor	4	Totenbuch
E	Schacht	5	Pfortenbuch
J	Sargkammer	6	Beigaben
K	Hintere Kammer	7	Höhlenbuch
KA	Uschebti-Kammer		
KB-C	Seitenräume		
S	Sarkophag		

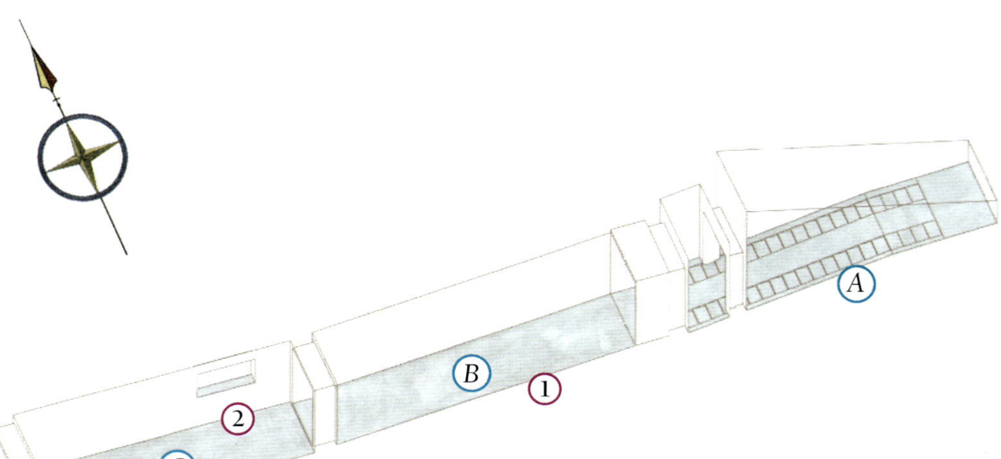

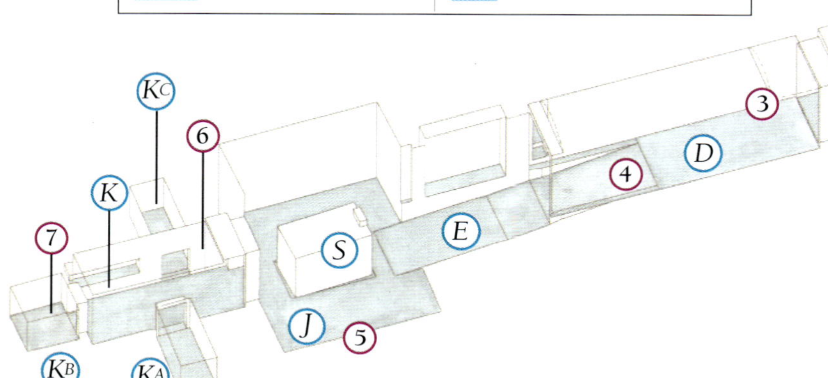

242–243
Das Buch der Nut an der Decke der Sargkammer. Der Gott Schu stützt die Göttin, an deren Mund eine geflügelte Sonnenscheibe erscheint. Die Texte geben eine Beschreibung des Himmels und einen Kalender mit Aufgang und Untergang der Dekan-Sterne.

beinahe horizontal. Immer noch sind die beiden ersten Korridore dem Text und den Figuren der Sonnenlitanei vorbehalten, nach der üblichen Eingangsszene, die den König, mit einer reichen Krone geschmückt, vor dem falkenköpfigen Sonnengott Re-Harachte zeigt. Die große Litanei auf der linken und am Ende der rechten Wand, ist durch den stereotypen Anfang ihrer 75 Zeilen gut zu erkennen. An der Decke breiten schützende Vögel ihre Flügel aus, neben Geiern und Falken auch geflügelte Skarabäen. Der zweite Korridor hat auf beiden Seiten Nischen, die mit Figuren der Sonnenlitanei dekoriert sind; die übrigen Figuren folgen auf den anschließenden Wänden, ein Teil ist auf die Decke gemalt. Darunter stehen weitere Texte aus der Sonnenlitanei, während die bisher hier üblichen Schlusstexte aus dem *Amduat* fehlen.

Im dritten Korridor ist das *Amduat* durch ein jüngeres Unterweltsbuch ersetzt, das *Höhlenbuch* (erster und zweiter Abschnitt). Die vielen Ovale in den Darstellungen symbolisieren Sarkophage, in denen Götter oder selige Verstorbene liegen. Im untersten Register ist die Bestrafung der »Feinde« dargestellt, die gefesselt und zum Teil bereits geköpft sind. Die Decke ist zuerst eben und mit Sternen geschmückt, danach gewölbt, mit einer ausführlichen Königstitulatur in der Mitte. Von der Mitte des Raumes führt eine schräge Rampe bis zur Sargkammer – sie durchschneidet die Vorkammer – die mit Sprüchen aus dem Totenbuch dekoriert ist, vor allem mit dem Spruch 125, der das Totengericht behandelt. In den Texten treten die vielen gelb gemalten Kartuschen mit dem Namen des Königs hervor.

Die Sargkammer wird zu einem großen Teil vom Granit-Sarkophag des Königs ausgefüllt. Auch hier ist Ramses IV. über die bisher üblichen Maße hinausgegangen (Länge 3,55 Meter, Höhe 3,32 Meter). Auf den Wänden erkennt man die zweite, dritte und vierte Nachtstunde aus dem *Pfortenbuch*. In jeder Stunde kniet der König in der Barke vor dem widderköpfigen Sonnengott und opfert ihm eine Figur der Göttin Maat. Der vorherrschende Farbeindruck ist Gelb, trotz des weißen Hintergrundes bei den Texten; damit wird die Sargkammer als »Goldhaus« gekennzeichnet. Die gerade Decke ist völlig neu gestaltet und mit zwei großen Figuren der Himmelsgöttin Nut bemalt. Sie beugt sich über die Erde und wird im linken Teil vom Gott Schu gestützt. Links ist das *Buch der Nut* eingefügt, eine Beschreibung des Himmels und seiner Phänomene, rechts ein Teil des *Buches von der Nacht*, in dem die nächtliche Fahrt des Sonnengottes durch den Leib der Göttin beschrieben wird.

Hinter der Sargkammer folgt ein weiterer Raum, der nicht mehr mit Reliefs, sondern durchwegs mit Malerei ausgeschmückt ist. Die Texte stammen aus dem ersten Abschnitt des *Höhlenbuches*, dazu erscheinen in Nischen Opfergaben und verschiedene Gottheiten in Schreinen.

Von diesem Raum zweigen zwei enge Kammern ab, die zur Aufbewahrung der Uschebti dienten. An den Wänden sind solche Figuren abgebildet. Auch eine hintere, letzte Kammer ist mit Beigaben (Betten, Schreine, Kanopen-Krüge für die Eingeweide) ausgemalt. Über ihrem Eingang verkörpert ein Doppelsphinx die Unterwelt, durch welche die Fahrt der darüber sichtbaren Sonnenbarke geht.

243 oben
Eingangswand der Sargkammer mit einem Ausschnitt aus der zweiten Stunde des Pfortenbuches, der die »Müden« und gefesselte »Feinde« vor dem Gott Atum zeigt.

243 unten
Das Buch von der Nacht an der Decke der Sargkammer, eingerahmt von der Himmelsgöttin Nut, die sich mit Händen und Füßen auf die Erde stützt. Statt der Unterwelt durchfährt der Sonnengott in seiner Barke hier ihren Leib und wird am Morgen neu geboren.

244 links

Granitstatue Ramses' VI. mit dem Kopf eines erschlagenen Libyers. Ägyptisches Museum, Kairo (JE 37173, CG 42152). Neben dem linken Fuß des Königs ein Löwe; Falkenschwingen rahmen seine Krone. Das Bildwerk wurde 1904 in dem Statuenversteck nördlich des siebten Pylons in Karnak entdeckt.

244–245

Blick in die erste Pfeilerhalle. Die Wand über dem Niedergang zeigt eine gegenständige Szene mit Osiris, der in einem Schrein sitzt. Auf den Pfeilern Bilder des Königs beim Opfer, und an der Decke die Göttin Nut als Umrahmung von Szenen aus den Büchern des Tages und der Nacht.

245 unten links

Dieses Ostrakon mit zwei ringenden Soldaten, gefunden 1890 in KV 9, ist im Ägyptischen Museum, Kairo (CG 25132). Der Begleittext zitiert einen der beiden: »Siehe, ich werde dich schwächen und dem Pharao vor die Füße werfen.« Eine ähnliche Szene gibt es unter dem Erscheinungsfenster in Medinet Habu.

Das Grab von Ramses VI.

von Edwin C. Brock

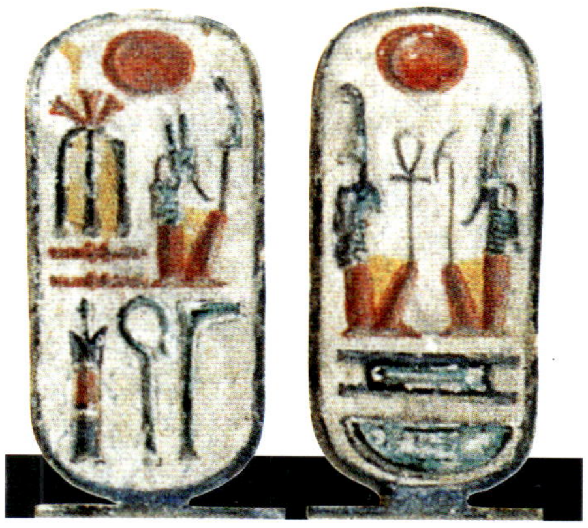

Bei der Anlage von KV 9 am Ende eines langgestreckten hohen Hügels folgte man dem Brauch, für Gräber mit massiven Eingängen eine gut sichtbare Lage im Tal zu wählen. Die Arbeiten wurden unter Ramses V. begonnen; sein Name steht auf den Türpfosten bis Raum E. Bei seinem Tod war das Grab noch lange nicht vollendet und wurde von seinem Nachfolger Ramses VI. übernommen. Wohl im zweiten Jahr seiner Regierung entstand der ehrgeizige Plan zur Vergrößerung der Anlage, wie aus einem Papyrus in Turin (P. Turin 1923, verso) hervorgeht. Die Textfragmente legen die Vermutung nahe, dass der unter Ramses V. begonnene Vortrieb bis zum zweiten Korridor unterhalb der ersten Pfeilerhalle reichte. Im Papyrus Mayer B wird vom Diebstahl von Metallgegenständen und Tuch aus einem Grab zu einem unbestimmten Zeitpunkt berichtet. Das muss vor dem Jahr 9 Ramses' IX. gewesen sein, wie die Inschrift von einer Inspektion in der Sargkammer bezeugt. Die geschändete Mumie Ramses' VI. wurde in KV 35 gefunden. Auf der Suche nach Wertsachen scheinen Grabräuber sie in Stücke gehackt zu haben. Die Steinsarkophage für die Särge des Königs hatte man zerschlagen, um die Steine für andere Zwecke zu nutzen. Die Wanne des Außensarkophags aus rotem Granit mit einem einen Meter dicken Boden war quer auseinander gebrochen und die Seitenteile waren herausgeschlagen. Den mumienförmigen inneren Sarkophag aus grünem Konglomerat scheint man nicht gebraucht zu haben, denn man hat Wanne und Deckel zerschlagen und die Trümmer in die Grube in der Mitte des Raums geworfen. Als dann auch noch das Fußteil der Wanne des Außensarkophags in die Grube rutschte, brach man die Arbeiten ab.

Das Grab war seit dem Altertum zugänglich und wurde in griechisch-römischer Zeit häufig besucht. Damals hieß es Grab des Memnon, wie die zahlreichen Graffiti in Griechisch und einige in Latein bezeugen. Diese Deutung mag auf die Ähnlichkeit der ersten Kartuschen Ramses' VI. mit denen Amenophis' III. zurückgehen, für den die berühmten Memnonskolosse errichtet worden waren. Die vielen koptischen Graffiti, die man hier ebenfalls gefunden hat, kennzeichnen das Grab als Zufluchtsort für Einsiedlermönche in frühchristlicher Zeit. Forscher des 18. Jahrhunderts berichteten über das Grab, und die Wissenschaftler der napoleonischen Expedition nannten es »La Tombe de la Méthempsychose«, was zweifellos auf die Darstellung des Jüngsten Gerichts des Osiris aus dem *Pfortenbuch* im dritten Korridor (D) zurückgeht. 1888 legte Daressy das Grab

245 unten rechts
Detail eines Kalkstein-Ostrakons aus KV 9, heute im Ägyptischen Museum, Kairo (CG 25144). Zwar enthält KV 9 keine Darstellung des Königs mit diesem Kopfschmuck, aber ein vergleichbares Relief findet sich im Grab Ramses' III.

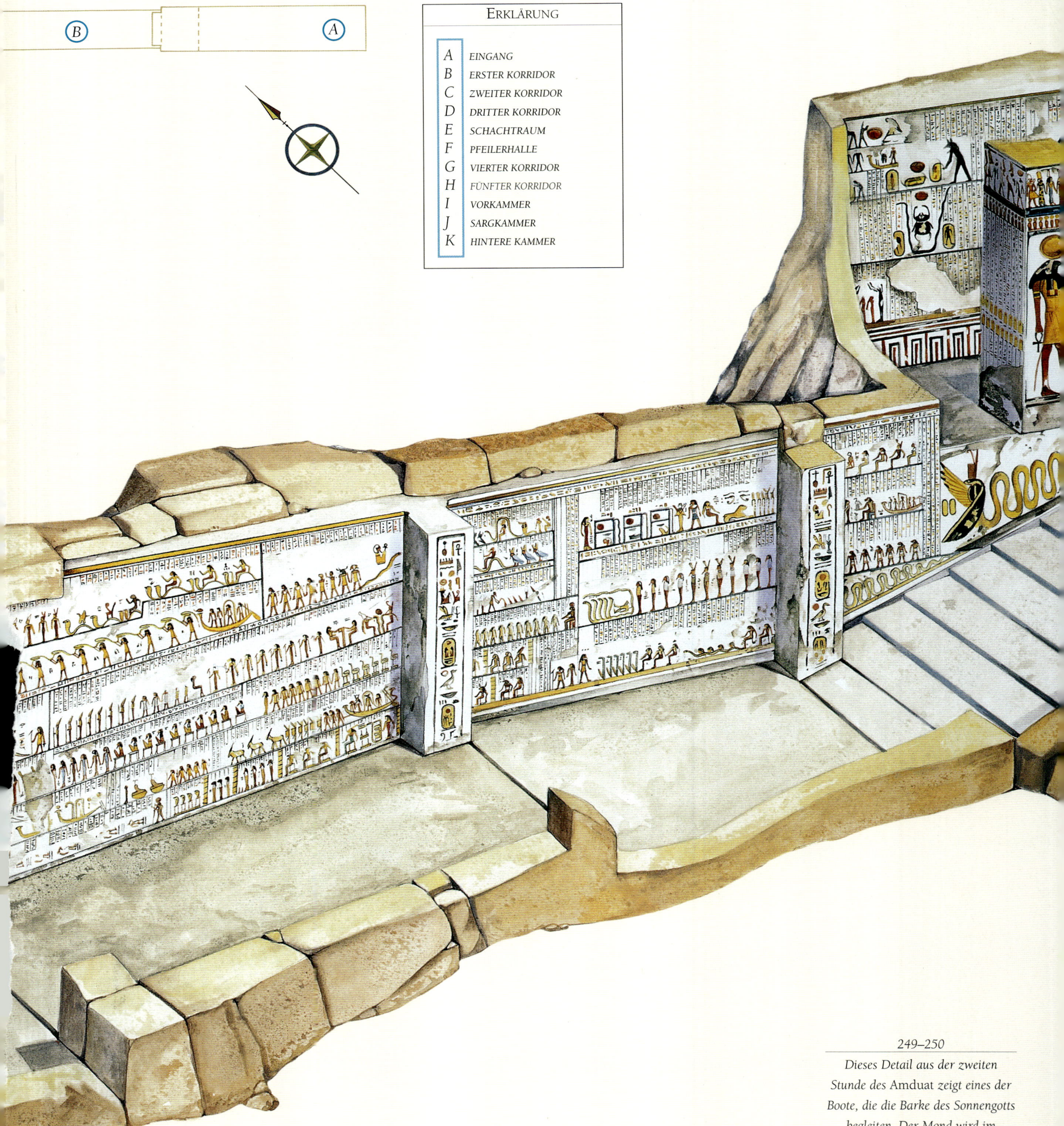

ERKLÄRUNG

- A EINGANG
- B ERSTER KORRIDOR
- C ZWEITER KORRIDOR
- D DRITTER KORRIDOR
- E SCHACHTRAUM
- F PFEILERHALLE
- G VIERTER KORRIDOR
- H FÜNFTER KORRIDOR
- I VORKAMMER
- J SARGKAMMER
- K HINTERE KAMMER

249–250
Dieses Detail aus der zweiten Stunde des Amduat zeigt eines der Boote, die die Barke des Sonnengotts begleiten. Der Mond wird im Zentrum von einem Stützpfeiler gehalten. Die kniende Göttin mit der Feder wird als »diejenige, die Maat unterstützt«, bezeichnet.

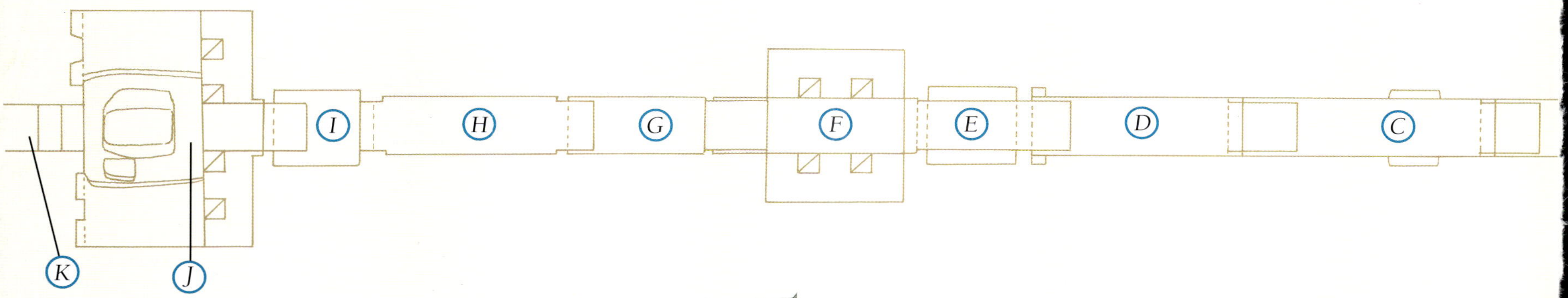

Die vielen Kompositionen in KV 9 aus Texten und Bildern, denen man in anderen Gräbern nur ausnahmsweise begegnet, beschreiben die symbolische Verbindung des Königs mit dem Sonnengott und ermöglichen ihm die Wiedergeburt, wie es auch bei Osiris der Fall war. Die von Isis und Nephthys angebetete Sonnenscheibe über dem ersten Tor steht am Anfang der Reise der Sonne in die Unterwelt, in der Osiris regiert. Das *Pfortenbuch* und das *Höhlenbuch* an den Wänden der ersten fünf Räume des Grabs (B–F) stellen diese nächtliche Reise in zwei Versionen dar. Sie beginnt an der Ostseite mit dem Eintritt der Sonne in die Unterwelt und endet an der Westseite mit dem Aufgang der wiederbelebten Sonne in der Morgendämmerung. Die Decken der Räume D, E und F zeigen die Reise der Sonne durch das Himmelsgewölbe. Das *Buch des Tages* beginnt im Osten mit dem Sonnenaufgang und endet im Westen, wo die Himmelsgöttin Nut die Sonne verschlingt. Das *Buch der Nacht* beschreibt die Bahn der Sonne durch den Körper Nuts bis zur Wiedergeburt im Osten bei Morgengrauen. Das Thema der Sonnenreise durch die Unterwelt wird mit dem *Amduat* an den Wänden von G und H erneut aufgenommen, desgleichen die Reise am Firmament an den Decken der hinteren Räume. Das *Buch der Erde* an den Wänden der Sargkammer (J) und die *Bücher des Tages und der Nacht* am Deckengewölbe verwandeln die Sargkammer in eine symbolische Stätte der Auferstehung und des Schutzes der sterblichen Hülle des Königs.

246
Göttin Nut als »die Geheimnisvolle« an der Südwand der Sargkammer. In den Händen hält sie die Sonnenscheibe und die widderköpfige Seele Res, die von menschenköpfigen Kobras angebetet werden. Neben den Beinen der Göttin weitere Schutzreptilien in Gestalt von Schlange und Krokodil.

251
Die Darstellung auf der Südseite des südwestlichen Pfeilers in der ersten Pfeilerhalle zeigt Ramses VI. beim Opfer von Wein und Wasser. Auf der Westseite des Pfeilers ist als Empfänger dieser Opfergaben Ptah-Sokar zu sehen, die Gottheit der Nekropole von Memphis.

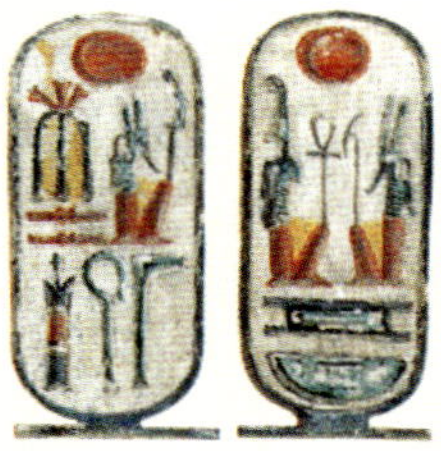

fast vollständig frei. Nur die Grube im Sargkammerboden wurde erst hundert Jahre später, nämlich 1985, durch Brock ausgehoben. Dabei entdeckte man Fragmente von Bestattungsmaterial wie Uschebti und die Trümmer der Sarkophage.

Der Plan des Grabs folgt den in der Neunzehnten Dynastie geltenden Richtlinien, auch wenn die Schachtanlage in Raum D fehlt und an der rechten Seite der ersten Pfeilerhalle (F) kein Nebenraum abzweigt. Auch fehlen die Nebenräume der Sargkammer, deren Ausbau jedoch nicht vollendet wurde. Der im Freien liegende Eingang besitzt keine Stufen mit dazwischen liegender Rampe, sondern führt in leichtem Gefälle zum ersten Tor und Korridor (B) hinab. Die oberen drei Korridore sind nur geringfügig abschüssig. Am Anfang des zweiten Korridors (C) befinden sich in den Wänden unter der Decke zwei rechteckige horizontale Nischen und am Ende des dritten Korridors (D) ein Paar vertikaler Vertiefungen dicht über dem Boden. Beim Bearbeiten der Decke des zweiten unteren Korridors (H) hinter der ersten Pfeilerhalle (F) brachen die Arbeiter versehentlich durch den Boden eines der hinteren Räume von KV 12, dessen Datierung und Besitzer unbekannt sind. Infolge dieser Kollision wurden Decke und Boden von H tiefer gelegt, um unter KV 12 durchstoßen zu können. Wie bereits erwähnt, ist die Sargkammer nicht fertig gebaut worden, und von den vier Pfeilern an der Ostseite sind nur zwei vollständig aus dem gewachsenen Fels herausgeschlagen. Die an der Westseite vorgesehenen vier Pfeiler bestehen nur aus Wandzügen, und der auf der Grabachse liegende kurze Stollen (K) zeigt, wo die Rückwand der Sargkammer hätte liegen sollen. Die beiden breiten Plattformen an der Nord- und Südseite des Bodens würde man wahrscheinlich bis

252 oben

Die Figuren auf diesem Ausschnitt vom oberen Teil eines der Pfeiler in der ersten Halle sind Teil des ausführlich wiedergegebenen Vornamens Ramses' VI. Die vorderen beiden Figuren stellen Re und Amun dar, die Königsfigur mit der Keule repräsentiert das Wort neb (»Herr«).

252 Mitte

Dieser Blick in den ersten Korridor zeigt den König beim Rauchopfer vor Re und Osiris. Es folgt die Eröffnungsszene aus dem Höhlenbuch. Die Reliefs im vorderen Bereich des Korridors haben unter Witterungseinflüssen und menschlichen Eingriffen stark gelitten.

252 unten

Die fünfte Abteilung des Höhlenbuchs ist geprägt von zwei großen Figuren der Göttin Nut (rechts) und Osiris (links). Nut hält die Sonnenscheibe und eine widderköpfige Männerstatue. Das untere Register behandelt die Bestrafung der Verdammten.

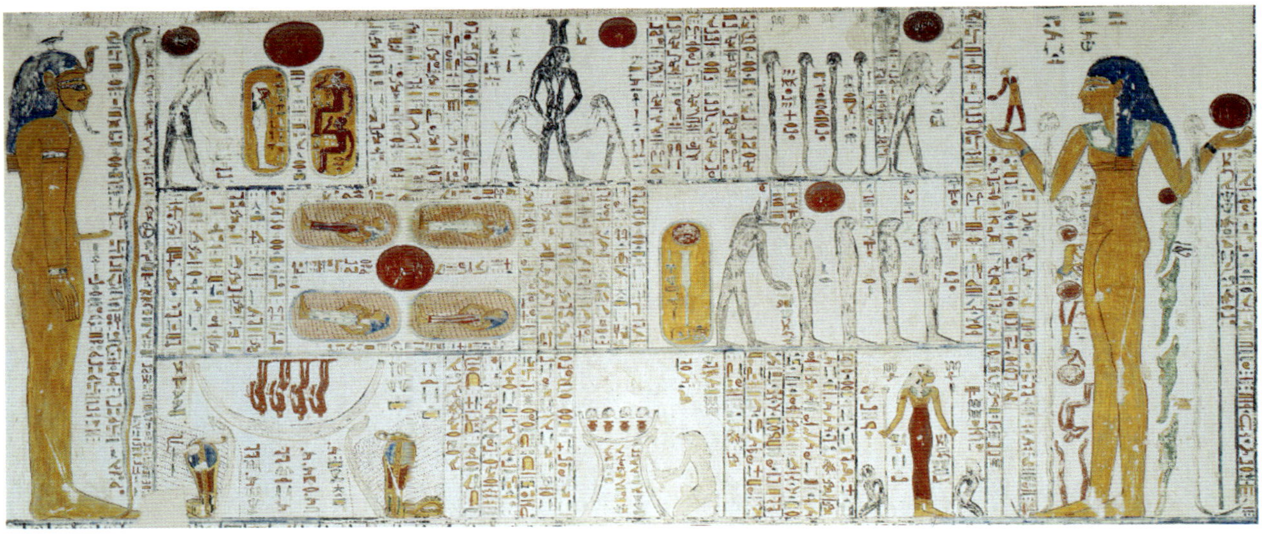

252–253

Die Decke der ersten Pfeilerhalle (F) wird von der Gestalt Nuts dominiert, die das Buch des Tages und der Nacht einschließt. Diese zwei Werke beschreiben die Reise des Sonnengotts bei Tag und Nacht über und durch die Göttin des Himmels. Astronomische Darstellungen umrahmen die zentrale Szene.

an die Seitenwände herausgeschlagen haben, so dass nach der Vollendung vermutlich nur zwei schmale Podestabsätze zurückgeblieben wären. Ungewöhnlich ist die in der Mitte der Sargkammer in den Boden geschlagene Grube. Anscheinend wurde sie zuerst als schmale rechteckige Vertiefung mit senkrechten Wänden angelegt. Dann hat man die Grube oben schräg erweitert, um Platz für den Boden des Sarkophags zu schaffen. Im Gegensatz zu manchen Erklärungen, die sich auf die Verhältnisse im Grab Ramses' VII (KV 1) berufen, wurde die Sarkophagwanne nicht umgekehrt über die Grube gelegt, um deren Deckel zu bilden, sondern der Sarkophag stand mit der Öffnung nach oben darüber, um den Mumiensarg des Pharaos aufzunehmen. Größere Mengen einer harzigen Flüssigkeit – Rückstände rituellen Salböls – wurden über den anthropoiden Sarg gegossen, flossen außen über Deckel und Wanne und sammelten sich auf dem Boden des Granitaußensarkophags. Hätte die Sarkophagwanne umgekehrt über der Grube gelegen, wäre dies nicht möglich gewesen, und am Boden der Grube wurden auch keine Spuren einer harzigen Substanz gefunden.

Das Dekorationsprogramm dieses Grabes ist eines der vielseitigsten im Tal der Könige. Hier findet man die traditionelle Bestattungsthematik der Königsgräber des Neuen Reichs wie das *Amduat*, das *Pfortenbuch*, das *Höhlenbuch*, das *Buch des Tages*, das *Buch der Nacht* und das *Buch der Erde* sehr viel ausführlicher dargestellt als anderswo. Hingegen fehlt die Sonnenlitanei, die seit Sethos I. fester Bestandteil des Schmucks der Ramessidengräber war. Andererseits enthält dieses Grab mehrere neuartige Kompositionen, insbesondere an den Decken. Ob es im ebenfalls geräumigen Grab Ramses' III. Vorläufer dafür gegeben haben könnte, lässt sich wegen der starken Beschädigungen an den Decken der unteren Bereiche nicht mehr feststellen.

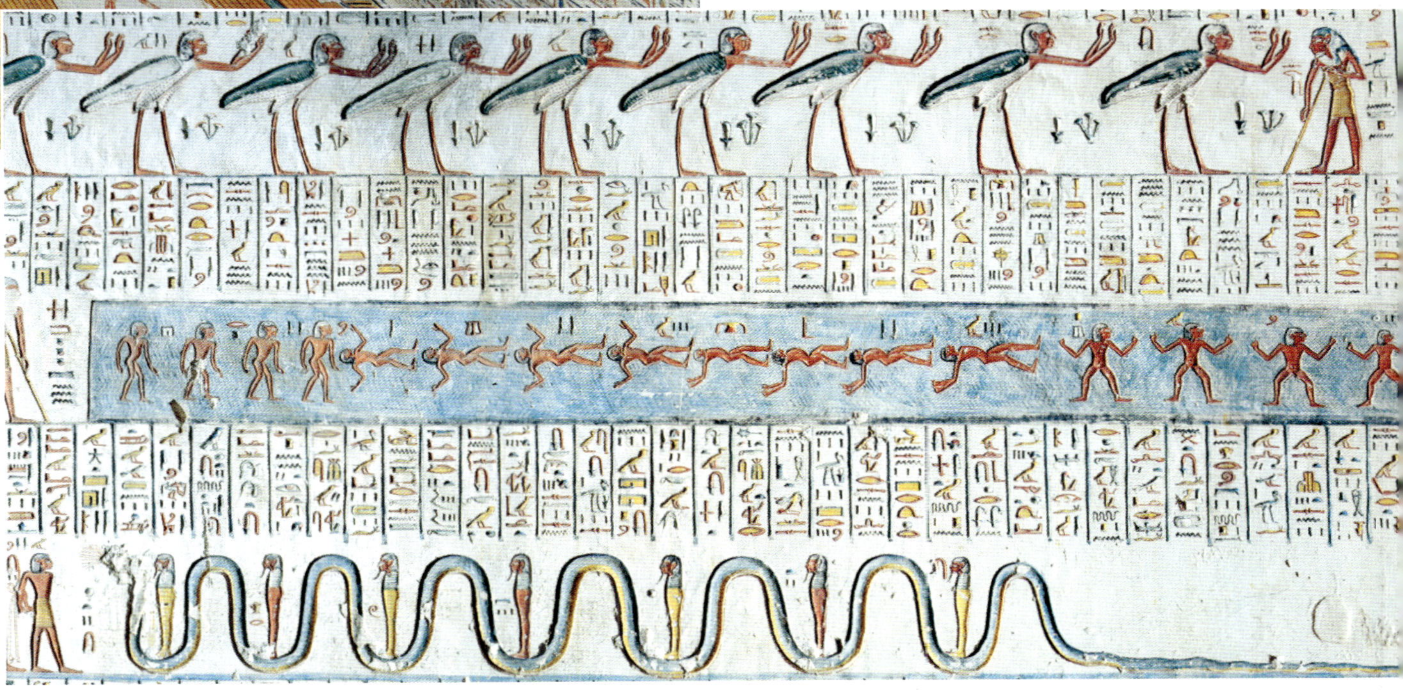

253 unten

Drei Register aus der neunten Abteilung des Pfortenbuchs. Die Vögel mit Menschenköpfen in der oberen Reihe sind die Seelen auf der Insel des Feuers. Im mittleren Register treiben die Leichen der Ertrunkenen. Unten speit eine große Schlange Feuer auf die Feinde Osiris'.

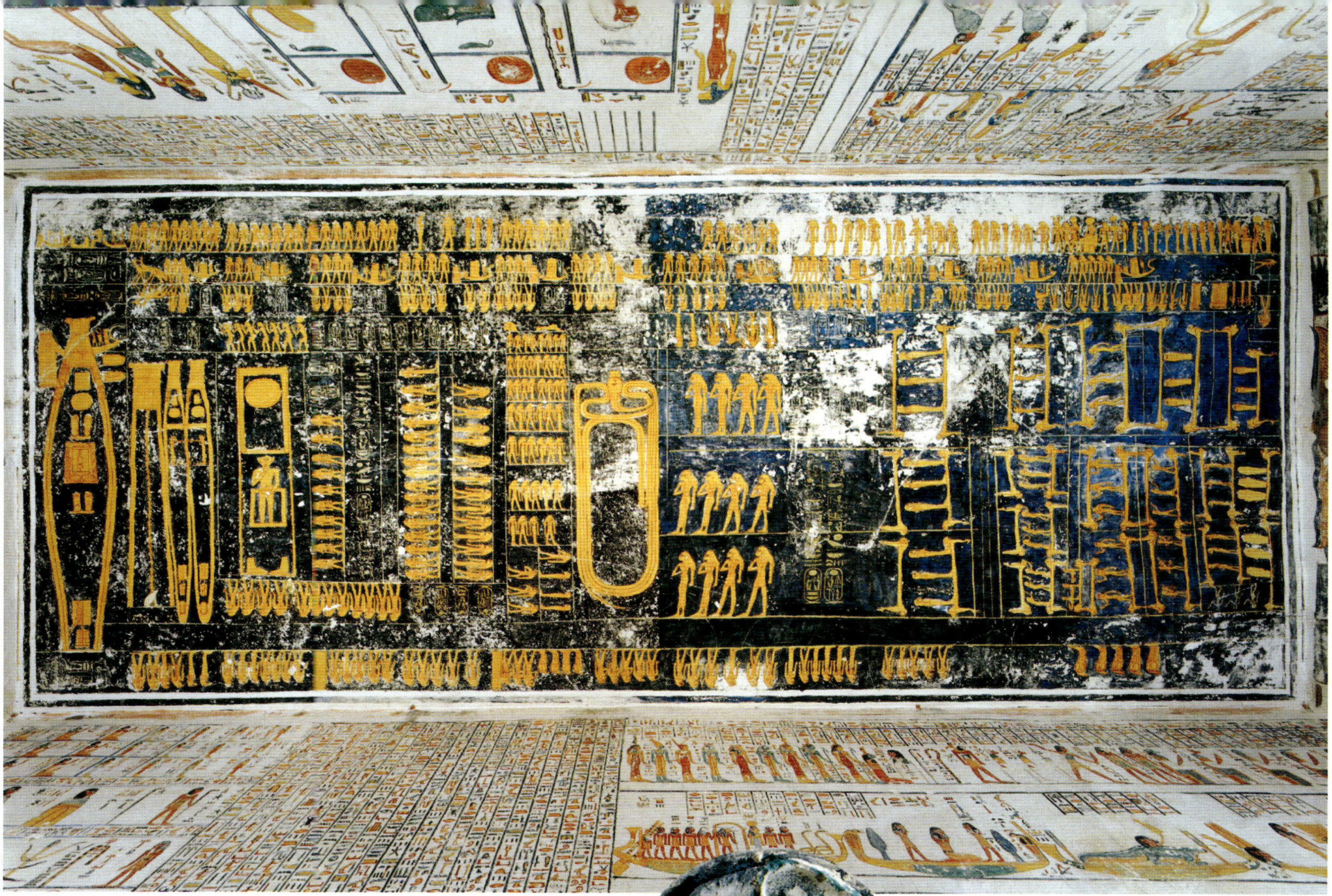

Die Ausschmückung des ersten Korridors beginnt mit einem Opfer des Königs an Re-Harachte, gefolgt von Osiris, das an beiden Wänden dargestellt ist. Statt der üblichen Sonnenlitanei schließt sich auf der Südwand die Eröffnungsszene aus dem *Pfortenbuch* an und auf der Nordseite die aus dem *Höhlenbuch*. An der Decke des ersten Korridors finden sich astronomische Figuren wie an der »astronomischen Decke« der Sargkammer Sethos' I. Die Bilder mit Himmelskonstellationen werden an der Decke des zweiten Korridors fortgesetzt, desgleichen an den Wänden die Szenen aus dem *Pfortenbuch* und dem *Höhlenbuch*. Sie erstrecken sich über die Wände des dritten Korridors (D) bis in die Räume E und F hinein.

Fresken aus dem *Buch des Tages* und dem *Buch der Nacht*, eingerahmt und zusammengehalten von einer verlängerten Figur der Himmelsgöttin Nut, schmücken die Decken der Korridore und der Räume D, E, F. Die beiden Bücher liegen Seite an Seite, das des Tages in der Nordhälfte, das der Nacht in der Südhälfte. Die szenische Abfolge der einzelnen Stunden ist so arrangiert, dass das *Buch des Tages* am Ostende beginnt und am Westende abschließt, also der Sonnenbahn folgt. Dementsprechend beginnt das *Buch der Nacht* im Westen und endet im Osten, wo es mit dem Sonnenaufgang am östlichen Horizont zusammenfällt. Zusätzliche Darstellungen verschiedener Konstellationen sowie astronomischer Uhren zieren die Decken in Raum F. An den Säulen dieses Raums sieht man den König, wie er verschiedenen Göttern opfert, und in der Mitte der Rückwand befindet sich ein Pendant mit dem König vor Osiris.

An den Seiten des mittleren Niedergangs winden sich zwei großformatige, geflügelte Kobras – Repräsentationen der Göttinnen Ober- und Unterägyptens – in die Tiefe. Die Wände der beiden Korridore dahinter (G, H) sind mit dem *Amduat* verziert, wobei es an der Nordwand zu einer Zusammendrängung und Vertauschung der Register aus der zweiten Texthälfte des Buches gekommen ist. An der Decke von Korridor G finden sich Darstellungen der Tag- und Nachtbarken des Sonnengotts in unterschiedlicher Perspektive, dazu separate Bilder des Sonnengotts und seiner Begleitung, darunter die ihn schützende große zusammengeringelte Schlange Mehen. Diese Figuren hinterlassen den Eindruck, als stammten sie aus einem Vorlagenwerk für die Gestaltung der Barken des Sonnengotts. Die übrige Deckenfläche ist mit Figuren auf löwenförmigen Betten bemalt, ähnlich den Szenen im *Buch der Nacht*, zusam-

254 oben

Figuren von der Himmelsbahn des Sonnengottes schmücken die Decke von Korridor G. In der linken Hälfte sind verschiedene Aspekte der Sonnenbarke zu sehen. In der Mitte die Schlange, die den Sonnengott umgibt. Die Gestalten auf Betten rechts stammen aus dem Buch der Nacht.

254–255 unten

Diese beiden Figuren aus dem oberen Register der zweiten Stunde des Amduat *repräsentieren die Götter Thot und Chnum, jeweils mit einem langen Messer. Sie gehören zu einem Richterkollegium in der Unterwelt, das im Auftrag des Sonnengotts Recht spricht.*

255 oben

Diese zwei Ausschnitte aus der siebten Stunde des Amduat *zeigen drei menschenköpfige Vögel mit der Doppelkrone des vereinigten Ägypten und Osiris, der von der Schlange Mehen beschützt wird. Diese Stunde schildert die Vernichtung der Feinde des Osiris und die Niederlage des Apophis, Widersacher des Sonnengotts.*

256 unten
Die Nordwand der Sargkammer ist mit einer Komposition in vier Registern dekoriert, die Ägyptologen das Buch der Erde *oder* Buch des Aker *nennen. Unten knien gefesselte geköpfte Feinde. Am rechten Rand der Wand ist unbehauener Fels zu sehen.*

256–257
Hier kann man die komplexe Wandbemalung der Sargkammer nach Südwesten erkennen. Hätte man das Grab vollendet, würden die beiden Wandzüge rechts als rechteckige Pfeiler frei im Raum stehen. In der Mitte vorn sind Reste des Außensarkophags aus rotem Granit zu sehen.

men mit Götterprozessionen aus dem *Buch des Tages* und dem *Buch der Nacht*.
Die kryptischen Deckenmalereien in Korridor H findet man im Grab nur an dieser Stelle. Die langen flachen Bereiche der Decke sind mit drei Figurenreihen in Gelb auf dunkelblauem Fond bemalt. Am Ostende der mittleren Reihe schließt sich an eine große Sonnenscheibe mit Widderkopf und Skarabäus eine eigenartige Barke an, vergleichbar mit der des Sonnengotts, aber statt der Widderköpfe mit Menschenköpfen und Armen an Bug und Heck. Auf sieben Götter mit Scheiben statt Köpfen folgen zwei Götterpaare, getrennt durch eine mit einem Menschenkopf bekrönte Scheibe. Zu beiden Seiten der mittleren Figurenreihe kauern Gestalten mit Scheiben statt Köpfen in der einen Reihe und solche mit sternenbekrönten Menschenköpfen in der anderen – vermutlich Personifikationen der Tag- und Nachtstunden. Am Ostende schließen die beiden flankierenden Reihen mit einem Bildfeld ab, das in jeder Ecke einen Stierkopf mit der Sonnenscheibe zwischen den Hörnern zeigt und zwei Göttinnen in der Mitte mit einander zugewandtem Rücken. Hinter jedem dieser beiden Bildfelder befindet sich eine Art Hügel, in dem eine seltsame mumienförmige Gestalt steht. Die Deckenschräge am Westende des Korridors zeigt den Mond als Scheibe und Sichel, flankiert von vier sich verneigenden Göttern und Bildern von Herzen. Unterhalb dieses Registers steht der Sonnengott mit zwei Widderköpfen auf einer Barke mit Menschenköpfen und Armen an Bug und Heck. Die Darstellung wird flankiert von Götterpaaren, die sich über eine dahingestreckte Göt-

257 unten links
Auf diesem Bildausschnitt von der ersten Säule an der Ostseite der Grabkammer opfert Ramses VI. Amun-Re eine Statuette der Maat. Aus bisher unbekannten Gründen erscheint Amun nur selten in den Wanddekorationen dieses Königsgrabs.

257 unten rechts
Detail des zweiten Registers aus dem Buch der Erde an der Nordwand. Der Sonnengott steht als widderköpfiger Mensch in seiner Barke. Vor ihm die Seele Res als menschenköpfiger Vogel. Die Figur links zeigt Chepri als Mensch mit einem Skarabäus als Kopf.

tin beugen, und darüber befindet sich eine mit einem Kopf bekrönte Scheibe. Am Ende des Korridors, über dem Eingang zu Raum I, ist eine Sonnenscheibe zu sehen, aus der vier Schlangen ragen, die Feuer auf Figuren von Feinden speien. Die kleineren Scheiben mit Krokodilskopf über dieser Szene beziehungsweise mit Schlangenkopf darunter erinnern an die Begleitfiguren der Sonnenscheibe am Anfang der Sonnenlitanei. Zwei große Götterfiguren mit Scheiben statt Köpfen und Schlangen statt Füßen flankieren das Zentralmotiv. An dieser Stelle sind die Arbeiter in KV 12 durchgebrochen, und man deutet das Bild als schützendes Amulett, um böse Mächte am Eindringen zu hindern, nachdem der Durchstich wieder verschlossen worden war. Der südliche Teil des

258 oben

Detail des oberen Registers vom Buch der Erde an der Südwand der Sargkammer. Die Sonnenscheibe ist umrahmt von zwei Paar Armen und flankiert von Göttinnen. Sie halten Scheiben und Sterne, Symbole für die Stunden des Tages und der Nacht.

258–259

Auch diese Szene aus dem Buch der Erde befindet sich an der Südwand der Sargkammer. Sich wiederholendes Thema dieser Komposition ist die Bestrafung und Auslöschung der als gefesselte rote Figuren dargestellten Feinde des Sonnengotts und des Osiris.

258 unten

Ein weiteres Detail aus dem Buch der Erde an der Südwand der Sargkammer. Zwei Götter erheben die Seele Osiris' in Gestalt eines menschenköpfigen Vogels mit der Krone Oberägyptens.

259 unten

Zwei Kobras, der Verschlinger und der Feurige, flankieren die große Sonnenscheibe mit dem Kopf einer Göttin. Zwei Götter, Atum und »der Niederwerfer«, halten eine Schlange, die unter dem Kopf der Göttin durchkriecht.

259 oben
Auf diesem Detail aus dem Buch der Erde an der Südwand der Sargkammer tritt der Sonnengott als widderköpfiger Mensch auf. Die vier mumienförmigen Gestalten unter den gelben Hügeln repräsentieren die Leichen von Osiris, Geb, »dem Einen im Sarg« und Schu.

Freskos ist zerstört; Eindringlinge hatten die zugemauerte Öffnung wieder aufgebrochen.
Kammer I ist mit Szenen und Texten aus dem *Totenbuch* dekoriert, die dem König Lauterkeit der Seele verleihen und die Befähigung, das Reich des Osiris zu betreten. Die Texte der Sprüche 124 und 125 sowie das »Negative Sündenbekenntnis« aus dem Totengericht stehen an den Wänden der Südhälfte der Kammer. Begleitet werden sie von Bildnissen des Königs und eines Gottes, der die magischen Kräfte symbolisiert. An der Nordwand steht der König ehrerbietig vor zwei Feuerstellen, umgeben von vier Pavianen. Spruch 125 aus dem *Totenbuch* begleitet die Szene. An der gleichen Wand sieht man ihn noch einmal bei der Anbetung der Göttin Maat als Personifikation der göttlichen Ordnung. Die übrige Wandfläche enthält Texte aus den Sprüchen 129 und 127 des *Toten-*

261 oben
Diese große Mumienfigur ist noch nicht identifiziert. Die kleineren daneben zeigen Nun, Chepri, Tefnut und Schu. Nun personifiziert die Urgewässer der Schöpfung, Schu und Tefnut sind die beiden ersten Geschöpfe, und Chepri ist der aufsteigende Sonnengott.

260 oben
Detail aus dem Buch der Erde an der Nordwand der Sargkammer. Ein kniender Gott namens Iay »der Verehrer« verbeugt sich zwischen den beiden Kobras »die Brennende« und »die Feurige«. Links davon die mumienförmige Gestalt Waway, die ebenfalls in Beziehung zu Feuer steht.

260 unten
Diese Löwenfigur stellt Aker dar, Personifikation der Erde und Wächter am Eingang zur Unterwelt. Rechts davon die Kobras mit Menschenköpfen und Armen, die den Sonnengott bei Tagesanbruch aus Aker herausziehen.

buchs, die es dem Verstorbenen ermöglichen, sich dem Sonnengott auf seiner Barke anzuschließen und sich an die Götter zu wenden, die den Eingang zur Unterwelt bewachen. Der Eingang zur Sargkammer ist von Figuren des Königs flankiert, und die Gebetstexte darüber erlauben es ihm, durch die Tore der Unterwelt zu schreiten. Die Deckendekoration dieser Kammer ist zweigeteilt. Die Osthälfte zeigt den König zweimal in der Tag- und Nachtbarke in Anwesenheit des Sonnengotts unter der geflügelten Sonnenscheibe. Thema der Westhälfte ist die Auferstehung des Osiris. Der Gott liegt auf einem Bett in seinem Sarkophag und hat den Kopf angehoben, um das Lebenszeichen von seinem Sohn Horus zu empfangen.

Die Sargkammer enthält komplexe Wandszenarien, die von einigen Wissenschaftlern unter der Bezeichnung *Buch der Erde* oder *Buch des Aker* zusammengefasst wurden. Wie die Bildfolge in der Antike hieß, wissen wir nicht, und es ist auch gar nicht sicher, ob Bilder und Texte eine Einheit bilden oder nicht. Eine logische Sequenz der Texte und Bilder ist nicht zu erkennen. Einige Bilder erscheinen auch in anderen Kompositionen in diesem Grab, manche hat man in älteren Gräbern gefunden und andere in jüngeren. Nord- und Südwand sind in jeweils vier Hauptregister unterteilt. An der Nordwand wird die Sonnenbarke von dem doppelköpfigen, sphingenähnlichen Bildnis Akers begleitet, dem sogenannten Gott der Erde, unter dem man vielleicht die Personifikation der Unterwelt verstehen sollte oder möglicherweise einen Wächter auf dem Weg dorthin. Die Sonnenstrahlen erwecken verschiedene Figuren unter Hügeln und mumienförmige Schutzgötter zum Leben. An der Südwand erscheint die Sonne sowohl als widderköpfige Männergestalt als auch als große Scheibe, aus der häufig Figuren hervortreten. Man sieht Osirisbilder und weitere Götter unter Hügeln. Wiederholt wird die Vernichtung von Feinden gezeigt. Ähnliche Darstellungen der Schlussszene mit dem Sonnenaufgang aus dem *Pfortenbuch* schmücken die Rückwand zu beiden Seiten des kurzen Stollens in der Wandmitte. Am Deckengewölbe befindet sich das Doppelbildnis der Nut als Rahmung der Szenen aus den Büchern des Tags und der Nacht.

262

Vergrößerte Darstellung des Kopfes der Nut am Ende des Buchs der Nacht *im Deckengewölbe der Sargkammer. Die Göttin schickt sich an, bei Einbruch der Dunkelheit die Sonnenscheibe zu verschlucken, damit der Sonnengott die Nachtreise durch ihren Körper antreten kann.*

263–265

Das Deckengewölbe der Sargkammer ist mit zwei Kompositionen dekoriert, welche die Reise des Sonnengotts über den Himmel von Tag und Nacht schildern. Die rahmende Doppelfigur der Nut auf der Gewölbeachse teilt die Darstellung ins Buch der Nacht *(oben) und ins* Buch des Tages *(unten).*

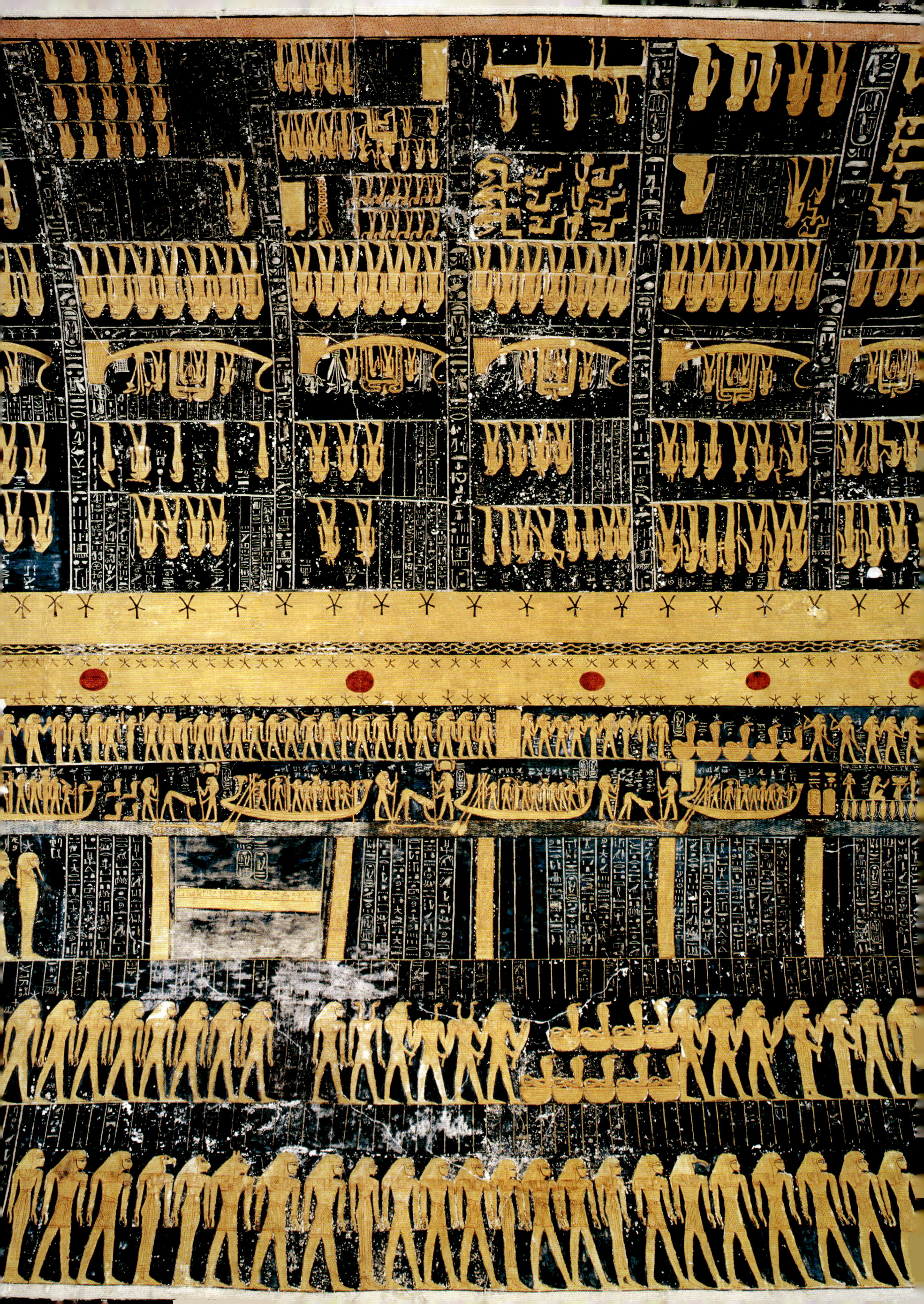

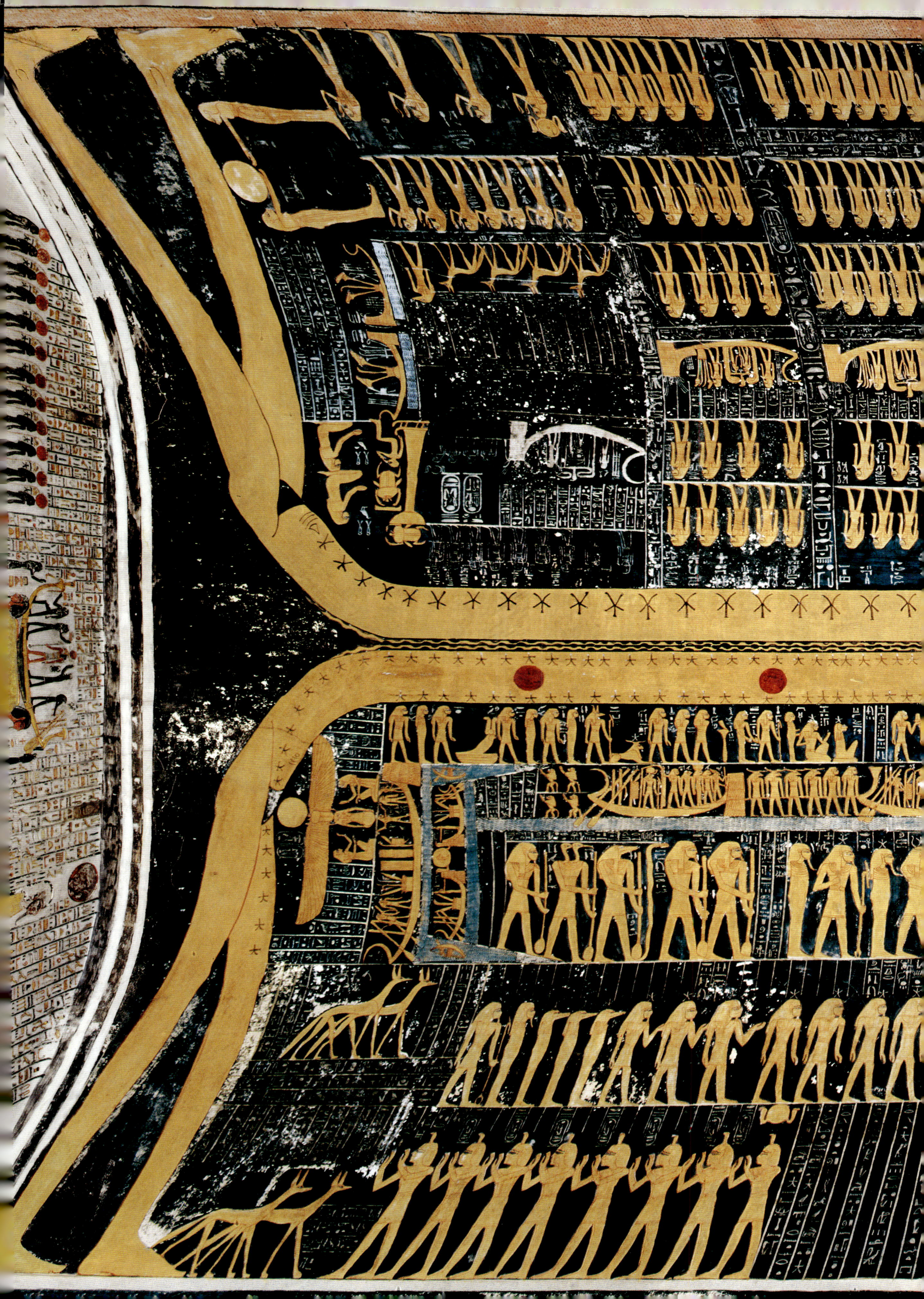

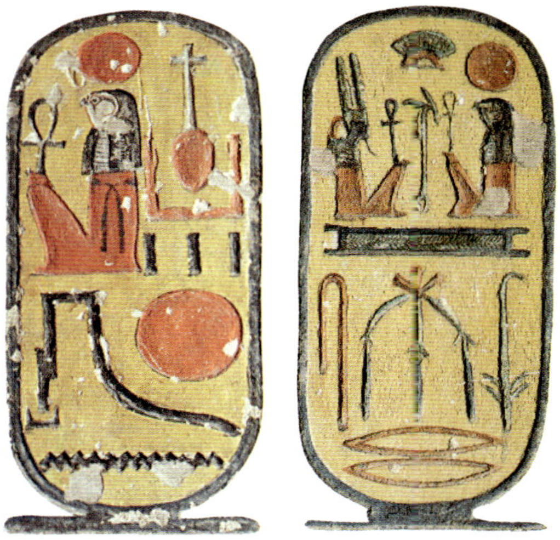

Das Grab von Ramses IX.

von Edwin C. Brock

266 unten links
Szene an der Nordwand des dritten Korridors. Der König mit Stab schreitet ins Grab voran. Trotz der aufwändigen Bekleidung erinnert die Gestalt an die lebensgroße Holzplastik des Königs, die Henry Salt in diesem Grab gefunden hat und die sich heute im Britischen Museum befindet.

266–267
Dieses Detail von der Südwand des zweiten Korridors mit Auszügen aus dem Höhlenbuch zeigt einen Teil des vierten Abschnitts mit der Gestalt des Sonnengotts in widderköpfiger Menschengestalt in der Mitte. Die Figur des Königs beim Darbringen eines Trankopfers ist ein ungewöhnlicher Zusatz.

Das Grab Ramses' IX. mit seinem beeindruckenden Eingang am Fuß des Berges links von der Talmitte stand während der Antike offen, nachdem man die Königsmumie nach DB 320 umgebettet hatte. Es wurde von der napoleonischen Expedition registriert und im 19. Jahrhundert von Salt, Champollion und Lepsius untersucht. Die vollständige Freilegung erfolgte 1888 durch Daressy, der darin zahlreiche Ostraka und eine Holzplastik des Königs fand.

In zumindest zwei Bereichen erscheint die Architektur von KV 6 beeinflusst von KV 11, dem Grab Ramses' III. Am Ende der Eingangspassage hatte man damit begonnen, zwei Pilasterpaare aus dem Fels zu schlagen, von denen aber nur die unteren Partien teilweise herausgearbeitet sind. Auch die Nebenräume hinter der Nord- und Südwand des ersten Korridors erinnern, obwohl sie nicht dekoriert sind, an die Situation in KV 11. Die Annahme, der Ausbau des ersten Nebenraums hinter der Südwand sei abgebrochen worden, weil darunter die Grabkammer von KV 55 lag, ist indiskutabel, weil an dieser Stelle wenigstens fünf Meter Fels die beiden Gräber trennen. Fußboden und Decke der Passagen hinter dem ersten Korridor sind bis zur ersten Pfeilerhalle nahezu eben. Auch die-

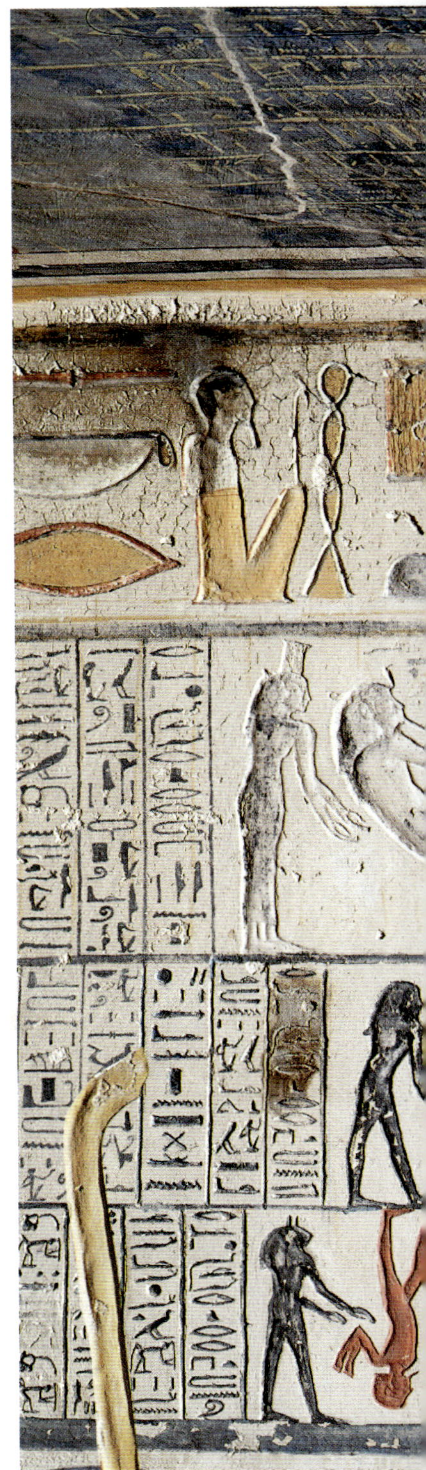

Erklärung		Bildwerke			
A	EINGANG	1	König und Götter, Litanei des Re, Mundöffnung	4	Mundöffnung
B	ERSTER KORRIDOR	2	Höhlenbuch, König mit Göttern, Totenbuch Amduat; an der Decke Sonnenbarken und Buch der Nacht	5	Buch der Erde, Auferstehung des Osiris und Sonnenbarken; an der Decke Buch des Tags und Buch der Nacht mit Göttin Nut
Ba-Bd	NEBENRÄUME	3	Amduat, König und Götter, »rätselhafte Komposition«		
C	ZWEITER KORRIDOR				
D	DRITTER KORRIDOR				
E	SCHACHTKAMMER				
F	PFEILERHALLE				
J	SARGKAMMER				

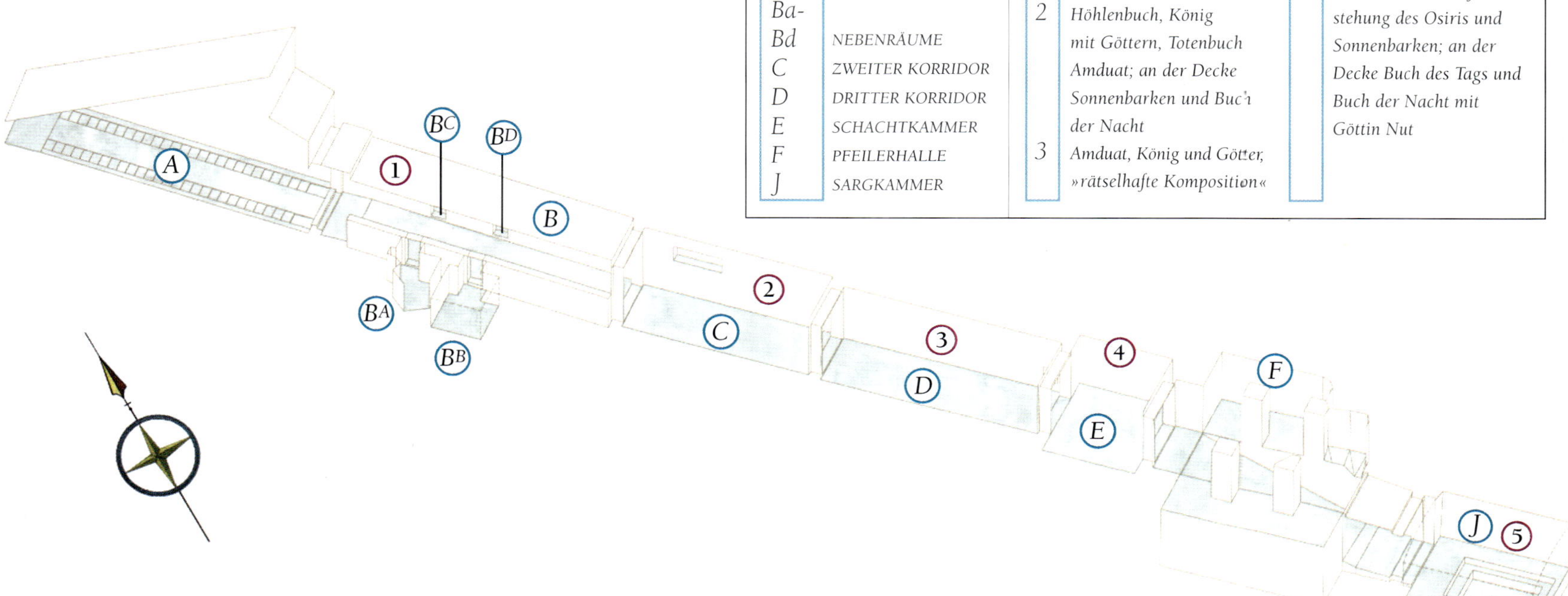

Das Grab von Ramses IX.

ser Raum ist unvollendet. Nur die beiden rückwärtigen Pfeiler und die Wand dahinter sind teilweise aus dem Fels geschlagen. Der Niedergang in die Pfeilerhalle führt unmittelbar weiter in die Sargkammer. Diese ist klein und schmal, mit einem niedrigen Deckengewölbe. Vielleicht war dieser Raum ursprünglich als Korridor geplant und wurde

nach dem Tod des Königs zur Sargkammer ausgebaut. Ein ungewöhnliches Merkmal ist die zweistufige Grube im Boden. Von einem Sarkophag des Pharao fehlt jede Spur, und manche Wissenschaftler vermuten, dass ein hölzerner Schrein und Sarg im breiteren Teil der Grube auf der zweiten Stufe gestanden haben könnten. Zwei grob behauene Holzbalken, die Daressy bei der Freilegung gefunden hat, könnten als Schienen für den Schlitten gedient haben, auf dem man einen großen Gegenstand wie einen Schrein ins Grab transportiert hat. Die Wanddekoration in versenktem und bemaltem Relief scheint in mehreren Phasen angebracht worden zu sein. Dass bestimmte Kompositionen wie die aus dem *Pfortenbuch* fehlen, dürfte sowohl auf veränderte Vorstellungen vom Jenseits als auch auf Platzmangel zurückzuführen sein. Die aus dem *Buch der Höhlen*, dem *Amduat* und dem *Buch des Tages* sind verkürzt wiedergegeben.
Auf dem Türsturz am Eingang sieht man den König in Begleitung von Isis und Nephthys bei der Huldigung der Sonnenscheibe. Variationen dieses Themas schmücken auch die Türstürze im zweiten und dritten Korridor. An der Nordwand am Anfang des ersten Korridors bringt der König Re-Harachte und Osiris Opfer dar, an der Südwand opfert er vor Amun-Re, der in Mumiengestalt mit vier Widderköpfen und in Begleitung der Göttin Meresger auftritt. Die Sonnenlitanei ohne Eröffnungsszene vervollständigt die Dekoration der Nordwand und endet dort mit der Reinigung des Königs in Osirisgestalt. Die übrige Fläche der Südwand nimmt die erste Abteilung des *Höhlenbuchs* ein, während die Abteilungen zwei bis vier auf der Südwand des zweiten Korridors zusammengedrängt sind. Die Nordwand zeigt hier große Figuren des Königs, begleitet von Göttinnen, die seine Namenskartuschen halten, sowie den König bei der Lobpreisung des Chons. An der Nordwand des dritten Korridors sind die zweite Stunde des *Amduat* und Auszüge aus der dritten Stunde zu sehen. Die Südwand zeigt den König, wie er Ptah und Maat opfert. Das Thema der daran anschließenden Szene ist ungewöhnlich: Osiris lehnt an einem Sandhügel, der von einer Schlange bewacht wird. Die Kompositionen der drei nächsten Register an der Südwand des dritten Korridors findet man nur in diesem Grab, wobei die Bilddarstellungen ebenso rätselhaft sind wie die Begleittexte und die Gesamtkomposition. Während sich die Wiedererschaffung der Sonne und der Triumph über ihre Feinde leicht herauslesen lassen, handelt es sich

bei den übrigen Themen möglicherweise um ikonographische Neuinterpretationen von Teilen traditionellerer Kompositionen wie zum Beispiel aus dem *Amduat* und dem *Höhlenbuch*.

Die beiden Priestergestalten zu beiden Seiten der Tür in die Pfeilerhalle stammen aus der Bildfolge des Mundöffnungsrituals, ebenso wie der Priester im ersten Korridor, der die Reinigung des als Osiris dargestellten Königs vollzieht. In der Sargkammer befinden sich an den Seitenwänden Auszüge aus dem *Buch der Erde* und an der Rückwand Szenen von der Wiederauferstehung des Königs und seiner Reise auf den Barken der Nacht und des Tags. Von Nut-Figuren eingerahmte Kurzauszüge aus den *Büchern des Tags und der Nacht* zieren die Decke. Die Deckenbilder im zweiten und dritten Korridor enthalten astronomische Figuren, Sternenuhren und Auszüge aus den *Büchern des Tags und der Nacht*.

269 oben

Deckengewölbe und Grube im Boden der Sargkammer. Auszüge aus dem Buch des Tags und dem Buch der Nacht werden von der Himmelsgöttin Nut umrahmt, deren Doppelfigur sich an der Längsachse der Decken entlangzieht. An den Seitenwänden befinden sich Szenen und Texte aus dem Buch der Erde, an der Rückwand die Tag- und Nachtbarken des Sonnengotts unter einer geflügelten Scheibe. Darunter der König in Osirisgestalt, wie er von den Göttern wiedererweckt wird.

268–269

Dieser Teil der Decke im dritten Korridor zeigt Kompositionen von der Reise des Sonnengotts über den Himmel. In der Mitte umgibt der gewundene Leib der großen Mehen-Schlange, des »Umschließers«, die königliche Kartusche, so wie er an anderer Stelle den Sonnengott auf dessen Reise beschützt. Rechts ist der König zweimal zu sehen, als Herrscher über Unter- und Oberägypten. Die Figuren auf den Betten rechts davon sowie die im oberen und unteren Register stammen aus dem Buch der Nacht.

268 unten

Detail der Deckendekoration im zweiten Korridor. Die Figuren oben repräsentieren den Polarstern umkreisende Sternkonstellationen. Das erstrebte Ziel des Verstorbenen war die Vereinigung mit diesen Sternen, welche die Ägypter »die Nimmermüden« nannten, weil sie den Ewigkeitszustand im Jenseits symbolisierten. Die vor einem Linienraster kauernde große Figur darunter gehört zu einer Sternenuhr, welche die Nachtstunden anzeigte – entsprechend dem Erscheinen der Sterne über verschiedenen Teilen des Körpers zu einer bestimmten Zeit.

269 unten

Der Türsturz des dritten Tors zeigt in der Mitte die Sonnenscheibe und zu beiden Seiten den König bei der Anbetung. Auf der Scheibe kniet der Sonnengott in widderköpfiger Menschengestalt vor dem linken Auge des Horus, einem Symbol für die Sonne, während die Gestalt eines Pavians ihn lobpreist. Die vier sich verneigenden männlichen Gottheiten im rechten Teil repräsentieren die vier Generationen der männlichen Nachkommen des Sonnengotts, Schu, Geb, Osiris und Horus. Auf der linken Seite die Göttinnen Isis, Neith, Selket und Hathor.

DAS TAL DER
KÖNIGINNEN

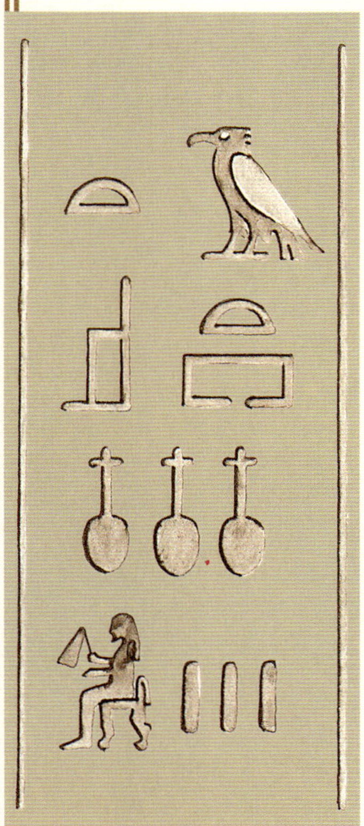

Die Herrscherinnen des Neuen Reichs in Theben-West

von Christian Leblanc

Die archäologische Dokumentation Thebens hat eine Reihe wichtiger Zeugnisse über die Königinnen des Neuen Reiches bewahrt. So verfügen wir nicht nur über zahlreiche Quellen, die von den Texten geliefert werden, sondern kennen überdies bei bestimmten Königinnen den Ort ihrer Bestattung. Die Nekropole des Tals der Königinnen, die am Fuß der heiligen westlichen Berge angesiedelt ist, umfasst vor allem die Gräber mehrerer Großer Königlicher Gemahlinnen aus der Ramessidenzeit.

270

Nefertari, Gemahlin Ramses' II., teilte das Leben mit diesem König bis etwa zum Jahr 26 seiner Herrschaft. Sie wurde in einem prachtvollen Grabmal im Tal der Königinnen beigesetzt. QV 66: Sargkammer (J). Detail des Südostpfeilers.

271

Thot mit dem Ibiskopf, der Gott der Zauberbücher, der »den nächsten Tag verkündet und die Zukunft wahrnimmt«. Grabmal QV 66. Kammer (F), Nordwand.

272 links

Mumienförmiger Holzsarg der Königin Ahmose-Nefertari, der Mutter von Amenophis I. Im Grab der Inhapi (TT, 320) hat man zusammen mit der Mumie der Königin eine Anzahl von Königinnenmumien aus der Zeit des Neuen Reiches gefunden, die während der 21. Dynastie dort in Sicherheit gebracht wurden. Höhe 3,78 m. Ägyptisches Museum Kairo.

272 rechts

Hatschepsut in Gestalt eines Sphinx mit Löwenkörper. Ägyptisches Museum Kairo.

I. DIE GRÄBER DER KÖNIGINNEN DER ACHTZEHNTEN DYNASTIE IN DER NEKROPOLE THEBENS

Weniger umfassend sind die Erkenntnisse, die über die Grabstellen der Pharaonen der 18. Dynastie gesammelt worden sind. Zwar verdanken wir den alten Ausgrabungen in Deir el-Bahari die Entdeckung des Grabs von Meritamun, der Tochter des Ahmose und Großen Königlichen Gemahlin von Amenophis I., und ebenso wissen wir, dass mehrere Königinnen im Tal der Königinnen bestattet wurden, etwa die berühmte Hatschepsut oder auch Hatschepsut Meritre, die Gattin von Thutmosis III. und Mutter von Amenophis II. Es bleiben jedoch manche Hypothesen offen, was die zahlreichen anderen offiziellen Gemah-

linnen der Pharaonen des Neuen Reiches betrifft. Man hat gewöhnlich zwar angenommen, dass Teje, die Große Gemahlin von Amenophis III., oder auch Tij, die Gefährtin des Priesters Eje, der König wurde, vielleicht die Gräber ihrer Gatten geteilt haben, aber tatsächlich findet sich kein Hinweis, der diese Annahmen wirklich bestätigt. Es ist auch schon die Ansicht vertreten worden – die den ägyptischen Vorstellungen durchaus nicht fremd ist – dass Echnaton und Nofretete in Tell el-Amarna ein gemeinsames Grab besitzen. So hat man auch im Tal der Könige bei der Öffnung des Grabs des Amenmesse aus der 19. Dynastie (KV 10) Fragmente gefunden, die zu den Grabbeigaben einer Königin Tachat gehörten, in der manche Forscher die Mutter des Pharao sehen, sowie andere, von denen man heute annimmt, dass es sich sogar um die Große Königliche Gemahlin von Ramses IX. handeln müsse. Wie dem auch sei: Es ist gerade das Fehlen solcher Zeugnisse im Umfeld der Anlagen von Amenophis III. und von Eje, das Zweifel am Prinzip eines Familiengrabs aufrechterhält. Jedoch ist es interessant, beim Nachfolger Tutanchamuns festzustellen, dass die Königin Tij zur Zeit der Ausschmückung des Grabs eine prominente Rolle im Bildprogramm einnahm. Auf dem Gelände ist das Fehlen eindeutiger Hinweise auf die anderen Königinnen aus der Zeit der 18. Dynastie noch beunruhigender. Denn mögen sie auch in Theben-West bestattet worden sein, so haben sie doch, abgesehen von Ahmose-Nefertari, bisher keine Spur ihrer Gräber preisgegeben.

272–273
Am äußersten Südende der thebanischen Nekropole erscheint das Tal der Königinnen als ein breiter Einschnitt im libyschen Hochplateau. Das Hauptwadi, das sich breit zur Ebene hin öffnet, bietet einen ungehinderten Zugang, was die Plünderung der in die Hänge gegrabenen Gräber erleichtert haben muss.

Gegenwärtige Forschungsarbeiten im Bereich von Dra Abu'l Naga könnten bestätigen, dass die Gemahlin des Ahmose dort ihr »Haus der Ewigkeit« besaß. Jedoch muss man eingestehen, dass noch immer ein dichter Schleier die vornehmen Damen der Krone umgibt, angefangen bei Ahmose, Schwester und Gattin von Thutmosis I. und Mutter der Hatschepsut, oder auch Mutnofret, der zweiten Gemahlin des Königs und Mutter des Prinzen Wadjmès, für die am Rande der Wüste eine große Kapelle errichtet worden ist, die man erst vor kurzem ausgegraben hat. Man weiß nicht, wo sich das Grab von Neferure befindet, der ältesten Tochter von Hatschepsut und Thutmosis II., die man mit den Titeln einer Königin der beiden Länder und einer Gottesgemahlin ausgestattet hatte – zumindest wenn man sich dem Gedanken anschließt, demzufolge sie auch im Wadi Gabbanat el-Kurud hätte bestattet worden sein können. Diese Vermutung gründet sich jedoch nicht auf irgendeinen ernst zu nehmenden Hinweis.
Obwohl Thutmosis III. einen Teil seiner Familie in seinem prachtvollen unterirdischen Grab im Tal der Könige bildlich hat darstellen lassen, bleiben die Gräber seiner Großen Königlichen Gemahlinnen Satiah und Nebetu ebenso unbekannt wie das Grab von Isis, seiner Mutter, oder von Tiaa, der Ehefrau Amenophis' II. Zwar hat man in dem Versteck des Grabs KV 35, das im Jahre 1898 von Victor Loret entdeckt worden ist, die sterblichen Überreste mehrerer Frauen gefunden, die vielleicht jene von Königinnen oder Prinzessinnen waren, aber ihre Identität hat man bisher nicht eindeutig feststellen können. Ebenso wenig findet sich auch nur der kleinste Hinweis darauf, wo die Bestattungen von Iaret, Nefertari und Mutemwia verblieben sind, alle drei offizielle Gemahlinnen von Thutmosis IV.
Was die Herrschaftszeit Amenophis' III. betrifft, muss man einräumen, dass unsere Unwissenheit ebenso offenkundig ist. Weder seine Tochter Satamun, die mit dem Titel einer Großen Königlichen Gemahlin ausgestattet und gegen Ende ihres Lebens mit dem Pharao verheiratet war, noch Henuttaunebu, Nebetah oder Isis (II), Töchter Tejes, die auch die Stellung einer Königlichen Gemahlin bekleideten, haben bezeugte Gräber in der thebanischen Nekropole. Wenn uns schließ-

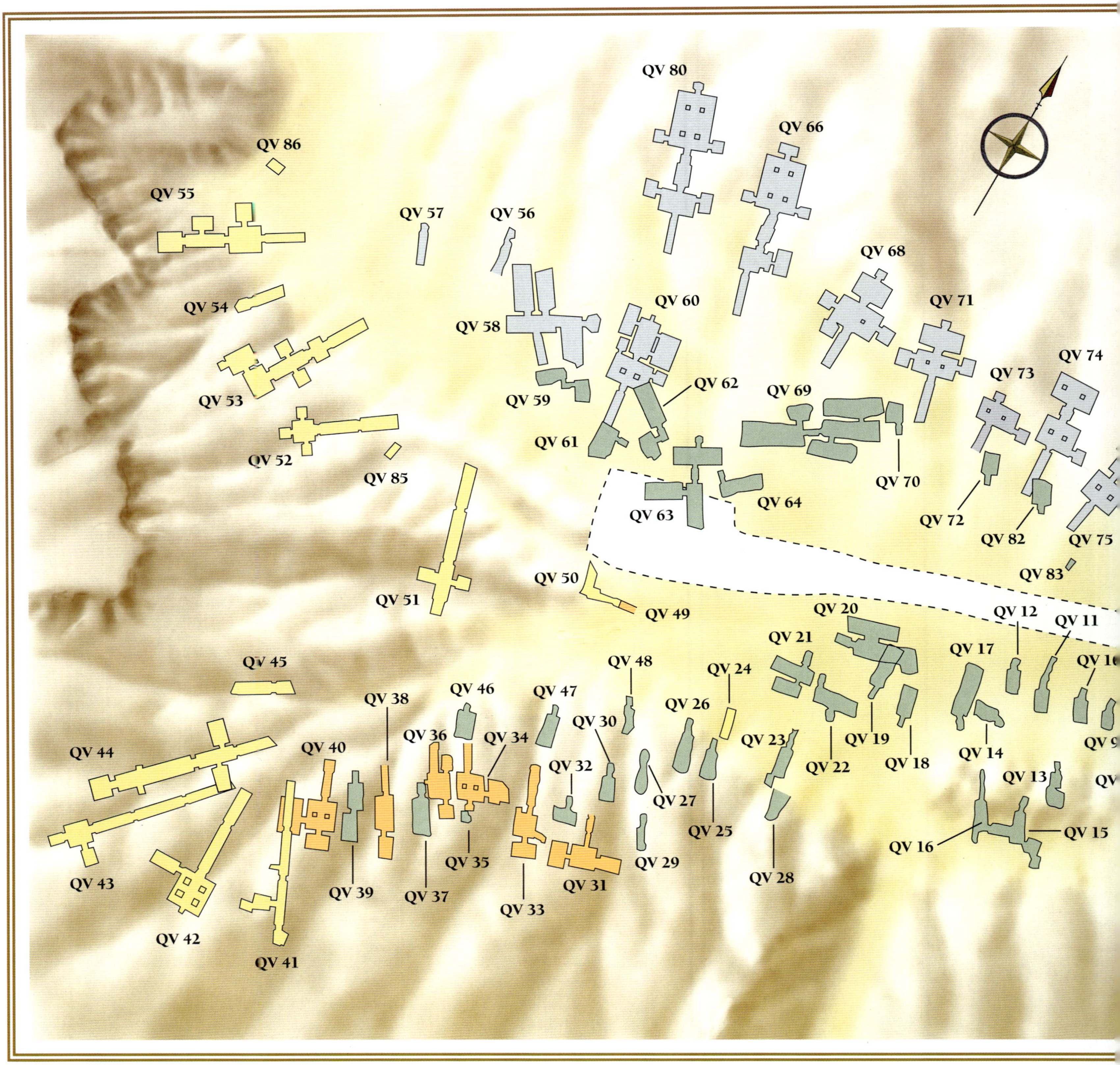

Erklärung

QV 1–7	UNBEKANNTE GRÄBER. 18. D.
QV 8	PRINZ HORI UND UNBEKANNTE PRINZESSIN. 18. D.
QV 9–16	UNBEKANNTE GRÄBER. 18. D.
QV 17	PRINZESSIN MERITRE (1) UND URMERUTES. 18. D.
QV 18–23	UNBEKANNTE GRÄBER. 18. D.
QV 24	UNBEKANNTE GRÄBER. 20. D.
QV 25–29	UNBEKANNTE GRÄBER. 18. D.
QV 30	NEBIRI. 18. D.
QV 31	UNBEKANNTE PRINZESSIN-KÖNIGIN. ANFANG 19. D.
QV 32	UNBEKANNTES GRAB. 18. D.
QV 33	UNBEKANNTE PRINZESSIN-KÖNIGIN. TANEDJEMI. 19. D.
QV 34	UNBEKANNTE PRINZESSIN-KÖNIGIN. ANFANG 19. D.
QV 35	UNBEKANNTES GRAB. 18. D.
QV 36	UNBEKANNTE PRINZESSIN-KÖNIGIN. ANFANG 19. D.
QV 37	UNBEKANNTES GRAB. 18. D.
QV 38	KÖNIGIN SATRE (GROSSE KÖNIGLICHE GEMAHLIN VON RAMSES I.). ANFANG 19. D..
QV 39	UNBEKANNTES GRAB. 18. D.
QV 40	UNBEKANNTE PRINZESSIN-KÖNIGIN. ANFANG 19. D..
QV 41	UNVOLLENDETES GRAB. 20. D.
QV 42	PRINZ PAREHERWENEMEF UND MINEFER (SOHN RAMSES' III., GATTIN VON RAMSES III.) 20. D.
QV 43	PRINZ SETHHERCHEPSCHEF (SOHN RAMSES' III.) 20. D.
QV 44	PRINZ CHAEMWESET (SOHN RAMSES' III.). 20. D.
QV 45	UNVOLLENDETES GRAB. 20. D.
QV 46	IMHOTEP, WESIR. 18. D. (THUTMOSIS I.)
QV 47	PRINZESSIN AHMOSE. 18. D.
QV 48	UNBEKANNTES GRAB. 18. D.
QV 49–50	UNBEKANNTE GRÄBER. 19. UND 20. D.
QV 51	KÖNIGIN ISIS-TA-HEMDJERET (GROSSE KÖNIGLICHE GEMAHLIN RAMSES' III.). 20. D.
QV 52	KÖNIGIN TITI (GROSSE KÖNIGLICHE GEMAHLIN VON RAMSES III.). 20. D.
QV 53	PRINZ RAMSES-MERIAMON (SOHN VON RAMSES III.). 20. D.
QV 54	UNVOLLENDETES GRAB. 20. D.
QV 55	PRINZ AMUNHERCHEPESCHEF (SOHN VON RAMSES III.) 20. D.
QV 56	UNVOLLENDETES GRAB. 19. D.
QV 57	UNVOLLENDETES GRAB. 19. D.
QV 58	UNBEKANNTES GRAB. 19. D.
QV 59	UNBEKANNTES GRAB. 18. D.
QV 60	KÖNIGIN NEBETTAUI (TOCHTER-GATTIN RAMSES' II.). 19. D.
QV 61	UNBEKANNTES GRAB. 18. D..
QV 62–65	UNBEKANNTE GRÄBER. 18. D.
QV 66	KÖNIGIN NEFERTARI (GROSSE KÖNIGLICHE GEMAHLIN RAMSES' II.). 19. D.
QV 67	UNBEKANNTES GRAB. 18. D.
QV 68	KÖNIGIN MERITAMUN (TOCHTER-GATTIN RAMSES' II.). 19. D.
QV 69	UNBEKANNTES GRAB. 18. D.
QV 70	NEHESI. 18. D.
QV 71	KÖNIGIN BINTANAT (TOCHTER-GATTIN RAMSES' II.) 19. D.
QV 72	PRINZ BAKI UND PRINZESSIN HATNEFERET. 18. D.
QV 73	PRINZESSIN HENUTTAUI (TOCHTER-GATTIN VON RAMSES II.) 19. D.
QV 74	KÖNIGIN DUATENTIPET (GROSSE KÖNIGLICHE GEMAHLIN VON RAMSES IV.). 20. D.
QV 75	KÖNIGIN HENUTMIRE (TOCHTER-GATTIN RAMSES' II.). 19. D.
QV 76	PRINZESSIN MERITRE (II). 18. D.
QV 77–79	UNBEKANNTE GRÄBER. 18. D.
QV 80	KÖNIGIN TUJA (GROSSE KÖNIGLICHE GEMAHLIN VON SETHOS I.). 19. D.
QV 81	HEKA-(...). 18. D.
QV 82	PRINZ MINEMHAT UND AMENHOTEP. 18. D.
QV 83	UNBEKANNTES GRAB. 18. D.
QV 84–86	UNVOLLENDETE GRÄBER. 20. D.
QV 87	UNBEKANNTES GRAB. 18. D..
QV 88	PRINZ AHMOSE. 18. D.
QV 89–94	UNBEKANNTE GRÄBER. 18. D.
QV 95	UNVOLLENDETES GRAB. 20. D.

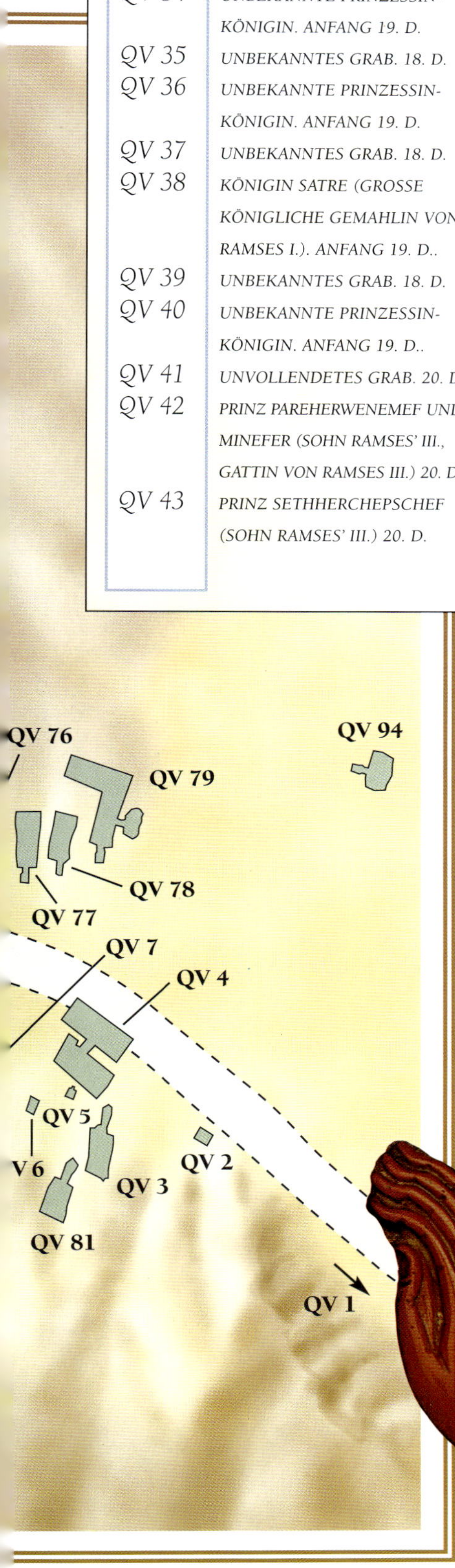

275 rechts
Anchesenpaaton, »Sie lebt für Aton«, die Tochter von Echnaton und Nofretete, wurde zur Großen Königlichen Gemahlin Tutanchamuns. Detail von der Rückwand des Throns aus dem Grab des jungen Königs, auf der die Namen des Paares noch in der in Tell el-Amarna üblichen Schreibweise erscheinen. Ägyptisches Museum Kairo.

lich die Episode von Tell el-Amarna schwer zu analysieren erscheint, was vor allem an der Verlegung der Grabausstattungen und der Mumien von Theben in die neue Hauptstadt Achetaton liegt, fragt man sich immer, wo die »Wohnsitze der Ewigkeit« mehrerer Töchter-Gattinnen von Amenophis IV. versteckt sein können, beziehungsweise die der Königin Anchesenpaaton, später Anchesenamun genannt, der jungen Witwe Tutanchamuns. Systematischere Grabungen, vor allem im westlichen Seitental des Tals der Königinnen, könnten es vielleicht ermöglichen, zumindest für das Ende der 18. Dynastie, dieses bedeutsame Problem regionaler Archäologie zu lösen.

II. LEBEN UND TOD DER AUSLÄNDISCHEN KÖNIGINNEN AM ÄGYPTISCHEN HOF

In Ägypten lebte auch in der Umgebung der einheimischen Königinnen eine bestimmte Zahl von ausländischen Prinzessinnen, die unter besonderen Umständen zu Gattinnen des Pharaos wurden. Friedensverträge oder einfach der Austausch von Geschenken, wie zwischen Königshöfen üblich, konnten beispielsweise die Voraussetzung zu solchen ehelichen Verbindungen bieten. Diese hatten unstrittig sowohl diplomatischen Charakter als auch einen wirtschaftlichen Hintergrund, förderten sie doch die gut nachbarlichen Beziehungen zwischen Ägypten und den angrenzenden Ländern. In den Annalen einer bevorzugten Epoche, wie sie das Neue Reich darstellt, fehlt es nicht an Informationen über die Ankunft dieser vornehmen Damen im Niltal. So heiratete Thutmosis III., Held von sechzehn Feldzügen in Asien, mindestens drei syrische Prinzessinnen, nachdem er diese unruhige Region befriedet hatte. Ein in Theben-West im Wadi Gabbanet el-Kurud entdecktes Gemeinschaftsgrab hat bemerkenswerte Goldschmiedearbeiten zutage gebracht, die zur Grabausstattung dieser jungen Frauen gehörten. Maluta, Manawa und Menhet waren im Jahr 40 der Herrschaft des Pharao in der königlichen Residenz angekommen. Unter den wertvollen Beigaben, die aus ihrem Grabmal zutage gefördert wurden, fanden sich unter anderem Herzskarabäen aus dunkelgrünem Schiefer, auf deren Basisflächen eine Version von Kapitel 30 B des Totenbuches nebst Erwähnung ihrer Identität und ihrer Titel als Königliche Gemahlin geschrieben standen.

Unter der Herrschaft von Thutmosis IV. ist anscheinend um das Jahr 6 eine weitere ausländische Prinzessin in Ägypten empfangen worden. Diesmal handelt es sich um die Tochter von Artatama I., dem König des Mitanni-Reichs, in der man gelegentlich die Königin Mutemwia erkennen wollte, allerdings ohne zufriedenstellende Argumente. Tatsächlich findet sich unter den ägyptischen Quellen keinerlei Hinweis, der den sicheren Schluss zuließe, diese Prinzessin sei in den Rang der Großen Königlichen Gemahlin erhoben worden. Doch man kann annehmen, dass sie zumindest eine Position erlangt hat, wie die syrischen Gattinnen von Thutmosis III. In einer jüngst vorgelegten Studie ist die Vermutung geäußert worden, dass diese Prinzessin aus Mitanni nach der Annahme eines ägyptischen Namens vielleicht mit Henutempet gleichzusetzen sei, deren Sarkophag nach den Plünderungen am Ende des Neuen Reiches in das berühmte Versteck von Deir el-Bahari überführt worden ist. Wenn man dieser Hypothese folgt, muss man auch einräumen, dass die Tochter von Artatama I. sehr wohl in der thebanischen Nekropole beigesetzt worden sein kann, jedoch in einem Grabmal, das es noch zu entdecken gilt.

Teje, gleich zu Anfang der Herrschaft von Amenophis III. als große Königliche Gemahlin inthronisiert, gilt heute als Frau mit starker Persönlichkeit, deren Einfluss am Hof groß war. Sie spielte politisch eine wichtige Rolle, wie die diplomatische Korrespondenz beweist, die sie mit den Königen von Mitanni und besonders mit Tuschratta II. führte, obwohl man weiß, dass sie nicht die einzige Gemahlin des Königs war. Tatsächlich deuten die Grabinschriften, die uns aus dieser Epoche überliefert sind, darauf hin, dass sich mindestens fünf ausländische Prinzessinnen mit dem Pharao vereinten. Die erste davon, die Tochter Schuttarnas, des Fürsten von Naharina, trug den Namen Giluchepa. Die Eheschließung wurde, wie es scheint, um das Jahr 10 gefeiert. Gedenk-Skarabäen erinnern an das Ereignis und erwähnen die Ankunft der vornehmen Dame im Palast – in Begleitung von dreihundertsiebzehn Frauen, die unter den schönsten des Harems ausgewählt worden waren. In der ersten Hälfte der Regierungszeit Amenophis' III. finden wir ebenfalls, wenn auch weniger außergewöhnlich ausgestattet, seine Hochzeit mit der Tochter von Kurigalzu II., dem König von Babylon. Die Erinnerung daran hat sich dank eines der Briefe erhalten, die in den Archiven von Tell el-Amarna gefunden worden sind. Wenn man sich auf andere Sendschreiben vom gleichen Fundort bezieht, ist nicht nur die Nichte dieser ausländischen Prinzessin ein wenig später am ägyptischen Hof aufgenommen worden, sondern ebenso eine Tochter des Königs von Arzawa. Noch gegen Ende seines Lebens hat Amenophis III. die Ehe mit Taduchepa geschlossen, Tochter von Tuschratta II. und Nichte von Giluchepa.

Zwar würde man sich wünschen, mehr über das Leben dieser Damen auf ägyptischem Gebiet zu erfahren, denn mit Ausnahme einiger Anspielungen aufgrund ihres offiziellen Titels wissen wir so gut wie nichts über ihr Leben. Selbst wenn anzunehmen ist, dass sie in den königlichen Harems von Memphis, Gurob (Mer-wer), ja sogar in dem von Tell el-Amarna untergebracht wurden, wo ihnen zahlreiche Tätigkeiten anvertraut waren, verliert sich ihre Spur sehr schnell, und über das Datum ihres Todes wissen wir so gut wie nichts. Allein Taduchepa scheint dieser Vergessenheit entronnen zu sein, wenn man annimmt, dass sie in zweiter Ehe mit Amenophis IV. (Echnaton) verheiratet war und sich an der vom König angeordneten religiösen »Erneuerung« in Tell el-Amarna beteiligt hat.

Zu diesem Zweck muss man sich ins Gedächtnis zurückrufen, dass gelegentlich vorgeschlagen worden ist, in dieser ausländischen Prinzessin die unter dem ägyptischen Namen Kija bekannte Königin zu sehen.

Wenn man diese These akzeptiert, muss man ferner zugeben, dass die vornehme Dame in Achetaton gestorben ist und dass die Grabbeigaben, die ihre Mumie begleiteten, nach Aufgabe der Hauptstadt in Amarna nach Theben-West überführt worden sind. Zumindest das scheinen die Entdeckungen im Grab KV 55 des Tals der Könige zu bestätigen, wo ein bewundernswerter Sarg und schöne Kanopen aus Kalzit, die ursprünglich mit ihrem Namen versehen waren, später von Meritaton usurpiert worden sind.

Die einmütige Meinung der Ägyptologen stützt sich keineswegs auf die heikle These einer Rückkehr der sterblichen Überreste der Familie von Tell el-Amarna nach Theben, aber es wäre falsch, die durch neue Forschungsarbeiten gewonnenen Erkenntnisse nicht in Erwägung zu ziehen. Ist es denn nicht verwunderlich, dass so viele Stücke aus dem Schatz des Tutanchamun den Namen Anchcheperure-Neferneferuaton tragen? Und was hat es dann zu bedeuten, wenn man dem Schluss folgt, dass sich unter dieser Identität Neferneferuaton-Nofretete verbirgt? Da der junge König im Tal der Könige beigesetzt worden ist, ist es auch denkbar, dass die Mumie der Großen Königlichen Gemahlin von Amenophis IV. mit ihren prunkvollen Grabbeigaben zum zweiten Mal in Theben beigesetzt worden ist. Das gleiche gilt für die Entnahme eines Teils der Grabbeigaben Nofretetes, um die von Tutenchamun zu vervollständigen. Aber auch hier können allein die Ergebnisse künftiger sorgfältiger Ausgrabungen in der thebanischen Nekropole diese verführerische Ansicht in Zukunft bestätigen oder widerlegen.

In der Ramessidenzeit sind diplomatische Eheschließungen immer noch aktuell. Vor allem die für die Herrschaft Ramses' II. bezeugten Heiraten haben sich nicht nur auf Ägypten segensreich ausgewirkt, sondern auch auf das Hethiterreich. Im Jahre 34 ist es vor allem die Verbindung des Pharao mit der ältesten Tochter von Hattuschili III. die in der offiziellen Propaganda das größte Echo findet. Maathorneferure, wie sie mit ägyptischem Namen heißt, kam in Begleitung einer bedeutenden Eskorte in der Ramsesstadt an und wurde mit dem glänzenden Titel der »Großen Königlichen Gemahlin« geehrt. Einige Zeit später schickte man sie in den Harem von Gurob, wo sich ihre Spur verliert. Hat sie lange in Ägypten gelebt? Wurde sie nach ihrem Tode dort beigesetzt? Wir wissen es nicht. Die wenigen Hinweise auf ihre Existenz stammen sämtlich aus dem Nildelta, während sich in Theben keinerlei Hinweis auf diese Prinzessin findet – wie auch auf ihre Vorgängerinnen oder Nachfolgerinnen am ägyptischen Königshof.
Obwohl im Tal der Königinnen bekanntermaßen die sterblichen Überreste mehrerer Gattinnen und Töchter des großen Königs beigesetzt wurden, hat sich dort nie auch nur der kleinste Hinweis auf Maathorneferure gefunden, ebenso wenig auf ihre Tochter Neferure, die ein Jahr nach der Eheschließung geboren wurde. Man darf daraus jedoch nicht den Schluss ziehen, dass Ausländerinnen die Beisetzung in dieser Nekropole grundsätzlich verwehrt gewesen wäre, denn eine der Großen Königlichen Gemahlinnen Ramses' III., eine Asiatin namens Isis-ta-Hemdjeret, die dem ägyptischen Thron einen Erben schenkte, wurde unter Ramses VI. mit großem Pomp in Ta Set Neferu beigesetzt. Für diese Königin hatte man das Grab Nummer 51 vorbereitet. Ihre Mumie ruhte in einem riesigen Sarkophag aus rotem Granit, dessen Reste sich noch immer in ihrem riesigen »Haus der Ewigkeit« befinden.

277
Teje, Große Königliche Gemahlin Amenophis' III. und Mutter Echnatons, war eine außergewöhnliche Königin. Am Hof genoss sie eine herausragende Stellung. Sie nahm an allen großen Zeremonien des Hofes teil und verwaltete überdies die ägyptische Diplomatie. Kopf einer Statuette, entdeckt in Serabit el-Chadim auf dem Sinai. Grüner Speckstein. Ägyptisches Museum Kairo.

III. DAS TAL DER KÖNIGINNEN UND DER KÖNIGSKINDER ODER DIE WIEDERENTDECKUNG VON TA SET NEFERU

Am El-Qurn hat sich infolge einer allmählichen geologischen Erosion das Relief des libyschen Hochplateaus umgebildet. So entstanden riesige Einbuchtungen, die heute den berühmten Berg westlich von Theben einrahmen. In dem natürlichen Rahmen einer dieser großartigen Talsenken, im Südwesten des Tempels von Medinet Habu, errichteten die Ägypter eine königliche Nekropole, der man in der heutigen Zeit den Namen »Tal der Königinnen« gegeben hat. Ihr Hintergrund wird von einem terrassenförmigen, höhlenartigen Einschnitt markiert, dem Nachfolger eines antiken Damms. Schon in der Antike und noch in unseren Tagen nahm und nimmt dieser besonders geformte Einschnitt bei schweren Regenfällen die Wassermassen auf. Dieses regelmäßig wiederkehrende Phänomen konnte der Aufmerksamkeit der Priester nicht entgehen und wurde als verehrungswürdiges Fruchtbarkeitssymbol gedeutet, wie dies später in Form einiger Wandmalereien zur Anrufung der Göttin Hathor zum Ausdruck kam, die hier in ihrer menschlichen Erscheinungsform oder als Kuh zu sehen ist. Solche Wandmalereien finden sich an verschiedenen Stellen dieses höhlenartigen Einschnitts.

Im Neuen Reich und vor allem mit Beginn der Ramessidenzeit wurde dieser Ort unter dem Namen »Ta Set Neferu« angelegt – eine Bezeichnung, die in einer Reihe von Dokumenten erscheint, vor allem auf Stelen, Papyri oder Ostraka. Man hat diesen Ortsnamen lange Zeit mit »Ort der Schönheit«, »Ort der Herrlichkeit«, ja sogar »Ort der Lotosblüten« übersetzt, doch im Verlauf von Nachforschungen und vor allem infolge der seit rund zwanzig Jahren gemachten Entdeckungen in der Nekropole hat man eine andere Wortbedeutung vorgeschlagen. Tatsächlich haben die archäologischen Ausgrabungen gezeigt, dass das Tal der Königinnen seit der 18. Dynastie als königlicher Friedhof existierte. Sie haben aber enthüllt, dass der Ort während dieser Epoche im Wesentlichen, wenn nicht sogar ausschließlich der Beerdigung von Prinzen und Prinzessinnen diente. Dieser Feststellung entsprang der Gedanke, dass die »Neferu« vielleicht diese Königskinder gewesen seien und die Nekropole der Ort, an dem ihre »Häuser der Ewigkeit« vorbereitet wurden.

Vom lexikografischen Standpunkt aus wird diese Annahme zusätzlich noch durch die Tatsache unterstützt, dass die Tradition noch im Verlauf der 19. und der 20. Dynastie lebendig blieb. Denn nicht nur die Töchter Ramses' II., sondern auch die Söhne Ramses' III. sind an diesem privilegierten Ort bestattet worden. Dennoch scheint die Geschichte der Nekropole während dieser Epoche um eine Neuerung bereichert worden zu sein, da ihre Bestim-

278–279
Im Norden hat die Bodenerosion Einschnitte in das libysche Hochplateau verursacht und drei Seitentäler geschaffen, die am Hauptwadi zusammentreffen: Tal der Schnur, Tal der Drei Brunnen und Tal des Dolmen.

279 oben links
Ein beim Volk beliebter Kultort, ein auf felsigem Untergrund errichtetes Heiligtum, befindet sich am Eingang des Tals der Königinnen. Es war Ptah geweiht, dem Schöpfergott von Memphis, und Meresger, der Schutzgöttin des heiligen Berges von Theben und Beschützerin der Toten.

279 oben rechts
Das südliche Seitental des Hauptwadi, das von den Eingängen mehrerer Gräber aus der Ramessidenzeit gesäumt ist.

mung als Friedhof sich von da an auf die Königsmütter und die Großen Königlichen Gemahlinnen des Pharao erweiterte.

Seltsamerweise hatte diese Entwicklung zur Folge, dass die bis dahin geltende Bestimmung der Nekropole aufgehoben wurde. Tatsächlich kann man mit Beginn der 19. Dynastie feststellen, dass das Tal der Königskinder und der Königinnen in Theben-West nicht mehr ausschließlich der königlichen Familie diente. Von nun an teilt es diese Bestimmung vor allem mit dem Tal der Könige. Damit ist zweifellos erklärt, dass auf diesem zweiten königlichen Friedhof Gräber für die Söhne von Ramses II. (KV 5), einen Sohn von Ramses III. (KV 3), einen Sohn von Ramses IX. (KV 19) und sogar für eine Königin wie Tausert (KV 14) angelegt wurden – sogar bevor diese Pharao geworden war. Übrigens haben in jüngster Zeit vorgenommene Ausgrabungen im Tal der Könige bestätigt, dass mindestens zwei weitere Ramessidenprinzen (Amunherchepeschef, Sohn Ramses' III., und Monthuherchepschef, Sohn Ramses' VI.) im Grab des Kanzlers Bai (KV 13) Zuflucht gefunden hatten. Dort sind zwei riesige Sarkophage aus rotem Granit mit ihren Namen entdeckt worden. In der arabischen Epoche trug das Tal der Königinnen mehrere Bezeichnungen: »Biban el Hagg Ahmed« (die Tore des Pilgers Ahmed), »Biban el-Sultanat« (die Tore der Sultane), »Biban el-Banat« (die Tore der Töchter), »Biban el-Harim« (die Tore der Frauen), »Biban el-Melekat« oder »Wadi el-Melekat« (die Tore der Königinnen oder das Tal der Königinnen). Und eben dieser letzte Name hat sich bis in unsere Zeit erhalten.

Außer dem Hauptttal und dem südwestlichen Seitental, in dem man etwa neunzig Grabmäler gezählt hat, von denen einige unvollendet sind, umfasst die Nekropole der Königinnen mehrere seitliche Talsenken. Im Norden wird die Anlage vom Tal des Dolmen begrenzt, wo sich auf den Felsen ein Heiligtum befindet, das die Nekropolenarbeiter (Deir el-Medineh) einst den Göttern Ptah und Meresger geweiht haben, dann vom Tal der Drei Brunnen, in dem man in der Thutmosidenzeit mehrere Gräber angelegt hat, und schließlich durch das Tal der Schnur. In der Nähe dieses letztgenannten Tals haben sich an einem Felsvorsprung bis heute Ruinen des Deir er-Rumi erhalten, eines kleinen Klosters aus byzantinischer Zeit (aus dem 6. bis 7. Jahrhundert n. Chr.), das am Standort eines römischen Heiligtums zur Zeit von Antoninus Pius (dem Frommen, 2. Jh. n. Chr.) errichtet worden ist. Das Herz-

279 unten
Der Weiler »Ta set neferu«. Überreste von Handwerkerhäusern im Herzen der Nekropole. Solche meist bescheidenen Einrichtungen sind auch an verschiedenen anderen Stellen des Tals der Könige gefunden worden.

280 oben

Unter den im Grabmal QV 72 aufgefundenen Grabbeigaben befand sich auch diese schöne bauchige Opfervase mit vertikalen Henkeln und zylindrischem Hals. Deutlich erkennbar sind Titel und Name ihres verstorbenen Eigentümers: »Baki, Sohn des Königs«. Engobierter und bemalter Nilton. 18. Dynastie. Inspektorat von Gurna.

280 unten

Stöpsel eines Kanopengefäßes in Form eines Menschenkopfs, der eine Prinzessin darstellt. Ihr Titel und ihr Name, »Wermerutes, die Tochter des Königs«, sind in die Seitenwand des Gefäßes eingemeißelt. Bemalter Kalkstein. 18. Dynastie. Inspektorat von Gurna.

TYP A-AB-B – TAL DER KÖNIGINNEN
TYPOLOGIE DER GRABSCHÄCHTE DER 18. DYNASTIE
(ZEICHNUNGEN YVES LAURENT UND MIKAÉL KALOS)

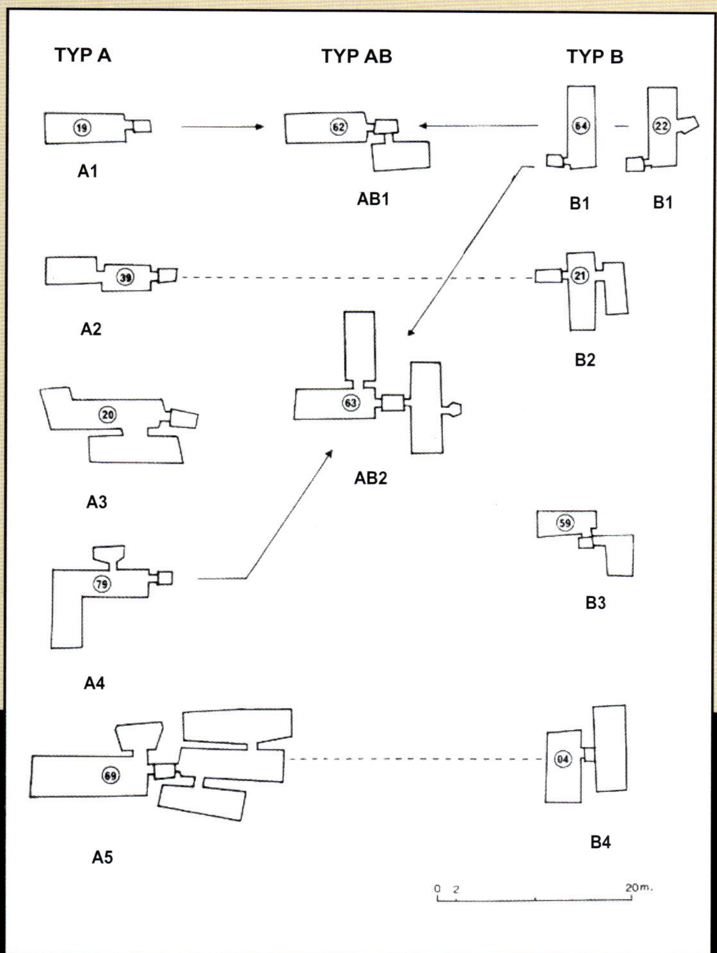

TYP I – TAL DER KÖNIGINNEN
TYPOLOGIE DER GRÄBER ZU BEGINN DER RAMESSIDENZEIT.
REGIERUNGSZEIT RAMSES' I. UND SETHOS' I. 19. DYNASTIE
(ZEICHNUNGEN YVES LAURENT UND MIKAÉL KALOS)

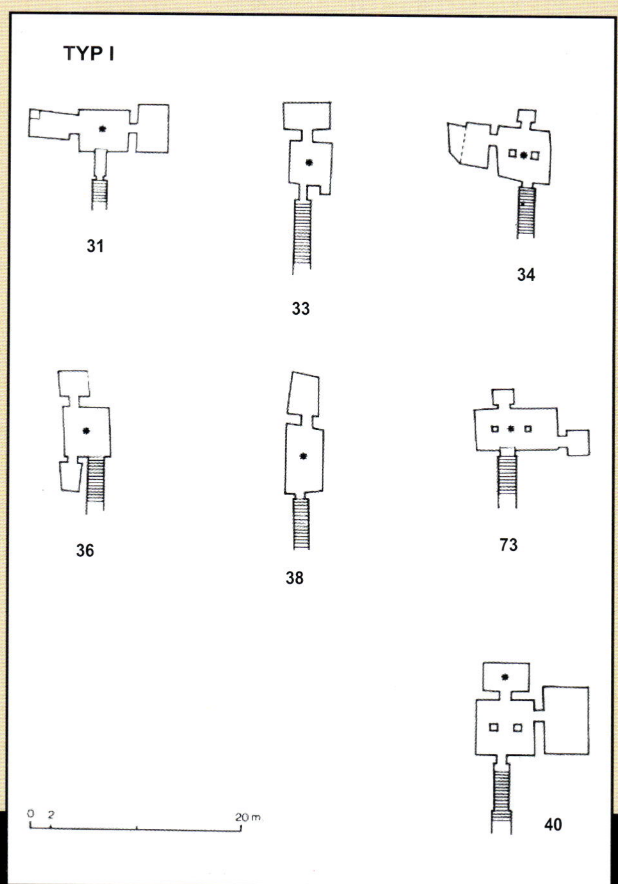

stück der Nekropole im Süden wird von der Talmulde des Prinzen Ahmes flankiert, dessen Hügel einige Grabschächte vom Anfang des Neuen Reiches bergen. Von den Höhen der Felswand kann man noch immer die Überreste mehrerer Zellen von Anachoreten und Eremiten sehen.

Im Tal der Königinnen fällt die erstmalige Nutzung etwa mit dem Beginn der 18. Dynastie zusammen. Die Zeit der Pharaonen Thutmosis I., Thutmosis II., Hatschepsut, Thutmosis III., Amenophis II., Amenophis III. und Amenophis IV. ist hier mit Grabanlagen vertreten, die aus einem senkrechten, in den Berg gehauenen Schacht bestehen, der sich zu einer oder mehreren Höhlen mit in den Berg gehauenen Wänden öffnet. Diese sind weder reliefiert noch bemalt. Das Fehlen jeder Spur von Oberbauten lässt vermuten, dass zu diesen Gräbern keine Grabkapellen gehörten. Allein die Entdeckung der Überreste von Grabbeigaben (Kanopen, Uschebtis, Teilen von Spielen, Keramikscherben, Papyri und Stoffbändern zur Mumifizierung etc.) erlaubt es, für diese Epoche einige der in der Nekropole beigesetzten Toten zu identifizieren: Es handelt sich vor allem um Prinzen wie Ahmes, Minemhat, Baki, Mencheperre, ferner um Prinzessinnen wie Hatneferet, Ahmes, Wermerutes, Meritre (I), Meritre (II), Tiaa, um Würdenträger oder Beamte wie Nebiri, Nehesi, Imhotep, Nebamun und Kari sowie schließlich um eine bestimmte Zahl von »Chekerut nesut« – das heißt von Personen, die für bestimmte Königskinder verantwortlich waren.

Seit dem Beginn der 19. Dynastie öffnet sich »Ta Se Neferu« den Großen Königlichen Gemahlinnen und bildet in diesem Fall ein veritables Gegenstück zum Tal der Könige. Die Baustellen sind den Nekropolenarbeitern von »Set Maat« (Deir el-Medineh) anvertraut. Im Gegensatz zu den Grabmälern der Prinzen der 18. Dynastie sind die Gräber der Königinnen aus der Ramessidenzeit, die als richtige Totenwohnungen angelegt worden sind, nach einem ikonografischen Repertoire ausgeschmückt worden. Die Texte sind im Wesentlichen vom Totenbuch inspiriert. Aber wie bei den Gräbern der Königskinder gibt es auch hier keine Oberbauten, etwa Kultbauten, während solche in der Nekropole der thebanischen Beamtenschaft nachweisbar sind. Vielleicht hielt man sie für überflüssig, da die Mitglieder der Königsfamilie im Rahmen des »Tempels der Millionen Jahre« ohnehin mit dem Pharaonenkult verbunden waren. In dieser Frage scheint nichts unmöglich zu sein.

Das erste Königinnengrab in dieser Nekropole wird für Satre eingeweiht, die Große Königliche Gemahlin Ramses' I. Unter Sethos I. scheinen mehrere weitere Grabmäler angelegt worden zu sein, wurden aber seltsamerweise nicht namentlich benannt. Aus diesem Grund wird man nie den Namen derer erfahren, die z. B. im Grab QV 31 bestattet wurden (eingerichtet für eine Große Königliche Gemahlin), oder QV 34 (wahrscheinlich für eine Königin vorgesehen), QV 36 (für eine Prinzessin vorgesehen) und QV 40 (dessen Eigentümerin den Rang einer Prinzessin und Großen Königlichen Gemahlin gehabt haben muss). Hingegen ist das Grab QV 33 nachträglich mit einer Person verbunden worden, denn auf

Diese Büste der Meritamun, Tochter und Großen Königlichen Gemahlin von Ramses II., wurde 1896 von Flinders Petrie in einer Kapelle am nördlichen Ende des Ramesseums gefunden. Die verführerische Königin trägt eine dreiteilige Perücke, ein doppeltes Band mit den beiden königlichen Kobras sowie eine Haube mit einem Fries von Uräusschlangen in Angriffshaltung. In der linken Hand hält sie ein Hathor geweihtes Menat-Halsband. Am Fundort konnten bei jüngsten Grabungen einige Ergänzungen dieser Skulptur gefunden werden, die beweisen, dass die Königin ursprünglich aufrecht in gehender Haltung abgebildet war. Bemalter Kalkstein. Ägyptisches Museum Kairo.

TYP II – TAL DER KÖNIGINNEN
TYPOLOGIE DER GRÄBER DER RAMESSIDENZEIT.
REGIERUNGSZEIT RAMSES' II. 19. DYNASTIE
(ZEICHNUNGEN YVES LAURENT UND MIKAÉL KALOS)

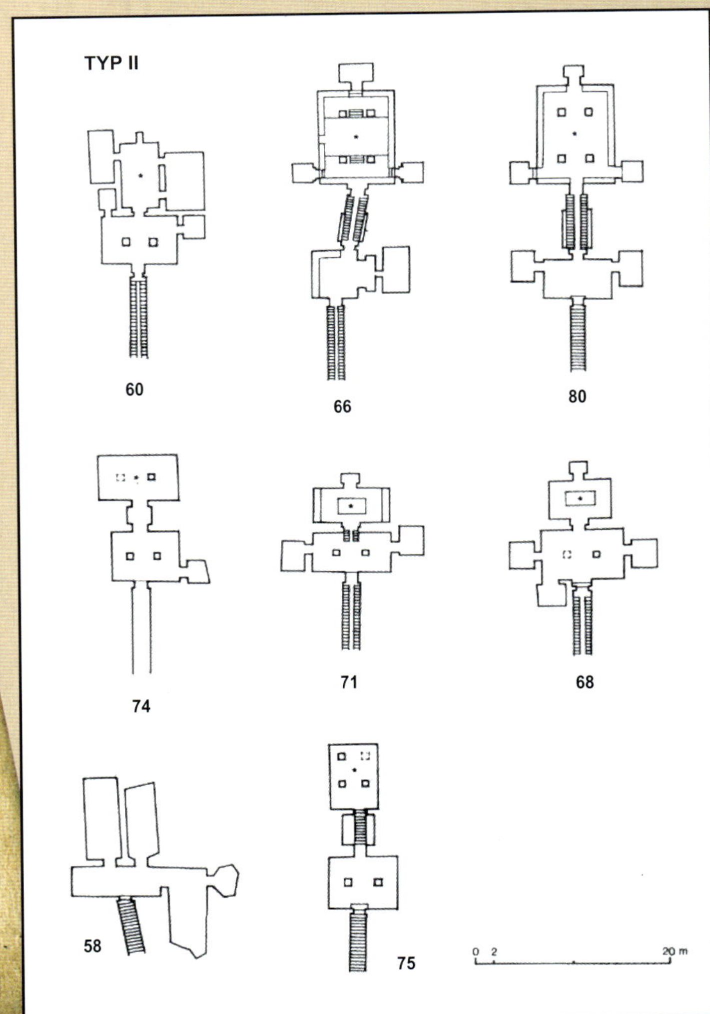

einer ursprünglich unbeschriebenen Kartusche wurde der Name von Tanedjemi eingetragen, einer Hofdame, die mit dem Titel einer Prinzessin und Königsgattin beehrt worden ist.

Alle diese nach ihrem Grundriss vergleichbaren Gräber umfassen einen nach unten führenden Schacht, eine Vorhalle und eine Sargkammer und sind alle im selben Teil der Nekropole zusammengefasst, nämlich entlang dem südlichen Seitental des Hauptwadis.

Es ist nicht zu übersehen, dass Ramses II. sich für eine andere Ruhestätte entschieden hat. Die unter seiner Herrschaft in Angriff genommenen »Häuser der Ewigkeit« wurden am Nordhang des Hauptwadis angelegt. Dort ließ er mehrere Gräber ausheben, darunter eines für seine Mutter, die Königin Tuja (QV 80), das für seine Große Königliche Gemahlin Nefertari (QV 66) sowie für mehrere seiner Töchter-Gattinnen, vor allem Nebetaui (QV 60), Meritamun (QV 68), Bintanat (QV 71), Henuttaui (QV 73) und Henutmire (QV 75). In dem Grabmal QV 74, das ebenfalls für eine seiner Töchter angelegt worden war, wurde später Königin Duatentipet beigesetzt, Große Königliche Gemahlin Ramses' IV. Aus architektonischer Sicht ist interessant, dass deren Grundrisse einige Weiterentwicklungen aufweisen. In einigen Gräbern wurden Seitenkammern angebaut, und in einigen Fällen, etwa bei den Gräbern von Tuja (QV 80) und Nefertari (QV 66), wurden sie in zwei Ebenen angelegt, die durch eine Treppe, versehen mit einer Rampe, miteinander verbunden sind.

In der Ramessidenzeit entstand in der Mitte des Tals der Königinnen ein Weiler, und zwar in dem Teil, der zwischen dem Grab der Tuja (QV 80) und dem terrassenförmigen Einschnitt liegt. Diese kleine Ansiedlung mit einer geschätzten Fläche von etwa 700 Quadratmetern bestand aus Häusern, bei deren Bau Steine ohne Mörtel aufeinandergeschichtet wurden. Die Bauten umfassten drei bis fünf Zimmer mit einer Öffnung nach

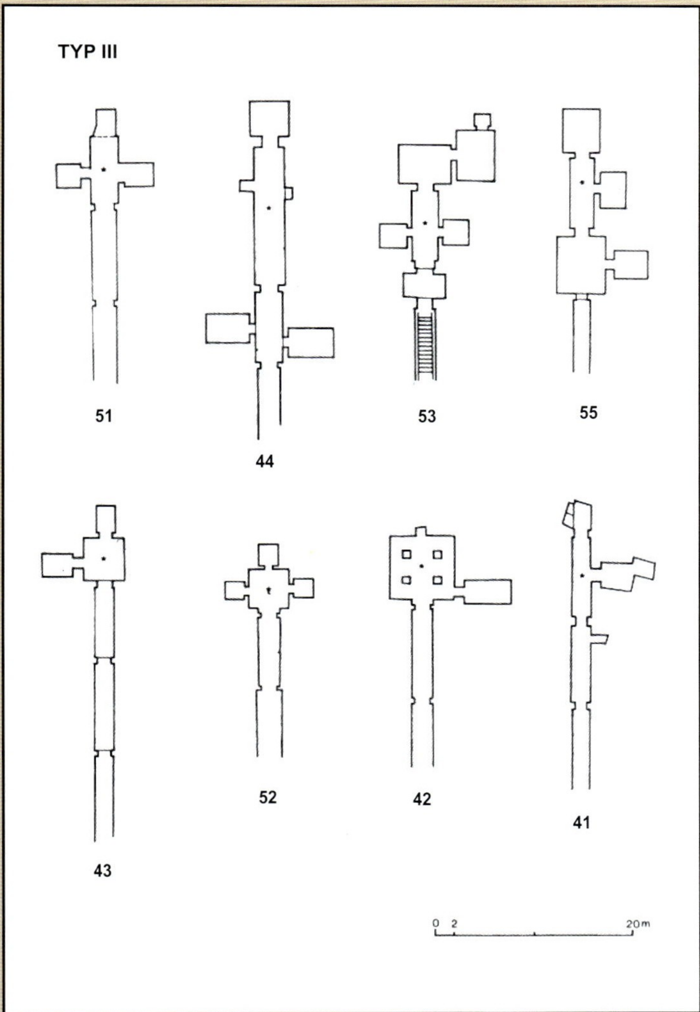

TYP III – TAL DER KÖNIGINNEN
TYPOLOGIE DER GRÄBER DER RAMESSIDENZEIT UNTER RAMSES III. 20. DYNASTIE
(ZEICHNUNGEN YVES LAURENT UND MIKAËL KALOS)

283 links

Bemaltes Ostrakon mit figürlichen Darstellungen. Es zeigt eine vornehme sitzende Persönlichkeit, die eine Lotosblüte hält, und davor einen Priester. Skizze in Rot, mit Schwarz nachgezeichnet. Tal der Königinnen (1991). Ramessidenzeit. Kalkstein. Maße 18 x 25 cm. Inspektorat von Gurna.

283 rechts

Votivstatuette der Großen Königlichen Gemahlin Ahmose-Nefertari, die eine geflochtene Perücke trägt. Diese bedeckt teilweise die Geierhaube. In der linken Hand hält sie eine Geißel. Nach der Vergöttlichung wurde diese bemerkenswerte Königin mit einem Kult geehrt, der noch in der Dritten Zwischenperiode bezeugt ist. Bemaltes Holz. Louvre/Paris. Herkunft Deir el-Medineh. Epoche Ramses' II.

Norden. In diesen Behausungen, deren Ruinen ausgegraben und restauriert worden sind, lebten einige der Handwerker von Deir el-Medineh, die an den Gräbern der Königinnen und Prinzen arbeiteten. Sie sind die Schöpfer einiger schöner bemalter Ostraka, die bei der Freilegung der Anlage ans Tageslicht gekommen sind. In der Römerzeit wurden einige dieser bescheidenen Wohnungen abgerissen, während andere, nachdem sie in der Koptenzeit umgestaltet worden waren, ohne Zweifel wieder bewohnt wurden.

Unter der Herrschaft Ramses' III. wurden am Fuß des Südwesthangs des Haupttales neue Baustellen in Angriff genommen. Das Bauvorhaben umfasste die Ausschachtung und Ausschmückung der Prinzengräber, angefangen mit denen von Ramses Meriamun (QV 53) und Amunherchepeschef (QV 55). In diesem Sektor arbeiteten die Handwerker auch an den Königinnengräbern für die Großen Königlichen Gemahlinnen: für Titi (QV 52) und Isis (QV 51). Im Hintergrund der südlichen Seitenachse ordnete Ramses III. Grabbauten für mindestens drei seiner älteren Söhne an. Während dieser Herrschaftszeit wurden noch zwei weitere Gräber begonnen, blieben jedoch unvollendet (QV 41 und QV 45). Verglichen mit den Gräbern der 19. Dynastie ist der Grundriss Änderungen unterworfen worden, doch von da an bietet sich die Anordnung der Kammern eher als eine Folge von Korridoren dar.

Der Turiner Königspapyrus (Katalog 1923,v °17) deutet übrigens auf ein wichtiges Projekt im Tal der Königinnen unter der Herrschaft Ramses' VI. hin. Dort wurden sechs

Gräber angelegt, von denen man bis zum heutigen Tag keine Spur gefunden hat. Jedoch deutet eine Art Hofkalender mit den Kartuschen dieses Pharaos an der Tür der Grabkammer mit dem Sarkophag der Königin Isis darauf hin, dass das Grabmal QV 51 in dieser Zeit vollendet worden ist, um die Große Königliche Gemahlin Ramses' III. aufzunehmen.

Gegen Ende der Herrschaftszeit Ramses' III. wüteten in Theben-West soziale Unruhen infolge wirtschaftlichen Niedergangs. Diese Ereignisse führten zu Streiks und dann, kurze Zeit später, zur Schändung der Königsgräber und der »Tempel der Millionen Jahre«. Auch das Tal der Königinnen blieb von solchen Entweihungen nicht verschont. Es gibt Dokumente (Papyrus Abbott, Papyrus Meyer A., Papyrus Ambras, Giornale della Necropoli di Tebe), in denen die Verwaltungs- und gerichtlichen Maßnahmen aufgeführt worden sind, die damals in diesem Zusammenhang erlassen wurden. Im Papyrus Abbott beispielsweise betreffen mehrere Zeilen die Schändung des Grabs der Isis (QV 51) sowie die Festnahme der vermutlichen Urheber dieser verbrecherischen Missetat.

So wie es bei den Pharaonen geschah, ist zu vermuten, dass auch die Mumien von Königinnen und Königskindern der Ramessidenzeit nach diesen tragischen Ereignissen von Priestern in ein »Versteck« überführt worden sind, das ohne Zweifel außerhalb der Nekropole lag. Dies könnte zumindest erklären, weshalb keine dieser hohen Persönlichkeiten, die in der Zeit der 19. und der 20. Dynastie im Tal der Königinnen beerdigt worden sind, bei Ausgrabungen gefunden worden ist.

Die Dritte Zwischenzeit markiert einen Übergang in der Geschichte der Nekropole; denn mit Beginn der 22. Dynastie wird die Mehrheit der ausgeraubten Grabmäler erstmalig wiederverwendet. Diese Neunutzung ist bis zur saistisch-persischen Epoche bezeugt und wird nicht allein durch die einfache Ausstattung bei den Grabschächten der 18. Dynastie oder der Gräber aus der Ramessidenzeit bezeugt, sondern auch durch die Entdeckung reichen archäologischen Materials. Die sich so abzeichnende Entwicklung ermöglicht es zu sehen, dass der thebanische Klerus die Bestattungszeremonien wieder in die Hand nimmt. Das zeigt sich nicht nur in einer umfassenden Neuverteilung der Gräber, sondern auch darin, dass es immer mehr Familiengräber gibt. Die Nutznießer davon sind vor allem kleine Beamte, die ihrer Arbeit in den Tempeln nachgehen, die dem weitläufigen geweihten Gelände angegliedert sind: einige Priester, aber vor allem Menschen, die im weitesten Sinne mit dem Boden zu tun haben – Feldmesser oder Landwirte, Blumenzüchter oder Gärtner. Die Frauen tragen nur den Titel einer Hausfrau oder, in seltenen Fällen, den einer Sängerin des Gottes Amun.

Die Grabausstattung, wie wir sie aus der Mehrzahl der erforschten Gräber kennen, ermöglicht durchaus interessante Feststellungen. Tatsächlich bemerkt man von der Dritten Zwischenperiode an im Tal der Königinnen, dass das prachtvolle Geschirr, die Möbel, Spielsachen und Waffen, Spartowaren (Gewebe aus den Fasern des Spartograses) und selbst Schmuckstücke fast völlig aus den Gräbern verschwunden sind. Dafür kann man beobachten, dass die prachtvolle Ausstattung der Toten sich verändert hat: Jetzt finden wir die Vervielfachung von Sarkophagen und Ausschmückung, eine Vervielfachung auch von Uschebtis. Die Kanopen bleiben zwar erhalten oder werden manchmal durch winzige Miniatursärge ersetzt, haben aber keine symbolische Rolle mehr. Plünderungen und die Bedürftigkeit, in der sich das Land zur damaligen Zeit vielleicht befand, können diese Tatsache nicht zufriedenstellend erklären. Alles trägt vielmehr zu der Annahme bei, dass der Ursprung dieses spektakulären Phänomens, an dem man überdies sehr gut wahrnehmen kann, dass die irdischen Güter ihren Wert im Jenseits verloren haben, vielmehr in einer vernünftigen Entwicklung der Einstellung der Ägypter zum Tod zu suchen ist.

Doch erst in der Römerzeit findet im Tal der Königinnen eine intensive Neunutzung statt. Nachdem man es vom Beginn des Römischen Reiches bis zur Mitte des 4. Jahrhunderts als allgemeinen Friedhof genutzt hatte, wurde es später sowohl gebietsmäßig wie verwaltungsmäßig den Gedenktempeln angegliedert, den Memnonia. Das heißt, dass es in dieser Zeit die gleiche Funktion hat wie andere Nekropolen am Westlichen Ufer. Der Betrieb erfolgt nach den Grundsätzen, die eine weitläufige Friedhofsverwaltung angeordnet hat. Sie entscheidet über alles, was die Mumifizierung der Verstorbenen betrifft, über Herstellung und Verkauf von Ausstattungsgegenständen für die Ewigkeit, die Verteilung der Grabstellen, die Organisation der Beisetzungen sowie alles, was allgemein nach dem Tod eines Menschen erledigt oder geregelt werden muss. Dieses veritable Dienstleistungsgewerbe von Bestattungsinstituten ist wohl dem nachgebildet, das schon zur Pharaonenzeit existiert haben muss. Es hat sich jedoch bemerkenswert weiterentwickelt und stellt von nun an einen lukrativen Wirtschaftszweig dar.

Die Pharaonengräber der Region erleben eine fast durchgehende Wiederbelegung. Um für neue Tote Platz zu schaffen und der wachsenden Nachfrage Herr zu werden, kommt es nicht selten vor, dass die für die Nekropole zuständigen Arbeiter die Gräber vergrößern. In den Grüften der 18. Dynastie verbinden Netze unterirdischer Gänge mehrere Gräber miteinander; Gänge und Stollen, die manchmal sehr tief ausgegraben sind, führen zu Seitenkammern. In den »Häusern der Ewigkeit« der Ramessidenzeit werden nach Bedarf Schächte ausgehoben, die zu mehr oder weniger geräumigen Grabkammern führen, in denen die Toten zusammengepfercht sind. Im Inneren dieser Gräber zählte man die Mumien zu

Dutzenden, in manchen sogar mehr als hundert (QV 15–16, QV 34, QV 39).
Infolge der Überfüllung und des zunehmenden Platzmangels verschwindet das Prinzip der Familiengräber zu Gunsten einer neuen Bestattungsordnung nach Stadtvierteln. Ob sie nun aus Theben-West oder Nachbarstädten kamen – in fast allen Fällen stammen die Toten aus bescheidenen Verhältnissen. Gelegentlich finden in diesen Gräbern auch mumifizierte Tiere Platz, vor allem Falken oder Ibisse, wie man sie vor allem bei den Ausgrabungen in den Gräbern QV 3–4, QV 9–10, QV 11–12 und QV 53 hat freilegen können.
Die Bestattungstraditionen dauern zwar fort, aber nur in stark vereinfachter Form. Die Mumifizierung wird eindeutig nicht mehr so sorgfältig vorgenommen, wie es ein Vergleich mit früheren Epochen zeigt, bleibt aber die am häufigsten genutzte rituelle Praxis. Die Leichname werden bei Bedarf mit Palmwedeln oder einem Brett verstärkt und dann in eine Reihe von Leichentüchern eingehüllt. Ein Halskragen oder ein mit mythologischen Szenen bemaltes Grabtuch vervollständigt in der Mehrheit der Fälle die Ausstattung der Toten. Weniger zahlreich sind hingegen die Toten, die in einem Sarkophag aus Holz oder Terrakotta bestattet wurden. Die Grabausstattung wird auf das Wesentliche beschränkt und umfasst nur noch Keramikgeschirr und in sehr seltenen Fällen Kanopen-Attrappen und Uschebtis.
In der zweiten Hälfte des vierten Jahrhunderts wird »Ta set neferu« zu einer Zufluchtsstätte und einem Ort der Meditation für Anachoreten und Eremiten. Gräber, Zellen und natürliche Unterkünfte werden dürftig eingerichtet und bewohnt. Das beginnende Christentum festigt sich nach und nach, und die ersten Klöster werden gegründet. An den Hängen und in den Talsenken des Westgebirges von Theben kann man mindestens zehn davon zählen, wobei das Kloster von Deir er-Rumi in der Zeit des 6. und 7. Jahrhunderts das zentrale Element der im Tal der Königinnen gegründeten Klosterform repräsentiert.

IV. DIE IKONOGRAPHISCHEN MERKMALE DER GRÄBER IM TAL DER KÖNIGINNEN ZUR ZEIT DER RAMESSIDEN

Gottheiten und Genien sind zusammen mit dem Verstorbenen – ob Königin, Prinzessin oder Prinz – die bevorzugten Akteure, die auf den großen Wandgemälden dieser Gräber dargestellt sind. Wie in den Tempeln wird ihre Reise anhand von zwei Achsen wiedergegeben: Die eine, königlich, aber auch chthonisch, ist auf das Innere des Grabs hin orientiert (religiöser Westen), die andere, göttlich, aber auch solar, richtet sich nach außen (religiöser Osten). Allgemein gilt die Regel, dass das Bild Vorrang vor dem Text hat und ebenso wie die Sequenzen eines Films die Reisen des »Verklärten« in seinem neuen Reich bildlich darstellt. Das heißt, dass wir den Aufstieg des Verstorbenen ins Jenseits miterleben. Wir begleiten ihn dann auf den weiteren Stationen seiner Reise in die Unterwelt, wo er verschiedene Hindernisse überwinden und mehrere Wandlungen durchlaufen muss, um schließlich ins Königreich der von Osiris Auserwählten aufgenommen zu werden, was die Vorstufe seiner Wiedergeburt darstellt. Die Götter und Göttinnen, die ihn begrüßen, die ihn beschützen und ihm sogar dabei helfen, Proben zu bestehen, indem sie ihm bei Bedarf magische Formeln übermitteln, haben in diesem Zusammenhang keine andere Rolle, als sich zu Gunsten des Toten einzuschalten. Wenn dieser schließlich am Endpunkt seiner Reise angelangt ist, ist er nicht nur »gerechtfertigt«, sondern auch »verklärt« und wird eins mit dem Gott Re.

Diese Art der Darstellung ist direkt durch das Totenbuch angeregt, wenn sie auch gelegentlich nur in verkürzter Form erscheint, weil die Künstler nicht genügend Fläche zur Verfügung hatten. Man findet diese Ikonographie aber in allen Ramessiden-Gräbern des Tals der Königinnen.

Der Stil der Darstellung ist zwar qualitätvoll, aber auch schulmäßig-unoriginell. Vor allem durch die priesterliche Haltung der Dargestellten unterscheiden sich diese Abbildungen von der Dekoration privater Grabkapellen der Epoche. Dafür haben sich die Künstler im Detail besonderer Sorgfalt befleißigt, ebenso bei der Darstellung von Gesichtern. Die ungewöhnliche Reihe von Porträts der Königin Nefertari bietet ein Beispiel dafür, aber auch die Wiedergabe von Kleidung und Schmuck – Dingen, die uns eine Vorstellung von Reichtum und Vielfalt der königlichen Garderobe in der Zeit der 19. und 20. Dynastie vermitteln. Technisch gesehen könnte man sagen, die Bildhauer konnten infolge der brüchigen Unterlage, auf der sie arbeiteten, ihrer Kunst nur auf unvollkommene Weise Ausdruck verleihen. Dafür haben es die Maler mit Hilfe einer Palette schillernder Farben verstanden, diese Unvollkommenheiten auf bemerkenswerte Weise auszugleichen und sich damit zugleich zu Herren über die Ausstattung dieser Gräber zu machen.

Bedauerlicherweise ist dieses ikonographische Programm in bestimmten Gräbern der Nekropole unvollendet geblieben. Das lässt sich sehr deutlich an dem Entwurfszustand ablesen, den wir beispielsweise in der Grabkammer der Königin Satre vorfinden (QV 38). Dort haben die Bildhauer

offensichtlich nicht die Zeit gehabt, die an den Wänden angebrachten Entwürfe der Zeichner zu vollenden. In fünf weiteren Gräbern (QV 36, 42, 43, 44 und 55) sind es im Gegensatz dazu die Maler, die ihre Arbeit nicht haben beenden können. So haben sie mehrere Sujets nur im Relief ohne Farbe dargestellt. Schließlich konnten die Künstler im Rahmen ihrer vorbereitenden Arbeiten ihr Talent noch an den Wänden unter Beweis stellen, die noch nicht ausgeschmückt worden waren. In mindestens zwei Gräbern der Nekropole findet man Skizzen in Schwarz oder Rot, die einen König (QV 55) und eine Prinzessin (QV 36) darstellen.

Außer den traditionellen Szenen der Auferstehung, der Weihe, der Anbetung, der Trank- und Rauchopfer umfasst das ikonographische Repertoire dieser Gräber vor allem verschiedene Opfergaben (wie z.B. Kohlebecken, Meret-Kästchen, Behälter mit parfümiertem Fett, Stoffe, Papyrussträuße, Behälter mit Salbe, Brot oder Wein, ja sogar symbolische Darstellungen der Maat). Die Königin wird auf manchen Bildern an einem Tisch voller Speisen sitzend dargestellt, aber auch, wie sie zum Vergnügen einer Gottheit Sistrum spielt. Diese findet man jedoch weniger häufig. Ebenso außergewöhnlich bleibt die Darstellung der Verstorbenen, wie sie beim Senet, dem beliebten Brettspiel, gezeigt wird (QV 66).

286–287

Nefertari, die Große Königliche Gemahlin Ramses' II., »die von Mut Geliebte«, weiht dem Gott Atum mit einem Sechem-Zepter ein gewaltiges Speiseopfer. Sie trägt ein hauchdünnes, durchsichtiges Leinenkleid sowie Schmuck. Ferner trägt die Königin die Geierhaube, über der ein Sockel zu sehen ist, an dem zwei hohe gerade Federn befestigt sind. Grabmal Nefertaris (QV 66). Detail der Szene von der Rückwand der oberen Seitenkammer.

V. DIE GRÄBER DER KÖNIGINNEN

Bei den Darstellungen ihrer »Häuser der Ewigkeit« nehmen Königinnen und Prinzessinnen sehr ähnliche Haltungen ein. Sie werden meist stehend dargestellt, manchmal vor einem Tisch mit Opfergaben sitzend, seltener auch kniend. Die Gemahlinnen oder Töchter des Königs sind in der Regel mit einem langen, weiten Gewand aus feinem weißem, gefälteltem Stoff bekleidet, die an der Taille durch einen Gürtel mit zwei oder vier Enden zusammengehalten wird. In der Mehrzahl der Fälle tragen sie auf dem Kopf die traditionelle »Geierhaube«, die auf einer flachen Kopfbedeckung (»Kalathos«) sitzt. Manchmal trägt die Abgebildete auch die traditionelle Stirn-

288–289

Die festlich gekleidete Nefertari bietet Opfergaben dar. Sie reicht den Göttinnen Hathor, Selket und Maat Weinkrüge. Zwischen der Großen Königlichen Gemahlin und den Gottheiten befindet sich ein gedeckter Tisch, auf dem sich Opfergaben häufen: kleine runde Kuchen, Brote, Gemüse und Obst. Grab Nefertaris. Treppe zur Sargkammer (Wand auf der rechten Seite des Treppenabsatzes).

288 unten

Zwei der vier Söhne des Horus: Hapi mit Paviankopf und Duamutef mit Falkenkopf.

289 unten

Anubis in Gestalt eines Schakals liegt auf dem Dach einer Kapelle. Anubis ist Herr und Meister der Balsamierungshalle und Beschützer der Nekropolen. Ihm obliegt es, die verstorbene Königin zu den Toren zu führen, die Einlass ins Reich des Osiris gewähren.

kobra (Uräus). Am Barett sind gelegentlich zwei hohe, gerade Federn befestigt, an deren Kielen eine Sonnenscheibe angebracht ist. Diese Federn können manchmal durch Lotosfrüchte ersetzt werden, deren Stiele vom Sockel abstehen. Im Grab der Isis (QV 51) kann man in mindestens zwei Darstellungen eine weitere Variante sehen. Die Kopfbedeckung der Königin wird von einer Art Diadem gekrönt. Es besteht aus Kobras, die sich in Angriffshaltung aufrichten. Über den Köpfen der Schlangen sind Sonnenscheiben angebracht. Interessant, da nur hier zu finden, sind zwei weitere Kompositionen. Sie zeigen die Königin mit einem »Kalathos«, auf dem einmal zwei Kobras angebracht sind, und einem mit der Atefkrone geschmückten Geier (QV 52). Im zweiten Fall sehen wir zwei Kobras, die jedoch von den Flügeln eines Falken oder eines Geiers beschützt werden (QV 42, 51, 52).

Halskragen aus mehreren Perlenreihen, Armbänder, Finger- und Fußringe sind die hauptsächlichen Schmuckstücke. Manchmal werden auch Ohrringe getragen. Am häufigsten erscheinen Schmuckstücke in Form von kleinen Blütendolden, Ringen, Cabochons und rosenförmigen Verzierungen, aber auch Kobras – vor allem in den Gräbern der Nefertari (QV 66), Meritamun (QV 68) und Nebettaui (QV 60).

Interessant auch die persönlichen Besonderheiten der Kleidung. Im Grab der Nefertari erscheint die Königin an der Nordostwand der westlichen Seitenkammer zur Sargkammer in Gestalt des Osiris. Dies ist das einzige bezeugte oder zumindest erhaltene Beispiel dieser Assoziation: Die stehende Königin ist in ein Mumientuch gehüllt, aus dem nur der frisierte Kopf mit einer dreiteiligen, klassischen Perücke herausragt, die durch die »Geierhaube« und den »Kalathos« vervollständigt wird. Als Schmuck trägt die Gemahlin Ramses' II. einen angedeuteten Halskragen aus einer Reihe bis auf Brusthöhe herabhängender Bänder.

Ebenfalls in diesem Grabmal begegnet uns an der Südwestwand der Vorhalle die einzige bildliche Darstellung der Königin in Gestalt einer Vogelseele (ägypt. *Ba*). Der lebendig dargestellte Vogel hockt auf einem kleinen Haus, das nichts weiter ist als die vereinfachte Wiedergabe des Grabmals. Der Vogel ist mit einem Menschenkopf dargestellt – dem von Nefertari, der mit der »Geierhaube« auf einem »Kalathos« bedeckt ist.

Schon Hatschepsut und Teje haben sich im ikonographischen Repertoire behauptet, indem sie in Sphinxgestalt erschienen, aber auch die Königinnen der Ramessidenzeit haben diese Idee nicht aufgegeben. Das bestätigt zumindest ein Abbild von Tuja an der Nordwestwand einer Seitenkammer ihres Grabes (QV 80). Die Große Königliche Gemahlin Sethos' I. nimmt dort die Gestalt eines Löwen mit Menschenkopf an, der die auf einem Sockel sitzende und mit zwei hohen geraden Federn geschmückte Geierhaube trägt. Die Königin reicht einer Gottheit, deren Bildnis zerstört ist, einen Salbentopf. Im Grabmal von Bintanat (QV 71) flankieren zwei gleichartige Sphingen die Türöffnung, die zur östlichen Seitenkammer der Vorhalle führt. Auf der mit einer Tür versehenen Kapelle ist die ältere Tochter von Ramses II. als Sphinx dargestellt, dessen Menschenkopf diesmal aber eine Perücke mit zwei dicken Flechten trägt, welche die »Geierhaube« zum Teil verbirgt. Die ursprünglichen Darstellungen von Bintanat sind auf einem hohen Fries untergebracht, der aus zwei Djed-Pfeilern und einem Isisknoten besteht.

Im Grabmal der Titi (QV 52) ist es interessant festzustellen, dass die Gemahlin des Königs mehrmals in Gestalt eines jungen Mädchens dargestellt ist, während sie an anderer Stelle die Erscheinung einer erwachsenen Frau annimmt. Sie trägt ein gefälteltes Kleid, dessen Durchsichtigkeit der Maler mit großer Kunstfertigkeit dargestellt hat. An den Füßen trägt die Prinzessin-Königin feine Schnabelschuhe, auf dem Kopf eine kurze Perücke mit einem Uräus, einer Stirnkobra, die den Kopf und die charakteristische Jugendlocke umschließt, die auf der rechten Seite getragen wird oder, wenn sie länger ist, auf den Rücken fällt. In beiden Fällen wird die Haube von einem Sockel beherrscht, an dem zwei hohe Federn mit einer Sonnenscheibe auf der Vorderseite angebracht sind.

Das Thema der Königin in Gesellschaft ihrer Tochter ist außergewöhnlich, da es in dieser Nekropole nur einmal im Grabmal von Bintanat (QV 71) vorkommt. Das Sujet wird auf der Ostwand der Grabkammer dargestellt. Hinter der Mutter und in anbetender Haltung steht »die Tochter des Königs, von ihm gezeugt«, die sich mit ihrem jugendlichen Aussehen, der prinzlichen Jugendlocke, die ihr bis zur Schulter reicht, und einer Lotosblüte, deren Dolde sich leicht auf die Vorderseite neigt, kaum von Bintanat unterscheidet. Am Ohr trägt sie einen Ring, den die Perücke zum Teil verbirgt.

Dass ein solches Bild in einem Grabmal wie diesem zu finden ist, weist überdies darauf hin, dass die Ehe des Königs mit seiner eigenen Tochter – hier Bintanat, die ältere Tochter von Ramses II. und Isis-Nofret, die später Große Königliche Gemahlin wurde – tatsächlich vollzogen worden ist. Tatsächlich erweist sich die in dem Grab dargestellte anonyme Prinzessin als greifbare Frucht dieser besonderen Verbindung. Die Vorstellung, dass diese heiligen Eheschließungen zwischen Vater und Tochter nur fiktiv oder symbolisch gewesen sein könnten, muss inzwischen aufgegeben werden. Ein weiteres Bild dieses jungen Mädchens erscheint übrigens an der Westwand derselben Kammer, nämlich vor der Göttin Nephthys. Ihr Erscheinungsbild bleibt dem ähnlich, das die vorhergehende Szene kennzeichnet, doch in diesem Fall trägt sie eine Jugendlocke, die ihr auf der rechten Kopfseite auf die Schulter fällt.

290–291

Nechbet in Gestalt einer geflügelten Kobra schützt die Kartusche mit dem Namen Nefertaris, die auf dem Zeichen für Gold ruht. Darüber thront die Sonnenscheibe. Treppe zur Sargkammer (linke Wand über dem Treppenabsatz).

292–293

Die Göttin Hathor, »Die in Theben herrscht«, die »Himmelsherrin«, empfängt Nefertari, die Große Königliche Gemahlin. Sargkammer, südwestlicher Pfeiler (Westseite).

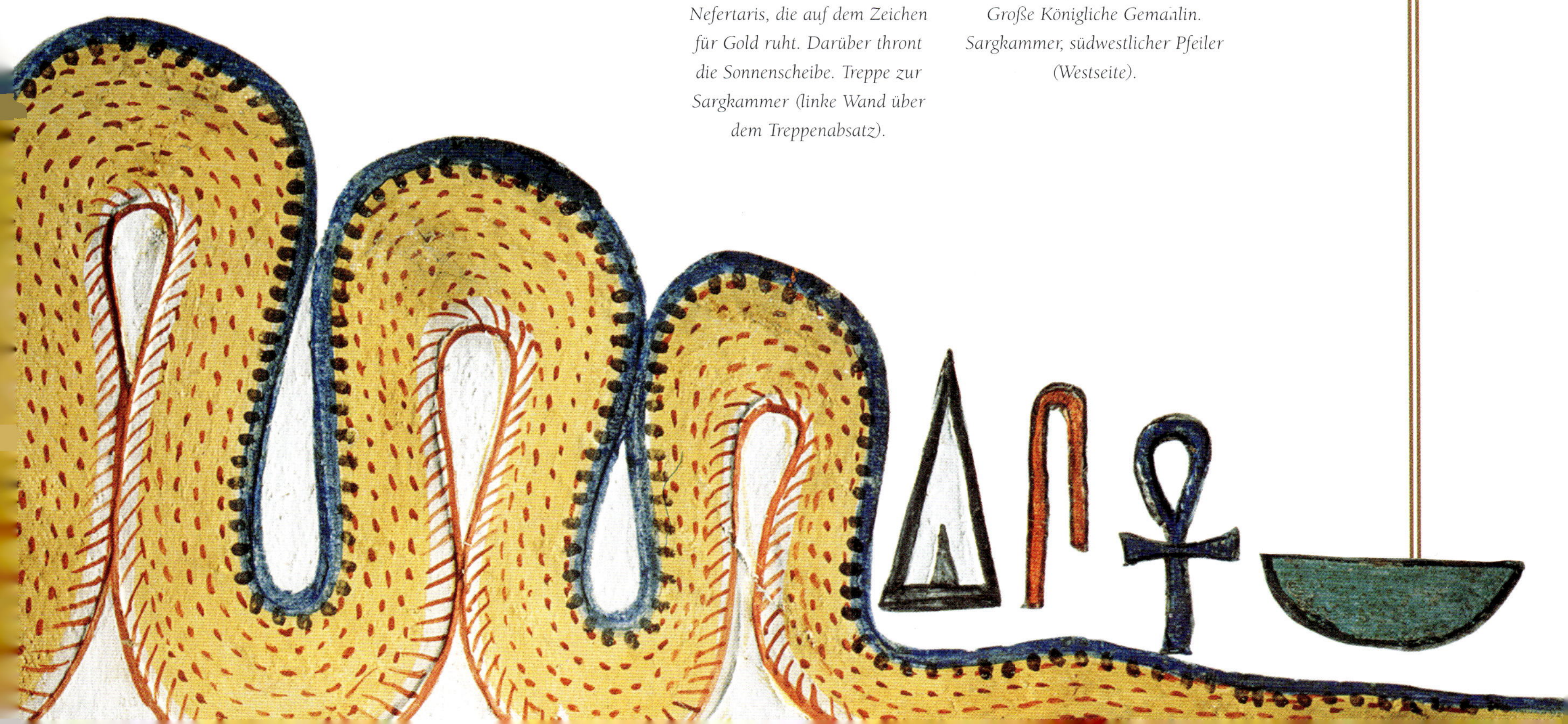

294–295

Während der Vollendung ihrer Reise ins Jenseits muss Nefertari den Gottheiten, denen sie unterwegs begegnet, Opfergaben darbieten. Hier reicht sie der guten Göttin Isis Weingefäße. Diese verspricht ihr dafür ein ewiges Leben. Treppe zur Sargkammer, linke Wand.

295 oben

Die Namenskartusche der Königin Nefertari (»die Schönste«), Meretenmut (»Geliebt von Mut«), neben die zum Schutz des Namens das »Schenu«-Zeichen gesetzt ist.

Das Grab der Nefertari

von Christian Leblanc

Nefertari, Große Königliche Gemahlin Ramses' II., Mutter des Prinzen Amunherchepeschef, des ältesten Sohns des Pharaos, hat mindestens während der drei ersten Jahrzehnte der Herrschaft ihres Gemahls eine herausragende Stellung eingenommen. Besonders im Süden Ägyptens hat man sie durch zahlreiche Denkmäler unsterblich gemacht. Am Westufer von Theben wird sie vor allem an der Seite ihres Gatten dargestellt. Ihre Präsenz in der Region seit dem Jahr 1 wird übrigens von einem schönen Relief im Grab Nebwnenefs bezeugt, einer Persönlichkeit, der Ramses das hohe Amt eines »ersten Priesters von Amun« anvertraut hatte. Nefertari nahm an der Einsetzungszeremonie teil, die in Abydos stattfand, wo sie sich an der Seite von Ramses am Erscheinungsfenster des Palasts zeigt. Wir wissen auch, dass sie im Ramesseum mit ihrer Schwiegermutter das kleine Heiligtum teilt, das an der Nordseite an den Haupttempel grenzt. Vielleicht wird auf einer Stele im Berliner Museum auf dieses Geburtshaus (Mammisi) angespielt. Dort lernen wir den Oberdomänenverwalter des »Hauses der Großen Königlichen Gemahlin Nefertari« kennen, »der von Mut Geliebten«, einen gewissen Iui.
Bei prunkvollen Festen, wie etwa dem zu Ehren des Min, dem Gott der Fruchtbarkeit, nahm die Königin ebenfalls am Ritual teil. An der Westwand des Nordturms des zweiten Pylons sieht man im oberen Register, wie sie zu Ehren des Gottes der Fruchtbarkeit tanzt. Ohne Zweifel war sie auch auf anderen Bildern dargestellt, aber da die meisten Mauern nach der Aufgabe des offiziellen Kults abgebrochen wurden, sind diese kostbaren Quellen verloren. Ramses II. hat zwar auch in seinem Grabmal Namen und Titel Nefertaris in den Türsturz des Korridors meißeln lassen, aber vor allem in

296 oben

Vignetten des 17. Kapitels des Totenbuchs. Bild des »Benu-Vogels« in Gestalt eines Fischreihers – eine der greifbaren Darstellungen des Gottes Re. In ihm verkörpert sich auch die Seele des Osiris. Diese beiden Facetten, die solare und die chthonische, die einander entgegengesetzt sind, sich aber auch ergänzen, machen diesen göttlichen Vogel zum Symbol der periodischen Wiederkehr der Schöpfung. Isis und Nephthys in Milan-Gestalt wachen über der Mumie Nefertaris. Der schwarzhäutige Genius des Nils mit Perücke und Lendenschurz aus langen, schmalen Riemen hält in der rechten Hand einen Palmwedel, das Symbol der »Millionen Jahre« bzw. der unendlichen Erneuerung des Lebens. Vorhalle (C), Westwand, oberes Register.

296–297

Der Doppellöwe Ruti. Auf diesem Bild (hier unvollständig wiedergegeben) verkörpert das Paar Schu und Tefnut, die Hüter des Horizonts, einen mythischen Ort, der mit der Schwelle zum Jenseits vergleichbar ist, an dem sich aber auch der Gott Re neu erschafft. Vorhalle (C), Westwand, oberes Register.

297 oben

Darstellung der Königin in Gestalt des »Ba-Vogels« (ihrer Seele), der auf dem Dach eines Häuschens sitzt, das nichts weiter ist als eine stilisierte Wiedergabe des Grabmals. Vorhalle (C), Westseite der Südwand, oberes Register.

dem Tempel, den er in Abu Simbel hat errichten lassen, sowie später in dem Grabmal, das er ihr im Tal der Königinnen widmete, hat der Pharao jener Frau, die so viele Jahre an seiner Seite das Schicksal des Reiches mit ihm geteilt hat, die zärtlichsten Huldigungen dargebracht. Für seine innig geliebte Königin, die um das Jahr 26 seiner Herrschaft aus seinem Leben ging, hat Ramses ein prachtvolles »Haus der Ewigkeit« einrichten lassen, das heute zu den Glanzlichtern von Theben-West zählt. Dieses Grabmal ist ein wichtiges Zeugnis der offiziellen Malkunst und unterstreicht mit seiner raffinierten Ausstattung und der großen Sorgfalt seiner Reliefs eindrucksvoll die Meisterschaft der Künstler dieser Epoche.

Das auf zwei Ebenen angelegte Grabmal schildert

mit seinen Wandgemälden die Reise der Königin zum Haus des Osiris und dann ihre Rückkehr zum Licht des Re.

Das Grab wurde 1904 von einer italienischen Expedition des Museo Egizio, Turin, unter Leitung von Ernesto Schiaparelli entdeckt. Zwischen 1986 und 1992 wurde das Grab in einer Gemeinschaftsaktion des Getty Conservation Institute und des Ägyptischen Antikendienstes restauriert. Heute ist die Anlage wieder für Touristen zugänglich, aber nur in beschränkter Zahl.

Die Vorhalle (C), die die erste Etappe dieser Reise nach Westen markiert, ist auch der Ort, an dem die nächtliche Reise der verstorbenen Königin ihr Ende findet. Nachdem Nefertari von Osiris und Anubis empfangen worden ist, wie auf den Wänden Mitte

298 oben

Vignette des 17. Kapitels des Totenbuchs. Nefertari, unter einem Baldachin (Seh) sitzend, spielt »Senet«, ein Brettspiel. Vorhalle (C), Westseite der Südwand, oberes Register

298 unten

Selket, »Die die Kehlen atmen lässt«, Göttin in Gestalt eines Skorpions, die als Schutzmacht für die verstorbene Königin gilt. Zusammen mit Isis, Nephthys und Neith schützt sie die Kanopen. Durchgang zum Vestibül (D), Nordseite, linke Einfassung des Durchgangs (Nordseite).

298–299

Die Ostwand der Vorhalle (C) ist von einer großen Öffnung durchschnitten. Auf dem Türsturz dieses Durchgangs (D) verläuft ein Schmuckfries. Er zeigt abwechselnd Kobras in Angriffshaltung und Straußenfedern. In der Mitte ein kniender Genius in Menschengestalt. Er legt die Hände auf zwei Ovale, von denen jedes eines der Augen des Horus enthält. Hier wird das ikonographische Programm des Vestibüls (E) und der Seitenkammer (F) angekündigt. Die Augen des Horus symbolisieren die zyklischen Bewegungen von Sonne und Mond, die solare und chthonische Ewigkeit.

rechts in der Kammer zu sehen, lenkt sie sofort ihre Schritte zu der Treppe, die zur Sargkammer hinunterführt (A). Gegenüber, an den Wänden Mitte links dieser Vorhalle, sieht man einen langen, in Spalten angeordneten Text, der auf das »Herausgehen am Tage« Bezug nimmt. Es handelt sich um Kapitel 17 des *Totenbuchs* und einige Anspielungen aus den Kapiteln 71 und 175, deren Vignetten nacheinander auf dem oberen Register der drei Wände wiedergegeben sind. Dort sind in der Tat die Anrufungen verzeichnet, die der Verstorbenen jeden Schutz bieten, ihr aber auch erlauben sollen, im schönen Westen Senet spielen und nach Belieben das Totenreich verlassen zu können. Die Szenen, welche die Wände des Vestibüls (E) und der Seitenkammer (F) schmücken, bilden zwei zusammengehörige Bildfolgen, doch um deren religiöse Bedeutung zu verstehen, muss man sich in die Achse dieser beiden Räume stellen und die Tatsache beachten, dass der Wandschmuck der gesamten linken Mitte der chthonischen (nächtlichen) Welt entspricht, jener der rechten Mitte hingegen der Sonnenwelt (der täglichen). Das erste Bild, das sich uns darbietet, ist somit das von Selket auf dem linken Türsturz des Durchgangs (D). Diese Schutzgöttin, deren Namensideogramm ein Skorpion ist, macht Nefertari den Weg frei, wie es auch ein wenig später Maat tut, die an den Türstürzen des Durchgangs zur Seitenkammer (F) erscheint. Nachdem sie ins Vestibül geführt worden ist, geleitet Isis die Königin zur Inkarnation des ewigen Werdens, dem Gott Chepre mit dem schwarzen Skarabäuskopf. So überrascht es nicht, dass man auf der gegenüberliegenden Seite auf dem rechten Türsturz des Durchgangs (D) Neith begegnet, der Göttin, die beim Himmelsaufstieg der Toten zur solaren Existenz eine besondere Rolle spielt. Sie hat die Aufgabe, Osiris zu erneuern, ihn zu ernähren und mit Atum zu vereinen. Wie Selket, ihr Gegenüber, öffnet Neith Nefertari den Weg, die, vom Vestibül (E) kommend, von Horus zu Re-Harachte geführt wird, der Verkörperung der Ewigkeit am Tage, dem seine Tochter-Gattin Hathor-Imentet zur Seite steht. Horus' Hieroglyphe stellt ein weiteres Merkzeichen auf diesem Weg dar. Hathor-Imentet, der Götter-mutter schlechthin, steht das Privileg zu, der Welt das Kind zurückzugeben – in diesem Fall die verstorbene Königin –, das Kind, das in ihrem mystischen Schoß gegenwärtig ist.

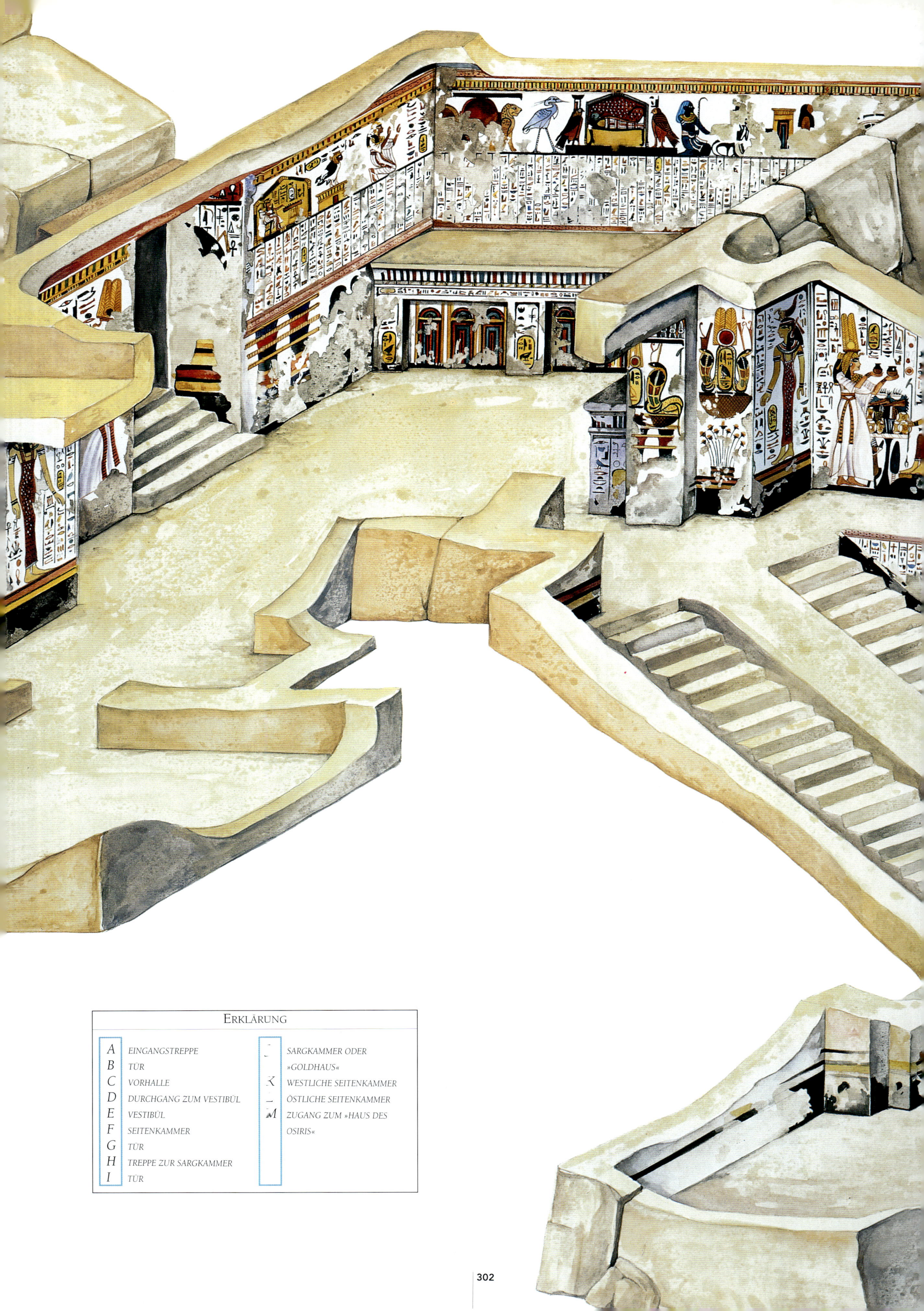

ERKLÄRUNG

A EINGANGSTREPPE
B TÜR
C VORHALLE
D DURCHGANG ZUM VESTIBÜL
E VESTIBÜL
F SEITENKAMMER
G TÜR
H TREPPE ZUR SARGKAMMER
I TÜR
J SARGKAMMER ODER »GOLDHAUS«
K WESTLICHE SEITENKAMMER
L ÖSTLICHE SEITENKAMMER
M ZUGANG ZUM »HAUS DES OSIRIS«

301 links

Die Schutzgöttin Neith, die gelegentlich als Mutter der Sonne oder des Urmeers angesehen wird. Sie trägt ein hautenges Kleid mit Trägern und ist mit einem Halskragen sowie Arm- und Fußreifen festlich geschmückt. Auf dem Kopf trägt sie das Begriffszeichen ihres Namens. Die aus Sais stammende Göttin verkörpert das Königtum, besonders das unterägyptische. Durchgang (D), rechter Türsturz (Südseite).

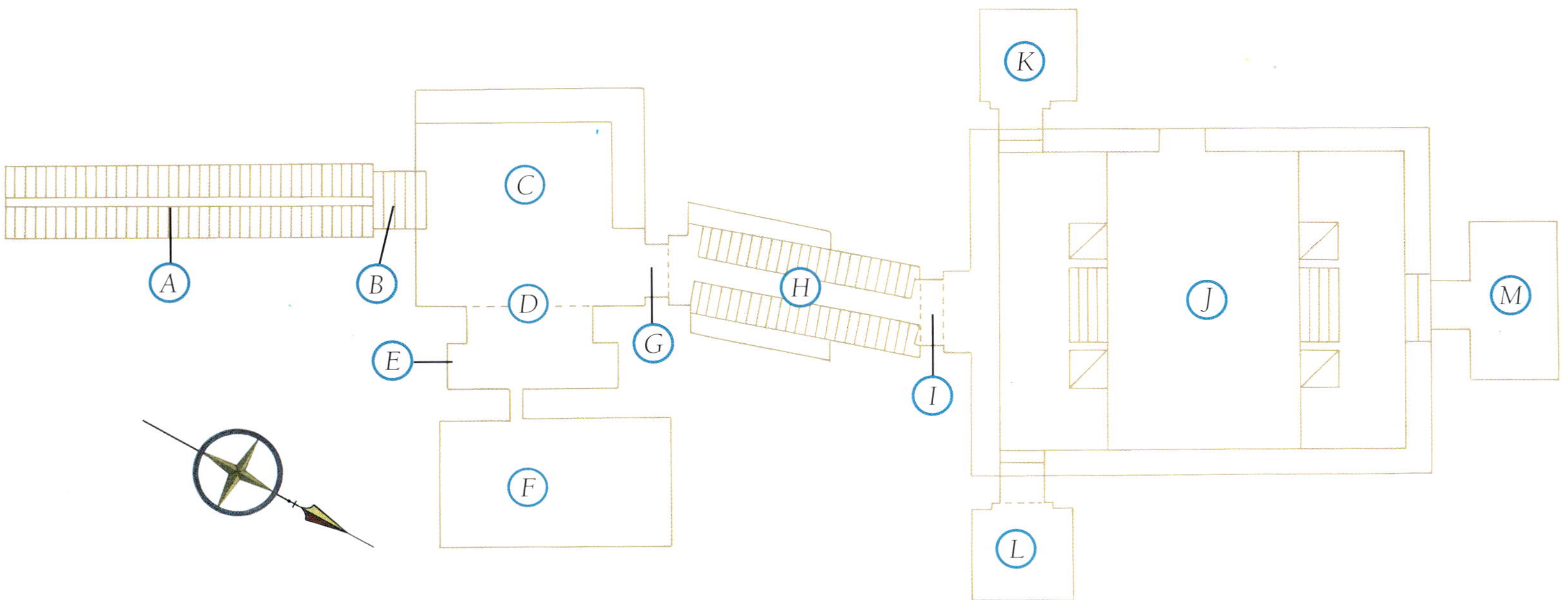

300

Isis, die »Himmelsherrin«, geschmückt mit zwei Kuhhörnern, welche die Sonnenscheibe umschließen, haucht Nefertari göttliches Leben ein. Die Geierhaube, die sie trägt, ist das charakteristische Attribut der königlichen Mütter. Sargkammer, Südostpfeiler (Ostseite).

305

Porträt Nefertaris an der Südwand des Vestibüls (E). Diese hochelegante Königin, hier geschminkt und festlich geschmückt, war die Mutter mehrerer Kinder Ramses' II, darunter der Prinzen Amunherchepeschef, Pareherwenemef, Merire und Meriatum.

304 oben

Die kniende und geflügelte Maat. Sie ist die Tochter des Re und wird stets in Menschengestalt wiedergegeben. Auf dem Kopf hat sie eine Straußenfeder, dem Schriftzeichen für Maat. Diese Göttin verkörpert Gerechtigkeit, Gleichgewicht, soziale und kosmische Ordnung. Sie nimmt zusammen mit Osiris und Thot am Totengericht teil, vor allem am Wiegen des Herzens. Türsturz (I) beim Eingang zum Goldhaus.

Mit ihrem Einzug in das »Haus der Ewigkeit« begibt sich Nefertari auf eine lange Reise, die sie in Etappen zum Reich des Osiris führen wird. Die beiden Götter Anubis und Osiris, die auf den Wänden Mitte rechts in der Vorhalle (C) dargestellt sind, heißen die verstorbene Königin in ihrem neuen Reich willkommen. Unter dem Schutz von Anubis, Nephthys und Isis, die an den Wänden zur Treppe zur Sargkammer (H) an einigen Stellen dargestellt sind, dringt sie allmählich in das Totenreich vor. Bis die Königin das Goldhaus erreicht (J), wo ihre sterbliche Hülle ihren Platz finden wird, muss sie die Portale durchschreiten, die von Furcht erregenden Wächtern bewacht werden. Nachdem sie diese Hindernisse erfolgreich überwunden hat, wird ihr »Triumph« von Osiris, der Nekropolengöttin Hathor und Anubis anerkannt. Von nun an kann sie sich in das Haus des Osiris (M) begeben, das einen Zugang ins Reich des Totengottes gewährt. Ihre Rückkehr zum Licht wird sich in umgekehrter Reihenfolge abspielen. Im Vestibül (E) und in der Seitenkammer (F) wird sich Nefertari mehreren Gottheiten präsentieren, bevor sie wiedergeboren und verklärt werden wird. An diesen Orten wird eine wesentliche Metamorphose stattfinden, nämlich der Übergang von ihrem Zustand als Osiris in den des Re, der sich noch im Puppenstadium befindet. Der Höhepunkt dieser Reise findet in der Vorhalle (C) statt, wo das »Herausgehen am Tage« der glorifizierten und mit der am Horizont auftauchenden Sonne verschmolzenen Königin stattfindet, wie es das auf dem Türsturz (B) wiedergegebene Bild sehr schön illustriert.

306 oben

Kleideropfer der Nefertari an Ptah, abgebildet in Menschengestalt mit grüner Hautfarbe. Der Gott steht in einem Naos mit offenem Fenster. Hinter dem Naos ein Djed-Pfeiler, der manchmal mit dem Weltschöpfer von Memphis gleichgesetzt wird. Ptah selbst wird in der Beischrift bezeichnet als »Herr der Wahrheit, König der beiden Länder, Schöngesichtiger, der auf seinem großen Thron ist.«. Kammer (F) Westwand, Mitte Nord.

306 unten

Im Hintergrund: Vignette und Text aus dem Kapitel 94 des Totenbuchs. Nefertari vor dem ibisköpfigen Thot empfängt die Formel des Rituals, das es ihr ermöglichen wird, Wassernapf und Schreiberpalette zu erlangen (magische Gegenstände, auf einem Ständer vor der Königin zu sehen). Seitenkammer (F), Nordwand.

Nachdem sie die Tür zur Seitenkammer (F) durchschritten hat, tritt die Verstorbene allein ihre Reise im Jenseits an und begegnet zum ersten Mal dem Bildnis des Ptah. Dieses ist in einem Naos eingeschlossen, das an einem Djed-Pfeiler befestigt ist. Vor dem Abbild des Gottes und Weltschöpfers von Memphis opfert sie Stoffe und bietet sich dann dem ibisköpfigen Thot dar, der auf einem Thron sitzt. An diesem Punkt ihres Weges muss Nefertari Kapitel 94 des *Totenbuchs* rezitieren, das hinter ihr in mehreren Spalten geschrieben steht. Damit gewinnt sie Wassernapf und Schreiberpalette – Gegenstände, die Thot, der Gott des Wissens, Schreibens und Berechnens, mit magischen Kräften ausgestattet hat. Nachdem Nefertari diese Probe bestanden hat, setzt sie ihre Reise durch die Unterwelt fort und weiht Osiris dabei ein großes Speisenopfer. Diese Szene nimmt die linke Mitte der hinteren Wand ein. Von da an kann die Königin den qualvollen Weg zu ihrer solaren Wiedergeburt fortsetzen. Diese Vorstellung lässt sich nicht besser ausdrücken als auf dem Bild, das sich nach dem Betreten der Seitenkammer (F) auf der rechten Seite befindet. Dort sind zwischen den Göttinnen Nephthys und Isis die in einem Körper vereinigten Osiris und Re in Gestalt einer widderköpfigen Mumie dargestellt. Dieses besondere Bildnis, das nichts weiter erkennen lässt, als dass Re Osiris verschluckt hat, legt den Schluss nahe, dass Nefertari hier die entscheidende Etappe ihrer Reise hinter sich hat. Sie lässt diese göttliche, in Verwandlung begriffene Hülle hinter sich, wird von da an von den Ketten des Todes befreit und kann danach wie eine neue Sonne am östlichen Horizont wiedererscheinen. In diesem Zusammenhang scheint das Kapitel 148 des *Totenbuchs*, von dem nur die

Vignette wiedergegeben ist, durchaus angebracht zu sein, da es sich um eine Formel handelt, die für ihre Transfiguration im Herzen von Re nötig ist, aber auch dazu dient, bei Atum Macht zu gewinnen. Tatsächlich wendet sich Nefertari nun diesem Gott zu, der Verkörperung des Weltschöpfers, der aber ebenso der Bezwinger der Kräfte der Nacht ist, dem sich die wiedergeborene Nefertari jetzt nähert, um ihm das große Speisenopfer darzubringen.

Somit beziehen sich die Bilder, die soeben vorgestellt wurden, sowohl in Hinsicht auf ihre Themen als auch durch ihre rituelle Positionierung im Grabmal einerseits auf die nächtliche Welt, das Synonym für die »Vergangenheit« der Königin, andererseits aber auch auf die Sonnenwelt, das Universum, in dem sich ihre »Zukunft« entwickeln wird. Der Zugang zum Unter-

306–307
Das großen Speisenopfer Nefertaris an Osiris, »der im Westen herrscht«. Vor dem Gott sind auf einer Standarte die vier Söhne des Horus abgebildet. Seitenkammer (F), Ostwand, Mitte Nord.

307 unten
Detail der Vignette von Kapitel 148 des Totenbuchs. Drei der sieben göttlichen Kühe in Begleitung des Stiers mit dem Namen »Mann der Kühe, der Oberherr, der im Roten Haus wohnt«. Kammer (F), Südwand.

308 links und 309 rechts

Zwei Torwächter aus dem Reich des Osiris: Henti-Reki, in Gestalt eines mit Messern bewaffneten Kindes, bewacht den Durchgang des fünften Tores. Qed-Her mit dem Katzenkopf, aus dem zwei Kobras emporwachsen, gehört zu einer Gruppe von drei Genien, die als Wächter des zweiten Tores fungieren. Der widderköpfige Wächter rechts ist Hüter der dritten Tür. Sargkammer (J).

308–309

Das Goldhaus oder Sargkammer (J). Im Mittelteil wird der Platz des Sarkophags von vier Pfeilern begrenzt, die das Himmelsgewölbe stützen. Auf der Südseite der beiden ersten Pfeiler sind zwei Formen des Horus in ritueller Haltung abgebildet: Hornedjitef oder Horus »Beschützer seines Vaters« (rechts) und Horus »Stützpfeiler seiner Mutter« (links).

zum Reich des Totengottes ungehindert fortsetzen. Beim Eintreten begibt man sich linker Hand auf diese gefahrvolle Reise. Kapitel 144 des Totenbuchs handelt ausschließlich von diesem Thema und bedeckt die Wand des gesamten Mittelteils dieser Kammer. Dagegen beziehen sich die Vignetten und Texte auf der gegenüberliegenden Seite auf das Kapitel 146 des Rituals. Dabei geht es um Formeln, mit deren Hilfe Nefertari die letzten Etappen ihrer Pilgerfahrt zu Osiris vollendet. Im Verlauf dieser hindernisreichen Wanderung, aus der sie am Ende siegreich hervorgeht, tritt Nefertari anbetend vor jene drei Götter, die über das Schicksal der Bewohner des westlichen Totenreichs entscheiden: Osiris, Hathor-Imentet und Anubis, die Mitte rechts an der Rückwand der Sargkammer dargestellt sind. (J).

geschoss des Grabmals erfolgt durch den Durchgang (G), dessen Türsturz mit den vier Söhnen des Horus in mumifizierter Gestalt verziert ist (Amset, Hapi, Duamutef und Kebechsenuef). An den Pfosten sind allein Titel und Name Nefertaris verzeichnet. Die Seitenwände der Treppe bestehen aus zwei Registern. Auf dem Treppenabsatz bringt die Königin mehreren Gottheiten ein Weinopfer dar: Links opfert sie Isis, gefolgt von Nephthys und der geflügelten Maat, denen kleine, kugelförmige Gefäße gereicht werden, auf der rechten Seite Hathor, Selket und wiederum Maat. Der untere Teil der Wand ist fast ausschließlich mit einer Reihe von Textspalten gefüllt: Begrüßungsworte, die Anubis (auf zwei Wänden) an die Königin richtet, dazu Isis (auf der linken Wand) und Nephthys (auf der rechten), bevor sie Nefertari in das Totenreich einführen.

Wenn man die Tür (I) durchschreitet, über der sich das Abbild der Göttin Maat mit ausgebreiteten Flügeln zeigt, betreten wir die Sargkammer und nähern uns dem Reich des Osiris auf dem Feld des Schilfs. Um dorthin zu gelangen, muss die Tote zahlreiche Klippen überwinden und Fallen aus dem Weg gehen, die böse Geister oder negative Kräfte der Unterwelt auf ihrem Weg aufgestellt haben. Furchtbare Wächter erwarten sie dort. Sie hüten die Tore und Hallen der rätselhaften Duat. Nur wenn die Tote ihre Namen ebenso nannte wie die der Durchgänge, die sie bewachten, konnte sie sich vor der Vernichtung retten und ihre Reise

Vier Pfeiler begrenzen die Gruft, in der einst der Granit-Sarkophag der Großen Königlichen Gemahlin stand. Sie entsprechen den Stützen des Himmelsgewölbes, das durch die gestirnte Decke angedeutet wird. Ihre Fronten sind mit dem Bild von Gottheiten geschmückt, die entweder allein dargestellt sind wie etwa Osiris Iunmutef und Hornedjitef, aber auch in Gesellschaft der Königin, wie es bei Hathor, Isis, Imentet und Anubis der Fall ist. Der Djed-Pfeiler erscheint ebenfalls viermal auf diesen Stützpfeilern.

Die Uschebtis der Königin, die in Kästen lagen, waren ebenso wie die Kanopen in der Sargkammer abgestellt (J). Die Kanopen befanden sich in einem rechteckig ausgeschnittenen Hohlraum in der Bank,

die sich entlang der linken Wand erstreckte. Die Kanopendeckel sind als die Köpfe der Söhne des Horus und der geflügelten Göttin Nut gestaltet. An der hinteren Wand der Seitenkammer (K) kann man sehen, dass dieses Kanopengefäß in der Obhut der Söhne des Horus dargestellt wird. Diese Schutzgenien sind ebenso wie die Göttinnen Nephthys und Isis Beschützer der mumifizierten Organe und an den Seitenwänden dieser kleinen Seitenkammer wiedergegeben, während Nefertari in Gestalt einer aufrecht stehenden Mumie die Innenseite der linken Türfüllung schmückt. In der Seitenkammer (L) sind Anbetungsszenen dargestellt. Auf einer huldigt die verstorbene Königin der Kuhgöttin Hathor, die aus den Seitentälern des westlichen Gebirges hervortritt, auf der zweiten richtet sich dieser Huldigungsritus an Anubis und Isis, die sitzend dargestellt werden. Der besonders verfallene Zustand der kleinen Seitenkammer (M) erlaubt es nicht, ihre Ausstattung wiederherzustellen, da sich davon nur Spuren erhalten haben. Nichtsdestoweniger scheint diese Seitenkammer sehr wohl, wie in den anderen Ramessidengräbern, dem Durchlass zu entsprechen, der den Zugang zum Haus des Osiris erlaubt. Nefertaris »Haus der Ewigkeit« stellt somit ein monumentales Totenbuch dar. Es fasst durch die Verteilung der ikonographischen Themen die großen Etappen der Reise im Totenreich zusammen. Der schönste Abschluss dieser Reise findet sich aber zweifellos an der Kassettendecke der Tür (B). Dort taucht die wiedergeborene und mit der Sonnenscheibe verschmolzene Königin am östlichen Horizont auf – Symbol ihres endgültigen Sieges über die Welt der Finsternis.

310

Kapellenschrein mit der Standfigur des Gottes Osiris, dessen grüne Hautfarbe den Regenerationsaspekt verdeutlicht. Er trägt ein weißes Gewand und die Atefkrone und wird von zwei Imiut-Fetischen (Tierfellen) flankiert, in denen das Wesen des Gottes bewahrt ist. Sargkammer (J), Detail der Nordseite des Nordwestpfeilers.

311

In einer Geste von subtiler Empfindsamkeit ergreift Hathor, die Westliche, die Hand der verstorbenen Königin. Am Arm trägt Nefertari ein Schmuckstück aus Perlen und ein Udjat-Auge als Amulett, das heilige Auge des Gottes Horus. Sargkammer (J), Detail der Nordseite des Nordwestpfeilers.

Die Gräber der Söhne von Ramses III.

von Christian Leblanc

Es scheint, als habe man im Tal der Königinnen die Gräber der älteren Söhne Ramses' III., Pareherwenemef, Sethherchepeschef und Chaemweset, in Höhe des Seitentals des Hauptwadis neu angelegt. Dies zeigt sich auch in der Anlage zweier weiterer Prinzengräber, die den jüngeren Söhnen vorbehalten waren und in der Nähe des Grabs der Titi liegen (QV 52). Es sind dies die Gräber von Amunherchepeschef (QV 55) und von Ramses-Meriamun (QV 53). Die Ausschmückung der Prinzengräber lässt darauf schließen, dass die Arbeiten in folgender Reihenfolge durchgeführt worden sind: Begonnen wurde mit dem Grab von Ramses-Meriamun. Dessen Sargkammer ist mit Motiven geschmückt, die sich auf die vier ersten Portale des Hauses des Osiris in den Kapiteln 145 und 146 des Totenbuchs beziehen. Der Schmuck des Grabes von Amunherchepeschef bezieht sich auf die Portale 5 bis 8 und jener des Grabes von Chaemweset auf die Portale 9 bis 16. So ergeben diese drei Gräber eine logische Sequenz von Darstellungen zum *Totenbuch*. Ein viertes, unvollendetes Grab hätte die Darstellung der fünf letzten Portale erhalten können.

Das Thema, wie der König seinen Sohn bei den Gottheiten im Jenseits einführt, ist oft als eine von Ramses III. angeordnete Neuerung angesehen worden, die erstmals zur Ausschmückung der Prinzengräber im Tal der Königinnen verwendet wurde. Tatsächlich führt auf den meisten Grabszenen von Amunherchepeschef, Chaemweset, Sethherchepeschef und Pareherwenemef, sämtlich Söhne von Ramses III., der Vater seinen Sohn zum Haus des Osiris. Allerdings haben diese Sequenzen ihren Ursprung bereits früher – mindestens in der Zeit Ramses' II. Tatsächlich wird im Grab KV 5 im Tal der Könige, das für mehrere Söhne dieses großen Pharaos angelegt worden ist, in der ersten Vorhalle erstmals der Pharao mit seinen ältesten Söhnen im Gefolge dargestellt. Dieses Thema, das seit der 19. Dynastie etabliert war, muss also von Ramses III. im Tal der Königinnen wieder aufgegriffen worden sein. Dies gilt aber auch für das Tal der Könige, denn das unvollendete Prinzengrab KV 3 zeigt im ersten Korridor ähnliche Darstellungen. Später scheint man dieses Motiv wieder aufgegeben zu haben; denn im Grab KV 19 im Tal der Könige, das Menthuherchepschef zugeschrieben wird, dem Sohn Ramses' IX., zeigen die Wandbilder den Prinzen wieder allein in Gesellschaft von Göttern.

Im Tal der Königinnen hat sich der Wandschmuck nur in vier Prinzengräbern gut erhalten. Die Frische der Farben, in denen die Ikonographie dieser beiden Gräber leuchtet, überrascht noch immer (QV 44, 55). Sie lassen auf einen begabten Künstler schließen, der seine Fähigkeiten geschickt dazu verwendet hat, vor allem die verfeinerten Details im festlichen Schmuck sowohl göttlicher als auch königlicher Gestalten wiederzugeben. In diesen Szenen sind der König und sein Sohn stets stehend dargestellt. Ramses III. geht immer vor dem Prinzen her und übernimmt für ihn die Rolle des Fürsprechers bei den Göttern. Die Königin, die Mutter des Königskindes, spielt in diesem Zusammenhang keine Rolle. Allerdings wurde eine Gattin des Königs nachträglich in die Ausschmückung eingefügt, wo sie vor Osiris auftritt – so festzustellen in der Sargkammer des Grabs von Prinz Pareherwenemef (QV 42). Diese nachträgliche Komposition steht zweifellos im Zusammenhang mit der Beisetzung der Mutter dieses Prinzen im Grab ihres Sohnes. Allgemein gilt die Regel, dass Ramses III. als Ritualkleidung einen langen Doppelschurz trägt, der aus zwei Schurzelementen besteht. Der äußere ist durchsichtig und gefältelt, am Gürtel des eigentlichen Schurzes ist rückseitig der zeremonielle Tierschwanz befestigt. Über dem Gewand hängt in der Regel ein Schurzgehänge, an dessen Seiten Bänder

312

Als Sohn des Sethnacht, des Gründers der 20. Dynastie, ließ Ramses III. für seine Söhne im Tal der Königinnen mehrere Gräber anlegen. Diejenigen der Prinzen Amunherchepeschef und Chaemweset sind wegen ihrer frischen Farben am eindrucksvollsten. Die darin enthaltenen Texte beschreiben die Prüfungen, denen die Königskinder sich auf ihrer Reise ins Jenseits unterwerfen müssen, bevor sie das Reich Osiris' erreichen.

313

Ramses III. in Begleitung seines Sohnes Chaemweset, beide in Festkleidung. Der Pharao hat seinen Sohn gerade durch die neunte Tür des Reichs von Osiris geführt, die von Dendeni bewacht wird, »dem Zornigen«. Der mit einem grünen Kaphirschkopf abgebildete Genius ist mit zwei Messern bewaffnet und muss mit magischen Formeln besänftigt werden. Grab QV 44. Sargkammer (E), Nordwand.

angebracht sind. Dieses Schurzgehänge ist trapezförmig und am oberen Ende mit einem Raubkatzenkopf geschmückt. Senkrechte Bänder schmücken die sichtbare Seite dieser Goldschmiedearbeit, an deren Ende sich eine große waagerechte Plakette befindet. Sie zeigt einen Fries mit sechs oder sieben Kobras. Gelegentlich sieht man den König auch mit einem kurzen Schurz mit dreieckigem Schurzgehänge auf der Vorderseite. Schon in der 19. Dynastie ist diese Darstellungsweise häufig. Meist wird der Monarch mit nacktem Oberkörper abgebildet. Quer über der Brust ist eine liturgische Schärpe befestigt. Diese bleibt oft unter einem Hemd mit weiten Ärmeln verborgen, das wiederum ein Mantel aus plissiertem Leinen bedeckt, der auf der rechten Brustseite zugeschnürt ist. Ein weiteres Kostüm scheint weit seltener getragen worden zu sein, da es nur zweimal dargestellt ist, und zwar in der Vorhalle der Anlage des Amunherchepeschef (QV 55). Es ist dreiteilig und besteht aus einer Tunika aus feinem, durchsichtigem Stoff, deren weite Ärmel mit einer Litze aus Perlen besetzt sind. Über dieser Tunika trägt der Souverän einen Halskragen, der Schultern und obere Brusthälfte eng umschließt. Das Halsende des Kragens ist mit zwei aufgestickten Falken geschmückt. Schließlich findet sich auf der Vorderseite ein Lendenschurz, über dem das klassische Schurzgehänge Platz findet.

Ramses III. trägt Sandalen und ist mit Colliers sowie Armbändern und Armreifen geschmückt. Er scheint auch eine Vielzahl von Kronen und Perücken besessen zu haben, denn man hat nicht weniger als zwanzig verschiedene Modelle identifiziert. Unter diesen sind folgende besonders hervorzuheben: die Blaue Krone (Chepresch), die Rote oder Weiße Krone, der Pschent oder die Doppelkrone, das Nemes-Kopftuch, von dem ein Exemplar mit einem Falken geschmückt ist, der die Sonnenscheibe beherrscht, die weiße Chat, hinter der manchmal eine Goldschmiedearbeit in Form eines Falken befestigt ist, der mit seinen Flügeln den Hals des Königs schützt. Ferner umschließt eine blaue Haarkappe den Schädel und die sehr kunstvoll gearbeitete Atefkrone mit waagerechten, gedrehten Widderhörnern. Zu diesem Ensemble kommt noch der in einem schmalen »Kalathos« befestigte Hemhem-Sonnenkrone. Der wiederum ist auf einem Nemes-Kopftuch befestigt. Zur Ausstattung gehören ferner einige Hauben wie die »geflügelte«, die sich aus Haarsträhnen unterschiedlicher Länge zusammensetzt, die an der Seite herabfallen. Es findet sich aber auch die kurze Perücke mit zusammengedrehten Löckchen.

Daran ist ein Seched-Diadem befestigt, um das sich der Leib einer Kobra

314

Ramses III. trägt hier die »Ibes«-Perücke mit Stirnband sowie ein prunkvolles Kostüm mit Halskragen. Vor Geb, »dem Vater der Götter«, zelebriert er den Weihrauchritus und bringt das Trankopfer dar. Grab des Chaemweset (QV 44). Nordwand der Vorhalle (B) oder Empfangssaal.

314–315

Ramses III. in Anbetungshaltung. Er trägt die Chepresch-Krone sowie einen langen weißen Schurz mit einem kunstvollen goldenen Schurzgehänge. Hinter ihm ist sein Sohn Chaemweset mit der typischen Jugendlocke abgebildet. Er trägt ebenfalls einen Schurz und ein durchsichtiges plissiertes Hemd. In der Hand hält er einen großen Fächer (ägypt. behet), dessen Griffende als Papyrusdolde geformt ist. Grab QV 44. Nordwand der Sargkammer (E).

315
Prinz Amunherchepeschef, der hier als Jüngling dargestellt wird. Er trägt eine Perücke und die Jugendlocke, die von einer großen Haarspange gehalten wird. Grab QV 55. Detail einer Szene auf der Ostwand der Vorhalle (B).

schlängelt. Auf der Rückseite dieser königlichen Kopfbedeckungen sind fast immer ein oder zwei Bänder befestigt, ein Erbteil der Amarna-Epoche.

Der Prinz wird manchmal hinter seinem Vater dargestellt, tritt aber auch allein in Gegenwart der Götter auf. Er erscheint in der Regel als junger Mann mit länglichem und rasiertem Schädel, von dem die charakteristische Jugendlocke seitlich herabfällt und das Ohr verdeckt. Einige Bilder zeigen ihn auch mit einer Perücke. Bekleidet ist er meist mit einem langen Schurz aus Leinen, der an der Taille von einer breiten, bestickten Schärpe zusammengehalten wird. Von dieser hängen als Schurzgehänge drei oder vier Bänder mit Quasten herunter, die manchmal von langen, mit einem geprägten Muster versehenen Bändern eingerahmt werden. Den Oberkörper bedeckt ein feines, fast durchsichtiges Gewand mit weiten und plissierten Ärmeln, das am Hals hochgeschlossen ist. Die Darstellung dieses Gewandes variiert so gut wie nie, wohl aber die des Schurzes. Dieser fällt manchmal auf der Vorderseite bauschig hinab oder aber – wie mindestens ein Beispiel zeigt (QV 44, Sargkammer), wird er auf dem Rücken mit einem dreieckigen Latz hochgezogen, der selbst zum Teil von einer Schürze bedeckt wird. Der Sohn Ramses' III. trägt meist das Flabellum, einen Wedel, in einer Hand – ein Attribut, das gelegentlich auch zusammen mit einem Heka-Zepter (Krummstab) dargestellt wird. Auf anderen Darstellungen hingegen hält der Prinz einen Stab und eine lange Schärpe oder aber den Griff eines kunstvoll gearbeiteten Fächers. Man trifft ihn aber nicht selten auch ohne diese Attribute an. Auf solchen Darstellungen hebt er anbetend beide Arme. Als Schmuck trägt er Colliers und Armbänder und an den Füßen feine Schnabelschuhe wie sein Vater. Wenn man die Bilder des Prinzen Menthuherchepeschef miteinander vergleicht, stellt man einige Unterschiede fest. Im Tal der Könige (KV 19) zeigen sie einen jungen Mann, dessen Gesichtszüge schon die eines Erwachsenen sind, aber gleichwohl alle gewohnten Charakteristika eines Königssohns aufweisen. Im Tal der Königinnen hingegen erscheinen die Söhne Ramses' III. sämtlich in Gestalt von Jünglingen. Dieser Unterschied ist insoweit interessant, als diese Darstellungen nicht die Wirklichkeit wiedergeben, denn wir wissen, dass mehrere Söhne Ramses' III. erst im Erwachsenenalter gestorben sind.

Das Grab des Prinzen Amunherchepeschef

von Christian Leblanc

Amunherchepeschef, Sohn Ramses III., wurde von einer Gottesgemahlin, Gottesmutter und Großen Königlichen Gemahlin geboren. So heißt es auf einer der Inschriften seines Grabes im Tal der Königinnen. Die Nähe des Grabs der Titi ist ebenso wie die Wiederholung deren Titel in der Titulatur der Königin ein ernstzunehmender Hinweis auf dessen Abstammung mütterlicherseits. Amunherchepeschef, der etwa im Jahr 30 der Herrschaft seines Vaters starb, war nicht der Erstgeborene des Königs. Die Prinzenstammtafel von Medinet Habu weist ebenso wie das Relief von den Min-Festen auf dem Tempelaltar von Ramses III. in Karnak darauf hin, dass er mehrere offizielle Funktionen ausgeübt hat, darunter die eines »Wedelträgers zur Rechten des Königs«, eines »königlichen Schreibers« und »Befehlshabers der Reiterei«. Man kennt ihn auch unter dem Titel eines »Vorstehers der beiden Länder«, der mit Sicherheit eine Aufgabe als Leiter der Verwaltungsangelegenheiten des Königreichs bezeichnete. Im Dolmental hat man eine zum Teil erhaltene Stele mit seinem Bild im Aller-

Erklärung

- A Treppe
- B Vorhalle oder Empfangssaal
- C Westliche Seitenkammer
- D Sargkammer
- E Unvollendete westliche Seitenkammer
- F Zugang zum Reich des Osiris. Kammer (unvollendet) der Verklärung und der Wiedergeburt

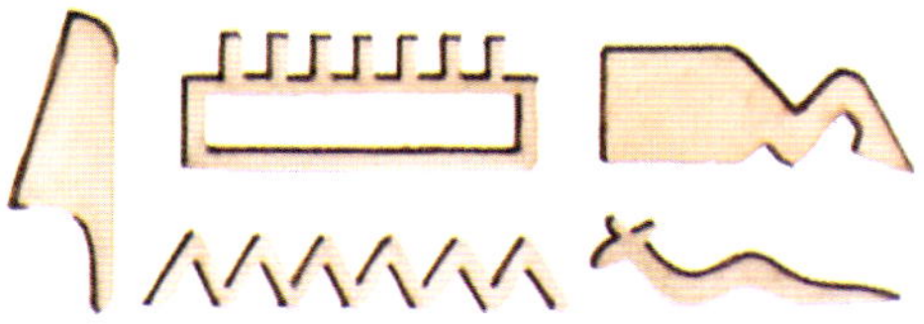

316

Kopf Ramses' III. mit Nemes-Kopftuch, Stirn-Uräus und Zeremonialbart. Der Gatte von mindestens vier offiziellen Königinnen war Vater zahlreicher Kinder. Amunherchepeschef, königlicher Schreiber und Kommandeur der Reiterei, war mit Sicherheit einer der Söhne der Titi, der Königin, die im Grab QV 52 beigesetzt worden ist.

316–317

Ramses III. und Amunherchepeschef werden von Isis, der »Herrscherin des Westens«, begrüßt und geleitet. Der König, angetan mit reich geschmücktem Schurz und besticktem Halskragen, wird von dem Prinzen begleitet, der in der rechten Hand einen Wedel (ägypt. Chu) mit Straußenfedern hält. Südostwand der Vorhalle (B).

317

Die beiden Kartuschen mit den Namen Ramses' III.: Usermaatre Meriamun, »Mächtig ist die Weltordnung des Gottes Re«, »der von Amun Geliebte« (rechts); Ramses Heqaiunu, »Re hat ihn gezeugt«, »Herrscher von Heliopolis« (links). Die Erwähnung des Begriffs »gerechtfertigt«, der hier angefügt wird, ist notwendig, da der König seinen Sohn ins Jenseits begleitet.

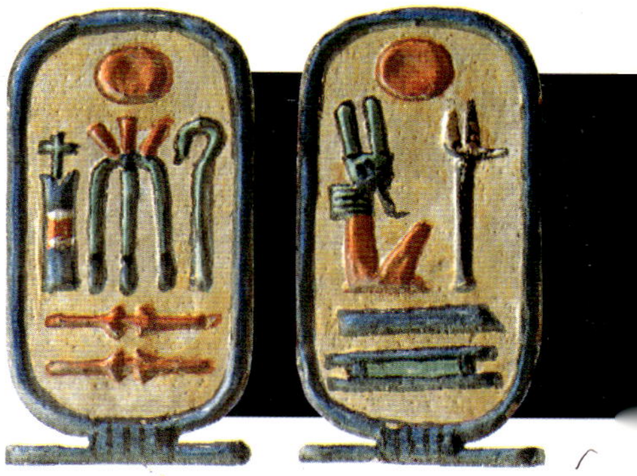

BILDWERKE

1–2 *Ramses III. präsentiert sich in Begleitung des Prinzen mehreren Gottheiten*

3 *Die Ausschmückung dieser Kammer ist unvollendet geblieben. Dort findet sich nur eine Darstellung des Königs mit der Doppelkrone (Pschent)*

4–5 *Ramses III. und Amunherchepeschef zeigen sich den Türhütern, die ihnen zum Reich des Osiris vorangehen*

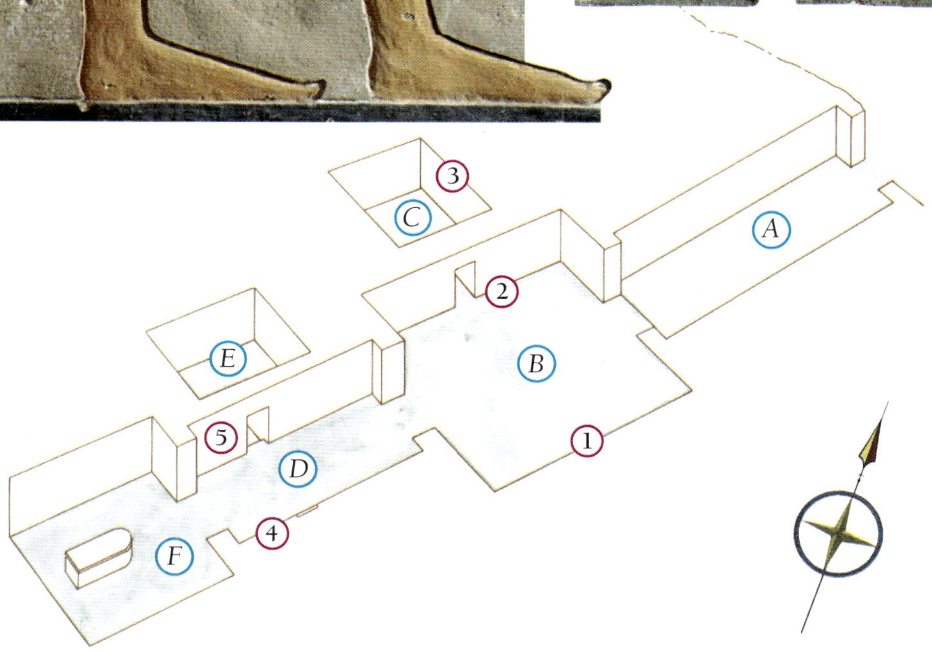

318–319

Nach einer Weihrauchzeremonie für Ptah von Memphis verwendet sich Ramses III. bei Ptah-Tatenen und zwei Genien für seinen Sohn: bei Duamutef (mit schwarzem Hundekopf) und Amset (mit Menschenkopf), Söhnen des Horus und Beschützern der Kanopen. Die Kronen und Frisuren sind auf jedem Bild verschieden. Ostwand der Vorhalle (B).

318 unten links

Porträt der ehrwürdigen Isis, »der göttlichen Mutter«. Die Göttin trägt eine dreiteilige blaue Perücke, die Geierhaube sowie einen mit sechs Uräen geschmückten »Kalathos«. Nordostwand der Vorhalle.

318 unten rechts

Der mit der geflügelten Sonnenscheibe geschmückte Türsturz des Durchgangs zur Kammer (F) zeigt Wadjet und Nechbet in Gestalt geflügelter Kobras. Im Hintergrund der unvollendete Sarkophag des Prinzen.

heiligsten von Ptah und Meresger gefunden. Dabei handelt es sich ohne Zweifel um ein Votivbild, das die Handwerker, die sein »Haus der Ewigkeit« vorbereitet hatten, zu Ehren des verstorbenen Prinzen schufen. Aus Deir el-Medineh stammt eine weitere unvollständige Stele, auf der er in Gesellschaft eines seiner Brüder abgebildet ist, dessen Name jedoch leider verloren ist.

In den Wandinschriften des Grabmals QV 55 ist ausschließlich von Amunherchepeschef und seinem Vater die Rede, obwohl einer der Widmungstexte aussagt, dass dieses Grab für »die großen Königskinder« in Auftrag gegeben worden ist.

Im Inneren der zweiten Kammer ist ein Sarkophag unvollendet geblieben. Tatsächlich haben jüngste Forschungen ergeben, dass Amunherchepeschef niemals in »Ta Set Neferu« beigesetzt worden ist. Denn im Grab des Kanzlers Bai (KV 13) ist ein anderer Sarkophag entdeckt worden, den man ursprünglich für Königin Tausert angefertigt, dann aber für diesen Sohn Ramses' III. beschlagnahmt und geändert hatte. Warum Amunherchepeschef nicht in seinem Grab, sondern an einem anderen Ort beigesetzt wurde, ist bis heute unerklärt. Doch zumindest können wir uns vorstellen, dass die sozialen Unruhen, die am Ende der Regierung Ramses' III. in der thebanischen Nekropole wüteten, der wahre Grund dafür waren. Es ist bekannt, dass um diese Zeit die Handwerker von »Set Maat« im Tal der Königinnen demonstrierten. Um eine Lösung für die Krise zu finden, musste sich der Wesir To persönlich zu den bestreikten Baustellen begeben.

319 unten

Hathor, »Herrscherin des Westens«, empfängt Ramses III. und den Prinzen Amunherchepeschef. Zur Begrüßung wünscht die Göttin dem König »eine ewige Regierungszeit, ein ewiges Leben und ewige Lebenskraft«. Südwestwand der Vorhalle (B).

320 oben
Ein Behet-Fächer aus bemalten Straußenfedern. Dieses kunstvolle Attribut wurde im Allgemeinen von hohen Beamten getragen, denen die ehrenvolle Aufgabe eines »Wedelträgers zur Rechten des Königs« zufiel. Die Prinzen Amunherchepeschef und Chaemweset waren ebenfalls Träger dieser Würde.

320 unten
Der Hüter der elften Tür im Reich des Osiris: Pefsachuef, »Der seine Kohlepfanne anzündet«. Grab QV 44. Sargkammer (E), Nordwand.

320–321
Ramses III. in Begleitung des Prinzen Chaemweset, dessen Funktion in Memphis die eines Ptah-Priesters war. Er erscheint unter den älteren Söhnen des Königs und entstammt der gleichen mütterlichen Linie wie sein jüngerer Bruder Amunherchepeschef. Hier stellt ihn sein Vater den Gottheiten des Jenseits vor, darunter Schu-Re. Nordwand der Vorhalle (B).

Das Grab des Prinzen Chaemweset

von Christian Leblanc

Wedelträger zur Rechten des Königs« und »Sem-Priester« – dies sind die beiden Chaemweset im Prinzenverzeichnis des Tempels von Medinet Habu zuerkannten Titel. Für diesen Prinzen, einen der Söhne von Ramses III., wurde das Grabmal QV 44 im Tal der Königinnen angelegt. Dort findet man auf mindestens zwei Wänden Hinweise, dass er auch der älteste Sohn, also der Thronfolger war. Dieser Hinweis ist wichtig, denn er deutet darauf hin, dass er auch Sohn einer Großen Königlichen Gemahlin war, während es sich bei den Müttern der Prinzen Sethherchepeschef und Pareherwenemef wohl um Nebenfrauen handelte. Die jüngsten Untersuchungen zur Familie Ramses' III. legen den Schluss nahe, dass es sich bei der Mutter Chamwesets um Titi handelte.
Obwohl der Prinz eine Zeitlang in Memphis die angesehene Funktion eines Hohenpriesters des

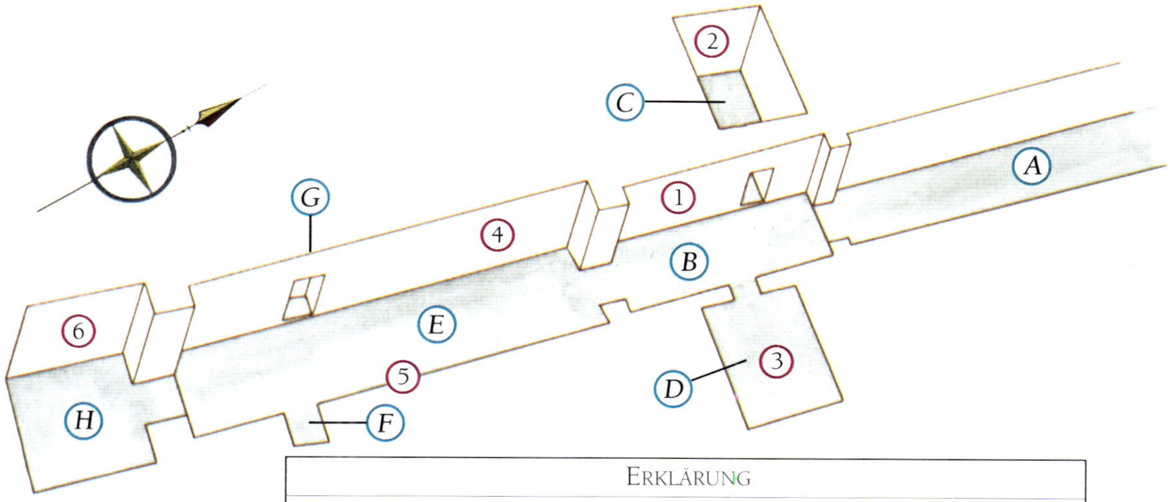

Erklärung

A	Treppe	1	*Ramses III. stellt seinen Sohn mehreren Göttern vor: Begrüßungsszenen*
B	Vorhalle oder Empfangssaal	2	*Der König und sein Sohn Chaemweset in Anwesenheit der Götter*
C	Nördliche Seitenkammer	3	*Prinz Chaemweset allein in Gesellschaft von Göttern*
D	Südliche Seitenkammer	4–5	*Ramses III. und Chaemweset stellen sich den Türhütern des Osiris vor*
E	Sargkammer	6	*Ramses III. allein in Anbetung verschiedener Gottheiten*
F–G	Seitenkammern		
H	Zugang zum Reich von Osiris. Saal der Umwandlung und Wiedergeburt		

322 oben

Der Gott Harsiese, »Horus, Sohn der Isis«, Erbe seines Vaters Osiris, mit einem Falkenkopf, trägt die Atefkrone. Hinter ihm Ramses III. in Anbetung. Südwand der Kammer H.

322 unten

Der Genius Nebneriu (»Herr der Furcht«), hier mit einem Löwenkopf dargestellt. Er schützt das »Herausgehen am Tage« des Prinzen Chaemweset, der dabei die Erscheinung des jungen Geistes Herimaat annimmt (»Der die Ordnung überwacht«) – hier nackt dargestellt. Ostwand, Mitte der Kammer H.

322–323

Im Hintergrund der Kammer (H) wendet sich Osiris mit grüner Haut in zweierlei Gestalt links Neith und rechts Nephthys zu. Aus der Dolde einer blauen Lotosblüte, die unter den Füßen des Gottes entsteht und vor seinen Beinen emporwächst, gehen vier kleine Figurinen hervor – die Söhne des Horus (Amset, Duamutef, Kebechsennef und Hapi).

Ptah ausübte, darf man dennoch nicht erwarten, er könnte im religiösen Zentrum des Nordens bestattet worden sein. Dort hat man in keinem Grab einen Hinweis auf ihn gefunden. Dafür scheint der von der italienischen Mission des Turiner Museums einst im Grab QV 44 entdeckte prinzliche Sarkophagdeckel zu bestätigen, dass Chaemweset tatsächlich in »Ta Set Neferu« beigesetzt worden ist.

Seine Bestattung erfolgte ohne Zweifel noch während der Regierungszeit Ramses' IV. Denn an der Seite des Sarkophagdeckels findet sich eine Danksagung an diesen Pharao.

Im Prinzengrab steigt der gerechtfertigte (ägypt. *maa-cheru*) Vater Chaemwesets vor seinem Sohn in die Unterwelt hinab. In den beiden Seitenkammern dieser ersten Grabkammer erscheint der Verstorbene allein vor den Göttern. An diesen Orten, an denen Ramses III. nicht erscheint, vollziehen sich schon die Verwandlungen des Toten. Wie im Grab der Nefertari symbolisiert das »Goldhaus« vor allem die Vorposten des Hauses von Osiris. Entsetzliche Gestalten, mit Messern bewaffnete Zwitterwesen, bewachen die Türen – Thema der Kapitel 145 und 146 des *Totenbuchs*. An der Südwand stellt der König seinen Sohn Sechenur vor (»Der Große Einschließer«), ferner Mi (»Der Kater«), Saupen (»Diesem Beschützer«) und »Dem, dem der Fußfall obliegt, der die Schwäche auslöst und als Toter hinausgeht«, während auf der gegenüberliegenden Wand andere Boten wie etwa Dendeni (»Der Zornige«), Pefesachuef (»Der seine Kohlepfanne anzündet«), Hedjiaua und Nehes-her-per-em-duat (»Wachsames Gesicht, das die Duat verlässt«) dem Prinzen den Durchgang öffnen. Dieser geht schüchtern auf die letzte Etappe seiner Reise durch die Unterwelt zu. Dies galt als der wichtigste Ort für die Gottwerdung, und hier stand auch der Sarkophag, was in mehreren Gräbern die in den Boden eingelassene Vertiefung beweist. Auch im Grab des Chaemweset existiert diese Höhlung noch. Sie ist aber nach ihrer Entdeckung zugeschüttet worden.

Schließlich scheint sich in dem Raum, der die Sargkammer verlängert, die Wiedergeburt des Prinzen zu vollziehen. Chaemweset, der hier zu Osiris geworden ist – symbolisiert durch die grüne Haut – das heißt zu »Dem, der die Finsternis überwunden hat«, unternimmt hier sein »Hinausgehen am Tage«. Geleitet wird er dabei von den Sternen, die an der Decke dargestellt und auf den religiösen Osten ausgerichtet sind. Als Osiris wird er eins mit ihnen.

323 links unten

Ramses III. bietet dem ibisköpfigen Thot die Weingefäße an. Als Gegenleistung verspricht ihm der Gott »eine Lebenszeit, die (der von) Re gleichkommt, und Lebensjahre, die (denen) von Atum gleichkommen, dem Herrn der beiden Länder in Heliopolis«. Südwand der Kammer.

323 rechts

Schakal und Löwe bewachen das Prinzengrab, hier als Kapelle mit Hohlkehle dargestellt, die mit einer Tür versehen ist. Ostwand, Südseite der Kammer H.

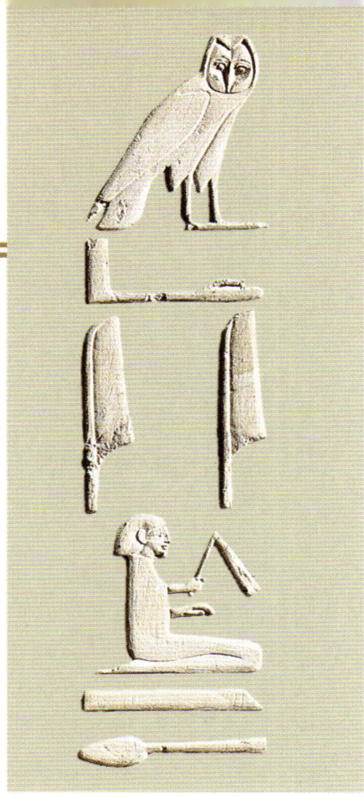

Die Beamtengräber
von
Theben-West

Deir el-Medineh – ein Handwerkerdorf im Herzen der Thebanischen Nekropole

von Mohamed El-Bialy

324

Das lebendige Udjat-Auge hält eine Lampe in den Händen, aus der zwei brennende Dochte hervorragen. Unter diesem Schutzsymbol kniet Paschedu in anbetender Haltung. Auf dem Bild im Hintergrund sind die Täler der heiligen westlichen Gebirgskette dargestellt. Deir el-Medineh. Grab von Paschedu (TT 3).

325

Prozession von Trägern mit Opfergaben, Malerei aus dem Grab von Menna (Nekropole von Scheich Abd el-Gurna TT 69). Die erste dieser Personen hält die Flügel mehrerer Enten fest, während der Begleiter zwei Fische aus dem Nil trägt, dazu Lotosblüten und Weintrauben.

326–327

Luftaufnahme des Dorfs und der Nekropole von Deir el-Medineh; die Häuser sind von einer Mauer umschlossen. Zwischen dem Hathor-Tempel und den Gebäuden haben sich die Ruinen mehrerer Kapellen erhalten, während weiter nördlich eine Senke die Stelle markiert, an der in der Zeit des Neuen Reiches ein Graben ausgehoben worden ist.

327 unten

Detail aus dem Sennedjem (TT 1).

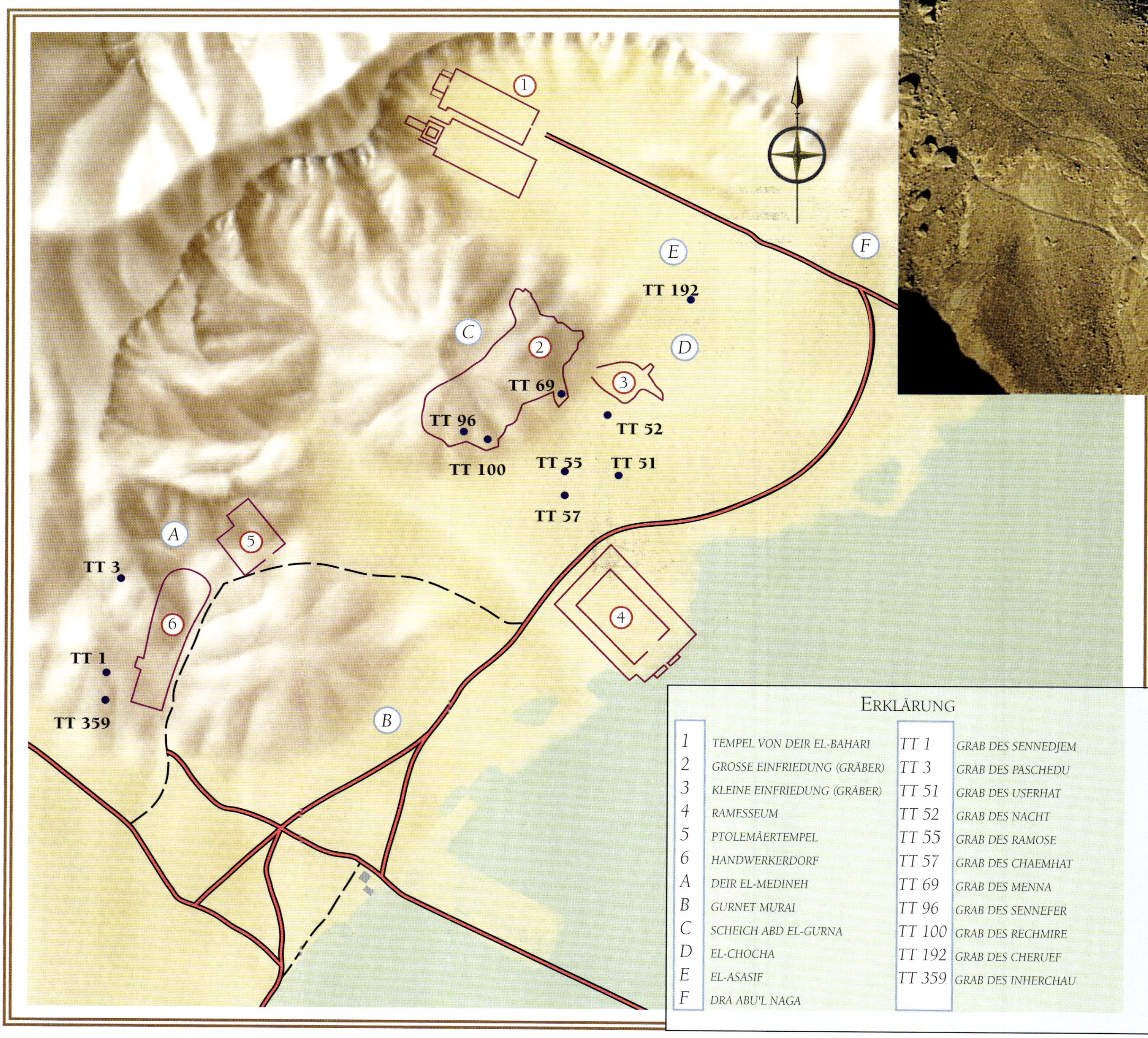

Zwischen den Vorbergen der thebanischen Gebirgskette und dem Hügel von Gurnet Murai schmiegt sich das Dorf Deir el-Medineh an die Hänge eines kleinen Tales. Seinen heutigen Namen verdankt es einem Kloster, das unweit des Hathor-Maat geweihten Ptolomäertempels errichtet wurde. Der Ort, an dessen Fuß die Pharaonen des Neuen Reiches begraben liegen, ist bekannt als Wohnsitz der Handwerker, die an den königlichen Nekropolen arbeiteten. Ta Set Maat oder »Der Ort der Wahrheit« war sein alter Ortsname, aber die Texte erwähnen ihn auch unter anderen Namen: Pa Cher (»Das Grab«), Pa-Demi (»Die Stadt«), Set-Aat (»Der Große Platz«), ja sogar »Der wunderbare Platz des mächtigen Königs«, wie es in Zeugnissen aus der Zeit der 18. Dynastie heißt.

DAS DORF

Die auf den Anfang des Neuen Reiches zu datierende königliche Gründung geht mit Sicherheit auf Amenophis I. zurück. Es handelte sich um eine offizielle Einrichtung, die der Autorität des Wesirs unterstand. Bestätigt wird dies durch den besonderen Kult, den die Bewohner von Set Maat ihm ebenso wie seiner Mutter Ahmes-Nefertari widmeten. Tatsächlich erscheinen beide bis zum Ende der Ramessidenzeit als Schutzpatrone dieser Gemeinde. Der Ausstattung mehrerer Gräber, die in der Nekropole des Dorfs angelegt worden sind, ist zu entnehmen, dass sie in den Rang von Gottheiten erhoben und unter bestimmten Aspekten verehrt wurden. Bei volkstümlichen oder offiziellen Liturgien wurden die Statuen von »Amenophis vom Dorf« und seiner Mutter, die man »Herrin des Dorfs« nannte, in einer Prozession hinausgetragen. Ein Heiligtum, ja sogar mehrere, waren ihnen geweiht. Der Kult wurde von Priestern versehen.

Falls es seit der Zeit des Alten Reiches bei den königlichen Baustellen ähnliche Dörfer gegeben

haben sollte, so war das von Deir el-Medineh nicht nur das bekannteste, es ist auch das am besten erhaltene. Die zwischen 1922 und 1951 vor allem von B. Bruyère vorgenommenen Ausgrabungen haben eine wahrlich überreiche Ernte an Informationen über seine Funktion und seine Entwicklung im Lauf der Zeiten erbracht. Zwar haben Forschungen der jüngsten Zeit auf dem Hochplateau von Giza einen weiteren Komplex entdeckt, in dem Arbeiter lebten, die an der Errichtung der Pyramiden und einer angrenzenden Nekropole arbeiteten. Auch im Fayum, einer weiteren Stadt, die an der Stelle von El-Lahun in der Zeit des Mittleren Reiches entstanden ist, und in der von Echnaton in Tell El-Amarna gegründeten Stadt war ein ganzes Viertel für die Unterbringung der königlichen Handwerker vorgesehen. Aber diese städtischen Anlagen, die aus Lehmziegeln erbaut waren, haben den Ein-

wirkungen von Zeit und Menschen nicht widerstanden. Heute befinden sie sich in einem besonders verfallenen Zustand, da sie nicht, wie jene von Achetaton, nach ihrer Aufgabe dem Erdboden gleich gemacht worden sind. Wir wissen nicht, wie umfangreich Set Maat zur Zeit seiner Anlage durch Amenophis I. gewesen ist, aber die Grenzen scheinen schon unter der Herrschaft von Thutmosis I. klarer zu werden. Dieser hat eine Umfassungsmauer aus Ziegeln errichten lassen, die mit seinem Namen gestempelt waren. Unter der Herrschaft des Pharao Haremhab, der unter Tutanchamun Heerführer und Regent gewesen war, wurden Erweiterungen nach Süden und Westen vorgenommen. Diese hatten eine Ausdehnung von ungefähr 5600 Quadratmeter und wurden später von Ramses II. um einige Wohngebäude und Kultkapellen vergrößert. In seinem endgültigen Zustand zählte das Dorf weniger als siebzig Häuser, die aus Lehmziegeln und Mörtelsteinen erbaut waren. Dieses brüchige Material, das ursprünglich zweifellos verwendet worden war, wurde nach und nach durch Stein ersetzt, um durch Regenfälle verursachte Schäden zu vermeiden. Tatsächlich bewahren Inschriften die Erinnerung an Wolkenbrüche, die sich oft katastrophal ausgewirkt haben müssen. So soll zur Zeit des Ahmose ein heftiger Gewittersturm eine ganze Nekropole zerstört haben – vielleicht die der Könige der 17. Dynastie in Dra Abu'l Naga. An dieses Ereignis, das als wahre Sintflut empfunden wurde, erinnert eine Inschrift auf einer im Tempel von Karnak gefundenen Stele. Das Dorf Deir el-Medineh, das von einer mit Toren versehenen Mauer geschützt wurde, ist ein Vorläufer der befestigten Städte unseres europäischen Mittelalters, wenn auch in kleinerem Maßstab. Die an einer Hauptstraße und angrenzenden Nebengassen liegenden Wohnhäuser weisen eine durchschnittliche Fläche von etwa siebzig Quadratmetern auf. Sie grenzen aneinander an und haben fast alle einen vergleichbaren Grundriss. Sie bestehen aus drei oder vier Zimmern, die bei bestimmten Häusern noch durch eine Terrasse oder einen Keller ergänzt werden. Besonders bezeichnend ist die Eingangshalle, in der man an der Rückwand noch eine Art Haus im Haus erbaute, das über eine kleine Treppe betreten werden konnte. Dieser Raum diente möglicherweise tagsüber als Kapelle und nachts als Schlafzimmer. Vor allem an diesen Stellen fanden sich die Gedenkstelen der Familien, ja sogar die Büsten der Vorfahren. Die Küche lag unter freiem Himmel und umfasste verschiedene Einrichtungen, darunter Backtröge und Wasserbecken. Dagegen gab es nur in wenigen Häusern einen Backofen. Dabei war Brot ein Grundnahrungsmittel. Mag sein, dass die Spuren dieser Öfen nicht mehr bei den Häusern zu finden sind, wahrscheinlicher ist jedoch, dass die vielen benötigten Brote, Fladen und Kuchen direkt in den Tempelküchen gebacken wurden, um dann zusammen mit anderen Lebensmitteln und Produkten als Naturalienlohn an die Handwerker verteilt zu werden. Am Nordrand des Dorfs wurde ein sehr tiefer Brunnen gegraben, um die Bewohner mit Wasser zu versorgen. Die Arbeiten daran wurden jedoch nie vollendet, und man kann wohl

328–329
Die Kapellen und Heiligtümer, die außerhalb der Umfassungsmauer des Dorfs errichtet wurden, erheben sich noch immer als Ruinen am Fuß eines großen Felsvorsprungs. Diese volkstümlichen Kultstätten waren mehreren Gottheiten der Nekropole geweiht.

329 oben
Luftaufnahme vom Kern des Dorfs. Häuser mit einheitlicher Grundfläche säumen die Straße. Das Dach der Eingangshalle wurde von einer Mittelsäule gestützt, deren Fuß in mehreren Häusern noch erhalten ist.

329 unten links
Bemaltes Ostrakon aus Deir el-Medineh. Es stellt eine nackte Lautenspielerin dar, die eine lange Perücke trägt und mit einem Halskragen geschmückt ist. Das Gesicht der Musikerin ist leider zerstört. Kalkstein. Ramessidenzeit, Ägyptisches Museum Kairo.

329 unten rechts
Sogenannte Ohrenstele des Bai, Diener an der Stätte der Wahrheit. Die Wölbung ist mit zwei Darstellungen Amun-Res geschmückt, der hier als »guter Widder« abgebildet ist. Vor der in Anbetungshaltung knienden Person erscheinen drei Paar Ohren in verschiedenen Farben. Kalkstein. Deir el-Medineh. Ramessidenzeit, Ägyptisches Museum Kairo.

davon ausgehen, dass man sich eines anderen Systems bediente, um den täglichen Wasserbedarf der Gemeinde zu decken. Damals wie heute löste man Transportprobleme mit Hilfe von Eseln, die die steilen Pfade an den Hängen der thebanischen Berge leicht begehen konnten. Im Lauf der Zeit wurde der Brunnen von Set Maat zugeschüttet, da man ihn als Müllkippe benutzte. Sein Inhalt war für die Archäologen eine unschätzbare Quelle zur Geschichte des Dorfs.

Die Handwerker waren Eigentümer ihrer Häuser und besaßen daneben für sich und ihre Familien Grabkonzessionen. Diese Vorrechte waren königliche Privilegien und wurden als Gegenleistung für die Arbeiten gewährt, die man ihnen anvertraute. Ihre Arbeit bestand ausschließlich darin, die Königs- und Prinzengräber in den beiden großen offiziellen Nekropolen von Theben-West zu errichten: dem Tal der Könige (Ta Sechet Aat) und dem Tal der Königinnen (Ta Set Neferu). In der Mitte des Dorfs war ein Beamtengericht eingerichtet (»Kenbet«). Dort wurden Streitfälle diskutiert, wenn sich Handwerker gelegentlich übervorteilt oder ungerecht behandelt fühlten. Doch auch schwerere Fälle wurden dort verhandelt, wie etwa Diebstahl, Ehebruch oder Mord. Vorarbeiter, Schreiber und Handwerker konnten als Zeugen oder Geschworene tätig werden, je nach Schwere des jeweiligen Delikts. Bei der Urteilsfindung wurde das Orakel des vergöttlichten Amenophis I. angerufen.

Unter den umliegenden Bauwerken findet man Heiligtümer und Kapellen, in denen verschiedene Gottheiten verehrt wurden, wie etwa Amun

von der guten Begegnung, Hathor, Amenophis I. und seine Mutter. Einige weitere dieser Bauwerke waren eher Ritualen geweiht wie etwa die für die Liturgien des Opet-Fests bestimmte Kapelle. Außerhalb der Stadtmauern nahmen diese religiösen Stätten im Wesentlichen den Nordsektor ein und erhoben sich am Fuß eines Felsvorsprungs, der das kleine Tal abschließt. Südwestlich davon, etwa auf halbem Weg zwischen Dorf und Tal der Königinnen, befindet sich ein weiteres auf einen Felsen gebautes Heiligtum, das dem Gott Ptah geweiht war, dem Schutzgott der Handwerker, und der Göttin Meresger, »Die das Schweigen liebt«, der Schutzgottheit der thebanischen Nekropole, überwiegend in Gestalt einer Kobra dargestellt.

Die Bevölkerung des Dorfs war frei, und die Volkszählungen, über die wir verfügen, zeigen, dass es keine wichtige Gemeinde war. Die Listen, die nur die Männer aufführen, dokumentieren für die Anfangszeit der Herrschaft von Ramses II. 48 Handwerker. Unter Ramses III. zählte man vierzig, eine Zahl, die in der Epoche Ramses' IV. auf 105 Personen stieg.

Eigenartigerweise wurden alle Handwerker mit der gleichen Formel bezeichnet als »diejenigen, die den Ruf hören«. Diesen Begriff hat man gelegentlich mit »Hörer (des Grabs)« übersetzt. Sie bildeten eine Art »Mannschaft«, aufgeteilt in eine linke und eine rechte Seite. B. Bruyère hat einmal die Vermutung geäußert, dass diese Einteilung etwas mit den beiden großen königlichen Baustellen zu tun hatte und dass eine Gruppe im Tal der Könige arbeiten musste und die andere im Tal der Königinnen. Heute erscheint eine auf Christian Leblanc zurückgehende Deutung wahrscheinlicher. Dieser hat auf den Pilastern zweier Wandvorsprünge im Grabmal der Nefertari zwei Texte entdeckt, in denen auf eine Gipslieferung hingewiesen wird, die zu gleichen Teilen auf die beiden Seiten der Arbeiter verteilt worden sei. Je nach Ausbildung waren die Handwerker Gipser, Zeichner, Bildhauer oder Maler. Andere waren Tischler oder Goldschmiede oder in anderer Weise für die Herstellung der Grabausstattung zuständig. Sie mussten also nicht nur die Grabschächte ausheben, sondern auch die Gräber der königlichen und prinzlichen Nekropolen ausstatten. Diese Männer unterstanden dem Befehl zweier Vorarbeiter. Der eine führte die rechte Seite, der andere die linke. Daneben waren sie für den inneren Frieden der Gemeinde verantwortlich. Sie waren die Letzten, die zwischen den Bewohnern und den höheren Stellen Verbindung hielten, vor allem mit dem Wesir und dem Schatzkanzler. Zusammen mit den Schreibern und Beauftragten nahmen sie Verwaltungsaufgaben wahr, etwa die Verwaltung des Materials, dessen Verteilung und die Ausgabe der Löhne. Die Funktionen, die diese Männer innehatten, gingen nicht selten vom Vater auf den Sohn über, ohne dass damit eine Regel geschaffen worden wäre.

Der Lohn für die Arbeit wurde alle zehn Tage ausgegeben. Entlohnt wurde in Naturalien, und zwar vom Beauftragten des königlichen Schatzhauses und der lokalen Tempel. Der Lohn bestand aus verschiedenen Produkten wie Weizen, Gerste, Brot und Fladen, Gemüse, Obst und Holz zum Heizen. Je nach den Umständen konnten noch Wein hinzukommen, Honig, Milch, Fisch, Fleisch, ja sogar Kleidung.

In einem Dokument, das unter der Herrschaft Ramses' III. entstand, dem Turiner Königspapyrus, ist von Schwierigkeiten die Rede, mit denen die Gemeinde von Set Maat häufiger konfrontiert wurde. Auf den Baustellen traten die Männer in den Streik und gingen sogar so weit, vor den Tempeltoren zu demonstrieren, um ihre rückständigen Löhne einzufordern. Dabei scheint es, als hätten manche dieser Männer schon die Rolle von Interessenvertretern der Arbeiterschaft gespielt. So wird geschildert, wie Nachtamun, einer der Handwerker, seine Mitstreiter zum Handeln aufruft: »Jetzt sind schon zwanzig Tage verstrichen, seit der Monat angefangen hat, und wir haben noch immer nicht unsere Rationen erhalten!« Dann zogen alle mit ihm zu den Speichern des Haremhab-Tempels, um dort zu protestieren. Schließlich händigte man ihnen die Vorräte aus, darunter sechsundvierzig Sack Weizen.

Die Frauen gingen vielerlei Tätigkeiten nach, beschäftigten sich aber im Wesentlichen im häuslichen Bereich. Auch die Kindererziehung gehörte zu ihren Aufgaben. Wohlhabende Familien beschäftigten junge Hausangestellte. Es gab in der Gemeinde zwar keine Schule, aber zumindest den

Begabteren unter den jungen Männern wurde eine Lehrzeit zugestanden, die es ihnen erlaubte, die Grundlagen eines Handwerks zu erlernen, so dass sie hoffen konnten, eines Tages in die Fußstapfen ihrer Väter zu treten.
Neben der Bevölkerung, die in der Stadt lebte, gab es auch Leute, die mit den Bewohnern von Set Maat in ständigen Beziehungen standen. Die Polizei unterhielt nicht weit entfernt einen Außenposten und wachte über die Sicherheit der Bewohner. Grobschmiede, deren Werkstätten wahrscheinlich in der Nähe lagen, mussten für die Mannschaften Werkzeuge herstellen und reparieren. Auch die Schuhmacher sowie der Arzt lebten außerhalb des Dorfes. Handlanger und Tagelöhner schließlich gehörten einer besonderen Kategorie von Arbeitern an, die man je nach Bedarf auf den Baustellen für mehr oder weniger lange Zeiträume beschäftigte: Sie wurden zum Wassertransport eingesetzt, zum Wegräumen des Schutts, der beim Ausheben eines Grabschachts anfiel, waren für die Beleuchtung der Baustelle zuständig, mussten den Putz für die Wände anrühren und überall Hand

330 und 331

Grab des Rechmire (TT 100), unter Thutmosis III. Bürgermeister und Wesir. Rechmire hat sich in der Nekropole von Scheich Abd el-Gurna eine großartige Grabkapelle errichten lassen. An einer der Wände sind die verschiedenen Berufsgruppen dargestellt. Bildhauer, Schneider, Ziegelmacher betätigen sich in ihrem jeweiligen Handwerk. Die Tischler bildeten eine besonders gesuchte Berufsgruppe – unentbehrlich für die Herstellung von Türen für Häuser und Gräber, vor allem aber für die Vorbereitung eines Teils der Grabausstattung. Auch Särge, Betten, Tische, Statuen, Amulette, Truhen und Schreine wurden von ihnen angefertigt. Die Tischler arbeiteten zusammen mit Spezialisten wie den Vergoldern, die die kostbarsten Gegenstände mit Blattgold überzogen.

332 oben
Grab des Paschedu (TT 3). Paschedu, der zur Zeit der Herrschaft Ramses' II. lebte, hat sich in Deir el-Medineh ebenfalls ein Grab anlegen lassen. In einer der Kammern zeigt sich der Verstorbene, der von seiner jungen Tochter begleitet wird, in Anbetungshaltung vor dem Gott Re-Harachte.

332 unten
Grab des Sennedjem (TT 1). Der Sonnengott konnte in falkenköpfiger Gestalt dargestellt werden, als das Gestirn selbst oder aber als Mensch mit Widderkopf – Symbol der alternden Sonne. Im Gegensatz dazu ist das Kalb ein Bild der im Morgengrauen wiedergeborenen Sonne.

anlegen, wo es etwas zu tun gab. Sie konnten auch für verschiedene unentgeltliche Arbeiten in der Gemeinde herangezogen werden.
Den Arbeitstagen folgten Urlaubs- und Feiertage. An den Festen nahmen alle Bewohner des Dorfes teil. Die Handwerker und Künstler wurden nicht nur eingeladen, an den großen liturgischen Veranstaltungen teilzunehmen, wie etwa dem Opet-Fest oder dem Schönen Fest des Wüstentals, sie feierten auch andere regionale oder lokale Ereignisse wie etwa die Feste, die Hathor, Renenutet oder Bastet geweiht waren. Die Freizeit wurde auch dazu genutzt, das eigene »Haus der Ewigkeit« in der an das Dorf angrenzenden Nekropole vorzubereiten.

DIE NEKROPOLE VON DEIR EL-MEDINEH

»Schmücke dein Haus der Ewigkeit! Statte deinen Platz im Westen üppig aus!« so lautete der weise Ratschlag, an den sich die alten Ägypter hielten, um eine würdige Fortsetzung ihres Lebens nach dem Tode sicherzustellen. In Deir el-Medineh, das heißt am hinteren Ende des kleinen Tals, auf den Höhen, die das Dorf beherrschen, kann man die Gräber von Sennedjem (TT 1), dem Vorarbeiter Inherchau (TT 299/359), aber auch die von Paschedu (TT 3), Nachtamun (TT 218) und das des Bildhauers Ipui (TT 217) finden. Alle diese Männer lebten in der Ramessidenzeit, und ihre Gräber sind für die Schönheit und Bildhaftigkeit ihrer Ausschmückung berühmt. Diese Gräber bestehen gemeinhin aus zwei Teilen: dem Grabgewölbe und der Kapelle. Zunächst handelt es sich um Einzelgräber, die nach und nach erweitert wurden, damit auch die anderen verstorbenen Familienmitglieder aufgenommen werden konnten. Deshalb wurden diese Gräber manchmal in mehreren Stockwerken angelegt. Die unterirdische Gruft ist geschmückt und wird von einer kleinen Pyramide gekrönt. Die Themen

der Malereien stammen im Wesentlichen aus dem *Totenbuch*. Neben sehr konventionellen Szenen finden sich dabei auch Bilder von einer großen Ausdrucksfreiheit, auf denen die Familie des Verstorbenen erscheint. Die Kompositionen sind meist mehrfarbig, aber in einigen Gräbern herrscht ein einfarbiges Dekor vor, und bei den Personen wie bei den Texten dominieren die Farben Gelb und Schwarz. Die Gräber von Nebenmaat (TT 219) und Nachtamun (TT 335) bieten dafür schöne Beispiele. Die Kapelle wird in der Regel von Mauern umschlossen. Der Zugang erfolgt über das Tor eines verkleinerten Pylons, der auf einen Hof führt. Im Hintergrund findet sich eine Stele oder ein Opferaltar für den Bestattungsritus. In diesem Raum konnten Familie und Freunde sich bei Gedenkfeiern zusammenfinden.

DIE NEKROPOLE VON GURNET MURAI

Diese im Osten von Deir el-Medineh gelegene Nekropole des Neuen Reiches enthält Gräber aus der Zeit der 18., 19. und 20. Dynastie. Sie war vor

332–333
Grab des Inherchau (TT 359). In der Nekropole von Deir el-Medineh ist die Totengruft des Inherchau, eines Vorarbeiters zur Zeit Ramses' III. und Ramses' IV. durch ihre kunstvolle Ausschmückung zweifellos eine der schönsten. Hier sieht man den Verstorbenen in einem aufwändigen Gewand aus weißem Leinen anbetend vor den Seelen von Pe, einer mythischen Stadt (Buto) in Unterägypten. Tatsächlich stellen diese drei kniend wiedergegebenen Gestalten mit Schakalskopf Horus, Amset und Hapi dar.

allem königlichen Beamten vorbehalten, von denen einige bei Hof hohe Positionen innehatten. Viele dieser Gräber in diesem Teil der thebanischen Berge sind noch unbekannt, aber vor kurzem ist es gelungen, das Grab einer anonym gebliebenen Persönlichkeit zu entdecken, deren Sohn Nedjem Vorlesepriester war. Dieser war bei der Nekropolenverwaltung eines Sohns von Thutmosis II. beschäftigt, eines gewissen Seneb, der bis dahin unbekannt gewesen ist. Von der Anlage hat sich nur die Grabkapelle erhalten, aber die Gruft zeigt die hohe Qualität der Wanddekoration, vor allem mit der Darstellung des Abstiegs des Verstorbenen und seiner Gemahlin, die als »Sängerin der Hathor« und »Herrin des Hauses« wirkte. Auf diesem Friedhof sind noch weitere Gräber bekannt, darunter das leider stark beschädigte von Amenophis dem Weisen, Sohn des Hapu, der berühmten

333 unten links
Grab des Neferrenpet genannt Kenro (TT 178). Neferrenpet, Schatzhausschreiber des Amun zur Zeit von Ramses II., hatte sich in der Nekropole von el-Chocha sein prachtvolles Grab anlegen lassen. Unter den heiligen Themen findet man den verstorbenen Würdenträger in Anbetungshaltung vor Osiris und Isis (Gottheiten der irdischen Welt) sowie vor Re-Harachte und Maat (Gottheiten der himmlischen Welt).

333 unten rechts
Im Grab des Ipui (TT 217) haben sich Szenen in schönen Farben erhalten. Hauptthemen der Darstellungen sind das Alltagsleben, aber auch das Berufsleben des Verstorbenen. Zahlreiche Abbildungen illustrieren seinen Übergang in das jenseitige Leben.

»Grauen Eminenz« am Hof seines Dienstherrn Amenophis III. Auf Gurnet Murai liegt auch das Grab des Hui (TT 40), »Königssohn von Kusch« (Vizekönig) und Gouverneur der südlichen Länder unter Tutanchamun. Dieses Grab ist nicht weit von der Stelle entfernt, an der auch Amenemheb, Hirte der Domäne der Amun-Re (TT 278) und ein gewisser Imeneminet beigesetzt sind, der das Amt eines Priesters versah (TT 277).

DIE NEKROPOLE VON SCHEICH ABD EL-GURNA

Dies ist der weitläufigste Sektor der thebanischen Nekropole. Im Norden wird er durch den Friedhof von Gurnet Murai begrenzt, im Süden von einigen Hügeln, die dem Felsenkessel von Deir el-Bahari vorgelagert sind. In diesem weitläufigen, hügeligen Raum sind auf den Hügelkuppen und in den Vorbergen mehrere hundert Privatgräber angelegt worden, die mehrheitlich aus der Zeit der 18. Dynastie stammen. Diese unterschiedlich groß angelegten Gräber umfassen in der Regel einen Vorhof unter freiem Himmel, dem sich als Kulträume eine Querhalle und die sogenannte »Tiefe Halle« anschließen. Das Grabmal wird zu Beginn des Neuen Reiches so gut wie nie ausgeschmückt. Ausnahmen sind höchst selten. Diese Gräber waren für Wesire vorgesehen, Gouverneure, Bürgermeister, hohe Verwaltungsbeamte und andere Würdenträger. Sie haben auch für hochrangige Militärs als »Häuser der Ewigkeit« gedient sowie für das Personal des mächtigen Amun-Klerus von Karnak. Priester und Vorlesepriester, die Leiter der Landwirtschaftsdomänen des Gottes, Verwaltungsdirektoren und Schreiber des großen Tempels waren ebenfalls Nutznießer dieses Friedhofs. Das älteste Grab ist zweifellos das eines Wesirs Sesostris' I., der den Namen Antefoker trug (TT 60). Für das Mittlere Reich sind in Scheich Abd el-Gurna nur wenige Gräber nachgewiesen, obwohl die Ergebnisse der jüngsten Ausgrabungen am Nordrand des Ramesseums unser Wissen um diese Zeit beträchtlich vergrößern. Aus der Zeit des Neuen Reiches verdienen mehrere Gräber der 18. Dynastie, deren Wände auf Putz bemalt sind, besondere Aufmerksamkeit. Zu nennen sind das von Ineni, einem Architekten Thutmosis' I. (TT 81), von Rechmire, Wesir und Gouverneur unter Thutmosis III. und dessen Sohn Amenophis II. (TT 100), von Menna, der in der Epoche von Thutmosis IV. (TT 69) für den Kataster verantwortlich war, oder auch Nacht, der unter der Herrschaft desselben Königs als Astronom im Amuntempel diente (TT 52). Das Prunkstück unter diesen Privatgräbern dürfte die Gruft von Sennefer sein, einem Zeitgenossen Amenophis' II. und Bürgermeister von Theben. Diese ist für ihre mit Weinranken geschmückte Decke und die an Pfeilern und Wänden wiedergegebenen eleganten Bilder berühmt (TT 96). Einige dieser Gräber zeigen ein in Relief ausgeführtes Dekor, das ebenfalls von großer Kunstfertigkeit zeugt. Die schönsten sind unzweifelhaft die von Chaemhet (TT 57), der zur Zeit Amenophis' III. das Amt des Scheunenvorstehers innehatte, das von Benia (TT 343) sowie das von Ramose (TT 55), Wesir Amenophis' IV., der den Pharao in seine neue Stadt begleitete und dessen Grab deshalb unvollendet geblieben ist.

Aus der Ramessidenzeit könnten noch mehrere interessante Gräber genannt werden, vor allem diejenigen, die für hohe Beamte unter Sethos I. und Ramses II. vorgesehen waren. Aus der Epoche des Merenptah wird man sich vor allem an das Grab von Tschai erinnern, Schreiber des Herrn beider Länder (TT 23), aus den nachfolgenden Regierungszeiten an die Gräber von Chonsumes, Schatzhausschreiber in der Domäne des Amun (TT 30), und von Ramose (TT 132), dem königlichen Schreiber unter Taharqo.

334–335

Ansicht der Nekropole. Im Vordergrund die Hügel von Scheich Abd el-Gurna. Im Hintergrund ist der Talkessel von Deir el-Bahari mit dem berühmten »Tempel der Millionen Jahre« sichtbar, den Königin Hatschepsut an dieser Stelle hatte errichten lassen.

335 oben

Kultraum im Grab des Menna (TT 69), dem Feldschreiber des Königs beider Länder, wahrscheinlich unter Thutmosis IV. In mehreren Registern werden die wichtigen Augenblicke im Berufsleben dieses Beamten dargestellt. Religiöse Szenen wie diese zeigen Menna, wie er in Begleitung seiner Gattin und zweier Söhne Osiris huldigt.

335 Mitte

Grab des Rechmire (TT 100). Träger von Amphoren mit Agrarprodukten kommen von den Landgütern.

335 unten

Grab des Cheruef (TT 192). Das Grabmal, das sich der Güterverwalter der Großen Königlichen Gemahlin Teje in el-Asasif hat anlegen lassen, enthält ein höchst kunstvoll ausgeführtes Reliefprogramm. Auch in seinen Dimensionen entspricht dieses Grab der herausragenden Stellung, die diese Persönlichkeit am Hofe einnahm. In einem Kultraum geben Bilder die Sequenzen des königlichen Jubiläums-Festes (Heb-Sed) wieder. Amenophis III. in der Majestät seines Amtes, seine Gattin und mehrere ihrer Töchter werden hier beim Vollzug dieser Riten dargestellt.

336
Grab des Cheruef (TT 192). Zwei der Prinzessinnen, Töchter von Amenophis III. und Teje, vollziehen bei den Zeremonien, die dem königlichen Jubiläum geweiht sind, ein Trankopfer. Diese leider anonym gebliebenenen jungen Mädchen sind mit ungewöhnlicher Kunstfertigkeit in den Kalkstein gemeißelt worden, wie dies vor allem die Ausführung der Gesichter und der Haare zeigt. Wie viele andere Gräber ist auch das des Cheruf unvollendet geblieben, was erklärt, weshalb mehrere der Reliefs nicht bemalt worden sind.

337 unten
Luftaufnahme der Nekropole von Dra Abu'l-Naga. Diese ist besonders ausgedehnt, aber leider auch besonders schwer beschädigt. Mehrere archäologische Missionen arbeiten dort schon seit Jahren an der Freilegung und Erforschung der Gräber.

DIE NEKROPOLEN VON EL-ASASIF UND EL-CHOCHA

In der Ebene und an den Abhängen der Hügel, die im Norden die Tempel von Deir el-Bahari begrenzen, befinden sich die Nekropolen von el-Asasif und el-Chocha als Verlängerung der Nekropole von Scheich Abd el-Gurna. Die Gräber von el-Asasif, die vor allem für Prinzen des Mittleren und Neuen Reiches sowie aus der Saitenzeit bestimmt waren, sind in den am tiefsten gelegenen Teilen der Bergkette und sogar in der Ebene angelegt worden und weisen eindrucksvolle Ausmaße auf. Eine große Treppe und ein monumentaler Eingang führen in einen Hof, den ein Pylon aus Lehmziegeln abschließt. Über diesen erreicht man die unterirdischen Teile. Unter den ältesten Gräbern stehen die von Cheruef, dem Domänenverwalter der Großen Königlichen Gemahlin Teje (TT 192) und von dem Schreiber Samut, genannt Kiki (TT 409), durch ihren wohlentwickelten Grundriss noch immer in der Tradition des Neuen Reiches. Andere hingegen, die später angelegt wurden, bieten eine viel komplexere architektonische Anlage. Dies ist etwa bei den Gräbern von Montemhat der Fall (TT 34), dem vierten Propheten Amuns und unter der Herrschaft von Taharqo und Psammetich I., Fürst der Stadt, von Pabasa (TT 279), dem großen Haushofmeister der Gottesgemahlin Nitokris, aber auch von Anch-Hor (TT 414), Ibi (TT 36) und Harwa (TT 37), die aus derselben Epoche stammen. Im Süden wird der Zugang zum Tal durch einen kleinen Hügel versperrt: Dies ist die Nekropole el-Chocha, in

der großartige Gräber aus der Zeit des Neuen Reiches angelegt worden sind. In denen von Puiemre (TT 39), dem zweiten Propheten von Amun unter Thutmosis III., dem von Nebamun und Ipuki (TT 181), Bildhauern am Hof Amenophis' III. und Amenophis IV., sowie von Neferenpet, genannt Kenro (TT 178), Schatzhausschreiber der Domänen des Amun-Re unter Ramses II., sind noch die Wandbemalungen mit ungewöhnlich schönen Darstellungen erhalten, die den Alltag und das Berufsleben dieser Persönlichkeiten zeigen.

DIE NEKROPOLE VON DRA ABU'L-NAGA

Über dem Tempel von Hatscheptsut, nach Norden hin ansteigend, erstreckt sich über fast einen Kilometer in den Vorbergen der libyschen Bergkette die Nekropole von Dra Abu'l-Naga, deren wichtigste Gräber – heute unzugänglich – die der Könige und Prinzen der 17. Dynastie sind. Außerdem hat man dort mehrere »Häuser der Ewigkeit« aus dem Neuen Reich entdeckt, darunter auch das von Tetiki (TT 15), Sohn des Ahmose und erster Pharao der Achzehnten Dynastie. Um diese Zeit wurde die Nekropole durch einen Sturm verwüstet. Mehrere beschädigte Gräber mussten repariert werden, aber der Ort wurde nicht aufgegeben. Unter der Herrschaft von Hatschepsut, Thutmosis III., Amenophis II. und Thutmosis IV. ließen mehrere königliche Würdenträger dort ihre Gräber anlegen, unter denen vor allem zu nennen sind: Tati (TT 154), Nebamun (TT 17), Antef (TT 155), Djehuti (TT 11), Neferrenpet (TT 140), User (TT 260) sowie Nehemaui (TT 165). In der Ramessidenzeit belegte man die Abhänge dieses Friedhofs weiter wie die Grüfte von Schuroi (TT 13), Ramose (TT 166), Amunmose (TT 19), Panehesi (TT 16), Raj (TT 159) und Tschanefer (TT 158) beweisen. In Dra Abu'l-Naga hat man auch eines der ältesten Privatgräber von Theben-West gefunden. Es gehört einem königlichen Schreiber Sesostris' I., einem gewissen Rui (TT 255), und wurde von J.-F. Champollion während seiner Reise nach Theben 1829 aufgesucht.

DIE NEKROPOLE VON EL-TAREF

Der Ortsname el-Taref bezeichnet die nördlichste und älteste der Nekropolen von Theben-West. Sie ist nicht weit vom Tempel Sethos' I. gelegen, und man erreicht sie über die Straße, die nach Norden abzweigt. Das Gelände ist heute zu einem großen Teil von Wohnhäusern bedeckt, unter denen die wichtigsten Gräber verborgen liegen. Dieser Sektor, der einst von W. Flinders Petrie und in jüngerer Zeit von D. Arnold untersucht worden ist, wurde als Bestattungsort einer Reihe von Königen der 11. Dynastie identifiziert. Ein großes Grabmal mit der Bezeich-nung »Saff el-Dawaba« könnte das von Intef I. sein, zwei benachbarte waren wohl für seine Nachfolger reserviert. Diese Zuschreibung ist jedoch durch die Inschriften nicht bestätigt worden, und Cl. Vandersleyen vermutet, dass das erste dieser Gräber für Mentuhotep I. angelegt wurde. Später, im Neuen Reich, breitete sich die Nekropole zwar weiter aus, verlor aber ihren königlichen Charakter. Die Flächen, die in einen Friedhof für das Volk umgewidmet wurden, waren für die kleinen Leute von Theben bestimmt. 1987 wurden bei Ausgrabungen, die von der ägyptischen Altertümerverwaltung unternommen worden waren, rechteckige Gruben oder sogar Grubenschächte mit einer Tiefe von zwei bis drei Metern entdeckt, die mit ungeschmückten Grüften verbunden waren. In diesen schlicht ausgestatteten Gräbern waren die Leichen skelettiert. Man hatte sie also nicht den Riten der Mumifizierung unterworfen. Dafür ermöglichen kleine Opfertische und reichlich vorhandenes keramisches Geschirr, die in diesen Gräbern gefunden worden sind, eine genaue Datierung dieser Beerdigungen.

Wie die thebanischen Nekropolen insgesamt, so hat auch jene von el-Taref im Verlauf der Dritten Zwischenzeit Neuentwicklungen erlebt. Da auf dem westlichen Flussufer die Flächen für Gräber immer seltener wurden, dehnten sich die Friedhöfe für das Volk nach und nach auf die Vorberge aus, ja sogar in die Ebene, wo sich die Tempel der »Millionen Jahre« befinden. Ebenso zahlreich sind die Gräber aus der Zeit des Mittleren und Neuen Reiches, die während dieser gesamten Epoche immer wieder neu ausgestattet und genutzt wurden.

338–339
Grab des Ramose (TT 55), unter Amenophis IV./Echnaton Wesir von Oberägypten. Er hatte sich am Fuß der Hügel von Scheich Abd el-Gurna eine der größten Grabbauten in Theben-West errichten lassen. Die Schönheit der Reliefs ist ergreifend, wie dieses Detail zeigt, in dem der begabte Bildhauer es verstanden hat, den Gesichtern Leben einzuhauchen. Nachdem Ramose Theben verlassen hatte, um seinem König nach Tell el-Amarna zu folgen, gab er das Grab auf.

Der reich geschmückte äußere Sarg des Sennedjem zeigt ein lebendiges Bild seiner menschlichen Gestalt. Er trägt eine kunstvoll gearbeitete Perücke und Schmuck. Das unterscheidet ihn von der Osiris-Form anderer ägyptischer Särge. Dieser Stil ist einzigartig für jene Periode. Auch andere Särge aus derselben Anlage zeigen mit normalen Gewändern bekleidete Personen.

Das Grab des Sennedjem

von Morris L. Bierbrier

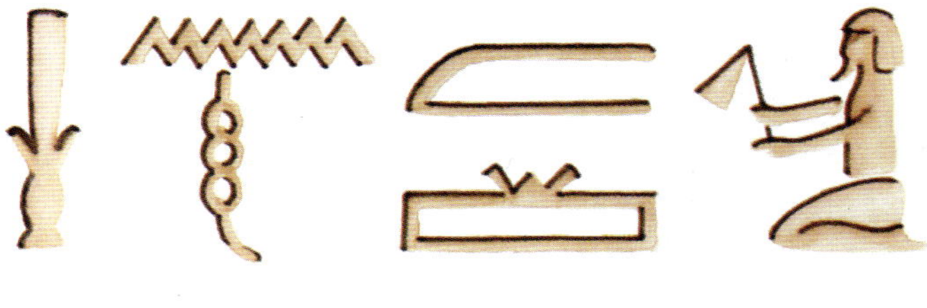

In der Geschichte der ägyptischen Archäologie kommt es ausgesprochen selten vor, dass ein unversehrtes Grab mit ebenso unberührten Mumien und Grabbeigaben entdeckt wird. Das Grab des Tutanchamun ist eines der berühmten Beispiele dafür. In Deir el-Medineh entdeckten italienische Archäologen das intakte Grab des Cha aus der Zeit der 18. Dynastie. Sein Inhalt wird jetzt im Museo Egizio in Turin ausgestellt. Das Grab des Sennedjem mit seinem Inhalt blieb ebenfalls von den Plünderern des Altertums verschont, nicht jedoch von jenen der Neuzeit. Die augenfälligsten Beweise für die Blütezeit der Gemeinde von Deir el-Medineh während der 19. Dynastie sind die Gräber der Handwerker und

340–341

Sennedjem und seine Frau Ijneferti sind hier dargestellt, wie sie auf den Feldern von Iaru, der ägyptischen Version des Paradieses, pflügen, säen und die Ernte einbringen. Die Bäume hängen voller Früchte, von denen sie sich ernähren können. Die Ägypter glaubten, dass das Leben im Jenseits dem auf der Erde sehr ähnlich sei.

341 unten

Das Udjat-Auge des Horus galt bei den Ägyptern als Glücks- und Schutzsymbol. Der Legende zufolge wurde es dem Gott während seines Kampfes mit dem Gott des Bösen, Seth, ausgerissen und vom Sonnengott Re ersetzt.

342

Das Grab des Sennedjem war mit einer großen Holztür verschlossen. Eine Seite zeigt Sennedjem und seine Verwandten, wie sie Osiris und Maat (oben) und Ptah-Sokar-Osiris und Isis (unten) anbeten. Auf der Rückseite vergnügen sich der Verstorbene und seine Frau beim Senet-Spiel vor einem Tisch mit Opfergaben.

342–343

Die gewölbte unterirdische Grabkammer des Sennedjem dürfte ursprünglich mit seinen Grabbeigaben angefüllt gewesen sein. Die hintere Wand zeigt den Verstorbenen und seine Frau bei der Anbetung verschiedener Gottheiten. Auf beiden Seiten wird der mumifizierte Leichnam des Grabeigentümers dargestellt.

Erklärung

A EINGANG
B SARGKAMMER

Bildwerke

1 *Ernten im Paradies (oben)*
2 *Pflügen im Paradies (unten)*
3 *Der Verstorbene und Anubis vor Opfergaben*
4 *Der Gott Osiris zwischen zwei Udjat-Augen*
5 *Anubis mumifiziert den Verstorbenen*
6 *Der Verstorbene und seine Frau beten Gottheiten an*
7 *Die Mumie des Verstorbenen auf einer Totenbahre mit Isis und Nephthys (unten)*
8 *Trankopfer eines Sohnes (im Leopardenfell) für den Verstorbenen und seine Frau*
9 *Der Verstorbene und seine Frau (o.) bzw. seine Verwandten (u.) beten die Wächter der Unterwelt an*
10 *Sennedjem verehrt verschiedene Götter (Decke).*

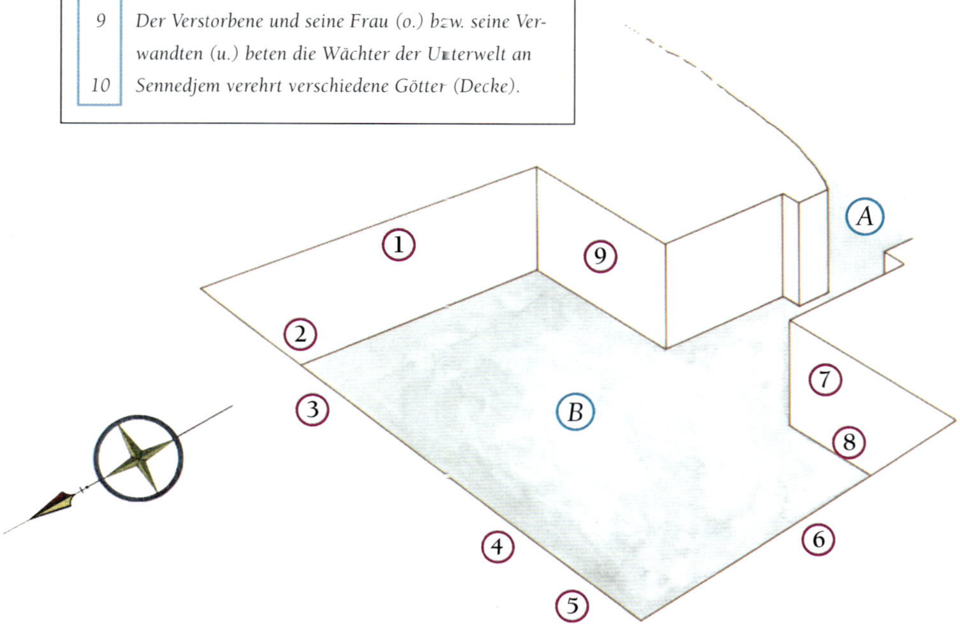

343 unten
Ein Sohn des Sennedjem vollzieht das Mundöffnungsritual am mumifizierten Leichnam seines Vaters. Diese Zeremonie wurde vor der Beisetzung vorgenommen, damit der wiederbelebte Leichnam den Geist des Verstorbenen aufnehmen konnte.

344–345

Der Blick auf das andere Ende der Grabkammer vermittelt ein vollständiges Bild von Sennedjem im Paradies. Über dieser Szene beten Paviane den Sonnengott Re in seiner Sonnenbarke an. Auf der linken Seite wird der Verstorbene von Anubis vor die aufgehäuften Opfergaben geleitet.

344 unten

Dieses reich bemalte Tongefäß war eine der Beigaben aus dem Grab des Sennedjem. Das meiste wurde von den Handwerkern selbst gefertigt. Da sie keine wertvollen Materialien verwenden konnten, bemalten sie oftmals Holzkrüge so, dass sie Arbeiten aus kostbaren Steinen glichen.

345 oben

Der Gott Osiris, der Herr der Unterwelt, steht mit all seinen Insignien vor einem Altar mit einem Wassergefäß. Er wird oben von zwei Udjat-Augen flankiert und im unteren Teil des Bildes von zwei heiligen Fetischen des Anubis (sog. Imiut-Symbole).

Arbeiter, die an der Felsenwand gegenüber dem Dorf gebaut wurden. Die meisten Gräber scheinen aus dem ersten Abschnitt der Regierungszeit Ramses' II. (um 1270 v. Chr.) zu stammen.
Man darf annehmen, dass die Handwerker sie selbst errichteten und das dazu benötigte Material von der Regierung erhielten.
Das Bauschema der Gräber ist jeweils ähnlich. Eine Toranlage aus Lehmziegeln führt in einen eingefassten Innenhof, in dem sich manchmal eine große Grabstele mit Darstellungen von Bestattungszeremonien befindet. Am gegenüberliegenden Ende des Hofes gelangt man durch einen Eingang in eine mit Wandgemälden ausgeschmückte Gewölbekapelle. Auf die geglättete Oberfläche der Wände wurde eine dünne Verputzschicht aufgezogen, die dann bemalt werden konnte. Außen war die Kapelle mit einer Pyramide aus Lehmziegeln überbaut, die von einer kleinen, dem Sonnengott Re-Harachte geweihten Pyramidion aus Stein gekrönt war. Entweder von der Kapelle oder von dem Hof aus führte ein Schacht unmittelbar oder über einen kurzen Korridor in eine oder mehrere unterirdische Kammern. Diese waren ganz oder teilweise ausgeschmückt und enthielten die Mumien und die Grabbeigaben der Verstorbenen.
Der Handwerker Sennedjem dürfte während der Regierungszeit von Sethos I. und der ganz frühen Regierungszeit Ramses' II. gewirkt haben. Er erscheint nicht auf dem Dienstplan des Jahres 40 von Ramses II., in dem aber offenbar einer seiner Söhne erwähnt wird. Also wurde dieses Grab entweder gegen Ende der Regierungszeit Sethos' I.

345 unten

Ein Sohn des Toten, mit einem Leopardenfell bekleidet, das seine Priesterwürde anzeigt, gießt vor seinen sitzenden Eltern ein Wasser-Trankopfer aus. Neben ihren Stühlen stehen ihre jüngeren Kinder, Sohn und Tochter, mit den Schläfenlocken der Jugend.

oder sehr früh in der seines Nachfolgers erbaut und dekoriert.
Vom Hof aus führt ein Schacht über einen kurzen Gang in die Sargkammer. Die meisten zu dieser Zeit gebauten Gräber sollten auch als Familiengruften für die Nachkommen des Eigentümers dienen. Sennedjems Grab wurde jedoch nur während einer sehr kurzen Zeitspanne für seine Beisetzung und die seiner Frau und von 18 Verwandten genutzt. Zwei seiner in der Siedlung bekannteren Söhne – Chonsu und Chabechnet – bauten sich eigene Gräber, wurden aber später anscheinend in das ihres Vaters umgebettet. Es wurde nach dem Jahr 40 der Regierung Ramses' II. versiegelt.
Um den 1. Februar 1886 wurde das Grab des Sennedjem in Deir el-Medineh entdeckt. Die bemalte Holztür befand sich noch in ihrer ursprünglichen Stellung. Leider erstellte man keinen detaillierten Bericht über die Ausgrabung, aber der Spanier Eduardo Toda machte einige Aufzeichnungen. Die fantastischen Wandmalereien in der Sargkammer und die darin enthaltenen Gegenstände vermitteln ein lebendiges Bild von dem Stil, in dem ein wohlhabender Handwerker beigesetzt wurde. Viele dieser Objekte verblieben im Kairoer Museum oder wurden überall in der Welt verstreut, weshalb der optische Gesamteindruck dieses wundervollen Fundes verloren gegangen ist und nur noch die Wandgemälde das Können der Handwerker von Deir el-Medineh bezeugen.

346 links
Diese bemalte Holzstatuette stellt den mit seinem besten Leinengewand bekleideten Handwerker Sennedjem dar. Die Figur und die meisten übrigen Gegenstände der Grabausstattung wurden von den Handwerkern selbst gefertigt. Sie sollte der Seele des Verstorbenen eine Heimstatt bieten, falls der Körper zerfiel.

346–347
Der hölzerne Außensarkophag des Chonsu, Sohn des Sennedjem, ist mit religiösen Texten und Szenen (aus dem Totenbuch) bemalt. In der Mitte der Längsseite wird die Mumie des Verstorbenen von Anubis einbalsamiert und von den Göttinnen Isis und Nephthys beschützt.

347 oben
Dieses schön bemalte Uschebti-Kästchen gehörte zu der Grabausstattung des Handwerkers Chonsu, Sohn des Sennedjem. Obwohl Chonsu ein eigenes Grab besaß, wurden die Särge von ihm und seinen Frauen vermutlich in das Grab seines Vaters verlegt, wo man sie später entdeckte.

347 unten
Miniatursarg mit einer Uschebti-Figur, die mit der sog. Uschebtiformel beschriftet ist. Von Uschebtis glaubte man, dass sie all die körperliche Arbeit ausführten, zu denen ihr Besitzer im Leben nach dem Tod verpflichtet würde. Die Darstellung der linken Figur mit dem weißen Grund und den roten Linien ist kennzeichnend für Deir el-Medineh.

348–349
Das ausgemalte Gewölbe der unterirdischen Sargkammer des Sennedjem zeigt den Verstorbenen bei der Anbetung von verschiedenen Gottheiten. In der Barke des Sonnengottes Re-Harachte fällt der Benu-Vogel (Reiher) auf, von dem sich die griechische Sage vom Vogel Phönix herleitet.

Das Grab des Inherchau

von Morris L. Bierbrier

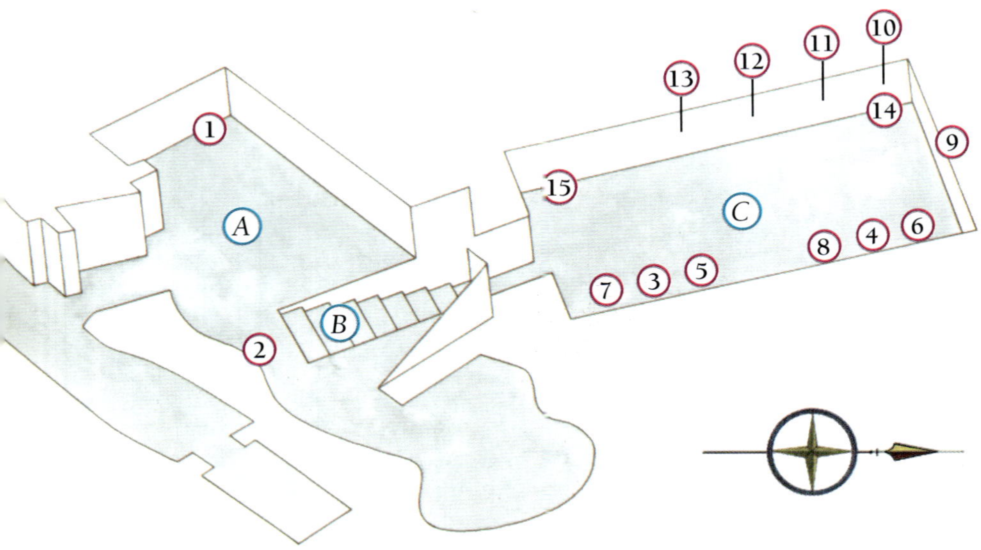

Erklärung

A	obere Kammer
B	Treppen
C	Sargkammer

Bildwerke

1 Verzierte Decke der oberen Kammer
2 Der Verstorbene und seine Frau bringen verstorbenen Königen Opfer dar
3 Der Verstorbene betet eine Schlange an (mittlere Reihe)
4 Der Verstorbene betet vier Schakale an (mittlere Reihe)
5 Der Verstorbene betet einen Ba an (obere Reihe)
6 Der Verstorbene betet den Horizont an (obere Reihe)
7 Der Verstorbene und seine Familie empfangen Opfergaben von seinen Verwandten (untere Reihe)
8 Der Verstorbene sitzt vor Verwandten; einer trägt einen Schlangenstab (untere Reihe)
9 Der Verstorbene und ein Sohn verehren Ptah und Osiris (Ende)
10 Der Kater tötet die Schlange (mittl. Reihe)
11 Der Verstorbene betet Horus an (mittlere Reihe)
12 Anubis und die Mumie des Verstorbenen (mittlere Reihe)
13 Der Verstorbene betet den Benu-Vogel an (mittlere Reihe)
14 Der Verstorbene und seine Frau lauschen einem Harfenspieler (untere Reihe)
15 Verwandte bringen dem verstorbenen Ehepaar ein Trankopfer dar (innere Reihe)

Die Mehrzahl der Gräber in Deir el-Medineh wurde während der Frühzeit der 19. Dynastie angelegt. Scheinbar konnten sich später nur noch die wohlhabendsten Persönlichkeiten der Gemeinde ihre eigenen Gräber leisten. Das Grab des Inherchau ist das einzige, das aus der 20. Dynastie (um 1140 v. Chr.) überdauert hat. Seinem Eigentümer war dieser Bau sicherlich möglich, da er als Vorarbeiter und Aufseher einer der wichtigsten Männer des Dorfes war.

Die Gruppe der Handwerker und Arbeiter wurde von zwei Vorarbeitern beaufsichtigt, einem für die linke und einem für die rechte Seite. Allem Anschein nach wurden diese Vorarbeiter und Aufseher anfangs von dem Wesir, der die Gesamtaufsicht über alle Arbeiter hatte, nach ihrer Befähigung ernannt; aber nach und nach konnte dieser Posten in bestimmten Familien weitervererbt werden. Die Vorarbeiter waren für die Überwachung der Bauarbeiten im Tal der Könige verantwortlich. Sie regelten zusammen mit dem Schreiber die Verteilung des Arbeitsmaterials sowie die Auszahlung der Löhne an Handwerker und Arbeiter. Die Bezahlung durch die Zentralregierung erfolgte in Naturalien, insbesondere Zweikorn (Weizen) und Gerste. Die Vorarbeiter und Aufseher spielten auch eine wichtige Rolle in der örtlichen Gerichtsbarkeit, die Streitigkeiten innerhalb der Gemeinde entschied.

350–351

Diese beiden Szenen befinden sich in der besser erhaltenen Grabkammer. Links betet Inherchau kniend in seinen besten Kleidern und mit Perücke vier Schakale an, während er rechts bei der Anbetung einer Schlange steht.

350 unten

Dieses Detail stellt einen Falken dar, der auf dem Symbol für den Westen sitzt. Da in Ägypten die meisten Nekropolen wie Deir el-Medineh am westlichen Ufer des Nils lagen, bedeutete für die alten Ägypter der Westen das Land der Toten.

351 unten

Dieses bezaubernde Gruppenbild einer Familie vermittelt einen sehr guten Eindruck von den Szenen in den Gräbern von Deir el-Medineh. Inherchau und seine Frau empfangen Opfergaben von zweien ihrer Söhne, während vier ihrer Enkel um sie herum stehen. Die Nacktheit und die Schläfenlocken verweisen auf das jugendliche Alter der Kinder.

352 oben
Die obere Gewölbekammer des Grabes des Inherchau. Der Raum ist stark beschädigt, und viele der Szenen sind von frühen Altertümer-Sammlern von den Wänden geschlagen worden. Trotzdem ist noch genug erhalten geblieben, um einen Eindruck von den herrlichen Wandgemälden zu vermitteln.

352 Mitte und unten
Die Decke der oberen Kammer ist nicht mit Szenen aus dem Leben verziert wie in Sennedjems Grab. Stattdessen besteht der Deckenschmuck aus verschiedenen, sehr farbigen Mustern von Rosetten, Spiralen – in die die Namen von Inherchau und seiner Frau Wabet geflochten sind – und verschlungenen Blattzeichnungen. Die verschiedenen Muster sind durch Textzeilen getrennt, welche die einzelnen Dekorfelder gegeneinander absetzen.

Jeder Vorarbeiter hatte einen Stellvertreter, der in der Regel ein naher Verwandter war.
Die Familie Inherchaus hatte bereits früh in der Regierungszeit Ramses' II. die Stellung als Aufseher der linken Seite inne, und zwar in der Person seines Urgroßvaters Qaha, der der Sohn eines führenden Handwerkers in der Gemeinde war. Seine Vorfahren sind bis zu den Urgroßeltern bekannt. Als Qaha das Amt ausübte, war seine Familie verhältnismäßig wohlhabend. Qaha hatte ein großes Haus im Dorf, und sowohl er als auch sein Sohn und Nachfolger besaßen eigenes Werkzeug. Sein Enkel Hay diente als Vorarbeiter vom Ende der 19. Dynastie bis zum Jahr 21–22 Ramses' III. in der 20. Dynastie.
Inherchau trat der Arbeiterschaft am Ende der 19. Dynastie als gewöhnlicher Arbeiter bei, rückte aber im Jahr 17 von Ramses III. in die Position des Stellvertreters seines Vaters auf und trat fünf Jahre später dessen Nachfolge an. Es ist sicher, dass er unter Ramses VI. diente und vielleicht auch unter Ramses VII. und somit die Position des Aufsehers mehr als dreißig Jahre lang ausfüllte. Er war so einflussreich, dass er das Amt auf seinen Sohn übergehen lassen konnte, obwohl die Familie die Position während der Grabräuberprozesse in der Regierungszeit Ramses' IX. vorübergehend verloren haben dürfte.

353
Dieser Abschnitt der Deckenverzierung stellt die Köpfe von Rindern unter einer Sonnenscheibe zwischen gelben Spiralen dar. Das Muster erinnert an die Stierköpfe von Kreta 200 Jahre früher; es kann aber auch für die Göttin Hathor stehen.

Inherchau besaß mit Sicherheit die Macht und die Mittel, um sich dieses große und beeindruckende Grab zu bauen. Im Gegensatz zu den Königsgräbern im Tal der Könige beschränkten sich die Themen des Dekorationsprogrammes der Handwerkergräber nicht auf rein religiöse Texte und Szenen. Oft werden Begräbnisrituale und die Totenwache der Familienangehörigen dargestellt. Auch vertraute Szenen des Familienlebens werden gezeigt, wofür das Grab des Inherchau ein gutes Beispiel ist. Natürlich wurden diese Szenen bereits zu Lebzeiten des Eigentümers gemalt, sodass er bestimmen konnte, was er für alle Ewigkeit in seinem Grab haben wollte. Da die ägyptischen Verwandtschaftsbegriffe sehr ungenau sind, ist es nicht immer möglich zu bestimmen, ob alle so genannten »Söhne«, »Brüder« und »Schwestern« auch tatsächlich in diesem Verwandtschaftsverhältnis standen – oder eher entferntere Verwandte wie Schwiegerleute, Onkel, Tanten, Neffen und Nichten waren. Folglich dürften viele der in Inherchaus Grab abgebildeten Söhne nicht seine leiblichen Söhne sein.

Das Grab des Inherchau erreicht man über einen Schacht von der Kapelle aus. Es besteht aus zwei unterirdischen Gewölbekammern, von denen eine auf geringfügig niedrigerem Niveau als die andere liegt. Sie waren mit Szenen auf gelbem Grund ausgeschmückt, wobei diese Farbe eine Papyrusrolle andeuten sollte. Vermutlich befand sich bei den Grabbeigaben des Handwerkers auch ein Papyrus des Totenbuchs; in Deir el-Medineh wurden allerdings nur zwei Exemplare davon geborgen. Die Zaubersprüche im Totenbuch sollten den Eintritt des Verstorbenen in das Leben nach dem Tode gewährleisten, aber in Ermangelung eines Papyrus taten wohl die Grabinschriften von Gebeten und Zaubersprüchen eine ähnliche Wirkung.

354–355

Die vorzüglich ausgeschmückte untere Grabkammer zeigt in den oberen Registern den Verstorbenen bei der Anbetung verschiedener Gottheiten und in den Basisregistern, wie er die Verehrung seiner Verwandten entgegennimmt.

355 oben

Der Verstorbene und seine Frau sitzen in ihren Prachtgewändern vor einem Harfenspieler, der sie mit seinem Loblied unterhält, das sich auch als Inschrift für alle Ewigkeit auf der Wand befindet. Es ist unwahrscheinlich, dass Inherchau es sich zu Lebzeiten leisten konnte, eine solche Vorführung zu bestellen.

355 unten
Diese Szene stellt die zwischen den Bergen des Westens aufgehende Sonne dar, nachdem sie ihre Zwölf-Stunden-Reise durch die Unterwelt zurückgelegt hat, wo sie den Seelen der Verstorbenen Licht spendete. Ein Lebenssymbol, das Anch-Zeichen, hängt von der Sonne herab, die von zwei Löwen bewacht wird.

355 Mitte
Der Aufseher Inherchau betet sein auf einem Schrein sitzenden Ba an. Der Ba war ägyptischem Glauben zufolge eine der Formen der menschlichen Seele. Er konnte sich frei umherbewegen, musste aber allabendlich zum Körper zurückkehren: Deshalb war es erforderlich, dass der Leichnam als Mumie erhalten blieb.

356 oben links

Inherchau, der Eigentümer des Grabes, kniet zur Anbetung des Gottes Horus, der hier die Gestalt eines Falken hat. Das Gefieder des Falken und der Sockel, auf dem er steht, sind bis ins feinste Detail gezeichnet und verraten das Können des antiken Malers.

356 oben rechts

Der Gott Anubis mit dem Kopf eines Schakals bringt der Mumie des Verstorbenen ein Herz dar. Die Ägypter glaubten, dass das Herz der Sitz der Geisteskräfte sei, und es wurde nach der Mumifizierung im Körper belassen. Auf der linken Seite steht das Banner von Osiris, dem Herrn von Abydos.

356 unten

Der Aufseher Inherchau steht vor einem Altar mit Opfergaben zur Verehrung des heiligen Benu-Vogels von Heliopolis. Der Reiher trägt die Krone des Gottes Osiris. Er wurde für den Ba, oder den Geist, sowohl von Osiris als auch von Re gehalten.

357

Der Kater von Heliopolis, der mit dem Sonnengott Re in Zusammenhang steht, tötet die Schlange des Götterfeindes Apophis neben einem Persea(Lorbeer)-Baum. In der ägyptischen Mythologie wurde die Barke des Sonnengottes täglich von diesem Symbol des Chaos bedroht, wenn sie die Unterwelt durchquerte. Die Schlange musste deshalb getötet werden.

Die obere Grabkammer enthält eine Darstellung, in der der Tote und seine Frau Wabet verstorbenen Königen und Königinnen von Ägypten aus der 18. bis 20. Dynastie Weihrauch opfern. Ähnliche Szenen erscheinen auch in Gräbern aus der frühen 19. Dynastie. Die Handwerker wussten offenbar von einigen sehr unbedeutenden Prinzen und Prinzessinnen der frühen 18. Dynastie, doch diese Kenntnis schien auf dem Kult von Amenophis I. und seiner Mutter Ahmes-Nefertari zu beruhen. So ist das Interesse der Handwerker an der Geschichte der Könige eher in einem religiösen als in rein historischem Zusammenhang zu sehen.

Das Dorf und die Gräber von Deir el-Medineh wurden um 1815 von heimlichen Ausgräbern entdeckt, die nach Antiquitäten für Reisende suchten. Viel von dem Material aus den Gräbern landete in großen europäischen Museen, etwa dem Museo Egizio in Turin oder dem British Museum. Aus dem Grab des Inherchau sind keine Grabbeigaben erhalten; man muss also annehmen, dass das Grab bereits im Altertum ausgeraubt wurde. Mit Sicherheit war es im frühen 19. Jahrhundert Besuchern zugänglich. Glücklicherweise ist es weitgehend unversehrt geblieben, so dass wir die künstlerischen Leistungen der Handwerker von Deir el-Medineh in der 20. Dynastie bewundern können.

ERKLÄRUNG

A EINGANG
B SARGKAMMER

BILDWERKE

1 *Anubis auf einem Sockel*
2 *Der Verstorbene betet Ptah-Sokar-Osiris an*
3 *Der Verstorbene trinkt das Wasser des Paradieses*
4 *Der Verstorbene betet Götter an*
5 *Der Verstorbene und seine Familie in einem Boot*
6 *Eine Reihe sitzender Gottheiten auf dem Deckengewölbe*
7 *Osiris thront vor dem westlichen Gebirge*
8 *Der Standort des Sarkophags*
9 *Eine Figur des Gottes Horus*
10 *Der Verstorbene, seine Frau und zwei Kinder bei der Anbetung*
11 *Familienmitglieder des Verstorbenen bei der Anbetung*
12 *Der Verstorbene betet die Göttin Nut in einem Baum an*

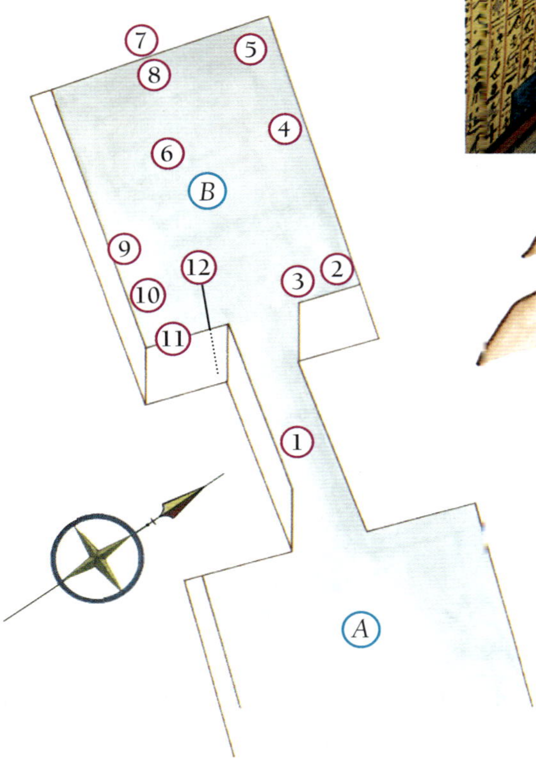

358 oben
Diese Ansicht der überwölbten Grabkammer des Paschedu zeigt am Ende des Raums den Standort des Kalksteinsarkophags, der jetzt fast vollständig zerstört ist. Das Gewölbe ist mit Reihen sitzender Götter ausgeschmückt.

358 unten
Der dahingeschiedene Paschedu und seine Frau Nedjembehdet sitzen vor einem Opfertisch in einem Häuschen an Bord eines Bootes. Ein junges Mädchen, vermutlich eine Tochter oder Enkelin, kniet zu ihren Füßen. Das Boot bringt sie nach Westen, zum Wohnsitz der Toten.

359
Der Eingangskorridor zur Sargkammer ist beiderseits mit einem auf einem Schrein liegenden Schakal geschmückt. Über dem Durchgang zum Hauptraum betet ein Sohn des Paschedu den Gott Ptah-Sokar-Osiris an, der die Gestalt eines Falken hat. Auf der rechten Seite sind Verwandte abgebildet.

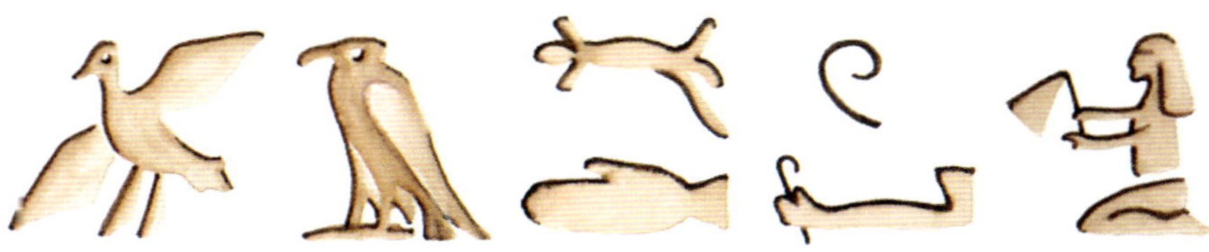

DAS GRAB DES PASCHEDU

von Morris L. Bierbrier

Das Grab des Paschedu ist für seine glänzend gemalten Szenen bekannt. Über den Eigentümer ist außer dem, was man aus den Inschriften an den Wänden ablesen kann, wenig bekannt. Wahrscheinlich stammt das Grab aus den Anfangsjahren der Regierung Ramses' II.; folglich dürfte Paschedu sich während der Regierungszeit Sethos' I. der Arbeiterschaft angeschlossen haben. Sein Vater Menna war Handwerker des Amun, so dass er vermutlich am Tempel des Amun-Re in Karnak mitarbeitete. Demnach wäre Paschedu das erste Mitglied seiner Familie gewesen, das für die Gemeinde von Deir el-Medineh tätig war.

Die Handwerker, die die Gräber im Tal der Könige bauten, spezialisierten sich auf bestimmte Aufgaben. Paschedu als Steinmetz half dabei, den Durchgang durch die Kalksteinwand freizulegen. Andere Arbeiter waren Gipser, die die Innenwände der Gräber glätteten, oder Zeichner, die die Bilder und Inschriften auf die Wände malten, oder Bildhauer, die die Reliefs herausmeißelten, welche dann bemalt wurden.

Paschedu erscheint in seinem Grab zusammen mit seiner Frau Nedjembehdet und mehreren Söhnen,

die durch andere Quellen aus dem Dorf jedoch nicht sicher belegt sind. Allerdings wird dort die Kultkapelle eines Aufsehers namens Paschedu von der linken Nilseite und dessen Ehefrau Nedjembehdet erwähnt. Es ist also wahrscheinlich, dass der Arbeiter Paschedu zu einer der höchsten Stellungen in der Gemeinde aufgestiegen war. Vielleicht hatte er die Absicht, ein Grab zu bauen, das seinem höheren Rang entsprach, oder er gab sich stattdessen mit einer neuen Kapelle zufrieden. Aus dem Hof seiner ursprünglichen Grabeinfriedung führt ein Schacht hinab zu Paschedus Grabkammer. Ein Korridor verbindet diesen Schacht über eine kurze Gewölbegalerie mit einer Vorkammer. Ein weiterer kurzer, überwölbter Gang führt in die reich verzierte Sargkammer. An einem Ende der Kammer war ein bemalter Kalksteinsarkophag

mit den Überresten des Verstorbenen in die Bausubstanz eingearbeitet. Diese Besonderheit ist nur noch von einem einzigen anderen Grab in Deir el-Medineh bezeugt. Scheinbar wurden die Verstorbenen normalerweise – so auch Sennedjem – in frei stehenden Holzsarkophagen auf den Boden der Grabkammern beigesetzt.

Das Grab des Paschedu wurde 1834 von einer Gruppe ägyptischer Soldaten wiedergefunden, die ohne Zweifel auf Schatzsuche waren. Glücklicherweise befand sich der schottische Reisende und Künstler Robert Hay zu dieser Zeit in Theben und sah das Grab kurz nach seiner Entdeckung. Wahrscheinlich war das Grab bereits im Altertum ausgeraubt worden, weil man nichts von irgendwelchen Grabbeigaben weiß, abgesehen von einem Papyrusfragment des Totenbuchs. Es befindet sich jetzt im British Museum, wohin es aus Hays Privatsammlung gelangte. Bedauerlicherweise wurde der Steinsarkophag von Antiquitätenjägern zerstört, nachdem Hay seine Zeichnung vollendet hatte. Die Farben der erhaltenen Wandmalereien wirken noch heute so lebhaft wie an dem Tag, als sie gemalt wurden.

360
Paschedu kniet an einem Kanal nieder, um das Wasser des Paradieses zu trinken. Der Text, das 12. Kapitel des Totenbuchs, beschreibt, wie das Wasser die Flammen der Unterwelt löschen und so den Verstorbenen vor Schaden bewahren wird.

361 oben links
Die Himmelsgöttin Nut kommt aus dem Stamm eines Maulbeerfeigenbaums hervor und gießt ein Trankopfer über den knienden Paschedu aus, der das Wasser mit den Händen auffängt. Nedjembehdet (vorn rechts) erhebt die Hände zur Anbetung.

361 oben rechts
Paschedu und seine Frau beten Horus (nicht im Bild) mit erhobenen Händen an. Ein Sohn und eine Enkelin stehen neben ihnen. Nedjembehdet trägt einen sog. Salbkegel über der Perücke.

361 unten
Dieses Detail stammt aus dem Fries der Gottheiten, das das Gewölbe der Sargkammer verziert. Die Göttin Hathor hält ihr Kultgerät, das Sistrum. Hinter ihr sitzen der Sonnengott Re-Harachte und die Skorpion-Göttin Selket, beide mit Anch-Zeichen, dem Symbol des Lebens.

362–363
Osiris sitzt auf einem Thron und trägt das königliche Nemes. Eine Gottheit vor ihm hält eine brennende Lampe. Hinter ihm sind die Berge des Westens, ein Udjat-Auge mit einer weiteren Lampe und ein Falke. Paschedu kniet betend auf dem Boden.

Das Grab des Chaemhat

von Lyla Pinch-Brock

364–365

Chaemhat, auch Mahu genannt, trägt eine transparente Tunika und um den Hals eine Perlenkette sowie den sog. Schebju-Kragen. Der Grabherr gießt Weihrauch über Enten auf einem kleinen Opferständer aus. Chaemhats Grab ist in der Nekropole von Theben eines der wenigen nichtköniglichen Gräber mit Reliefschmuck. 1903 reinigte Sir Robert Mond die rauchgeschwärzten Wände, »... indem wir sie mit Seife, Wasser und Muskelkraft schrubbten«. Dabei dürfte er auch die letzten Spuren der ehemaligen Farben beseitigt haben.

366–367

Ernteszene mit zwei Gruppen von Kornschnittern und Frauen, die Ähren auflesen. Seltsam ist die Darstellung eines Mannes, der hochspringt, um den Deckel eines riesigen Getreidekorbes zuzudrücken. Ähnliche Bilder gibt es in den Gräbern des Menna (TT 69) und Userhat (TT56). Die Szene gibt einen von Chaemhats Titeln wieder: »Aufseher der Kornspeicher von Ober- und Unterägypten«.

366 unten

Zwei Opferständer mit üppigen Ernteerträgen: Trauben, Feigen und Salat.

367 unten

Mehrere Wagen werden von Stallburschen gelenkt. Einer zieht an den Zügeln, während ein anderer vorne die ungeduldigen Pferde beruhigt. Die einfühlsamen Abbildungen von Tieren sind kennzeichnend für dieses Grab.

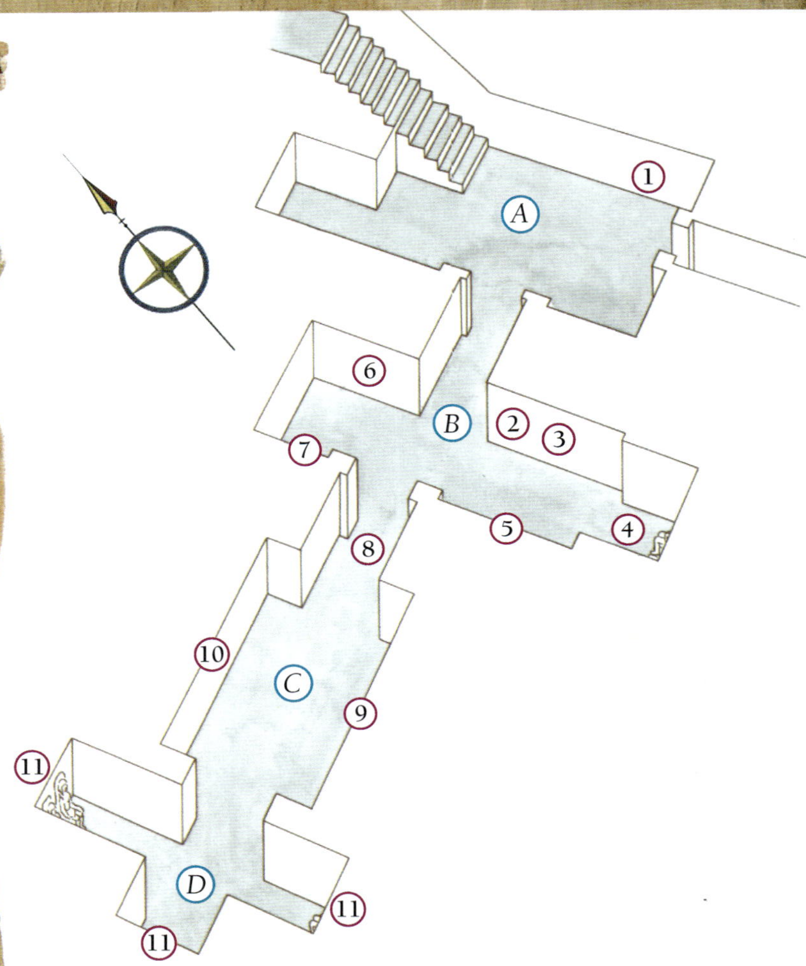

ERKLÄRUNG

A	HOF	5	*Männer führen Rinder vor Amenophis III.*
B	BREITE HALLE	6	*Ackerbauszenen*
C	DURCHGANG	7	*Amenophis III. belohnt Beamte*
D	INNERER RAUM (LÄNGSHALLE)	8	*Der Verstorbene vor Göttern*
	BILDWERKE	9	*Beisetzungsprozession und -feierlichkeiten*
1	*Stelen*	10	*Das Totenbuch und die Pilgerreise nach Abydos*
2	*Aufzeichnung des Ernteertrags*	11	*Doppelstatuen*
3	*Hafenkai und Markt*		
4	*Statuen Chaemhats und Imhoteps*		

Das Grab des Chaemhat (TT 57) ist eines jener Gräber (TT 126,TT 295,TT 102), die sich um einen Hof am westlichen Rand der Nekropole von Scheich Abd el-Gurna gruppieren. 1842 wurde es von George Lloyd, einem Reisenden, Botaniker und Amateurarchäologen, entdeckt. Kurz danach kam Lloyd ums Leben, als sich aus seinem eigenen Gewehr ein Schuss löste. Das war bereits ein unheilvoller Auftakt für das unter einem Unstern stehende Grab.

Vor 1884 – das Jahr, in dem Victor Loret eine Beschreibung des Grabes verfasste – waren viele Abdrücke der Reliefs gemacht worden, indem man Zeitungspapier in Wasser aufweichte und gegen das Original presste. Diese Abdrücke sind vermutlich für den gegenwärtigen Zustand des Grabes mit verantwortlich, dem inzwischen fast jegliche Farbe fehlt. Die Abdrücke wurden dem Ägyptischen Museum in Boulak (Stadtteil von Kairo) übergeben und gelangten von dort 1886 in das Boston Museum of Fine Arts. Ihre anschließende Untersuchung durch den außerordentlichen Kurator Dows Dunham ergab, dass in Lorets Beschreibung Einzelheiten fehlten. Diese Abdrücke sind die einzige Spur, die wir von einigen der fehlenden Texte besitzen.

Die Grabdekoration eignet sich hervorragend für die Anfertigung von Abdrücken, da es sich um markant in den Kalkstein geschnittene Reliefs von hoher Qualität handelt. TT 57 ist eines von nur vier Privatgräbern aus der Regierungszeit Amenophis' III., das mit Reliefs ausgeschmückt wurde. Die anderen sind jene von Ramose (TT 55), Amenemhet, genannt Surero, (TT 48) und Cheruef (TT 192). Es ist überdies eines der wenigen, die eine genaue Jahresangabe enthalten: das Jahr 30 der Herrschaft von Amenophis III. Alle diese Gräber wurden wahrscheinlich spät in Amenophis' Regierungszeit gebaut. Die Eigentümer müssen sehr angesehene Persönlichkeiten gewesen sein; denn ein solcher Grabbau war sehr zeit- und kostenaufwendig. Als Beweis der Gunst des Königs weisen alle diese Gräber Darstellungen von Amenophis III. auf; insgesamt gibt es aus der ganzen Periode nur zwölf Gräber mit solchen Porträts.

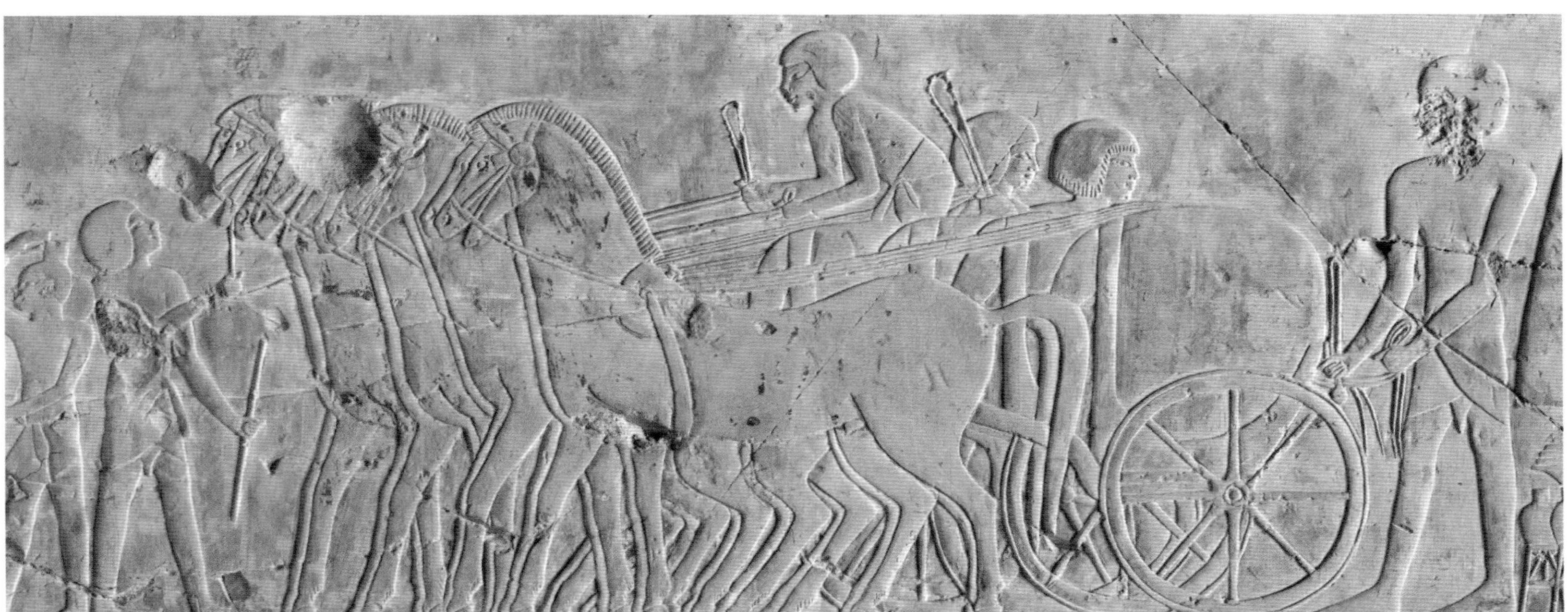

368–369
Chaemhat, der seine Amtsinsignien hält, überwacht die Registrierung der Ernteerträge. Im unteren Teil übergibt ein Aufseher den Bericht an einen Schreiber, während der dahinter Sitzende das Ergebnis an Chaemhat weiterreicht.

369 oben
Der Künstler hat hier die Szene der Erntearbeiter, die das Korn von der Spreu trennen, in ein elegantes Bewegungsmuster verwandelt.

369 unten
Pflanzer beugen sich über ihre Arbeit, während ein anderer Mann das Saatgut, das er in einem Korb trägt, in weitem Bogen ausstreut. Die Hacke wurde zu einem Teil der Hieroglyphe für das Verb »hacken, anbauen«.

Von TT 57 fertigte Sir Robert Mond, ein wohlhabender Geschäftsmann, Chemiker und Ägyptologe, während einer allgemeinen, die gesamte Nekropole umfassenden Untersuchung von 1902 bis 1925 eine Planskizze an. Er fand das Grab »...gründlich ausgeplündert vor, der Inhalt war vom Feuer vernichtet, wodurch das ganze Grabinnere geschwärzt war«. Er räumte den Schutt weg und setzte einige Reliefbruchstücke, die er am Boden gefunden hatte, wieder ein. Dabei kamen verschiedene Gegenstände zum Vorschein, Holz- und Stein-Uschebtis, ein Uschebti-Kästchen, eine Bronze-Speerspitze und eine Ptah-Sokar-Osiris-Figur. Im Hof fand er drei Steinstelen, von denen eine Chaemhat erwähnt, und die Särge von Padiamun und Chonsuiuefanch. Verschiedene Anzeichen deuten darauf hin, dass das Grab bis in die Römische Periode mit Bestattungen belegt war und danach von Einsiedlern bewohnt wurde, die das Zerstörungswerk mit ihren fettigen Herdfeuern vollendeten.

Der Grundriss ist eine Variante der üblichen T-Form dieser Periode und umfasst eine Querhalle und einen inneren Raum, die mit einem Durchgang verbunden sind. Von der Halle führt eine Treppe in den Hof.

Das Grab enthält Nischen für vier Gruppen von Statuen, drei davon im inneren Raum – eine für Mahu (ein anderer Name für Chaemhat) und seine Frau

Teje, eine für Chaemhat und den königlichen Schreiber Imhotep, und eine für Chaemhat und eine andere Frau. Am nördlichen Ende der Halle ist eine Statuennische für Chaemhat und abermals den bevorzugten Imhotep. Dazwischen ist ein Relief der Teje angebracht, das fast wie ein nachträglicher Einfall wirkt.

Das Grab besitzt neben den Kultkammern einen unterirdischen Bereich mit der Sargkammer. Ein paar niedrige Stufen führen von einem kurzen Durchgang aus dem inneren Raum in einen schrägen Tunnel, der im Uhrzeigersinn gewunden ist. Auf halbem Wege abwärts befindet sich eine Reihe kleiner Räume; unten gelangt man in einen größeren Raum und eine Vorkammer. Letztere war vermutlich für die Beisetzung des Eigentümers bestimmt, der größere Raum für seine Grabausstattung. Fast nichts mehr davon wurde gefunden; das Grab dürfte schon im Altertum ausgeplündert worden sein.

Von Chaemhats beiden Titeln war »Aufseher der Kornspeicher« wahrscheinlich der wichtigste. Ernteszenen werden in ägyptischen Gräbern selten dargestellt, doch zwei von fünf solchen Szenen (in den Gräbern TT 120 und TT 48) wurden während der späteren Regierungszeit Amenophis' III. gemalt. Arielle Kozloff hat daraus den Schluss gezogen, dass dies auf ein besonderes Erntefest deute, das vielleicht im Tempel von Karnak stattfand. In TT 57 gibt es keine solche Szene, aber es wird dargestellt, wie die Ernte erfasst wird, wie man die Getreidemengen registriert und wie der Verstorbene die Männer überwacht, die den Ernteertrag schätzen.

Chaemhats anderer Titel, »Königlicher Schreiber«, findet sich als Inschrift auf einer Statue des Mahu (siehe unten) und auch auf dem kleinen Bruchstück einer Diorit-Statuette des Chaemhat. Da »Schreiber« auch die Funktion von Künstlern und Zeichnern ausüben konnten, dürfte Chaemhat besonderen Einfluss auf die Wahl der Künstler und die Dekoration seines Grabes gehabt haben. Laut Kozloff waren nur wenige Künstler an der Ausschmückung der annähernd 40 Gräber beteiligt, die zu Lebzeiten Amenophis' III. gebaut wurden. Sie glaubt, dass bei dem von ihr so genannten Prunkstil ein Meister am Werk war, der

370

Chaemhat und weitere Beamte bringen Renenutet, der »Göttin der Ernte« (nicht im Bild) Opfergaben dar: Bündel mit Wachteln und Enten und eine Vase mit Lotos. Der für dieses Grab zuständige Bildhauer dürfte auch für Ramose in dessen nahe gelegenem Grab (TT 55) gearbeitet haben.

371

Der Künstler hat hier die Komposition der mittleren Figur ausbalanciert, indem er eine der Enten in die Gegenrichtung schauen lässt. Die Köpfe der Enten bilden eine Art Plattform, die die darüber befindlichen Gegenstände trägt.

auch mit dem aufblühenden Realismus in Verbindung gebracht werden kann, der später für die Malereien in Tell el-Amarna bezeichnend ist.
Die Reliefs von TT 57 sind einzigartig. Obwohl viele der Szenen eher förmlich und schematisch wirken und sich stark an das Dekorationsprogramm der Gräber von Nacht und Menna anlehnen, finden sich darin auch sehr individuelle Einblicke in das Alltagsleben. Bemerkenswert sind die Ammen, die den Verstorbenen beklagen, eine Schlachterszene, in der ein pausbäckiger Junge das Bein des Stiers hält, oder ein lebhaftes Pferdepaar, das auf einem Schiff festen Stand zu finden sucht. Abgesehen von solchen ungewöhnlichen Szenen bietet das Grab auch die traditionellen Darstellungen: Der Verstorbene opfert Osiris; zwei Abbildungen Amenophis' III.; eine Opferliste mit vielen Gefäßen, deren Inhalt darauf angegeben ist. Mit Monds Arbeit war die Untersuchung von TT 57 praktisch abgeschlossen. Die meisten der oben erwähnten Szenen haben seither in Bücher Eingang gefunden, doch das Grab als Ganzes wurde nie vollständig erfasst. Eine Veröffentlichung des Center of Documentation (Kairo) verspricht, diese Lücke zu schließen.

372 oben
Diese Szene auf der Armlehne von Amenophis' III. Thron zeigt einen Sphinx mit dem Kopf des Königs, wie er mehrere Feinde zertritt.

372 unten
Schreiber, die für das Zählen der Rinder zuständig sind, überbringen ihre versiegelten Papyrusrollen mit dem Ergebnis.

373
Diese drei Höflinge, die Salbkegel auf ihren Köpfen balancieren, sind Teil eines Gefolges, das von Chaemhat zum Empfang bei Amenophis III. angeführt wird.

374 links und 375
Felsstatuen des Verstorbenen und seiner Frau Teje bilden die hauptsächliche Ausstattung des hinteren Teils des Grabes. Bedauerlicherweise sind sie stark beschädigt worden.

374 oben rechts
Die hinterste Kultkammer erlitt erhebliche Rauchschäden, wahrscheinlich von Küchenfeuern während der koptischen Zeit oder später, als die Gräber von Theben als Behausungen genutzt wurden. Die Beschreibung, die der Reisende Edward William Lane Anfang des 20. Jahrhunderts von Scheich Abd el-Gurna lieferte, lässt keinen Zweifel daran, warum fast nichts von den Gräbern übrig war, als sie in neuerer Zeit wiederentdeckt wurden. Die meisten waren bewohnt, die Besitzer lebten von den Erträgen ihrer unerlaubten Ausgrabungen; Mumiensärge und Grabeinrichtungen wurden als Brennholz verwendet, während Kühe, Ziegen und Schafe an den Umhüllungen der Mumien knabberten.

374 unten rechts
Zwischen Chaemhat und dem königlichen Schreiber Imhotep ist das Bild der Teje auf der Vorderseite der Steinbank wiedergegeben. Der Grund für die Abbildung von Imhotep im Grab ist nicht bekannt.

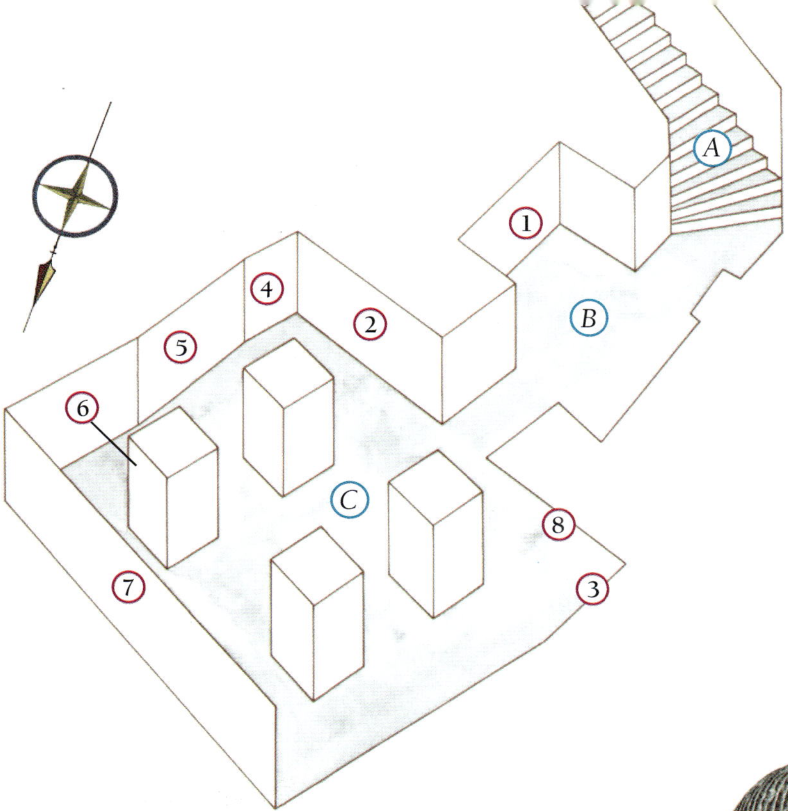

Erklärung

A	Treppe	3	Sarkophag und Grabbeigaben werden in das Grab gebracht
B	Vorkammer	4	Reinigungszeremonie
C	Sargkammer	5	Szenen aus dem Totenbuch
	Bildwerke	6	Priester bringen vor dem Verstorbenen Opfer dar
1	*Mut-tui und Sennefer mit Bestattungsgefolge*	7	Pilgerreise nach Abydos
2	*Sennefer und Merit*	8	Merit und Sennefer

376
Auf einem Pfeiler in der Sargkammer sieht man Sennefer mit seiner Frau Merit unter dem heiligen Sykomoren-Baum der Hathor. Die reichen Blumenmotive verweisen auf seinen Titel »Verwalter der Gärten von Amun«.

377
Diese Gruppenstatue aus Granit des Sennefer mit seiner Frau Senetnai und der Tochter Mutneferet wurde in Karnak gefunden und befindet sich jetzt im Kairoer Museum (JE 36574).

Das Grab des Sennefer

von Lyla Pinch-Brock

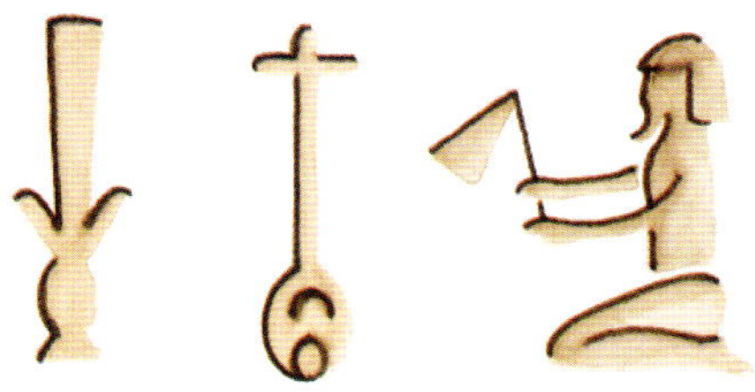

Das Grab des Sennefer (TT 96) ist eines der beliebtesten am westlichen Nilufer. Wegen der farbenfroh verzierten Decke der Grabkammer heißt es »das Grab mit der Weinlaube«.

Die Gruft war vermutlich spätestens seit der Hellenistisch-Römischen Periode geöffnet. Der Name »Alexander« auf einem der Herzen des Amuletts, das Sennefer um den Hals trägt, ist zweifellos von einem griechischen Besucher geschrieben worden. Offensichtlich war der Hof während der koptischen Zeit wieder in Gebrauch, denn einige für diese Periode typische Vorrichtungen sind in die Wände eingebaut worden. Sir John Gardiner Wilkinson besuchte das Grab irgendwann nach 1821, und 1826 kopierte Robert Hay einige der Malereien. 1904 schließlich erklärte Howard Carter, dass das Grab von Sir Robert Mond »wiedereröffnet« worden sei.

378 links
Einstmals durch Plünderung und Regen stark beschädigt, ist das Grab des Sennefer jetzt vollständig restauriert, mit Holzböden und Glasscheiben vor den Malereien.

378 Mitte
In einer Darstellung des »Mundöffnungsrituals« steht Sennefer auf dem Bildzeichen für Wüste, dem Ort seines Grabes. Die Zeremonie dürfte vor dem Grab stattgefunden haben.

378 oben rechts
Eine Halskette mit Herzskarabäus, ähnlich jener, die Sennefer auf den Bildern in der Sargkammer überreicht wird.

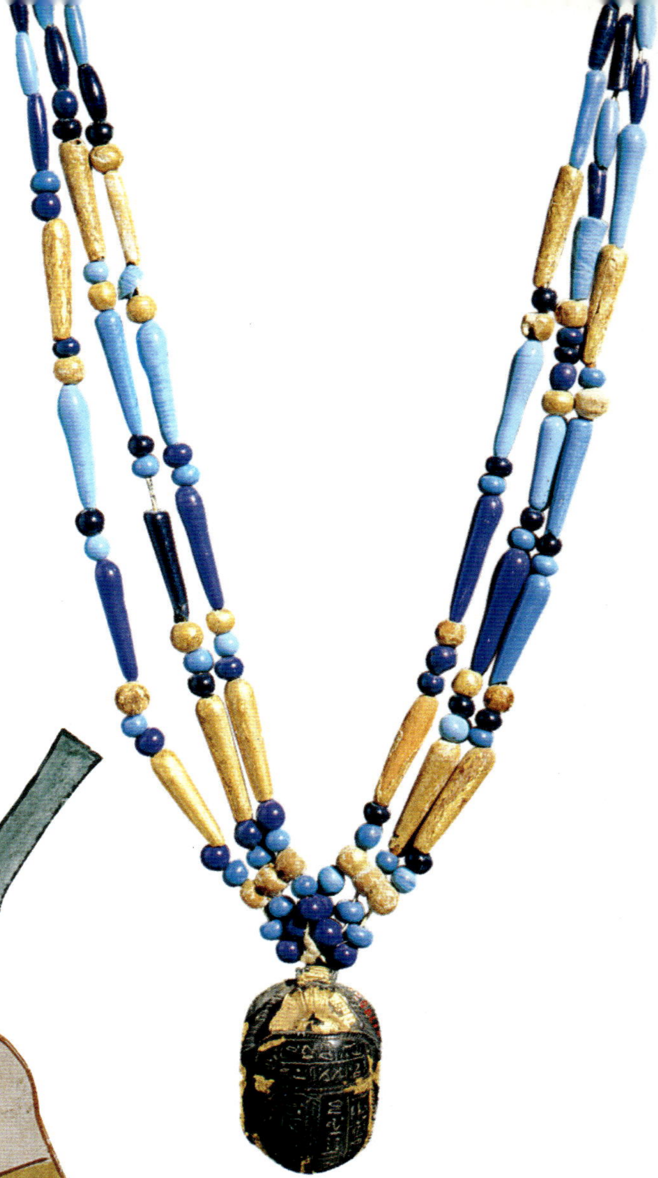

Im Laufe der Jahre gab es viele Versuche, Wandmalereien zu rauben, und heruntergefallene Bruchstücke sind verschwunden. Eine Beisetzungsszene im Museum von Florenz (Inr.-Nr. 7637) stammt wahrscheinlich aus dem oberen Kultbau. Einige beschriftete Bruchstücke wurden im Rahmen der Arbeiten des Metropolitan Museum of Art Anfang vorigen Jahrhunderts fotografiert. Große Teile der Ausschmückung aus der Grabkammer fehlen, und Blöcke, die beiderseits aus den Wänden der Halle gefallen waren, sind falsch wieder eingesetzt worden. Durch ein Unwetter und anschließende Überflutungen, die im Oktober 1994 das Westufer verwüsteten, erlitt TT 96 beträchtliche Schäden. Seither wurde es vollständig restauriert, und man baute Glasscheiben ein, um die Wandgemälde zu schützen. Der große rechteckige Hof des Grabes ist von Natursteinmauern mit verputzten Lehmziegeln umschlossen. Das Innere des Kultbaus (Oberkapelle) ist stark beschädigt und besteht aus einer Halle, einem Durchgang und einer inneren Halle mit Säulen. Die östliche Wand enthält drei Nischen für Statuen. Neben diesem Raum befindet sich ein kleinerer mit einer einzelnen Säule. Seit 1905 wurde die Kultkapelle zur Einlagerung von Funden aus anderen Gräbern benutzt; sie enthielt dann auch jene von Tutanchamun. Eine später angelegter Abgang im Hof stellt die Verbindung zur Sargkammer und ihrer Vorkammer her; beide sind über eine steile Treppe

378 unten rechts
Ein Sem-Priester reinigt Sennefer und Merit. Der Name »Alexander«, ein Graffito eines griechischen Besuchers, wurde links auf dem Doppelherz-Amulett des Grabherrn vermerkt.

379
Obwohl es sich hier um eine Sargkammer handelt, lässt sich der Gesamteindruck als »heiter« beschreiben. Gelb herrscht vor, als würde Sonnenlicht das Innere durchfluten; der Eigentümer und seine Familie werden zufrieden lächelnd dargestellt.

zu erreichen, die in die südwestliche Seite des Hofes geschlagen worden war.

Sennefer war »Aufseher der Kornspeicher des Amun«, »Aufseher der Felder des Amun«, »Hohepriester des Amun in Menu-isut«, »Verwalter der Gärten des Amun« und »Bürgermeister der Südlichen Stadt (Theben)« während der Regierungszeiten von Thutmosis III. und Amenophis II. Als Bürgermeister verwaltete Sennefer Theben, die Hauptstadt des Landes, während der meisten Zeit der 18. Dynastie. Er scheint Amenophis II. besonders nahe gestanden zu haben. Die Namen des Königs sind auf eines der Herzamulette geschrieben, die er auf allen Wandgemälden in der Sargkammer trägt, und eine von Sennefers Frauen, Senetnai, war die Amme des Königs. Ihr Name und der seiner Eltern,

Ahmose und Nub, sind nur im oberen Teil des Grabes zu finden.
Es herrscht Uneinigkeit darüber, ob Senetnefert, Senetnay (beide königliche Ammen), Senetmi, Senetemiah und Merit alle Frauen Sennefers waren oder ob es sich um unterschiedliche Namen für ein und dieselbe Person handelt. Auf einer Doppelstatue, die in Karnak gefunden wurde und sich im Museum von Kairo (JE 36574) befindet, kann Senetnai mit Sicherheit als seine Frau identifiziert werden. Merit wird auf vielen Säulen gezeigt, wie sie ihrem Mann Geschenke überreicht und mit ihm eine Pilgerreise nach Abydos macht. Senetnai begleitet ihn bei seinem Opfer für Amun und bei der Ausführung anderer Pflichten.
Sennefer hatte wenigstens drei Töchter: Mut-tui ist in etlichen Szenen in der Grabkammer zu sehen, Mutnefert auf einer Statue im Kairoer Museum und Nefertari auf einer Statue in London (BM, EA113). Außer diesen Statuen ist nur eine Blockstatue im University College in London (UCL 14639), die von Flinders Petrie in Koptos gefunden worden ist, eindeutig Sennefer zuzuordnen.
Die Gemälde in der Kultkapelle sind von hoher Qualität und werden gegenwärtig von belgischen Konservatoren gereinigt. Sie stellen Sennefers Lebenslauf, sein Begräbnisbankett und Ernteszenen dar. Das wichtigste zeigt Amenophis II. beim Segnen der Ernte – das früheste Beispiel von insgesamt fünf solcher Szenen, die bekannt sind.

380 oben und unten
Merit überreicht Sennefer eine Halskette mit Amuletten und einem Herz-Skarabäus. Man vergleiche diese Gemälde mit dem gegenüber abgebildeten, um die unterschiedlichen »Handschriften« von zwei verschiedenen Künstlern zu erkennen.

380–381
Ein mit Lotos, Feigen, Trauben, Brot und einer Rinderkeule beladener Opfertisch neben einer Szene mit Sennefer und seiner Frau auf der »Pilgerreise nach Abydos«.

381 unten
Merit schenkt Sennefer eine Lotosblüte anlässlich des Talfestes. Die Figur unter dem Stuhl ist wahrscheinlich seine Tochter, doch sie ist nicht gekennzeichnet. Der Künstler, der diese Szene malte, war nicht sehr geschickt in der zeichnerischen Wiedergabe menschlicher Proportionen.

382–383

»Das Grab mit der Weinlaube«: Der antike Künstler nutzte die Unebenheiten der Decke der Sargkammer, malte diesen Abschnitt als eine Weinlaube aus und ließ die Weinreben in die Ecken des Raumes hinabwachsen.

Die meisten Szenen in der Sargkammer haben die Beisetzung zum Gegenstand. Sennefers Titel »Verwalter der Gärten des Amun« spiegelt sich in zwei Szenen mit Bäumen wider sowie ganz allgemein im Charakter des Raumes. Die kleine Vorkammer öffnet sich in eine wunderbare, lichte »Laube«. Die Decke wurde nicht glatt gemeißelt und behielt ihren unebenen Zustand, den der Künstler auf geschickte Weise in eine Weinlaube verwandelte.
Mindestens zwei Maler scheinen in diesem Grab am Werk gewesen zu sein. Die Porträts des Sennefer zeigen mehr individuellen Ausdruck, als damals üblich war. Seine Perücken oder sein Haar sind kunstvoll geordnet, und stolz trägt er einen kurzen Bart. Sein großer goldener Ohrring und seine »Ehrengold«-Halskette heben sich leuchtend gegen die dunkle Haut ab. Er wird hier als gepflegt, aber stämmig gezeigt, doch an der Statue in Kairo betonen die Speckfalten seines Bauches seinen wohlgenährten Zustand.
Wenn KV 42 tatsächlich eine »Gunst des Königs« war, würde dies teilweise erklären, warum in diesem thebanischen Grab niemals Gegenstände gefunden wurden, die mit Sennefer in Beziehung stehen.

383

Die geometrischen Felder als Deckenverzierung der Sargkammer, vielleicht eine Nachahmung des farbigen Geflechts, das die Ägypter für die Ausstattung ihrer Häuser verwendeten, ist schon seit ältesten Zeiten bekannt und gebräuchlich.

Das Grab des Rechmire

von Rita E. Freed

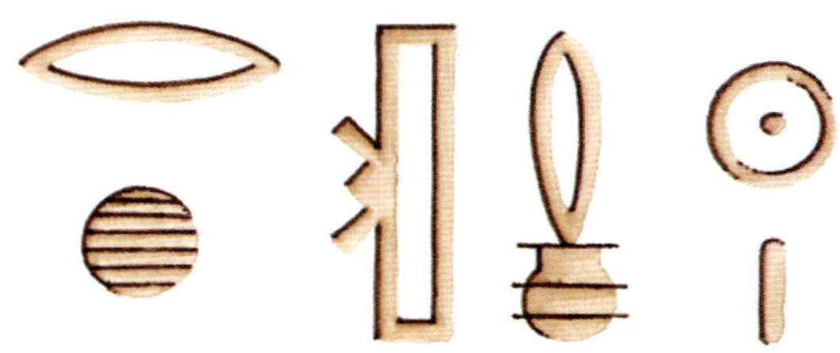

Rechmire, Wesir und Bürgermeister von Theben, erreichte den Höhepunkt seiner Laufbahn während der Regierungszeiten von Thutmosis III. und Amenophis II., als das ägyptische Reich seine größte Ausdehnung erlangt hatte und sein Wohlstand auf nie da gewesene Ausmaße angestiegen war. Er hinterließ ein Grab, das zu den schönsten der gesamten Nekropole zählt – und auch zu den aussagefähigsten, weil es Einblick in die politischen, religiösen und technischen Gepflogenheiten dieser Zeit gewährt.

Aller Wahrscheinlichkeit nach wurde das Grab des Rechmire während der ersten hundert Jahre nach seiner Beisetzung zweimal heimgesucht. Grabräuber schleppten die Beigaben fort und entstellten vermutlich auch das Antlitz des Eigentümers, während Priester des Ketzerkönigs von Amarna – Echnaton – sowohl die Namen einzelner Götter tilgten, wo immer sie auftauchten, als auch das Wort für »Götter« selbst.

Rechmires Grab wurde zuerst von dem französischen Ägypten- und Nubienforscher Frédéric Cailaud für die westliche Welt erschlossen. In den Jahren zwischen 1819 und 1822 kopierte er einige der Szenen des Alltagslebens und veröffentlichte sie in Farbe in seinen 1831 erschienenen *Recherches sur les Arts et Métiers, les usages de la Vie Civile et Domestique des Anciens Peuples de l'Égypte, de la Nubie et de l'Éthiope*.

Ihm folgten viele weitere frühe Forschungsreisende, darunter Sir Gardiner Wilkinson (1825), Champollion und Rosellini (1828), Bonomi (1832) und Hoskins (1832). Ihre Zeichnungen sind heute unschätzbare Wiedergaben der Grabgemälde, deren weitgehende Zerstörung bereits von Hoskins während seines zweiten Besuches im Jahr 1863 festgestellt wurde. Zu dieser Zeit diente Rechmires Grab einer ägyptischen Familie samt deren Vieh als Unterkunft. Abgesehen von einer kurzen Erwähnung auf einer

384 unten

Gold- und Silbergefäße für den Tempel des Amun werden poliert, graviert und gehämmert. Zangen zur Bearbeitung des geschmolzenen Metalls und ein Blasebalg zum Anfachen des Feuers werden gezeigt. Das Gold kam wahrscheinlich aus Nubien und das Silber vom Sinai.

385 rechts

Rechmire hält ein Zepter und einen Würdenstab und trägt das Gewand des Wesirs mit hoch sitzender Taille. Der Wesir war nach dem König der ranghöchste Mann im Land. Rechmire hatte das Amt unter Thutmosis III. und Amenophis II. inne.

384–385

Junge Mädchen, veremutlich Rechmires Töchter, beschenken ihn und seine Frau mit mehreren Sistren und Menats (Halsketten mit Gegengewicht), während er im Jenseits mit seiner Frau Merit an einem großen Bankett teilnimmt. In der Frauenabteilung des Festmahls bedienen junge Mädchen die Teilnehmerinnen.

Erklärung

A	Vorhof	7	Bestattungszug
B	Querhalle	8	Hathor-Imentet, Anubis und Osiris
C	Längshalle	9	Der Verstorbene und seine Frau vor einem Tisch mit Opfergaben
D	Nische	10	Scheintür, Inschriften und Nische
	Bildwerke	11	Opfer- und Reinigungsszenen
1	Der Verstorbene überwacht die Steuereintreibung in Oberägypten	12	Szenen von Leben und Anbau in einem Garten
2	Inschrift	13	Bestattungsbankett; Musiker
3	Tribut von fremden Völkern	14	Der Verstorbene kehrt von einer königlichen Audienz zurück; Schiffe
4	Zubereitung und Einlagerung von Speisen	15	Jagdszenen in der Wüste
5	Kunsthandwerker, Schmiede und Maurer bei der Arbeit	16	Weinlese; Zubereitung von Speisen
6	Der Verstorbene überwacht die Tätigkeit von Arbeitern	17	Szenen des Landlebens (beschädigt); der Verstorbene überwacht die Steuereintreibung in Unterägypten

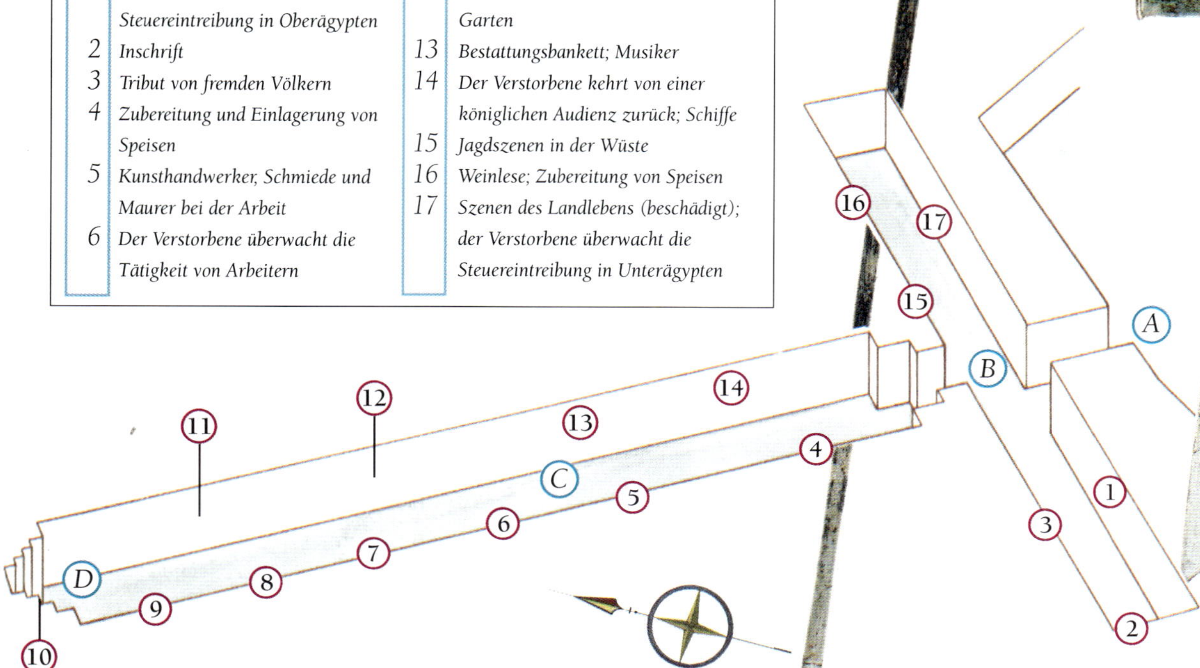

386 oben

Die mächtige Längshalle von Rechmires Grab erstreckt sich über 23 Meter in den Berghang von Scheich Abd el-Gurna. Am Ende befindet sich mehr als 5 Meter über dem Boden eine Nische, die einstmals eine Statue von Rechmire und seiner Frau enthielt. Zwei Schächte im Boden führen zu den Sargkammern.

386 Mitte

Zwei Priester bereiten ein geschlachtetes und gebundenes Rind als Opfer für Osiris vor, den Gott der Unterwelt. Während einer ein Trankopfer in die aufgeschnittene Kehle gießt, entfernt der andere das rechte Vorderbein, den wichtigsten Teil des Opferrindes.

386 unten

Eine der Pflichten des Wesirs war es, von Gesandten aus fremden Ländern Tribute entgegenzunehmen. Hier bringen Nubier in traditioneller Tracht Erzeugnisse aus ihrer Heimat, darunter Elefanten-Stoßzähne, Ebenholz, Straußenfedern, lebende Tiere (Giraffe, Pavian, Meerkatzen und eine Raubkatze) und Tierfelle.

386–387

Die 68 verschiedenen Episoden aus Rechmires umfangreichem Bestattungszug sind auf der westlichen Wand des Grabes bei der Scheintür dargestellt. In der oberen Reihe werden magische Riten vollzogen, während der Sarkophag zur endgültigen Ruhestätte (unten) gezogen wird. In der Mitte bringen Bedienstete sein persönliches Eigentum herbei.

Tonscherbe und einem Papyrus stammt alles, was wir über Rechmire wissen, aus seinem Grab. Seine angesehenste Position war die des Wesirs, eines Amtes, das in seiner Bedeutung gleich nach dem des Königs kam. Als Stellvertreter des Königs war er für ein Gebiet zuständig, das sich von Assuan nach Norden bis Assiut erstreckte. Seine Aufgaben umfassten die Überwachung des Landes und die Ausübung richterlicher Gewalt. (Ein zweiter Wesir herrschte über das Gebiet nördlich von Assiut bis zum Nildelta.) Die Aufzählung seiner Pflichten als Wesir an den Wänden seines Grabes ist einer der wichtigsten Verwaltungstexte aus dem Neuen Reich. Weitere Angaben über Rechmires Laufbahn liefern seine über hundert zusätzlichen Titel und Beinamen, die er im autobiographischen Abschnitt seines Grabes mit viel Eigenlob aufzählt.

Das Grab liefert auch wertvolle genealogische Informationen. Rechmire stieg dank seiner familiären Herkunft zum Wesir auf. Urgroßvater, Großvater und Onkel hatten alle ebendieses Amt inne, und zwar ohne Unterbrechung seit der Regierung von Thutmosis I. Aus unbekannten Gründen gab Rechmire das Amt an keines seiner Kinder weiter (er hatte mindestens fünf Söhne und drei Töchter).

Das Grab liegt am Westhang von Scheich Abd el-Gurna und hat die einfache T-Form, die in der Frühzeit der 18. Dynastie üblich war. Von einer Querhalle mit über 18 Metern Länge führt ein mehr als 23 Meter langer Ost-West-Gang zu einer Kultnische an dessen westlichem Ende. Obwohl diese korridorförmige Längshalle schmal ist, wirkt sie größer durch ihre Deckenhöhe, die von 2,70 Metern am Eingang auf 7,20 Meter am Nischenende ansteigt. Zwei 4,80 Meter tiefe Grabschächte, die sich in die Sargkammern von Rechmire und seiner Mutter Bet öffnen, befanden sich im Boden der Halle. Beide Kammern wurden aber offensichtlich lange vor ihrer Öffnung im Jahr 1894 ausgeplündert.

388 oben

Eine Harfenspielerin singt bei Rechmires großem Festbankett. Der Text ihres Liedes steht vor ihr geschrieben. Das Frauen-Orchester komplettieren eine Lautenspielerin, eine Tamburinspielerin und zwei Taktgeberinnen, die zum Rhythmus der Musik mit den Händen klatschen.

388 unten

Bei der Darstellung von Dienerinnen fühlten sich die Künstler freier. Eine beugt sich nach vorn, um ihrer Herrin Bier einzuschenken. Dabei fällt ihr das in Zöpfe geflochtene Haar ins Gesicht. Dahinter bietet eine andere Dienerin Duftöle in kleinen Gefäßen an.

388–389

Unter den vielen Gästen bei Rechmires Festmahl sitzt allein seine Mutter Bet auf einem Stuhl. Eine Dienerin schenkt ihr Bier in eine Schale ein. Dahinter wird einer anderen Teilnehmerin, die auf einer Matte hockt, ein Blütenhalskragen angelegt.

Rechmires Freizeitbeschäftigungen dar oder aber die Bändigung böser Kräfte mittels Magie.
An den Wänden der Längshalle werden Speisen zubereitet und Gegenstände hergestellt für die Vorratsräume des Tempels. In einer seltenen Szene werden Bienen aus ihren Bienenstöcken geräuchert, damit man den Honig zum Süßen von Brot oder Kuchen gewinnen kann.
Diverse Handwerker sind bei der Ausübung ihrer Berufe mit größter Detailgenauigkeit dargestellt, was uns interessante Einblicke in die technischen Möglichkeiten jener Zeit verschafft. Mehr als zwei Dutzend verschiedene Gegenstände werden für den Amun-Tempel hergestellt, und wertvolle ausländische Waren werden als Tribut oder Gesandtschaftsgeschenke gebracht.
Die Fertigkeiten von Rechmires Künstlern sind am deutlichsten in der Darstellung des Bestattungsmahles für den Wesir zu sehen. Die Förmlichkeit der Gäste auf ihren Matten weicht bei der Abbildung der Dienerinnen einer naturalistischen Darstellungsweise.
Trotz der Beschädigungen durch Grabräuber, Echnatons Priester, Fledermäuse und Vieh bleibt Rechmires Grab gewiss eines der Glanzstücke der thebanischen Nekropole.

Den Texten an den Innenwänden der Kultnische nach zu schließen, enthielt diese einstmals eine Statuengruppe des Ehepaares, von der jedoch keine Spur mehr zu finden war. Zwei Scheintüren aus Granit, von denen eine von Champollion in den Louvre gebracht wurde, markierten unterhalb der Nische den Platz für den Opferkult.
Wegen der schlechten Qualität des Kalksteins, in den Rechmires Grab gehauen war, musste es verputzt und ausgemalt und konnte nicht mit Reliefs geschmückt wurde. Die Künstler verzierten jede verfügbare Fläche der Wände und der Decke – insgesamt 627 Quadratmeter – mit Szenen und Texten, die Rechmires Leben auf dieser Erde und seinen Übergang in eine andere Welt beschrieben. Die weltlichen Tätigkeiten des Wesirs sind in der Querhalle abgebildet. Hier treibt er Steuern ein, hält Hof, fällt Gerichtsurteile und überprüft die Tempelvorräte. Als Stellvertreter des Königs empfängt er ausländische Würdenträger und nimmt ihre Geschenke entgegen. Männer aus Punt, Nubien, von der Ägäis und aus Syrien sind mit den typischen Kleidungsstücken, Haartrachten und Gesichtszügen ihrer Heimatländer abgebildet. Reste von Jagd- und Fischereiszenen stellen vielleicht

389 unten
Drei Frauen riechen an den Knospen der blauen Lotosblüte. Lotos galt als Symbol der Wiedergeburt, weil sich die Blüte nachts schließt und jeden Tag neu öffnet. Der Lotos dürfte auch als leichte Droge verwendet worden sein.

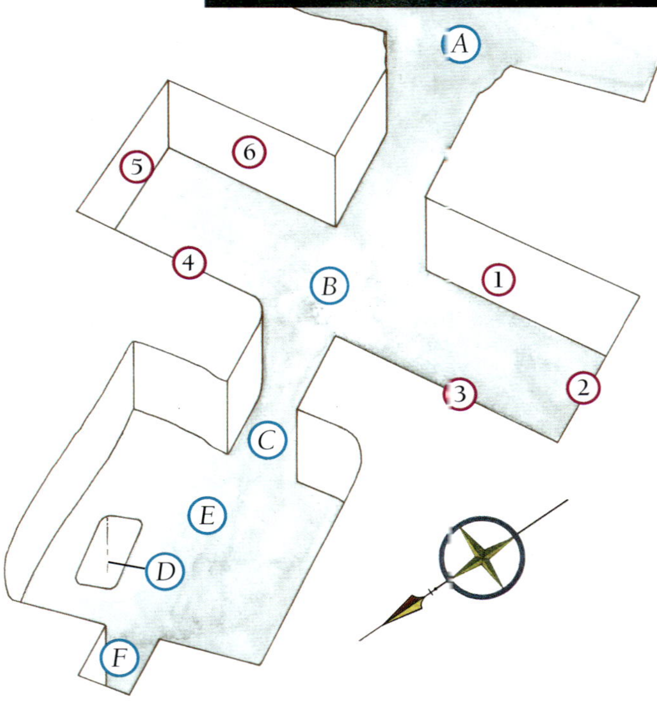

Erklärung

A Hof
B Vordere Querhalle
C Durchgang zur inneren Halle
D Grabschacht
E Innere Längshalle
F Erhöhte Statuennische

Bildwerke

1 *Verbrennen von Opfergaben; Ackerbau*
2 *Scheintür*
3 *Bankett beim Talfest*
4 *Fischen, Vogeljagd und Keltern von Wein*
5 *Großes Brandopfer; Träger mit Opfern*
6 *Der Verstorbene und seine Frau empfangen Opfer*

Das Grab des Nacht

von Melinda K. Hartwig

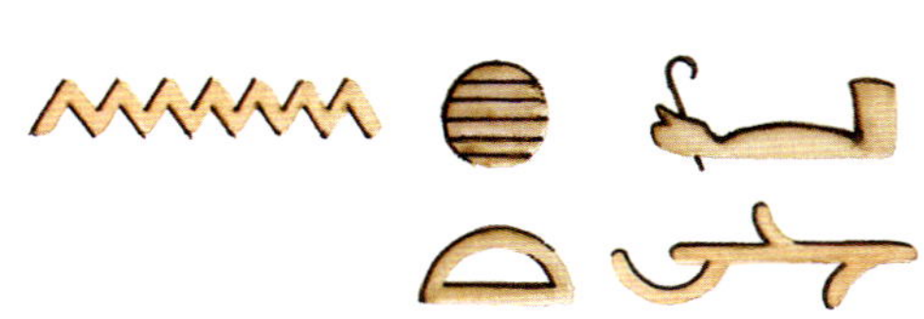

Das kleine Grab des Nacht (TT 52) liegt am Fuß des Hügels von Scheich Abd el-Gurna, der vornehmen Begräbnisstätte für Beamte des Neuen Reiches. Bewohner des Dorfes Gurna scheinen Zugang zu dem Grab erlangt zu haben, bevor es 1889 von der Altertümerverwaltung ausgeräumt wurde. 1917 machten der englische Ägyptologe Norman de Garis Davies und seine Frau Nina mit ihrer Veröffentlichung unter der Schirmherrschaft des Metropolitan Museum of Art das Grab des Nacht und seine Wandmalereien einem weltweiten Publikum zugänglich.

Alles, was man über Nacht weiß, stammt aus seinem Grab. Nacht war Schreiber und Astronom im Tempel des Amun-Re von Karnak. In dieser Eigenschaft erkundete er den Stand der Sterne, der Sonne und des Mondes, um den Zeitpunkt für die Feste und Rituale des Tempelkults festzulegen. Nacht konnte lesen und schreiben und gehörte dem ägyptischen Staatsdienst an. Tavi, Nachts Frau, war Sängerin des Amun und musizierte im Rahmen des Kults für den Gott. Sie hatte einen Sohn, Amenemopet, vermutlich aus einer früheren Ehe, da er nicht ausdrücklich als Nachts Sohn bezeichnet wird. Weitere Söhne im Grab werden nicht namentlich genannt.

Es sind keine Königsnamen festzustellen, die eine Datierung des Grabes zuließen. Der Stil der Wandmalereien in Nachts Kulträumen ähnelt sehr dem in anderen Gräbern, etwa dem von Djeserkareseneb

390–391

Nacht steht mit seiner Frau und seinen Kindern auf einem Schilfboot. Die Haltung seiner Arme auf dem rechten Bild lässt eine Harpune erwarten, die jedoch nie gemalt wurde. Grüne Papyrusstängel und -dolden erheben sich über dem Schilf, aus dem aufgescheuchte Vögel hochflattern, von denen einige schon vom Wurfholz gebrochene Hälse haben. Diese Szene besaß mehrere Bedeutungsebenen; sie stellten Nachts Versorgung sicher und seine Wiedergeburt und Fortpflanzung im Jenseits.

392–393

In der oberen Reihe (von rechts nach links) werden Weintrauben gepflückt und dann von fünf Männern mit den Füßen zerstampft. Der Winzer fängt den Saft an der Seite des Bottichs auf. Die Weinkrüge darüber stellen das fertige Erzeugnis dar. Darunter bedeutet ein im Schilf verborgener Vogeljäger seinen Freunden, dass sie das Netz zuziehen sollen. Die gefangenen Vögel werden dann gerupft und ausgenommen. Am linken Ende beider Reihen bringen Träger Nahrungsmittel zu einem großen Stapel mit Opfergaben.

392 Mitte links

Dieses Detail aus dem Ostflügel der Querhalle zeigt Nacht und Tavi.

392 unten links

Ein alter Landarbeiter lehnt sich über seinen von zwei Rindern gezogenen Pflug. Darüber rodet ein kniender Arbeiter ein Gehölz. Ein zweiter bestellt mit einer Hacke den vorbereiteten Acker, aus dem Getreide sprießt.

392 unten rechts

Die heiße und staubige Arbeit des Worfelns wird hier wunderbar verdeutlicht: Junge Frauen werfen das Getreide mit Holzschaufeln in die Luft, um die Spreu vom Weizen zu trennen. Ein Mädchen füllt die Schaufeln, während ein anderes mit zwei kleinen Besen den Getreidehaufen in Ordnung hält.

393 Mitte

Der Westflügel der Querhalle enthält Bilder von der Feldarbeit, von Nacht und Tavi, wie sie Opfer verbrennen (Vorderwand), sowie von den Feiern beim Talfest oder vom Beisetzungsbankett (Rückwand). An der schmalen Wand lag die Scheintür, die den Toten als Verbindungsstelle zwischen dieser und der jenseitigen Welt diente.

393 unten

Der Ostflügel der Querhalle zeigt den Verstorbenen und seine Frau, wie sie Opfer darbringen (Vorderwand), und Bilder vom Fischen, von der Vogeljagd, vom Keltern und Opfern (Rückwand). Am Ende des Flügels sitzen Nacht und Tavi und nehmen Opfergaben entgegen, die ihre Ernährung im Jenseits sichern sollen.

(TT 38), Amenhotep-si-se (TT 75) und Nebseni (TT 108), die alle aufgrund einer königlichen Kartusche in ihren Gräbern oder anderen Inschriften auf die Regierungszeit von Thutmosis IV. datiert wurden. Eine weitere Grabanlage, die von Menna (TT 69), enthält Malereien, die denen von Nacht stilistisch ähneln und auf die Übergangszeit von Thutmosis IV. zu seinem Nachfolger Amenophis III. deuten. Figürliche Details, wie etwa die rundlichen Proportionen

weiblicher Gestalten, verlängerte Augen mit großen Pupillen, die zur Hälfte vom oberen Augenlid verdeckt sind, und Zöpfe, die aus den Perücken hervorkommen, zeigen, dass das Grab des Nacht während der Regierungszeit Amenophis' III. vollendet wurde.

Nachts in den Fels gehauenes Grab entspricht mit seinem Grundriss in Form eines auf dem Kopf stehenden »T« den übrigen Privatgräbern der thebanischen Totenstadt. Aus einem offenen Hof betritt man die Kapelle, die sich aus einer vorderen Querhalle und einer anschließenden inneren Längshalle zusammensetzt. Letztere enthielt einst in der erhöhten hinteren Nische eine Gruppenstatue von Nacht und seiner Frau. In den Boden der inneren Halle hatte man den Schacht zur Sargkammer ausgehoben, den man nach der Bestattung mit Schutt aufgefüllt hatte, um den Zugang zu verhindern. Die Kapelle blieb jedoch für Besucher geöffnet, die Kulthandlungen vollziehen oder die kunstvollen Wandmalereien bewundern wollten, die mit ihrer schöpferischen Kraft in Wort und Bild im Jenseits für Nacht und seine Familie sorgen sollten.

Nur die vordere Querhalle ist verziert. Die innere Längshalle war verputzt, ist aber niemals ausgemalt worden. Wenn man die Kapelle betritt, sieht man beiderseits des Eingangs die Figuren von Nacht und Tavi, die für die Götter Opfer verbrennen. Diese Handlung steht mit den Feierlichkeiten zum Schönen Fest des Westlichen Tales in Verbindung, einem Fest in der Nekropole von Theben, das zwei Tage lang um Neumond im 10. Monat des Jahres gefeiert wurde. Auf der linken Seite stellt die nächste Szene dieser Wand landwirtschaftliche Tätigkeiten und Erntearbeiten dar, die der Verstorbene beaufsichtigt. Auf der rechten Seite folgen drei Reihen von (unvollendeten) Opfergabenträgern hinter Nacht und Tavi. Auf der östlichen Rückwand, unmittelbar gegenüber dem äußeren Eingang, fanden sich Szenen von der Jagd in den Sümpfen, von der Weinherstellung und von der Vogeljagd. Die westliche Rückwand enthielt

eine Bankettszene beim Talfest, die aber ebenso das Bestattungsmahl mit der Familie und Freunden darstellen könnte. Die beiden schmalen Wände beiderseits der vorderen Querhalle trugen die Scheintür auf der Westwand sowie auf der Ostseite eine unvollendete Szene mit Opferträgern vor den sitzenden Figuren von Nacht und Tavi.
Die Scheintür und die jetzt zerstörte Doppelstatue in der hinteren Nische waren Andachtsorte beim Bestattungskult für Nacht und seine Frau. Die alten Ägypter glaubten, dass die Toten durch die Scheintür und in die Statuen treten konnten, um die Opfergaben entgegenzunehmen. Diese Vorstellung wird auf beiden Seiten der Scheintür noch durch sechs Opferträger verdeutlicht, die kniend Wasser, Bier, Wein, Kleidung, Salbe, Obst und Gemüse darbringen. Darunter wird von zwei weiblichen Verkörperungen der Fruchtbarkeit ein Stapel mit Opfergaben flankiert, die durch Zauberkraft für reichhaltige Bestattungsopfer sorgten.
Das Talfest war ein alljährliches Familientreffen, bei dem die verstorbenen Vorfahren mit in die Familie einbezogen wurden. Während der offiziellen Feierlichkeiten wurden die Barken des Gottes Amun, seiner Gefährtin Mut und ihres Sohnes Chonsu von Karnak zum Westufer des Nils übergesetzt, um die königlichen Totentempel und dann das Hathor-Heiligtum in Deir el-Bahari zu besuchen. In der nichtköniglichen Nekropole grüßten die Lebenden und die Toten die Prozession. Während dieses Festes wurden für den Sonnengott Tiere geschlachtet, Nahrungsmittel geopfert und Blumengebinde dargebracht. Der Höhepunkt war eine durchgehende Nachtwache mit Tafeleien, Musik und Zechen, um die Grenzen zwischen dieser Welt und der jenseitigen zu verwischen, damit die Lebenden mit den Toten Zwiesprache halten konnten.
Verständlicherweise befassten sich viele Szenen in der Kapelle mit Nachts Versorgung im Jenseits. Bilder von der Jagd, der Herstellung von Wein sowie von der Landwirtschaft sorgten für die Nahrung des Verstorbenen. Außerdem bezeichneten diese Bilder den Kreislauf der Jahreszeiten, den Nacht als Astronom verfolgte. Die Betonung der Feierlichkeiten beim Talfest verband Nacht auch mit dem Kult des Amun-Re und hielt seine Funktion als Diener dieses Gottes in Erinnerung.

395 unten

Ein kniender Opferträger mit Perücke und kurzem Wickelrock bringt Papyrusstängel und eine Matte mit Körben voller Weintrauben, mit Brotlaiben und Zwiebeln herbei. Eine Weinrebe hängt von seiner ausgestreckten Hand herab.

394–395

Die Baumgöttin (beidseitig) wacht über einen Stapel von Opfergaben. Sie galt als Personifikation der Fruchtbarkeit und verkörperte die Wünsche der alten Ägypter, in der Wüstennekropole, die am Rande der Anbaugebiete lag, Nahrung zu finden.

396–397

Ein blinder Harfenspieler singt zur Harfe Lieder über die Vergänglichkeit der Welt. Hinter ihm hocken mehrere Frauen auf Matten. Sie schnuppern an Lotosblüten oder bieten einander spielerisch Mandragora-Früchte an. Eine kleine Dienerin beugt sich vor, um einer von ihnen eine Haarlocke festzustecken, die sich aus ihrer Frisur gelöst hat.

396 unten

Hier zeigt sich die ganze Eleganz der thebanischen Grabmalerei zur Zeit der 18. Dynastie. Drei Frauen musizieren mit stehender Harfe, Laute und einer Doppelflöte aus Schilfrohr. Der Eindruck von Bewegung wird erreicht durch das Zupfen der Saiten und die Haltung der Lautenspielerin, die den Kopf rückwärts der Flötenspielerin zuwendet, während ihr Oberkörper nach vorne gerichtet ist.

397 unten

Nacht und Tavi am Eingang des Grabes und beim Vollzug des großen Brandopfers für die Götter; hinter ihnen sieht man drei Reihen mit Opferträgern. Diese Szene wurde in einem quadratischen Gittermuster angelegt, die dem Künstler die Raumaufteilung und die Proportionen von Figuren und Texten erleichterte.

Das Grab des Menna

von Melinda K. Hartwig

Das Grab des Menna (TT 69) liegt am steil ansteigenden Berghang von Scheich Abd el-Gurna. 1905 legte Sir Robert Mond unter anderem im Vorhof einige Grabstätten und eine Kapelle frei, und 1910 fertigte Colin Campbell eine kurze Übersicht der Beigaben an. Das Grab enthält einige der am vollständigsten erhalten gebliebenen Darstellungen der thebanischen Totenstadt.

Menna war sowohl von der Tempel- als auch von der Staatsverwaltung zum Feldaufseher des Amun und zum Feldaufseher und Schreiber des Herrn der beiden Länder (also des Pharao) bestellt. Er überwachte den Anbau auf Neuland durch die Arbeiter am Tempel des Amun in Karnak, kontrollierte die Landvermesser, inspizierte den Fortgang der Arbeiten, verurteilte Straffällige und erstattete – als Schreiber – Bericht über den Ernteertrag. Mennas Frau Henuttavi nahm als Sängerin des Amun an den musikalischen Aktivitäten für den Kult des Amun-Re teil. Wahrscheinlich war sie des Lesens und Schreibens kundig, wie die Schreibtafel unter ihrem Stuhl in einigen der Grabszenen andeutet. Mennas Tochter Amunemwaschet hatte eine hohe Position als Hofdame des

Erklärung

A	Eingang	6	*Beisetzungszug und Totengericht*
B	Vordere Querhalle	7	*Opferträger rund um eine erhöhte Statuennische*
C	Innere Längshalle	8	*Menna und seiner Frau werden Opfer dargebracht; Fischen und Vogeljagd; Bestattungsriten und Pilgerreise nach Abydos*
D	Statuennische	9	*Bankett, Kulthandlungen und Begräbnisrituale*
	Bildwerke	10	*Stele*
1	*Menna und seine Familie verlassen das Grab*	11	*Riten beim Talfest mit Familie und Begleitern*
2	*Menna beaufsichtigt die Feldarbeit*	12	*Menna betritt das Grab*
3	*Anbetung des Osiris*		
4	*Festliches Tafeln*		
5	*Der Verstorbene und seine Frau verlassen das Grab*		

398

In den »Lebensbuketts« war Gottes stärkende Kraft enthalten. Der Opferbringende hält in seiner ausgestreckten Hand ein Bukett aus Lotosblumen und in der anderen Papyrusstängel – Pflanzen, die die Vorstellung von Wiedergeburt bzw. Schutz symbolisierten.

399

Mennas Frau ist für die Ewigkeit gekleidet. Henuttavi trägt ein Haarband aus Blütenblättern mit einer herabhängenden Lotosblüte über ihrer Perücke. Auch ein goldener Ohrring und ein breiter Halskragen schmücken sie.

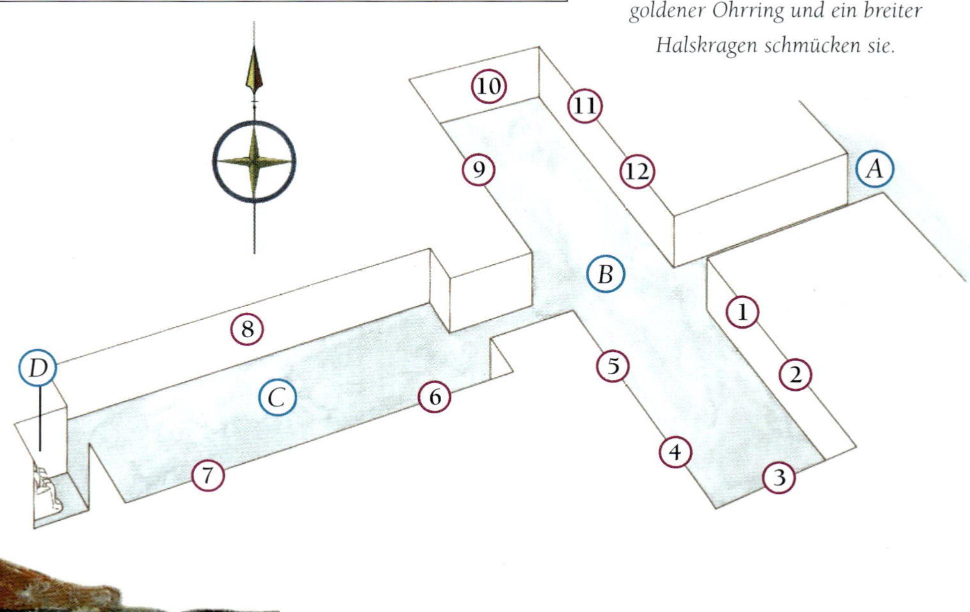

400 links

Menna und Henuttavi sitzen an einem Opfertisch, auf dem sich Berge von stilisierten Brotlaiben türmen. Ein junges Mädchen überreicht Menna die Perlen einer Amulett-Halskette (ägypt. Menat), während es in der anderen Hand ein Bügelsistrum hält. Beide Gegenstände sind zur Verjüngung der Verstorbenen gedacht.

400–401

Zwei aufwändig gekleidete Frauen, möglicherweise beide Male Henuttavi, sitzen Rücken an Rücken. Sie tragen eine die Schultern umhüllende Perücke, auf der ein parfümierter Salbkegel ruht, sowie goldene Ohrringe, eine ausladende Perlenkette, Armreife, Haarband und Kragen aus Lotosblütenblättern und einen breiten, leicht gewellten Schal. Jede hält ein Taschentuch.

Pharao inne. Menna hatte zwei weitere Töchter und mehrere Söhne, von denen einer seinem Vater in die Felderverwaltung folgte.

Das Grab Mennas datiert aus der Übergangsperiode der Regierungen von Thutmosis IV. und Amenophis III. Die kurze Regierungszeit Thutmosis' IV. hatte zur Folge, dass viele seiner Amtsträger ihre Gräber in der Zeit seines Sohnes, Amenophis III., vollendeten, was sich auch in der Stilistik einiger thebanischer Gräber zeigt. Figürliche Proportionen und Gesichtszüge sind meist ein verlässlicher Indikator, denn sie drücken den Einfluss des königlichen Stils auf das Privatleben aus. In Mennas Grabkapelle finden sich Frauenfiguren sowohl mit den schlankeren Proportionen aus der Zeit Thutmosis IV. als auch mit den üppigeren Formen der Herrschaft Amenophis' III. Die Gesichter haben offene, schräg verlängerte, mandelförmige Augen mit runden Pupillen, die kaum das Unterlid berühren, und ein klassisches Profil, wie es unter Thutmosis IV. üblich war. Andere weibliche Gestalten zeigen »geschlossene«, mandelförmige, geschminkte Augen, deren Pupillen fast bis zur Hälfte unter dem oberen Augenlid liegen, was ein deutliches Merkmal der Regierungszeit Amenophis' III. ist. Viele weitere Charakteristika im Bereich des Stils, der Architektur, der Bildinhalte und der Inschriften bestätigen die Datierung auf diese Übergangszeit.

Der gut erhaltene Zustand von Mennas Grabkapelle verschafft uns Einblick in den altägyptischen Totenglauben und zeigt, wie er sich in architektonischen und dekorativen Elementen widerspiegelt. Die Raumfolge in der Form eines umgekehrten »T« ist typisch für in den Fels gehauene Privatgräber in der thebanischen Nekropole des Neuen Reichs. Ein Eingang führt in eine große Querhalle, die von einer inneren Längshalle mit einer erhöhten Statuennische am hinteren Ende abgeteilt ist. Die Bilder sind entlang dieser Achse angeordnet; Darstellungen aus

dem irdischen Leben und der Berufswelt des Grabeigentümers sind in der vorderen Querhalle und solche aus seinem Leben im Jenseits im länglichen Innenraum zu finden. Nach dem Glauben der alten Ägypter konnten Texte und Bilder als Ersatz dienen, sollten die Opfergaben für den Kult des Grabeigners einmal ausbleiben.

Auf der linken Eingangswand der Kapelle war Menna mit Frau und Tochter abgebildet, wie sie – von einer Hymne an den Sonnengott Amun-Re begleitet – nach Osten, der aufgehenden Sonne entgegen, das Grab verlassen. Der Lobgesang berichtet von Mennas unsterblichem Wunsch, den Gott während des »Schönen Fests [des westlichen Tals]« zu sehen, des jährlich stattfindenden Ahnenfests, bei dem die Prozessionsbarken der thebanischen Triade (Amun, Mut und Khonsu) von Karnak am Ostufer nach Deir el-Bahari am Westufer reisten. Auch auf der linken Eingangsseite, zwischen der Querhalle und dem länglichen Innenraum, sind der Verstorbene und seine Frau abgebildet, wie sie das Grab verlassen, um dem Talfest beizuwohnen.

Die rechte Seite des Außeneingangs zeigt Menna auf dem Weg in das Grab hinein, nach »Westen« und der untergehenden Sonne, der Metapher für das Königreich des Osiris, entgegen.

401 oben rechts

Der Ostflügel der vorderen Querhalle ist auf der linken Seite mit Bankett-, Kult- und Bestattungsszenen verziert, auf der rechten mit Bildern von den Feierlichkeiten des Talfestes. Der Flügel endet mit einer gemalten Stele; sie bildet in der Zeit des Neuen Reiches einen der so genannten Nebenkultplätze in der T-förmigen thebanischen Grabkapelle. Die Stele trägt Texte, die Menna beschreiben, und dient als Denkmal für seine Person.

401 unten rechts

Drei Reihen mit Opfergaben sollen in der Ewigkeit für den Toten sorgen. Oben spricht ein Mann ein Opfergebet für das verstorbene Paar, das vor einem Opfertisch mit stilisierten Brotlaiben sitzt. In der Mitte stapeln sich die Opfergaben. Unten bringen Opfergabenträger Leinenballen, Salbgefäße und Goldbarren.

402 oben

Zwei Männer tragen einen Korb mit Getreidegarben, unter dem zwei Mädchen balgen. Im Schatten eines Baumes döst ein Mann, und ein anderer spielt Flöte. Vor ihnen beobachtet ein Aufseher die Arbeiter, wie sie die Ähren mit Heugabeln auf der Tenne ausbreiten.

Auf der rechten Seite der Vorderwand bringen Menna und Henuttavi den Göttern Brandopfer dar, gefolgt von ihren Söhnen Sa und Cha, der Tochter Kasi und anderen Verwandten und Begleitern. Am hinteren Ende der Wand sitzt das verstorbene Paar und empfängt von einem Mann ein Blumenbukett. Diese Bilder beziehen sich auch auf die Feierlichkeiten während des Talfestes.

Auf der gegenüberliegenden, linken Wand sitzt Menna in der oberen Reihe und überwacht die Arbeiten auf den Feldern. Bilder vom Leben auf dem Land, vom Pflügen, Säen, Ernten, Flachsziehen, Dreschen, Worfeln, Wiegen der Ernte und dem Aufzeichnen des Gewichts, schmücken die Wand. Der Künstler hat auch verspielte Nebenszenen eingearbeitet, etwa von einem Mädchen, dem von seinem Begleiter ein Dorn aus dem Fuß gezogen wird, oder von Straffälligen, die vor Menna vor Gericht stehen. Unterbrochen von vier Reihen, die von unten nach oben zu lesen sind, stand jedes dieser Register für eine bestimmte von Menna überwachte Aufgabe und Zeitspanne im landwirtschaftlichen Kreislauf. In den beiden unteren Reihen empfängt der sitzende Menna mit seiner Frau seine drei Töchter, von denen zwei zu den Hofdamen des Königs zählen.

Auf den beiden Wänden direkt gegenüber dem Grabeingang befanden sich die wichtigsten Szenen der Anlage. Diese Wände waren das Erste, was Besucher beim Betreten erblickten. Sie befanden sich an dem Punkt innerhalb des Ausstattungs-

402–403

Rechts werden vier Rinder von einem Arbeiter mit einem Stecken über die Tenne getrieben. Zwei Männer stehen auf einem Berg von Getreidegarben und gabeln sie auf die Tenne. Links trennen Worfler das Korn von der Spreu, indem sie die Ähren mit Holzschaufeln in die Luft schleudern. Darunter bücken sich drei Worfler, um das Korn zusammenzukehren

403 oben

Der Westflügel der Querhalle ist auf der Vorderwand mit Bildern von der Feldarbeit geschmückt, auf der Rückwand mit Bildern vom Bankett und auf der kurzen Seitenwand mit der Anbetung des Osiris. Im Boden vor der Seitenwand ist ein Grabschacht ausgehoben.

403 Mitte

Menna sitzt auf einem Klappstuhl mit Fellkissen und überwacht die Feldarbeiten. Vor ihm befinden sich zwei Register mit Opfergaben; oben schreibt ein Mann auf dem Boden kauernd die Ergebnisse der Feldmessung auf; darunter sieht man Mennas Begleiter und den wartenden Wagen.

plans der Kapelle, an dem sich die Darstellungen der irdischen Aktivitäten des Grabbesitzers aus der vorderen Querhalle mit denen aus dem Jenseits in der inneren Längshalle kreuzten. Diese Bilder zeigten, was dem Verstorbenen in seinem Leben in dieser und der nächsten Welt am wichtigsten war. Leider ist die Bankettszene auf der linken Seite zerstört, sodass der eigentliche Anlass der Feier nicht bekannt ist. Am linken hinteren Ende der Wand sind die sitzenden Figuren von Menna und Henuttavi zu sehen, wie sie die Feierlichkeiten genießen. Auf der besser erhaltenen rechten Rückwand sitzen Menna und Henuttavi mit dem Rücken zur Tür in den länglichen Raum und erhalten Opfer- oder Kultgaben. Darüber überreicht ihnen ein Mann – sehr wahrscheinlich ihr Sohn – ein Blumenbukett, das im

alten Ägypten oft als Anch oder »Lebensstrauß« verstanden wurde. Zwar ist dieser Szene kein Text beigefügt, aber bei anderen, ähnlichen Bildern von Bukettübergaben ist häufig der Satz zu finden: »Für deinen Ka (die lebenserhaltende Kraft) Gottes Anch-Bukett, möge er dir wohl wollen, möge er dir Leben geben.« So kann der Akt der Bukettdarbietung als Verleihung des ewigen Lebens für Menna und Henuttavi durch Gottes Stärke und seinen Segen verstanden werden. In der Reihe darunter trägt ein Sem oder Totenpriester (an seinem Leopardenfell zu erkennen) die jetzt verblasste Opfergabenliste, die über dem Opfertisch geschrieben steht. Die Liste enthielt in abgekürzter Form Richtlinien für Opferrituale, die von dem Priester, der sich um die Bedürfnisse des Grabbesitzers in der nächsten Welt kümmerte, schöpferisch umzusetzen waren. Die vier übrigen Reihen waren bemalt mit Szenen vom Opfern und Tafeln, von Kulthandlungen und Begräbnisritualen im Zusammenhang mit der »Mundöffnungszeremonie«.

Auf der linken Wand der Querhalle betet Menna, gefolgt von seiner Frau Henuttavi und zwei Begleitern, zu Osiris, der in einem Schrein sitzt. In der angefügten Hymne versichert Menna Osiris gegenüber seine Frömmigkeit: »Mit ganzer Aufrichtigkeit und reinem Herzen bin ich zu dir gekommen.« In der Reihe darunter zünden zwei Männer, begleitet von Opferträgern, Opfergaben an, deren Düfte dem Gott angenehm sein sollten.

An der rechten Wand befindet sich eine in drei Registern unterteilte, bemalte Stele. Oben steht Anubis, der Gott der Toten, vor Osiris und der Göttin des Westens – jener Göttin, die dem Reich der Toten im Westen zugeordnet ist. Rechter Hand sitzt der Sonnengott Re-Harachte vor seiner Tochter, der Göttin Hathor. In der unteren Reihe wurden zwei Bilder des Verstorbenen und seiner Frau, beide betend und gefolgt von einem Priester, einander gegenübergestellt.

Die Szenen im inneren Längsraum verdeutlichen Mennas und Henuttavis Übergang in die nächste Welt. Bilder vom Bestattungszug und Leichenschmaus, der Riten für die Mumie, von der Pilger-

404 links
Die innere Halle der Kapelle ist an der Südwand mit Bildern der Bestattungsprozession und des Totengerichts geschmückt. An der Nordwand sind Szenen von Ritualen vor den Mumien, von der Pilgerreise nach Abydos, vom Fischen und vom Vogelfang sowie Opfergaben für das verstorbene Paar abgebildet. Am Ende der Halle befindet sich eine erhöhte Statuennische mit einem Opfertisch davor.

404–405 oben

Die Göttin des Westens, Imentet, steht vor zwei Reihen mit Opfergabenträgern und hält das Zeichen für Leben, Anch, und das Wahrzeichen von Theben, ein Was-Zepter, in Händen. Hinter den Opferrindern folgen Männer mit einer Truhe und zwei Uschebti-Figuren.

404–405 unten

Opfergabenträger mit Grabbeigaben, darunter Papyrusstängel, Leinen, eine Holzschachtel, ein Fächer, Wein- und Salbenkrüge, Lotosblüten, Brot, Geflügel und mit Lebensmitteln überhäufte Tische. Jeder der Männer trägt einen Kurzschurz und eine Perücke; manche haben rasierte Köpfe.

406–407

Menna wird von seiner Familie in die Sümpfe begleitet; rechts fischt er mit einer Harpune, links ist er mit einem Wurfholz auf Vogeljagd. Fische, Gänse, ein Krokodil, eine Katze, ein Ichneumon und Vögel sind zu erkennen..

407 Mitte

Gabenträgerin aus der Bestattungsprozession; innere Längshalle.

406 unten

Auf ihrer Reise nach Abydos sitzen die mumienähnlichen Gestalten von Menna und Henuttavi unter einem Baldachin. Abydos, das Heiligtum des Gottes Osiris, war ein wichtiger Wallfahrtsort, den jeder Ägypter hoffte besuchen zu können, um sich für alle Ewigkeit mit dem Kult des Totengottes zu verbinden.

fahrt nach Abydos, vom Fischen und der Vogeljagd, von Opfergaben für die Verstorbenen und vom »Totengericht« herrschen hier vor. Am hinteren Ende der Halle befand sich eine erhöhte Nische mit dem unteren Teil einer sitzenden Gruppe: Menna und Henuttavi, umgeben von Opfergabenträgern mit Speisen, Getränken und Blumen. Diese Figurengruppe bildete die Verkörperung des Verstorbenen und seiner Frau und sollte die Opfergaben entgegennehmen, die auf dem Tisch davor dargebracht wurden.

Im Gegensatz zu den hochentwickelten und lebendig wirkenden Darstellungen in der Querhalle erscheinen die Bilder der Längshalle bis auf ein paar Ausnahmen einförmig und unbewegt. Am Ende der südlichen langen Wand findet sich eine Abbildung des Totengerichts, die zugleich die früheste Darstellung dieser Art in der thebanischen Nekropole ist. Menna steht vor Osiris; auf einer Waage wird sein Herz gegen eine kleine Figur der Maat, der Göttin der allgemeingültigen Wahrheit und Harmonie, aufgewogen. Horus stellt die Waage ein, während darüber Thot das Urteil aufzeichnet. Im alten Ägypten glaubte man, dass das Herz der Sitz der Gedanken und Gefühle sei und das Wesen des Menschen offenbare. Zweifellos wog Mennas Herz Maat auf, womit seine Aufnahme in die Unterwelt sichergestellt war.

Das Bild vom Fischen und der Vogeljagd in der Mitte der nördlichen Längswand steht für die aufwändige und detailgetreue Malerei, die die Ausgestaltung der Kulträume charakterisiert. Mennas Beute symbolisiert die ewige Nahrungsversorgung für ihn und seine Familie und garantiert auf einer religiösen und metaphorischen Ebene Mennas Fortpflanzung und Wiedergeburt.

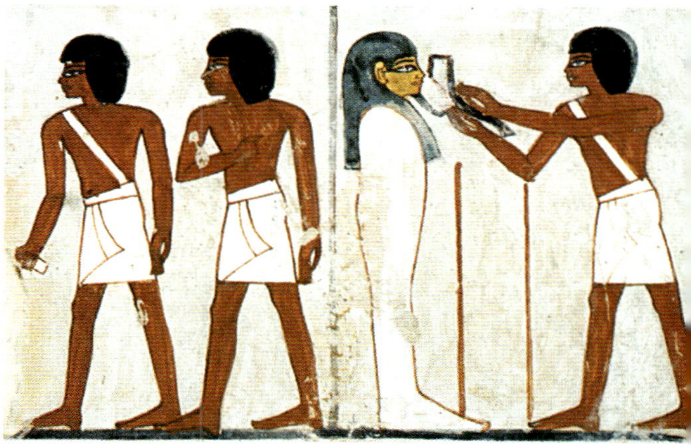

407 unten

Das »Mundöffnungsritual« wird an der Mumie des Menna vollzogen, um ihn wiederzubeleben. Ein Priester legt eine Dechsel an Mennas Mund an, damit er atmen, essen, hören und all die Versorgung genießen kann, die ihm für seinen Kult dargebracht wurde.

408–409
May, Oberaufseher des Gestüts des Königs und Gesandter in fremde Länder, und seine Frau Werel, die der Göttin Mut diente, erscheinen hier bei Ramoses Beisetzungsbankett in ihrem Feststaat. Die Künstler haben das Durchscheinende der Gewänder, die Haarlocken und die Einzelheiten des Schmucks besonders schön herausgearbeitet.

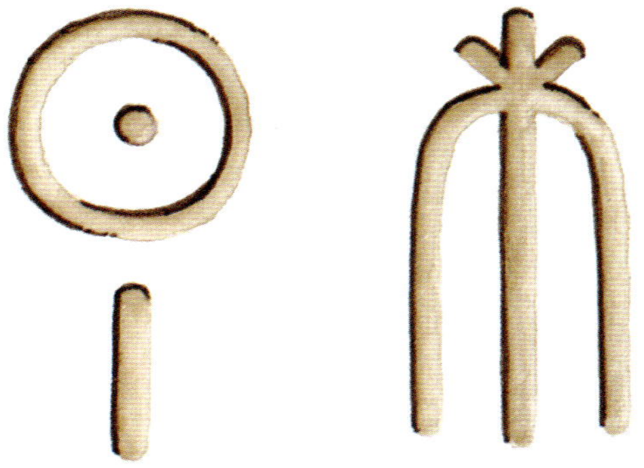

Das Grab des Ramose

von Rita E. Freed

408 unten
Auf der Ostwand der breiten Halle seines Grabes sind die Gäste bei Ramoses Beisetzungsbankett abgebildet. Hier sind seine Eltern zu sehen, sein Bruder und seine Schwägerin und andere Personen, die nicht mit ihm verwandt waren. Ramose hatte anscheinend keine Kinder.

409 unten
Wären diese eleganten Figuren der Eltern Ramoses, Nebi und Apuia, vollendet worden, hätte die malerische Ausschmückung die Schönheit der Steinmetzarbeit verdeckt. Der Reliefschmuck in der zweiten Hälfte der 18. Dynastie ist in seiner Feinheit und Detailgenauigkeit unübertroffen.

Das Grab des Ramose liegt in Scheich Abd el-Gurna und ist eines der wenigen am Westufer von Theben, das während der frühen Regierungszeit des ägyptischen Ketzerkönigs Amenophis IV. / Echnaton gebaut wurde. Es veranschaulicht den Übergang zu einem gänzlich neuartigen Kunststil, der mit der neuen religiösen Lehre des Königs einherging. Da es unvollendet gelassen wurde, kann man die verschiedenen Stadien der Steinmetzarbeiten und der Ausschmückung eines Grabes erkennen. Obwohl er allem Anschein nach verhältnismäßig niederer Herkunft war und aus dem Norden stammte, stieg Ramose zum Wesir und Bürgermeister von Theben auf, vermutlich während der Regierungszeit Amenophis' III. Er bekleidete richterliche und priesterliche Ämter. Sein Vater Nebi scheint im Norden als Oberaufseher der Rinderzucht des Amun und im Nildelta als Oberaufseher der Kornspeicher des Amun gedient zu haben. Merit-ptah, Ramoses Frau, wird in diesem Grab besonders herausragend darge-

stellt – sehr wahrscheinlich war es auch für sie als Begräbnisstätte vorgesehen. Obwohl andere Verwandte und Personen von Ramose in dem Grab abgebildet sind, wird keine Nachkommenschaft erwähnt. Ramose und seine Frau blieben demnach anscheinend kinderlos.

Die westliche Welt hatte keine Kenntnis von Ramoses Grab, bis 1879 Villiers Stewart so viel von der breiten äußeren Halle freigelegt hatte, dass er die Bildinhalte mit Bezug auf Amenophis IV. / Echnaton erkannte. 1882 unternahm er weitere Aufräumungsarbeiten, die von Gaston Maspero, dem Generaldirektor der Altertümerverwaltung, fortgesetzt und 1924 von Robert Mond, der für das Metropolitan Museum of Art tätig war, vollendet wurden. Diese letzte Unternehmung stellte das Grab in seinem gegenwärtigen Zustand wieder her. Es besteht aus einem Vorhof im Freien, der in eine breite Querhalle führt, dann in eine tiefere Halle und in eine rückwärtige Nische, die alle auf derselben Ost-West-Achse liegen. 24 Stufen mit einer Rampe in der Mitte, auf der man einen Sarkophag hinabgleiten lassen konnte, führen in den Vorhof, dessen asymmetrischer Grundriss vermutlich durch

Erklärung

A	TREPPE MIT MITTLERER RAMPE
B	VORHOF
C	BREITE HALLE
D	LÄNGSHALLE
E	STATUENSCHREIN

Bildwerke

1	*Begräbnisbankett*
2	*Bestattungszug*
3	*Opfer für Amenophis IV. und die Göttin Maat*
4	*Der Verstorbene vor Amenophis IV. und Königin Nofretete, gefolgt von Würdenträgern*
5	*Huldigung des Ramose, der ausländische Gesandte empfängt und Blumengirlanden entgegennimmt*
6	*Priester beim Verstorbenen und seiner Familie. Liste ritueller Opfergaben*
7	*Drei Mädchen mit Rasseln beim Verstorbenen und seiner Frau. Reinigung der Statue des Ramose*
8	*Der Verstorbene mit Gemahlin und Trägern von Opfergaben beim Rauchopfer*

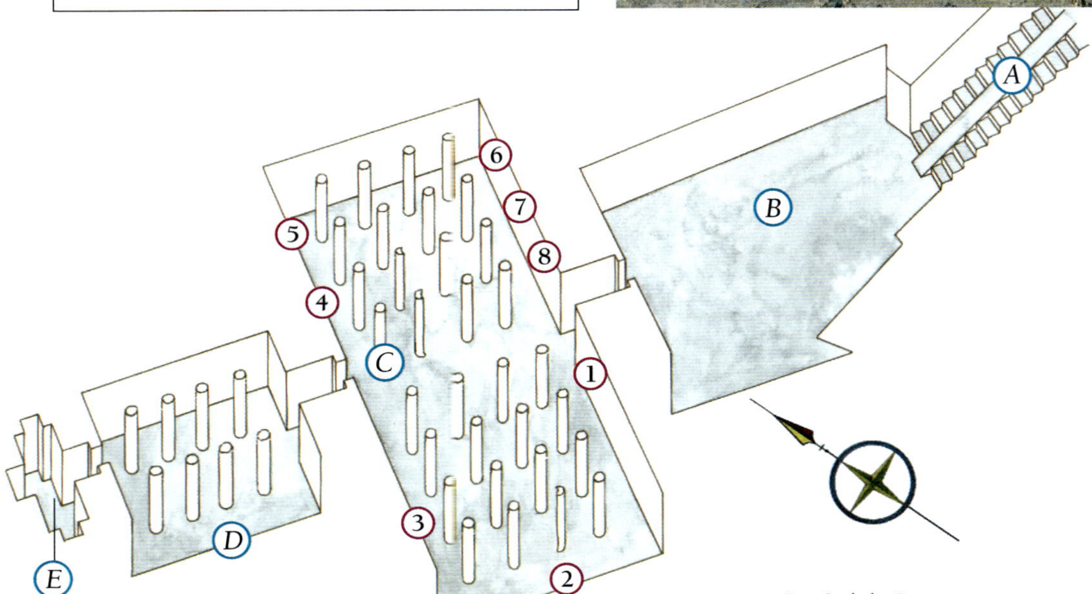

Das Grab des Ramose

andere, bereits vorhandene Gräber bedingt war. Die Grüfte, die jetzt in die Seitenwände des Vorhofs gehauen sind, stellen spätere Ergänzungen dar. Vom Vorhof führen vier Stufen hinab in eine große, breite Halle, die einst vier Reihen mit jeweils vier Säulen beiderseits der Längsachse enthielt. Als das Grab aufgebrochen und besetzt wurde, schlug man sechs Säulen gänzlich weg. Die breite Halle ist der einzige Bereich des Grabes, der ausgeschmückt war. Der innerste Schrein, der kultische Mittelpunkt des Grabes, weist drei Nischen auf, die für Statuen des Grabeigentümers und seiner Familie bestimmt waren. Diese wurden entweder nie fertig gestellt – oder sie sind bislang unauffindbar geblieben. Von der Südwestecke der breiten Halle führte eine Wendeltreppe und gewundene Rampe 15 Meter tief hinab in Ramoses mehrere Räume umfassende Sargkammer. Keinerlei Spuren menschlicher Überreste oder von Grabbeigaben wurden in irgendeiner der Kammern gefunden, und es ist nicht klar, ob sie überhaupt jemals benutzt worden sind. In Staunen versetzt die wunderbare Dekoration des Grabes. Rechts und links des Eingangs in die breite Halle nehmen Ramose, seine Frau, Familienmitglieder und Kollegen am Beisetzungsbankett des Wesirs teil, während Bedienstete Opfergaben vorbereiten und herbeibringen. Die Darstellungen im Hochrelief sind bis ins feinste Detail gemeißelt und geformt. Im endgültigen

410–411

Drei in Tuniken mit modisch gefälteltem Schurz gekleidete Bedienstete bringen Ramose Opfergaben in Form von Gemüse, Blumen und Geflügel. Der Erste ist Ramoses Verwalter Bakenamun.

410 unten

Zwei der insgesamt 18 knienden Gestalten mit Nahrungs- und Trankopfern, die für Ramoses Bestattungsmahl bestimmt sind. Ihre Haltung – und was sie tragen – lässt sie Fruchtbarkeitsgöttern gleichen, deren Gaben für die Ewigkeit bestehen.

411 oben

Vierzehn Männer in langen Röcken und den diagonalen Schärpen der Priester bringen dem Wesir und seiner Frau magische Salben. Die beiden im Bild reichen Krüge mit verschiedenen Ölsorten.

411 unten

Die Künstler haben die hohen Papyruspflanzen, die Ramoses Hausbedienstete bringen, hinter den Armen abgebildet, damit sie nicht die Körperkonturen verdeckten. Die leeren Felder sollten beschriftet werden, blieben aber unvollendet.

412 oben links

Die nördliche Hälfte der Westwand ist der einzige Teil in Ramoses Grab, der im neuartigen Stil der Flachbildkunst unter Amenophis IV. ausgeführt wurde. Allerdings blieb dieser Wandabschnitt weitgehend unvollendet. Der Durchgang führt in die undekorierte Längshalle und den Statuenschrein.

412 oben rechts

Blick von Norden in die breite (äußere) Halle von Ramoses Grab. Links ist der Eingang zu sehen. Die Plattform in der Mitte wurde von späteren Eindringlingen errichtet. Am hinteren Ende befinden sich Szenen des Bestattungszuges, der hier in Malerei ausgeführt wurde.

412–413

Bedienstete tragen all die Einrichtungsgegenstände (z. B. Mobiliar wie Stuhl, Truhen und ein Bett mit Kopfstütze)und die persönliche Habe, die Ramose im jenseitigen Leben benötigen wird. Währenddessen bringen Klageweiber ihre Trauer gestenreich zum Ausdruck.

413 oben

In diesen Skizzen, die ägyptische Zeichenkunst in Vollendung zeigen, erheben Libyer, Nubier und Syrer in ihrer typischen Kleidung, Haartracht und Gesichtsform die Arme zur Huldigung vor Amenophis IV. Diese Fremden stellten die klassischen Feinde Ägyptens dar.

Zustand wären sie bemalt gewesen, aber tatsächlich sind nur die lang gezogenen Augen in Schwarz farblich besonders hervorgehoben worden. Viele Götter werden angerufen; Amuns Name ist jedoch herausgeschlagen worden. Im Gegensatz zur Ostwand sind die oberen Reihen der Südwand nicht reliefiert, sondern nur gemalt. Die wichtigste Szene in diesem Grab – die Bestattungsprozession – findet sich hier. In Begleitung seiner Kollegen werden Ramoses Sarkophag, der Kasten mit den Kanopen und der gestaltlose Tekenu zum Eingang des Grabes gebracht, während männliche Diener Lebensmittel und Hausrat befördern. In einer der anrührendsten Szenen betrauern Frauen und Mädchen Ramoses Tod. In dieser Begräbnisszene verrät weder der Bildinhalt noch der Stil die Hand der Künstler von Amenophis IV. Weiter auf der Südseite der Westwand nähert sich Ramose mehrmals Amenophis IV. und der Göttin der Wahrheit, Maat, die unter einem Baldachin thronen. Ihre Gestalten im Hochrelief ähneln anderen Reliefarbeiten im Grab, obwohl sie deren feine, komplizierte Details vermissen lassen. Das fällt durchwegs am Reliefstil auf, den man in Karnak aus den ersten Jahren von Amenophis' IV. Regierungszeit vorfindet. Nördlich des Durchgangs zur tiefen Halle verändert sich die Ausschmückung der Westwand deutlich. Hier wird Ramose von Amenophis IV. und seiner Gemahlin Nofretete mit dem Ehrengold ausgezeichnet. Das Herrscherpaar ist im sogenannten Erscheinungsfenster unterhalb des Aton abgebildet, der Sonnenscheibe, deren Strahlen in menschliche Hände übergehen und den Nasenlöchern des Königs und der Königin Leben spenden. Dieses Thema, sowie der Stil der Figuren mit langgezogenem Kopf, hängendem Kinn, schmalem Oberkörper und üppigen Hüften sind für den Amarna-Stil Amenophis' IV. charakteristisch, wie er auch auf den Teletat-Blöcken in Karnak erscheint. Der Stil dieser Ausschmückung hat vielfache Spekulationen ausgelöst. Kunsthistoriker bewundern die Schönheit des Wandschmucks und sehen ihn als Nachweis für den dramatischen Stilwandel durch Amenophis IV. an. Dagegen betrachten ihn etliche Historiker als Beweis der Mitregentschaft Amenophis' III. und seines Sohnes. Für andere deuten die unterschiedlichen Stilarten auf von Pausen unterbrochene Arbeitsphasen.

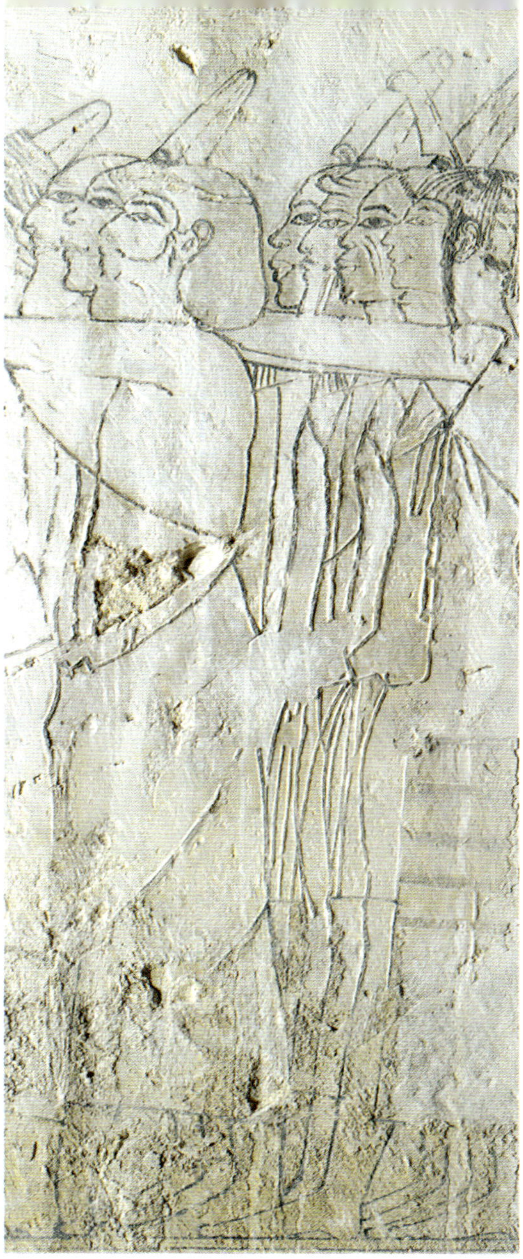

414–415
Userhat verlässt den Palast (nicht abgebildet), wo er mit dem Ehrengold ausgezeichnet wurde. Er wird von einer Gratulantengruppe begrüßt: seiner Frau und weiblichen Verwandten, die auf Trommeln und Tamburinen spielen, mit Blumen und duftenden Salbkegeln im Haar.

414 Mitte
Userhat ist einer von denen aus dem Westen (ein Verstorbener) geworden und wird von der Göttin des Westens begrüßt. Die Hügel stellen die westliche Wüste dar, wo er bestattet werden wird. Die anderen Götter beten Re-Harachte an, der auf dem Symbol des Westens sitzt.

414 unten
Ein Vorlesepriester rezitiert die Opferformel, während ein weiterer Priester vor den Särgen des Userhat (einer ist kleiner als der andere, um in diesen zu passen!) räuchert. Links schütten sich die Klagefrauen Asche übers Haupt, so dass ihre Körper schon ganz blau gefärbt sind.

Das Grab des Userhat

von Lyla Pinch-Brock

Das Grab des Userhat (TT 51) wurde am 10. Januar 1903 von Sir Robert Mond entdeckt. Er hat das Grab nicht vollständig freigelegt, aber er fand einen großen Stein-Uschebti und eine Anzahl kleiner Uschebtis aus Ton, von denen keiner den Eigentümer benannte. Das endgültige Ausräumen des Grabes blieb Norman de Garis Davies überlassen, der 1909 im Rahmen seiner Arbeiten für das Metropolitan Museum of Art damit begann. Davies berichtete, er habe nur einen einzigen Gegenstand gefunden, eine weitere Uschebti-Figur, diesmal aus verkohltem Holz. Davies fertigte eine vollständige Kopie der Wandmalereien in Form von Skizzen an, und diese Umrisse bildeten die Grundlage für die Faksimiles der Gemälde, die dann seine Frau vollendete. Eine Veröffentlichung über das Grab brachte Norman Davies 1927 in *Two Ramesside Tombs at Thebes* (»Zwei Ramessiden-Gräber in Theben«) heraus.

Plünderungen und Zerstörungen von Gräbern waren in jener Zeit weit verbreitet, und Davies schrieb in einem Brief, der jetzt im Archiv des Metropolitan Museum liegt: »Ich wünschte so sehr, mit der schönen Wand in Userhats Grab fertig zu werden, denn wer weiß, vielleicht wird sie zerstört, bevor ich nächstes Jahr wiederkomme.« Seine Worte waren ahnungsvoll – denn 1941 wurden fünf Stücke aus der Wand geschlagen und die Augen der meisten Figuren in dem Grab herausgemeißelt. Davies Kopien sind die einzigen, die das Grab vollständig wiedergeben. Seither sind einige der Stücke ersetzt und die Malereien restauriert und durch Glas geschützt worden.

Am östlichen Pfosten des Eingangs befand sich einst ein Bild von Userhat mit der Inschrift: »Er möge Besitz nehmen von diesem Pyramidengrab.« Drinnen steht Hathor, die Göttin des Westens, vor einem Grab mit einer kleinen Pyramide darauf. Vermutlich war TT 51 ursprünglich mit diesem Merkmal ausgestattet, das während dieser und der vorhergehenden Dynastie nicht unüblich war. Nach Davies war der Tempel Mentuhoteps II. in Deir el-Bahari der Vorbild.

Das Grab besteht aus einem kleinen Hof, einer breiten Halle, einer Pfeilerhalle und einer Grabkammer. Der

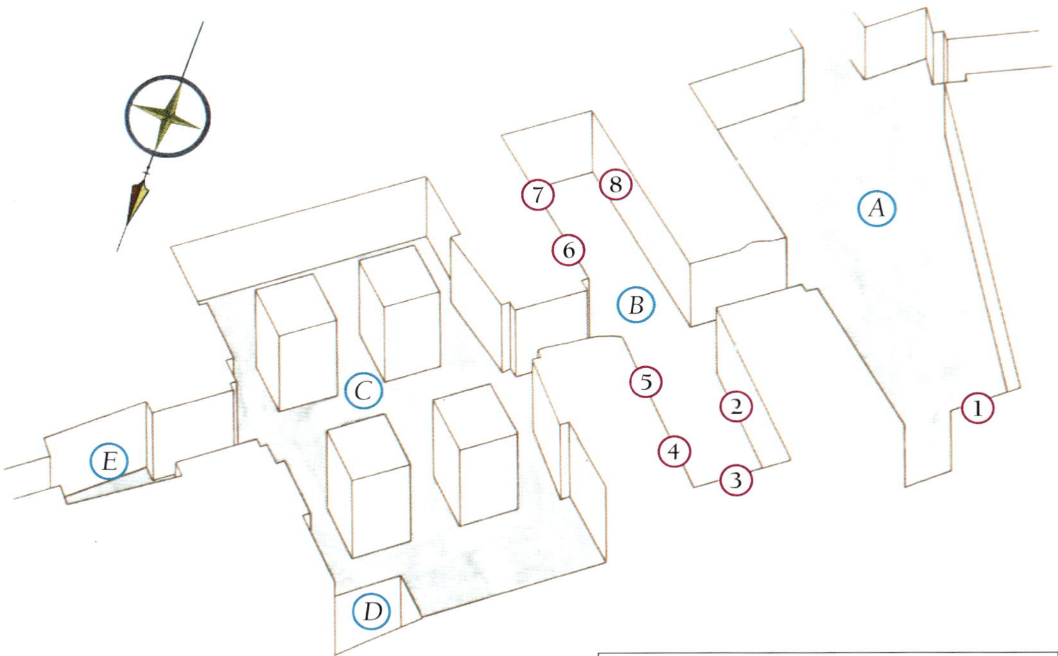

ERKLÄRUNG

A	HOF
B	BREITE HALLE
C	PFEILERHALLE
D	GRABSCHACHT
E	GRABKAMMER

BILDWERKE

1	*Stele*
2	*Totengericht und Beisetzungszug*
3	*Vorfahren*
4	*Der königliche Ka wird bedient*
5	*Reinigungsritual, der Verstorbene vor Göttern*
6	*Baumgöttin*
7	*Trauernde*
8	*Userhat und seine Frauen opfern*

Hof gehört auch zu den Gräbern des Neferhotep, Amenwahsu und Chonsmose, alle aus der ersten Hälfte der 19. Dynastie. Da Überschwemmungen in dieser Gegend nicht selten waren, hatte man eine Vertiefung vor der Tür und eine erhöhte Schwelle angebracht, um das Wasser daran zu hindern, in Userhats Grab einzudringen. Der Eingang war mit einer Holztür verschlossen worden, die in Türpfosten aus Sandstein gesetzt war. Die Halle ist fast vollständig ausgeschmückt, die Pfeilerhalle hingegen überhaupt nicht. Jenseits liegen die Vorkammer und die Grabkammer mit Stellplätzen für drei Särge. Gegenwärtig ist nur die Halle für Touristen zugänglich.

Userhat führte den Titel »Erster Prophet des königlichen Ka von Thutmosis I.« und diente dem Kult dieses verstorbenen Königs während der Regierungszeiten Ramses' I. und Sethos' I. Mittelpunkt des Kults war vermutlich der Tempel von Thutmosis I. In den Malereien ist Userhat mit seiner Frau und Verwandten zu sehen, wie sie Thutmosis I. und Ahmose-Nefertari, der Gemahlin

416 oben links

Das Wandgemälde am Hallenende in Richtung Südosten, das die Baumgöttin mit Userhat und seiner Familie zeigt und 1941 beschädigt wurde, ist das früheste Beispiel für den Gebrauch von Schattierung in der ägyptischen Kunst.

416 oben rechts

Priester libieren über einem Opfer für das verstorbene Paar: einen riesigen Bund Zwiebeln, dessen Spitze wie ein Anch-Zeichen geformt ist. Zwiebeln standen in Beziehung zu Osiris, dem Gott der Unterwelt, weil ihre starke Wirkung die Sinne der Verstorbenen wiederherstellen sollte.

416–417

Userhat kniet auf einer rituell gereinigten Alabasterplatte und unterzieht sich viermal der Reinigungszeremonie, die von acht Priestern mit acht Vasen durchgeführt wird. Nachdem er gereinigt ist, begrüßt er eine Schar von Göttern mit Geschenken.

417 oben

Userhat, in priesterlicher Tracht, begleitet von Frau, Sohn und Schwester, opfert Osiris – ein Beispiel für den »prunkhaften Reichtum«, der für die Frühzeit der 19. Dynastie bezeichnend ist, als Ägypten dank aufblühendem Handel wohlhabend geworden war.

des Königs Ahmose, opfern. Userhats Eltern waren Chonsuemhab und Tausert, und seine Frau hieß Hatschepsut; aber er scheint zwei weitere Frauen gehabt zu haben sowie einen Sohn und eine Tochter.

Die Halle ist voller Szenen, die größtenteils die Beisetzung und weniger das Alltagsleben widerspiegeln. Hauptthemen sind der Kult des Ka von Thutmosis I., Userhats Reinigung und das Gericht über ihn sowie seine Verdienste und Belohnungen im Leben und im Tod. Obwohl alle diese Darstellungen von hervorragender Qualität sind, ragt die »Baumgöttin« an der Nordwand der Halle als Meisterwerk hervor. Sie ist ein typisches Beispiel für das, was Arpeg Mekhtarian als den »prunkhaften Reichtum« bezeichnete, der für die Kunst der 19. Dynastie charakteristisch ist. Ein anderes Beispiel ist die Szene mit Osiris unter einem Baldachin in Begleitung von Hathor-Semyt, Maat und Anubis. Der Künstler hat den Innenraum mit allen nur erdenklichen Gegenständen ausgefüllt, sodass er der Garderobe eines Zauberkünstlers gleicht.

Es gibt auch einige ungewöhnliche Abbildungen, wie etwa eine Reihe toter Vögel (Hühner?), die oben auf die Opferstände gestapelt sind. Über dem Baldachin befindet sich ein Fries, abwechselnd mit Anubis-Figuren und Hathor-Köpfen (Wächtergottheiten der Nekropole) und Cheker-Elementen dazwischen. Der Opfertisch vor dem Baldachin wird von Userhat bereitet, der mit dem priesterlichen Leopardenfell bekleidet ist.

Mindestens zwei Künstler scheinen in diesem Grab am Werk gewesen zu sein, von denen der »Meister« für das Gemälde der »Baumgöttin« und die Frauenporträts an der Ostwand zuständig war. Ein zweiter, mit geringeren Fertigkeiten, scheint die Priester und die Trauernden in beiden Reihen auf der Ostwand gemalt zu haben. Die knollenförmigen Köpfe der Priester sind typisch für die Ramessidenzeit.

Die Halle erscheint vollständig, wurde aber tatsächlich unvollendet gelassen; der Cheker-Fries und die Deckenverzierung weisen noch die Skizzen der »Umrisszeichner« auf und warten auf den Pinsel des meisterlichen Malers. Der Umstand, dass der größte Teil des Grabes zur Zeit von Userhats Tod nicht ausgeschmückt war, würde auf sein frühes Ableben hindeuten; doch der Schmuck der Halle war so kunstvoll, dass die vollständige Ausführung eine beträchtliche Menge an Zeit beansprucht haben muss.

418–419

Opferträger bringen mit Brot, Bier, Obst, Gemüse, Geflügel, Blumen und Dsched-Pfeilern beladene Tische.

419

Die thronenden Gestalten von Amenophis III. und Königin Teje verfolgen das Geschehen während der dritten Jubiläumsfeiern des Königs im Jahr 37 seiner Herrschaft. Hier sind die herkömmlicherweise männlichen königlichen Bildelemente einer Sphinx, die Feinde zertritt (gefesselte Gefangene), und das Vereinigungssymbol ein Teil des Throns der Königin.

Erklärung

A EINGANGSKORRIDOR
B GROSSER HOF
C DEKORIERTE WAND
D BREITE HALLE
E LÄNGSHALLE

Bildwerke

1 Verstorbene beten Re an
2 Amenophis IV. und Teje opfern Re-Harachte und Maat Wein
3 Amenophis IV. und Teje opfern vor Aton und Hathor Weihrauch
4 Amenophis IV. betet Re-Harachte an und bringt vor Amenophis III. und Teje Trankopfer dar
5 Amenophis III. und Teje
6 Acht Prinzessinnen mit Vasen
7 Tänzerinnen und Musikantinnen
8 Verstorbene mit Beamten vor Amenophis III., Hathor und Teje
9 Amenophis III. und Teje, gefolgt von 16 Prinzessinnen
10 Verstorbene mit Text des Jahres 36
11 Amenophis IV. und Teje beten Gottheiten an

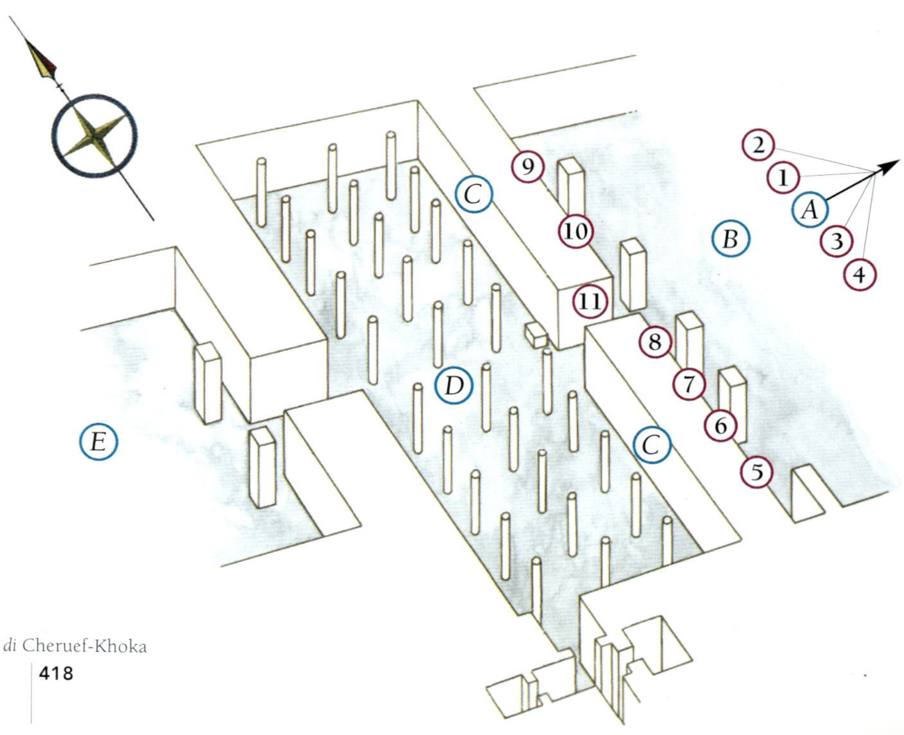

Das Grab des Cheruef

von Rita E. Freed

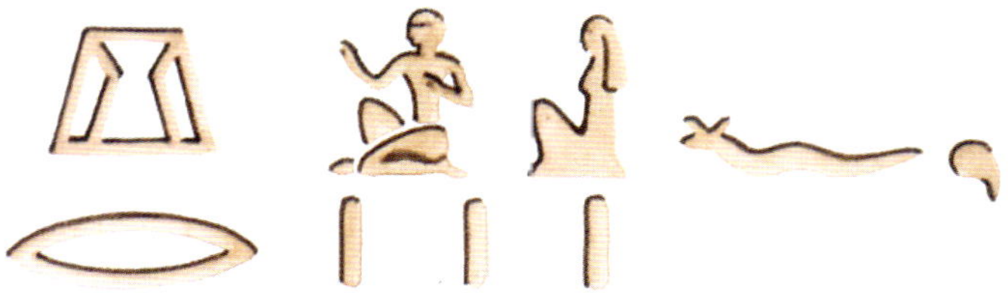

Obwohl es nie fertig gestellt und erheblich beschädigt wurde, ragt das Grab des Cheruef als eines der wichtigsten religiösen und geschichtlichen Denkmäler aus der thebanischen Totenstadt heraus. Wahrscheinlich war sein Eigentümer eine zentrale Figur bei der Organisation des ersten und dritten Sed-Festes Amenophis' III., obwohl die Darstellungen von Amenophis IV. und seiner Mutter am Eingang des Grabes darauf hindeuten, dass er in den ersten Regierungsjahren des Letztgenannten starb. Cheruefs Grab ist das größte private Grab, das man bis heute in Theben gefunden hat.

Der erste europäische Besucher, der Cheruefs Grab betrat, war 1885 der deutsche Ägyptologe Adolf Erman. Der berühmte Philologe Sir Alan Gardiner arbeitete dort im Jahr 1911. Hinweise auf die Plünderung des Grabes Anfang der 1940er-Jahre riefen die Ägyptische Altertümerverwaltung auf den Plan, die es anschließend vollends freilegte, erfasste und schließlich 1980 zusammen mit der epigrafischen Abteilung der Universität von Chikago ihre Ergebnisse veröffentlichte.

Man betritt das Grab durch einen abschüssigen Korridor, der in einen großen, offenen Hof mit säulengestützten Vorbauten auf der Ost- und Westseite führt. Eine Tür in der Westwand des Hofes öffnet sich in eine breite Säulenhalle, der eine Längshalle mit Pfeilern und am westlichsten Ende eine Statuennische folgen. Aus der Südwestecke der breiten Halle führt ein Begräbnisschacht um mehrere Ecken hinab in die hintere von zwei Grabkammern. Es gibt keinen Nachweis dafür, dass Cheruef tatsächlich hier beigesetzt wurde, obwohl sich in vielen Gräbern, die von der Ramessidenzeit an hier in die Wände gehauen worden waren, Beigesetzte fanden. Die einzigen Bereiche des Grabes, die eine Reliefausstattung erhielten, waren der Eingangskorridor und die Westwand der Halle mit den Pfei-

lern. Es ist möglich, dass das Grab aufgegeben wurde, weil das Dach eingebrochen war. Trotzdem drangen Gegner des Amun, Amenophis' IV. und von Cheruef selbst in das Grab ein und entstellten seine Namen und Bilder. Die Ausgrabung der breiten Halle brachte Bruchstücke zweier Statuen des Cheruef aus grauem Granit und Quarzit zum Vorschein.
Die in die Westwand des Hofes gemeißelten Szenen sind in dem eleganten und gelegentlich verspielten Reliefstil von Amenophis III. gehalten. Die Südseite dokumentiert Ereignisse während des ersten Jubiläums des Königs, das einer Inschrift in dem Grab zufolge am 27. Tag des zweiten Monats der dritten Jahreszeit im Jahr 30 stattfand. Mehrere Bilder zeigen Amenophis III. in seinem Jubiläumsgewand auf dem Thron neben Hathor und Königin

Teje, wie er Cheruef das Ehrengold verleiht, den König und die Königin, wie sie ihren Palast verlassen, und Cheruef, wie er den König und die Königin begleitet, die auf einem Boot gezogen und von ihren Töchtern und einem Kreis von Priestern begrüßt werden. Diese Szene enthält die erste bekannte Darstellung eines Tamburins.
Die nördliche Hälfte der Wand würdigt Amenophis' III. drittes Jubiläum, das im Jahr 37 stattfand. Man sieht die Aufstellung des Djed-Pfeilers durch den König und durch Priester.
Die Feierlichkeiten wurden von Tanz, rituellen Kämpfen, Umwanderung der Mauer von Memphis mit Rindern und Eseln und der Zubereitung von Opfergaben begleitet. Diese Szenen hatten eine so große Bedeutung, dass sie noch mehr als tausend Jahre später von Priestern mit einer Mauer umgeben und immer wieder aufgesucht wurden.

420
Tänzerinnen und Musikantinnen bei Amenophis' III. ersten Jubiläumsfeierlichkeiten.

420–421
Musik und Tanz bildeten einen wichtigen Teil der Jubiläumsfestes von Amenophis III. Das Wort »hnn«, das hier über den klatschenden Frauen steht, ist vermutlich eine Art musikalischer Notation für die gesummten Töne.

421 oben
Ein Affe, ein Kalb und eine Ente befinden sich zuoberst in der Bildreihe der Tänzer.

421 Mitte und unten
Dem Text zufolge wurden diese Tänzer für die Aufstellung des Djed-Pfeilers aus der Westlichen Wüste geholt.

422–423
Acht »Töchter der Großen«, vermutlich fremdländische Prinzessinnen, bringen dem auf dem Thron sitzenden Amenophis III. anlässlich seiner ersten Jubiläumsfeiern Gefäße aus Gold dar.

Ägyptische Emotionen

von Araldo De Luca

Auf überwältigende Weise beeindruckend: Das sind die treffenden Worte, um die fahlblaue Morgenstimmung über dem Nil zu beschreiben, durch die das Boot langsam glitt, und das Gelb der Wüste, in der über Jahrtausende sagenhafte Schätze verborgen lagen, die zu entdecken ich mir jeden Morgen vornahm. Aber vor allem beschreiben diese Worte das starke, fast übermächtige Verlangen, Plastizität und Farben zu enthüllen, als ich das Licht der mit

Bedacht platzierten Scheinwerfer auf den Hintergrund der alten Bauwerke und Dekorationen richtete, die im schwachen Schein der natürlichen Beleuchtung kaum zu erkennen waren. Auf überwältigende Weise beeindruckend ist auch die Zusammenfassung meiner Arbeit im Tal der Könige, dem Tal der Königinnen und dem Tal der Adeligen. In der Rückschau potenzieren sich die Erinnerungen und Eindrücke.

Mein Mitarbeiterteam zum Beispiel: wie könnte ich diese freundlichen, tüchtigen Menschen vergessen, die mich während der dreimonatigen Tätigkeit begleiteten? Jeder strengte sich an bis zum Äußersten, oft unter schwersten Bedingungen, damit jede Aufnahme gelinge trotz der Hitze, der Enge und der kräftezehrenden Stunden. Vor allem möchte ich meinen Assistenten Francesco Zanchi nennen, und Gamal Safik, der die PR-Arbeit besorgte und alle Probleme auf ein erträgliches Minimum reduzierte. Es war alles andere als einfach, das viele Gerät durch schmale Korridore in kleine Räume zu schleppen oder die Kabel zu verlegen, um die Motive ausleuchten zu können. Nicht minder mühsam und anstrengend war es, die schweren Glasscheiben zu entfernen und wieder anzubringen, welche die Dekorationen dahinter schützen. Aber alle trugen nach Kräften dazu bei, jede Aufnahme zum Erfolg zu führen.

Es gibt nichts Faszinierenderes als die Königsgräber, vor allem für Leute wie mich, die sie betraten, nachdem sie das außergewöhnliche Glück hatten, die sagenhaften Schätze aus diesen Gräbern, die sich heute im Ägyptischen Museum in Kairo befinden, bestaunen und - in meinem Fall - sogar berühren zu dürfen. Bei einem vorangegangenen Fototermin wurde mir die Ehre zuteil, die kostbarsten dieser

425 oben
Das Entlüftungssystem in einem Privatgrab. Ein 2 PS-Motor und 80 m Spiralschlauch von 25 cm Durchmesser sorgten für die Belüftung, um in Kammern arbeiten zu können, die nur wenige Quadratmeter groß sind.

425 unten
Im Grab Chaemwasets: F. Zanchi mit der Farbskala. Dieser Test stellt sicher, dass die Farbaufnahmen beim Druck originalgetreu wiedergegeben werden.

Gegenstände – goldene Sarkophage, bemalte und vergoldete Holzplastiken, Pektorale aus Edelsteinen und bunter Fayence – zu fotografieren, und jedesmal, wenn ich ein Grab betrat, versuchte ich mir vorzustellen, wo sie sich ursprünglich befunden haben könnten.

Meine Gefühle waren jedesmal anders und unvorhergesehen. Als ich draußen vor Tutanchamuns Grab geduldig wartete, musste ich an seine spektakulären Grabbeigaben denken, und als ich drinnen war, sah ich zu meiner Überraschung nur drei kleine Räume. Wie müssen erst die Grabbeigaben ausgesehen haben, die sich einst in den großen Gräbern mit vielen prächtig dekorierten Räumen wie den Ramses' VI. befunden haben? Fünf Korridore, ein Raum mit Säulen und die Grabkammer, alle

424 oben
Araldo de Luca und Francesco Zanchi vor der Abreise mit 19 Kisten Fotoausrüstung, die 800 kg wogen.

424 unten
Im Grab Ramses' VI. entfernen ägyptische Arbeiter die Glasscheiben vor den Wänden, damit die Malereien fotografiert werden können.

424–425
Grab der Nefertari. Araldo de Luca bei der Aufnahme eines Freskos im Stufenkorridor zu den unteren Räumen.

426 oben
Grab der Nefertari.
Aufnahmevorbereitungen in der pfeilerbestandenen Sargkammer.

426 unten links
Grab der Nefertari.
Araldo de Luca betrachtet eine Polaroidaufnahme, um den Bildausschnitt und den Einstellungswinkel der Scheinwerfer zu prüfen.

426 unten rechts
Grab des Merenptah, Sargkammer. F. Zanchi misst die Lichtwerte an der Rückwand. Zwei Arbeiter stellen die 5 m lange Aufnahmeleiter auf, die von einem Schreiner speziell zu diesem Zweck angefertigt wurde.

426–427
Grab Ramses' VI.
Vorbereitungen zur Aufnahme einer mit Seitenlicht ausgeleuchteten Wand der Sargkammer.

reich ausgestattet mit magischen und religiösen Texten und mystischen Bilddarstellungen. Wie könnte ich jemals das aus pulverisiertem Lapislazuli geschaffene leuchtende Blau des sternenübersäten Deckenfreskos vergessen oder die Figurenreihen in Ocker und rotem Pigment?
Einem Fotografen ist es jedoch unmöglich, eine Aufnahme von den technischen Bedingungen zu trennen, unter denen sie entstand. Die größten Schwierigkeiten gab es bei der Ausleuchtung der Innenräume, die manchmal so riesig oder in mehrere Bereiche aufgeteilt waren, dass man Stunden brauchte, die Scheinwerfer aufzustellen und die Kabel zu verlegen, oder so klein und mit Spiegeln und Schutzgeländern zugestellt, das man kaum Platz darin hatte. In manchen Fällen arbeitete ich mit Blitzlicht, wobei zehn Reihen von Lampen mit

jeweils vierzehn Blitzen gleichzeitig ausgelöst wurden. Für Wandaufnahmen stellte ich die Blitzgeräte nur an einer Seite auf, um die Plastizität der Reliefs hervorzubringen.
Unsere Blitzausrüstung bestand aus 12 x 1500 Watt und 2 x 6000 Watt Bowens, die insgesamt 30 Kilowatt Leistung erbrachten. Daneben gab es Dutzende von Schirmreflektoren, Diffusoren, Stative, etc., um Ecken und versteckte Details auszuleuchten.
Für die Aufnahmen benutzte ich mehrere bewährte Kameras:
- eine Silvestri 4 x 5 S mit Schneider-Objektiven XL, 47, 58 und 75er Zoom. Die Silvestri konnte ich in die kleinsten Nischen schieben, wo ich selbst keinen Platz hatte, und so das Objekt quasi um die Ecke durch den Lichtschachtsucher beobachten;
- eine Sinar P2 4 x 5 mit dreizehn Wechselobjektiven für alle nur denkbaren Bedingungen;
- eine Mamiya 6 x 7 mit Objektiven von 50 bis 500 mm Brennweite, die ich für Detailaufnahmen unter schwierigen oder gefährlichen Bedingungen einsetzte. Das ist eine ideale Handkamera mit Blitzeinrichtung für Aufnahmen auf Holzgerüsten oder bis zu 5 m langen Strickleitern, um auch die flüchtigsten Details einzufangen.

Ich verbrauchte an die 2500 Platten f. 4 x 5 und 800 Kodak EPR und EPP Rollfilme 120. In den kleinsten Gräbern, in denen man in der sauerstoffarmen, staubigen Luft kaum atmen konnte, bauten wir aus Dutzenden 25 cm starker Spiralschläuche ein Entlüftungssystem, das selbst bei einer Außentemperatur von 50 °C die Arbeit einigermaßen erträglich machte.
Die meisten Oberflächen der fotografierten Objekte wurden vorsichtig mit Druckluft gereinigt, der Staub der Jahrtausende auf dem Boden mit Staubsaugern entfernt. Um fünf Uhr morgens standen wir auf und arbeiteten von früh um sechs bis sechs Uhr abends. In den folgenden beiden Stunden nahmen wir die Filme aus den Magazinen, füllten sie neu und registrierten die Aufnahmen.
Für das Arbeitsgerät brauchten wir 19 Kisten, die zusammen 800 Kilo wogen, und mein Team bestand aus 11 Leuten.

Amun Offizieller Reichsgott im Mittleren und Neuen Reich. In Verbindung mit dem Sonnengott hieß er Amun-Re.
Anch Eine Hieroglyphe, die in ägyptischen Inschriften als Symbol für den Begriff »Leben« verwendet wurde.
Anubis Gott der rituellen Bestattung bzw. Mumifizierung, dargestellt als kauernder oder liegender Schakal oder als schakalköpfige Menschengestalt.
Atum Ägyptischer Schöpfergott in Menschengestalt, mit der Doppelkrone als »Herr beider Länder« dargestellt.
Bücher des Jenseits Theologische Schriften und figürliche Darstellungen, welche die Reisen des Sonnengotts durch die Unterwelt beschreiben und in Auszügen zur Ausschmückung der Königsgräber verwendet wurden. Zu den wichtigsten Begräbnisbüchern gehören das *Amduat*, das *Pfortenbuch*, das *Buch der Höhlen*, das *Buch der Erde*, das *Buch der Nut*, das *Buch des Tags und der Nacht*, das *Buch der Himmelskuh*, das *Totenbuch* und die *Sonnenlitanei*.
Hathor Im alten Ägypten Bezeichnung für eine Göttin in Menschen- oder Kuhgestalt, die als Mutter des jeweiligen Pharaos angesehen wurde.
Heb-Sed-Fest Eine königliche Festveranstaltung, die theoretisch (aber nur selten in der Praxis) im 30. Regierungsjahr eines Herrschers abgehalten wurde, um seine Erneuerung und Verjüngung zu beschwören.
Heiliger See Wasserreservoir in einer Tempelanlage, auf dem die heiligen Götterbarken schwammen. Das Wasser wurde für rituelle Handlungen benutzt.
Hieratische Schrift Mit Tusche geschriebene Kursivform der ägyptischen Hieroglyphen auf Papyrus oder anderen glatten Schreibflächen, z. B. auf Ostraka.
Hieroglyphen Auf Griechisch »heilige Inschriften«. In Ägypten Schriftzeichen in Form von Bildern zur Gestaltung theologischer und historischer Texte an den Wänden von Gräbern und Tempeln. Man kennt über 6000 verschiedene Hieroglyphen, von denen jedoch weniger als [illegible]000 regelmäßig benutzt wurden.
Horus Ägyptischer Gott in Falkengestalt, von Osiris postum gezeugt und von Isis zur Welt gebracht. In Verbindung mit dem Sonnengott Re wird er zu Re-Harachte, zum Gott des Horizonts und der Morgensonne. Als symbolischer Herrscher über Ägypten manifestiert er sich real in der Person des jeweiligen Pharaos.
Hypostyl Im Griechischen »gedeckter Säulengang, Säulenhalle«. Im alten Ägypten symbolisierte die gedeckte Säulenhalle eines Tempels das Sumpfgebiet, in dessen Mitte der Urhügel der Schöpfung aufragte.
Isis Ägyptische Göttin der Frauen, Kinder und der Gesundheit, Schwester und Gemahlin des Osiris, Mutter des Horus.
Ka Neben *Ba* und *Anch* die Lebenskraft oder Seele des Menschen. Nach dem Tod verlässt das *Ka* den Körper, um sich mit ihm dank der aus Opfergaben bezogenen Kraft im Jenseits wieder zu vereinigen.
Kanopenkrüge Gefäße aus Stein oder Ton, in denen die inneren Organe der Verstorbenen in den Gräbern aufbewahrt wurden. Die Deckel waren häufig in Form der Köpfe der vier Horussöhne gestaltet, von denen Amset für die Leber zuständig war, Hapi für die Lunge, Duamutef für den Magen und Kebechsenuef für die Eingeweide.
Kartusche Rechteckiger Rahmen mit gerundeten Ecken als Behältnis für die Namen und Bezeichnungen der Könige. In einigen Gräbern der 18. und 19. Dynastie hatten auch die Sarkophage bzw. Grabkammern Kartuschenform, z. B. KV 8, Merenptah bzw. KV 34, Thutmosis III.
Maat Ägyptischer Begriff für die mit der Weltschöpfung eingesetzte Ordnung, insbesondere die weiblich-göttliche Personifikation der Wahrheit, Gerechtigkeit, Anständigkeit und Harmonie.
Mitregentschaft Übergangsform der Regentschaft, in deren Verlauf die Königsmacht von einem Herrscher auf seinen designierten Nachfolger übertragen wurde, um möglichen kriegerischen Auseinandersetzungen vorzubeugen.
Migdol Typus einer zinnenbewehrten Befestigungsanlage.
Mut Thebanische geierköpfige Göttin, Gemahlin Amuns und Mutter Chons'.
Nemes-Kopftuch Königen vorbehaltene Kopfbedeckung aus einem Tuch, das von den Stirn bis zum Hinterkopf reichte, zwischen den Schultern zusammengebunden war und über die Schultern hing.
Neunheit Die von der Priesterschaft von Heliopolis proklamierte, von Atum angeführte Neunheit der Götter aus dem Schöpfungsmythos.
Nut Ägyptische Himmelsgöttin, Mutter von Osiris, Isis, Seth und Nephthys, dargestellt als liegende Frau über der Erdoberfläche, welche abends die Sonne verschluckt und am Morgen wieder gebiert.
Osiris Als Mumie dargestellter menschengestaltiger Gott, der der Überlieferung zufolge von seinem Bruder Seth ermordet wurde. Von seiner Schwestergemahlin Isis durch Trauerriten wieder belebt und von seinem Sohn Horus in seinen Rechten wieder eingesetzt, wurde er zum Totengott sowie zum Inbegriff der Auferstehungshoffnung.
Osirispfeiler An der Vorderseite als mumienförmige Osirisgottheit gestaltete Pfeiler, welche in Reihen den Vorhof der Tempel säumten.
Ostrakon (Mrz. Ostraka) Griechische Bezeichnung für Tonscherbe, die im alten Ägypten an Stelle des teuren Papyrus als Schreibmaterial benutzt wurde.
Papyrus Eine Staudenpflanze (*Cyperus papyrus*). Aus dem Mark der Stängel wurden Schreibbögen hergestellt. P. ist auch ein Symbol für Unterägypten.
Peristyl Von Säulen umgebener Innenhof eines Hauses oder Tempels.
Ptah Mumiengestaltige Schöpfungsgottheit von Memphis, Gott der Handwerkskunst.
Pylon Festungsartiges Eingangstor ägyptischer Tempel. Der P. repräsentiert den Horizont mit zwei Bergen und einem dazwischen liegenden Tal, über dem allmorgendlich die Sonne aufgeht.
Ramessidenzeit Die 19. und 20. Dynastie des Neuen Reichs; elf der 17 Herrscher führten den Namen Ramses.
Re Altägyptische Bezeichnung für die Sonne und ihren Gott, der sich im Neuen Reich mit Amun zu Amun-Re verband.
Scheintür Reich ausgeschmückte und genischte Stele eines Grabs oder Tempels, vor der Opfergaben abgelegt wurden und durch die sich das *Ka* des Verstorbenen zwischen dem diesseitigen und jenseitigen Reich bewegen konnte.
Schrein Das Allerheiligste eines Tempels, in dem sich die Kultfigur einer Gottheit befand. Auch gebräuchlicher Begriff für eine Kapelle an Prozessionswegen oder ein Behältnis für Götterstatuen.
Stele Beidseitig abgeflachter, freistehender Stein oder eine Platte mit eingeritzten oder gemalten Inschriften, die zum Andenken Verstorbener in Tempel- oder Grabanlagen aufgestellt wurden.
Temenos Griechische Bezeichnung für einen von Mauern umgebenen Bereich, der einen Kultbau beherbergte.
Tempel Im dynastischen Ägypten die Residenz von Göttern. Auch Ort der Weltschöpfung.
Thot Gott des Mondes, Erfinder der Schreib- und Rechenkunst, dargestellt als Pavian oder Ibis.
Uräus Schutzsymbol der Pharaonen, das in Form eines Kobrakopfes am Kopfschmuck auf der Stirn getragen wurde.
Uschebti Kleine Figuren in Mumiengestalt aus verschiedenen Materialien, die als Grabbeigaben benutzt wurden und für den Verstorbenen dessen Arbeiten im Jenseits ausführen sollten.

REGISTER

LITERATURVERZEICHNIS

THEBEN
und
GRABUNGEN IN THEBEN
von Kent R. Weeks

Arnold, Dieter, *Gräber des Alten und Mittleren Reiches in El-Tarif,* Archäologische Veröffentlichungen, Deutsches Archäologisches Institut, 12, Mainz 1976.
Assmann, Jan (Hg.), *Theben*, Mainz am Rhein 1983-96.
Gardiner, Alan H. und Weigall, Arthur E.P., *A Topographical Catalogue of the Private Tombs of Thebes,* London 1913.
Nims, Charles F., *Thebes of the Pharaohs: Pattern for Every City,* London 1965.
Otto, Eberhard, *Topographie des Thebanischen Gaues (Untersuchungen zur Geschichte und Altertumskunde Ägyptens*, 16), Berlin 1952.
Riefstahl, Elizabeth, *Thebes in the Time of Amunhotep III,* Norman, Oklahoma 1964.
Strudwick, Nigel und Helen, *Thebes in Egypt: A Guide to the Tombs and Temples of Ancient Egypt,* London 1994.
Thomas, Elizabeth, *The Royal Necropoleis of Thebes,* Princeton, 1966.

DER TEMPEL VON AMENOPHIS III.
von Kent R. Weeks

Bickel, Susanne u.a., *Untersuchungen im Totentempel des Merenptah in Theben. 3: Tore und andere wiederverwendete Bauteile Amenophis' III.,* BÄBA 16, Stuttgart 1997.
Haent, Gerhard, *Untersuchungen im Totentempel Amenophis' III.,* BÄBA 11, Stuttgart 1981.
Helck, Wolfgang, *Les Inscriptions grecques et latines du colosse de Memnon,* Bibliothèque d'Étude, 31, Kairo 1960.
Kozloff, Arielle P. und Betsy M. Bryan, *Egypt's Dazzling Sun: Amenhotep III and his World,* Cleveland 1992.
Petrie, William M.F., *Six Temples at Thebes,* London 1897.

DER TEMPEL DER HATSCHEPSUT
von Betsy M. Bryan

Arnold, Dieter, *Deir el-Bahari,* in: *Lexikon der Ägyptologie I,* 1017-1022.
Arnold, Dieter, *Die Tempel Ägyptens,* Zürich 1992, 134-141.
Lipinska, Jadwiga, *Deir el-Bahari,* Bd. II, *The temple of Tuthmosis III,* Warschau 1977.
Naville, Edouard, *Deir el Bahari,* 6 Bände, London 1895-1908.
Wysocki, Z., *The Result of research in the Hatshepsut temple of Deir el-Bahari,* in: MDAIK 40 (1984) 329-349; 41 (1985) 293-307; 42 (1986) 213-228.

DER GURNA-TEMPEL VON SETHOS I.
von Peter Brand

Brand, Peter, *The Monuments of Seti I,* Leiden 2000.
Kitchen, Kenneth-A., *Pharaoh Triumphant. The Life and Times of Ramesses II King of Egypt,* Warminster 1981.
Murnane, William J., *Ancient Egyptian Coregencies,* Chicago 1977.
Osing, Jürgen, *Der Tempel Sethos' I. in Gurna: Die Reliefs und Inschriften,* Mainz 1977.
Seele, Keith, *The Coregency of Ramses II with Seti I and the date of the Great Hypostyle Hall at Karnak,* Chicago 1947.

DAS RAMESSEUM, DER TEMPEL VON RAMSES II.
von Christian Leblanc

Leblanc, Ch., *Diodore, le tombeau d'Osymandyas et la statuaire du Ramesseum*, Mélanges Gamal Eddin Mokhtar. Bibliothèque d'Etude de l'IFAO 97/2, 69-82 und I-VI, Kairo 1985.
Leblanc, Ch. und F. Hassanein, *Le Ramesseum, temple de millions d'années à la gloire de Ramsès le Grand,* Les Dossiers Histoire et Archéologie 136, 36-45, Fontaine-lès-Dijon 1989.
Leblanc, Ch., *Le temple de millions d'années de Ramsès II à Thèbes. Histoire et sauvegarde du Ramesseum*, Bulletin du Cercle Lyonnais d'Egytologie Victor Loret 7, 63-76, Lyon 1993.
Leblanc, Ch., *Les sources grecques et les colosses de Ramsès-Rê-en-hekaou et de Touy, au Ramesseum,* Memnonia IV-V, 71-101 und XVI-XX, Kairo 1994.
Leblanc, Ch., *Quelques réflexions sur le programme iconographique et la fonction des temples de millions d'années*, in: Stephen Quirke (Hg.), *The Temple in ancient Egypt. New discoveries and recent research*, British Museum Press, 49-56, London 1997. Derselbe Artikel auch in: Memnonia VIII, 93-105, Kairo 1997.
Leblanc, Ch., Barbotin, Ch., Nelson, M. und Lecuyot, G., *Les monuments d'éternité de Ramsès II. Nouvelles fouilles thébaines.* Editions de la Réunion des Musées Nationaux. Coll. Les Dossiers du musée du Louvre, Paris 1999.
Leblanc, Ch., *Le Ramesseum et la tombe de Ramsès II. Recherches et travaux de mise en valeur.* Les Dossiers d'archéologie 241, 12-23, Dijon 1999.
Leblanc, Ch., *Ramses II e il Tempio di Milioni di Anni.* Archeologia Viva 77, anno XVIII, 18-31, Florenz 1999.
Le Ramesseum. Collection scientifique du CEDAE I, IV, VI, IX-1, IX-2, X und XI. Kairo 1973-1988.
Memnonia, Bulletin édité par l'Association pour la Sauvegarde du Ramesseum I-X, Kairo 1990-1999.

MEDINET HABU, DER TEMPEL VON RAMSES III.
von Betsy M. Bryan

Hölscher, Uvo, *The Mortuary temple of Ramses III*, in: *The Excavations of Medinet Habu*, Bd. 4/5, Chicago 1951, 1954.
Murnane, William J., *United with Eternity: A concise guide to the monuments of Medinet Habu,* Oriental Institute, University of Chicago, Chicago 1980.
Stadelmann, R., *Medinet Habu*, in: *Lexikon der Ägyptologie* III, 1255-1271.

DAS TAL DER KÖNIGE – EINE EINFÜHRUNG
von Kent R. Weeks

Hornung, Erik, *Tal der Könige: Die Ruhestätte der Pharaonen, Zürich 1982.* Englische Übersetzung: *Valley of the Kings: Horizon of Eternity*, New York 1990.
Romer, John, *Valley of the Kings,* London 1981.
Thomas, Elizabeth, *Royal Necropoleis of Thebes,* Princeton 1966.
Weeks, Kent R. (Hg.), *Atlas of the Valley of the Kings* (Veröffentlichung des Theban Mapping Project, 1), Kairo 2000.
Wilkinson, Richard und Reeves, C. Nicholas, *The Complete Valley of the Kings,* London 1996.

DIE TOTENLITERATUR IN DEN KÖNIGSGRÄBERN
von Erik Hornung

Totenliteratur
Clagett, M., *Ancient Egyptian Science: A Source Book*, Bd. I, Philadelphia 1989.
Hornung, Erik, *Die Unterweltsbücher der Ägypter*, Zürich 1992.
Hornung, Erik, *The Ancient Egyptian Book of the Afterlife*, Ithaca N.Y. 1999.
Amduat
Hornung, Erik, *Das Amduat. Die Schrift des Verborgenen Raumes*, 3 Bände, Wiesbaden 1963-1967.
Hornung, Erik, *Texte zum Amduat,* 3 Bände, Genf 1987-1994.
Schweizer, A., *Seelenführer durch den verborgenen Raum. Das ägyptische Unterweltsbuch Amduat*, München 1994.
Litanei des Re
Hornung, Erik, *Das Buch der Anbetung des Re im Westen*, 2 Bände, Genf 1975-1976.
Piankoff, A., *The Litany of Re*, New York 1964.
Pfortenbuch
Hornung, Erik, *Das Buch von den Pforten des Jenseits*, 2 Bände, Genf 1979-1984.
Zeidler, J., *Pfortenbuchstudien*, 2 Bände, Wiesbaden 1999.
Zu **Amduat** und **Pfortenbuch** siehe auch:
Hornung, Erik, *Die Nachtfahrt der Sonne*, Zürich und München 1991.
Höhlenbuch
Piankoff, A., *Le Livre des Quererts,* Kairo 1946.
Buch der Erde
Piankoff, A., *La création du disque solaire*, Kairo 1953.

Himmelsbuch
Piankoff, A., *Le Livre du jour et de la nuit*, Kairo 1942.
Roulin, G., *Le Livre de la Nuit*, 2 Bände, Freiburg und Göttingen 1996.
Buch von der Himmelskuh
Hornung, E., *Der ägyptische Mythos von der Himmelskuh*, Freiburg und Göttingen 1997.

DAS GRAB VON THUTMOSIS III.
von Erik Hornung
Fornari, A. und Tosi M., *Nella sede della verità*, Mailand 1987.
Romer, J., *The Tomb of Thutmosis III*, in: *Mitteilungen des Deutschen Archäologischen Instituts Kairo*, 31, 1975, 315-351.

DAS GRAB VON AMENOPHIS II.
von Erik Hornung
Bucher, P., *Les textes des tombes de Thutmosis III et d'Aménophis II*, Kairo 1932.

DAS GRAB DES TUTANCHAMUN
von T. G. Henry James
Carter, H., *The Tomb of Tut.ankhamen.* 3 Bände (Bd. 1 mit A. Mace), London 1923-1933.
Desroches-Noblecourt, C., *Tutankhamen: Life and Death of a Pharaoh*, London 1963.
James, T. G. Henry, *Howard Carter: The Path to Tutankhamun*, London 1992.
James, T. G. Henry, *Tutankhamun: The Ethernal Splendour of the Boy Pharaoh*, Vercelli 2000.
Reeves, C. N., *The Complete Tutankhamun*, London 1990.

DAS GRAB DES EJE
von T. G. Henry James
Piankoff, A., »Les peintures dans la tombe du roi Aï« in: *Mitteilungen des Deutschen archäologischen Instituts für Ägyptische Altertumskunde in Kairo*, 16, 247-51.
Reeves, C. N. und Wilkinson, R. H., *The Complete Valley of the Kings*, London 1997.
Schaden, O. J., »Clearance in the tomb of the king Ay (WV 23)« in: *Journal of the American Research Center in Egypt*, 21, 39-64, Boston 1984.

DAS GRAB DES HAREMHAB
von T. G. Henry James
Davis, T. M. u.a., *The Tomb of Harmhabi and Toutânkhamanou*, London 1912.
Hari, R., *Horemheb et la Reine Moutnedjement*, Genf 1965.
Hornung, Erik, *Das Grab des Haremhab im Tal der Könige*, Bern 1971.
Martin, G. T., *The Memphite Tomb of Horemheb, Commander-in-Chief of Tut'ankhamun*, Bd. 1, London 1989.

DAS GRAB VON RAMSES I.
von Erik Hornung
Piankoff, A., *La tombe de Ramsès Ier*, in: *Bulletin de l'Institut français d'archéologie orientale*, 56, 1957, 189-200.

DAS GRAB VON SETHOS I.
von Erik Hornung
Burton, H. und Hornung, Erik, *The Tomb of the Pharaoh Seti I*, Zürich und München 1991.

DAS GRAB VON RAMSES II.
von Christian Leblanc
Leblanc, Ch., *Trois campagnes de fouille dans la tombe de Ramsès II. [KV.7] - Vallée des Rois 1993/1994/1995*, Memnonia VII, 185-211 und L-LVII, Kairo 1996.
Leblanc, Ch., *The Tomb of Ramesses II and Remains of his Funerary Treasure*, in: *Egyptian Archaeology; Bulletin of the Egypt Exploration Society* 10, 11-13, London 1997.
Leblanc, Ch., *Nella tomba di Ramses II. Ultime scoperte in Egitto*, in: *Archeologia Viva*, 63, XVI, 24-33, Florenz 1997.
Leblanc, Ch., *Quatrième campagne de fouille dans la tombe de Ramsès II [KV.7] - 1996/1997*. Memnonia VIII, 151-172 und XXXVII-XLVII, Kairo 1997.
Leblanc, Ch., *Cinquième campagne de fouille dans la tombe de Ramsès II [KV.7] - 1997/1998*, Memnonia IX, 73-91 und V-X, Kairo 1998.
Leblanc, Ch., *Les récentes découvertes dans la tombe de Ramsès II*, in: *Bulletin de la Société Française d'Egyptologie*, 141, 20-35 und 1-6, Paris 1998.
Leblanc, Ch. und Barbotin, Ch., *Les monuments d'éternité de Ramsès II. Nouvelles fouilles thébaines*, in: *Editions de la Réunion des Musées Nationaux. Coll. Les Dossiers du musée du Louvre*, Paris 1999.
Leblanc, Ch., *Le Ramesseum et la tombe de Ramsès II. Recherches et travaux de mise en valeur*, in: *Les Dossiers d'archéologie* 241, 12-23, Dijon 1999.
Leblanc, Ch., *Sixième et septième campagnes de fouille dans la tombe de Ramsès II [KV.7] - Années 1998/1999 et 1999/2000*, Memnonia XI, Kairo 2000.

DAS GRAB DES MERENPTAH
von Edwin C. Brock
Assmann, Jan, *Die Inschriften auf den äußeren Sarkophagdeckeln des Merenptah*, MDAIK 28 (1972), 47-74.
Brock, Edwin C., *The Tomb of Merenptah and its Sarcophagi*, in: C. Nicholas Reeves (Hg.), *After Tut'ankhamun: Research and Excavation in the Royal Necropolis at Thebes*, London 1992, 121-140.
Carter, Howard, *Report of Work Done in Upper Egypt (1903-1904)*, ASAE 6 (1906), 116-119.
Lefébure, Eugène, *Les Hypogées royaux de Thèbes:notices des hypogées*, MMAF II, 2, Paris 1886, 35-47.
Porter, Bertha und Moss, Rosalind, *Topographical Bibliography of Ancient Egyptian Hieroglyphic Texts, Reliefs and Paintings*, Bd. I, 2, in: *The Theban Necropolis: Royal tombs and smaller cemeteries*, Oxford 1964, 504, 507-509.
Thomas, Elisabeth, *The Royal Necropoleis of Thebes*, Princeton 1966, 108-110.
Wilkinson, Richard H. und Reevesk, C. Nicholas, *The Complete Valley of the Kings*, London und New York 1996, 147-149.

DAS GRAB DER TAUSERT UND DES SETHNACHT
von Harwig Altenmüller
Altenmüller, Hartwig, *Das Grab der Königin Tausret im Tal der Könige von Theben*, in: *Studien zur Altägyptischen Kultur* 10, Hamburg 1983, 1-24.
Altenmüller, Hartwig, *Bemerkungen zu den neu gefundenen Daten im Grab der Königin Twosre (KV 14) im Tal der Könige von Theben*, in: C.N. Reeves (Hg.), *After Tutankhamun: Research and Excavation in the Royal Necropolis at Thebes*, London 1992, 141-164.
Altenmüller, Hartwig, *Das Grab der Königin Tausret und des Sethnacht*, (in Vorbereitung).
Porter, B. und Moss, R., *Topographical Bibliography of Ancient Egyptian Hieroglyphic Texts, Reliefs, and Paintings*, Oxford 1964, 527-532.

DAS GRAB VON RAMSES III.
von Edwin C. Brock
Andrzejewski, Tadeusz, *Le Livre des Portes dans la salle de sarcophage du tombeau de Ramsès III*, ASAE 57 (1962), 1-6.
Lefébure, Eugène, *Les Hypogées royaux de Thèbes:notices des hypogées*, MMAF III, 2, Paris 1886, 87-120, 58-656.
Marciniak, Marek, *Réparations anciennes dans le tombeau de Ramsès III (no. 11) dans la Vallée des Rois*, in: *Africana Bulletin* 31 (1982), 37-43.
Marciniak, Marek, *Deux campagnes épigraphiques au tombeau de Ramsès III dans ka Vallée des Rois (no. 11)*, in: *Études at Travaux* 12 (1983), 295-305.
Porter, Bertha und Moss, Rosalind, *Topographical Bibliography of Ancient Egyptian Hieroglyphic Texts, Reliefs and Paintings*, Bd. I, 2, *The Theban Necropolis: Royal tombs and smaller cemeteries*, Oxford 1964, 510, 518-527.
Thomas, Elisabeth, *The Royal Necropoleis of Thebes*, Princeton 1966, 125-126.
Wilkinson, Richard H. und Reeves, C. Nicholas, *The Complete Valley of the Kings*, London und New York 1996, 163-168.

DAS GRAB VON RAMSES IV.
von Erik Hornung
Hornung, Erik, *Zwei ramessidische Königsgräber: Ramses IV. und Ramses VII.*, Mainz 1990.

DAS GRAB VON RAMSES VI.
von Edwin C. Brock
Abitz, Friedrich, *Baugeschichte und Dekoration des Grabes Ramses'VI.*, OBO 89, Freiburg und Göttingen 1989.
Aldred, Cyril, *More Light on the Ramesside tomb robberies*, in: J. Ruffle, G.A. Gaballa, K.A. Kitchen (Hg.), *Glimpses of Ancient Egypt. Studies in Honour of H. W. Fairman*, Westminster 1979, 92-99.
Barguet, Paul, *Remarques sur quelques scènes de la salle du sarcophage de Ramsès VI*, RdE 30 (1978), 51-56.
Brock, Edwin C., *Documenting the Sarcophagi of Rameses VI*, in: *Canadian Mediterranean Institute Bulletin*, 13.2 (1993), 2.
Darressy, Georges, *Rapport sur le déblaiment des tombes 6 et 9 de Biban el Molouk*, ASAE 18 (1919), 270-274.
Daressy, Georges, *Un Trace égyptienne d'une voute elliptique*, ASAE 8 (1907), 237-241.
Goebs, Katja, *Expressing Luminosity in Iconography: Features of the Solar Bark in the Tomb of Ramesses VI*, GM 165 (1998), 57-71.
Grapow, Hermann und Schäfer, Heinrich, *Zu den Deckenbildern im Grabe Ramses'VI. mit den Aufriesszeichnungen der Sonnenschiffe*, ZAS 81 (1956), 24-28.
Hornung, Erik, *Zum Schutzbild im Grabe Ramses'VI.*, in: J. M. Kamstra, H. Milde, K. Wagtendonk (Hg.), *Funerary Symbols and Religion. Essays dedicated to Professor M. S. H. G. Heerma van Voss on the occasion of his retirement from the Chair of the History of Ancient Religions at the University of Amsterdam*, 1988, 45-51.
Hornung, Erik, *Zum Turiner Grabplan*, in: John Baines u.a. (Hg.), *Pyramid Studies and Other Essays Presented to I. E. S. Edwards* (EES Occasional Publications, 7), London 1988, 138-142.
Lefébure, Eugène, *Les Hypogées royaux de Thèbes: notices des hypogées*, MMAF III, 2, Paris 1886, 48-80, 25-54.
Piankoff, Alexandre, *La création du disque solaire*, Kairo 1953.
Piankoff, Alexandre und Maystre, Charles, *Deux plafondes dans les tombes royales*, BIFAO 38 (1939), 65-70.
Piankoff, Alexandre, *The Tomb of Ramesses VI*, in: *Egyptian Religious Texts and Representations*, New York 1954.
Porter, Bertha und Moss, Rosalind, *Topographical Bibliography of Ancient Egyptian Hieroglyphic Texts, Reliefs and Paintings*, Bd. I, 2, *The Theban Necropolis: Royal tombs and smaller cemeteries*, Oxford 1964, 510, 511-517.
Thomas, Elisabeth, *The Royal Necropoleis of Thebes*, Princeton 1966, 129-130.
Ventura, Raphael, *The Largest Project for a Royal Tomb in the Valley of the Kings*, JEA 74 (1988), 137-156.
Wilkinson, Richard H. und Reeves, C. Nicholas, *The Complete Valley of the Kings*, London und New York 1996, 164-165.

DAS GRAB VON RAMSES IX.
von Edwin C. Brock
Abitz, Friedrich, *Der Bauablauf und die Dekoration des Grabes Ramses' IX*, SAK 17 (1990), 1-40.
Abitz, Friedrich, *The Structure of the Decoration in the Tomb of Ramesses IX*, in: C. Nicholas Reeves (Hg.), *After Tutankhamun: Research and Excavation in the Royal Necropolis at Thebes*, London 1992, 165-185.
Daressy, Georges, *Rapport sur le déblaiment des tombes 6 et 9 be Biban el Molouk*, ASAE 18 (1919), 270-274.

Guilmant, Felix, *La Tombeau de Rameses IX*, MIFAO 15, Kairo 1907.
Hornung, Erik, *Eine enigmatische Wand im Grabe Ramses' IX*, in: Jürgen Ösing und Günther Dreyer (Hg.), *Form und Maß. Beiträge zur Literatur, Sprache und Kunst des alten Ägypten. Festschrift für Gerhard Fecht zum 65. Geburtstag am 6. Februar 1987*, in: *Studien zu Geschichte, Kultur und Religion Ägyptens und des Altes Testaments*, 12, Wiesbaden 1987, 226–237.
Lefébure, Eugène, *Les Hypogées royaux de Thèbes: notices des hypogées*, MMAF III, 2, Paris 1886, 4–23, 16–30.
Porter, Bertha und Moss, Rosalind, *Topographical Bibliography of Ancient Egyptian Hieroglyphic Texts, Reliefs and Paintings*, Bd. I, 2, *The Theban Necropolis: Royal tombs and smaller cemeteries*, Oxford 1964, 498, 501–505.
Thomas, Elisabeth, *The Royal Necropoleis of Thebes*, Princeton 1966, 131–132.
Wilkinson, Richard H. und Reeves, C. Nicholas, *The Complete Valley of the Kings*, London und New York 1996, 168–171.

DIE HERRSCHERINNEN DES NEUEN REICHS IN THEBEN-WEST
und
DAS GRAB DER NEFERTARI
und
DIE GRÄBER DER SÖHNE VON RAMSES III.
und
DAS GRAB DES PRINZEN AMUNHERCHEPESCHEF
und
DAS GRAB DES PRINZEN CHAEMWESET
von Christian Leblanc

Abitz, F., *Ramses III. in den Gräbern seiner Söhne*, OBO 72, Göttingen 1986.
Cabrol, Agnès, *Aménophis III*, Monaco 2000.
Hassanien, Fathy und Nelson, Monique, *La tombe du prince Amon-(her)-khepchef [VdR n° 55]*, Collection scientifique du CEDAE, Kairo 1976.
Hassanien, Fathy und Nelson, Monique, *La tombe du prince Khaemouaset [VdR n° 44]*, Collection scientifique du CEDAE, Kairo 1997.
Leblanc, Christian, *Le dégagement de la tombe de Ta-nedjemy. Une contribution à l'histoire de la Vallée des Reines*, in: Bulletin de la Société Française d'Egyptologie 89, Paris 1980, 32–49.
Leblanc, Christian, *Henout-taouy et la tombe n° 73 de la Vallée des Reines*, in: *Bulletin de l'Institut Français d'Archéologie Orientale* 86, Kairo 1986, 203–226.
Leblanc, Christian, *L'identification de la tombe de Henout-mi-rê, fille et grande épouse royale de Ramsès II*, in: *Bulletin de l'Institut Français d'Archéologie Orientale* 88, Kairo 1988, 131–146.
Leblanc, Christian, *Architecture et évolution chronologique des tombes de la Vallée des Reines*, in: *Bulletin de l'Institut Français d'Archéologie Orientale* 89, Kairo 1989, 227–247.
Leblanc, Christian, *Ta set neferou. Une nécropole de Thèbes-Ouest et son histoire*, I, Kairo 1989. (II–V: in Vorbereitung)
Leblanc, Christian, *L'archéologie et l'histoire de la Vallée des Reines*, in: *Les Dossiers d'archéologie*, 149/150, Dijon 1990, 22–29.
Leblanc, Christian, *The Valley of the Queens and Royal Children. History and Resurrection of an archaeological site*, in: *Art and Eternity. The Nofretari Wall Paintings Conservation Project (1986-1992)*, The Getty Conservation Institute, Santa Monica 1993, 19–29.
Leblanc, Christian, *Nefertari, »l'Aimée-de-Mout«. Epouses, filles et fils de Ramsès II*, Monaco 1999.
Leblanc, Christian, *Reines, princesses et princes étrangers à la cour royale d'Egypte, durant le Nouvel Empire*, Dédale, 9-10, 497–520, Paris 1999.
Leblanc, Christian und Hassanein, Fathy, *La Vallée des Reines. Des tombes royales enfin identifiées*, Archéologia, 205, Dijon 1985, 24–31.
Leblanc, Christian und Siliotti, Alberto, *Nefertari e la Valle delle Regine*, Florenz 1997.
Lecuyot, Guy, *Deir Roumi, monastère copte de la Vallée des Reines*, in: *Les Dossiers Histoire et Archéologie*, 136, Dijon 1989, 60–63.
Lecuyot, Guy, *Un sanctuaire romain transformé en monastère: le Deir er-Roumi*, Atti del Sesto Congresso Internazionale di Egittologia, I, Turin 1992, 383–390.
Lecuyot, Guy, *The Valley of the Queens in the Coptic Period*, in: *Acts of the Fifth International Congress of Coptic Studies* II/1 (1993), 263–272.
Loyrette, Anne-Marie und Mohamed Sayed, Sayed, *La tombe d'une princesse anonyme [N° 36] de la Vallée des Reines*, in: *Annales du Service des Antiquités de l'Egypte* 72, Kairo 1993, 119–135.
Mahmoud Soliman, Ibrahim und Tosi, Mario, *La tombe de la reine Isis [VdR 51], grande épouse royale de Ramsès III*, Memnonia VII, Kairo 1996, 213–225 und LVIII–LXI.
Mohamed Sayed, Sayed und Sesana, Angelo, *Les vestiges du mobilier funéraire de la reine Tyti, retrouvés dans la tombe n° 52 de la Vallée des Reines*, Memnonia VI, Kairo 1995, 215–228 und XL–XLI.
Porter, Rosalind und Moss, Bertha, *Topographical Bibliography of Ancient Egyptian Hieroglyphic Texts, Reliefs and Paintings*, I. *The Theban Necropolis*, 2. *Royal Tombs and Smaller Cemeteries*, Oxford 1964.
Schiaparelli, Ernesto, *Relazione sui lavori della Missione archeologica italiana in Egitto. I. Esplorazione della »Valle delle Regine« nella necropoli di Tebe*, Turin 1924.
Thausing, G. und Goedicke, Hans, *Nofretari. Eine Dokumentation der Wandgemälde ihres Grabes*, Graz 1971.
Thomas, Elisabeth, *The Royal Necropoleis of Thebes*, Princeton 1966.
Yoyotte, Jean, *The Tomb of a Prince Ramesses in the Valley of the Queens [N° 53]*, in: *The Journal of Egyptian Archaeology* 44, London 1958, 26–30.

DEIR EL-MEDINEH – EIN HANDWERKERDORF IN DER THEBANISCHEN NEKROPOLE
von Mohamed A. el-Bialy

Cerny, J., *A Community of Workmen at Thebes in the Ramesside Period*, Bibliothèque d'Etude 50, IFAO, Kairo 1973.
Davies, B. G., *Who's Who at Deir el-Medina*, Leiden 1999.
El-Bialy, M., *Une tombe de la XVIIIe dynastie découverte à Gournet Moura'i*, in: *Les Dossiers d'Archéologie* 149/150, Dijon 1990, 96–98.
El-Masry, I., *La nécropole d'El-Taref*, in: *Les Dossiers d'Archéologie* 149/150, Dijon 1990, 120–121.
Leblanc, Ch., *The Valley of the Queens and Royal Children. History and Resurrection of an archaeological site*, in: *Art and Eternity. The Nofretari Wall Paintings Conservation Project (1986-1992)*, The Getty Conservation Institute, Santa Monica 1993, 19–29.
Porter, B. und Moss, R., *Topographical Bibliography of Ancient Egyptian Egyptian Hieroglyphic Texts, Reliefs, and Paintings*, I. *The Theban Necropolis*, Teil 1. *Private Tombs*, Oxford 1985.
Valbelle, D., *Les ouvriers de la Tombe. Deir el-Médineh à l'époque ramesside*, Bibliothèque d'Etude 96, IFAO, Kairo 1995.
Vandersleyen, C., *L'Egypte et la Vallée du Nil*, PUF, Paris 1995.

DAS GRAB DES SENNEDJEM
von Morris L. Bierbreir

Bierbrier, M. L., *The Tomb-builders of the Pharaohs*, London 1982.
Bruyère, B., *La Tombe no 1 de Sennedjem*, Kairo 1954.
Porte, B. und Moss, R., *Topographical Bibliography of Ancient Egyptian Hieroglyphic Texts, Reliefs and Paintings* I, Teil II, Oxford 1960.

DAS GRAB DES INHERCHAU
von Morris L. Bierbreir

Bruyère, B., *Rapport sur les fouilles de Deir el-Médineh (1930)*, Kairo 1933.
Davies, B., *Who's Who at Deir el-Medina*, Leiden 1999.
Porte, B. und Moss, R., *Topographical Bibliography of Ancient Egyptian Hieroglyphic Texts, Reliefs and Painting I Part II*, Oxford 1960.

DAS GRAB DES PASCHEDU
von Morris L. Bierbreir

Zivie, Alain-Pierre, *La Tombe de Pached à Deir el-Médineh*, Kairo 1979.

DAS GRAB DES CHAEMHAT
von Lyla Pinch-Brock

Bryan, Betsy M., *Private Relief Sculpture Outside Thebes and its Relationship to Theban Relief Sculpture*, in: Laurence M. Berman (Hg.), *The Art of Amenhotep III: Art Historical Analysis*, Cleveland 1990, 65–80.
Capart, Jean und Werbrouck, Marcelle, *Thebes*, Brüssel 1926, 183, 206, 286, 288, 290.
Dunham, Dows, *Note on Some Old Squeezes from Egyptian Monuments*, in: Journal of the American Oriental Society, Bd. 56 (1936), 173–177.
Loret, Victor, *La Tombe de Khâ-m-hâ*, in: *Memoirs de la Mission archaéologique française au Caire*, Bd. I, 1884, 113–132.
Manniche, Lisa, *The Tombs of the Nobles at Luxor*, Kairo 1987, 24, 30, 50.
Michalowski, Kazimierz, *The Art of Ancient Egypt*, London 1969, 437, 438.
Mond, Robert, *Report of Work in the Necropolis of Thebes During the Winter of 1903–1904*, in: *Annales du Service des Antiquités de l'Égypte*, Bd. VI, 1905, 66–67.
Porter, Bertha und Moss, Rosalind L. B., *Topographical Bibliography of Ancient Egyptian Hieroglyphic Texts, Reliefs, and Paintings*, I. *The Theban Necropolis*, Teil 1, *Private Tombs*, Oxford 1960, 113–119.

DAS GRAB DES SENNEFER
von Lyla Pinch-Brock

Carter, Howard, *Report on the Tomb of Sennefer found at Biban el Molouk near the Tomb of Thutmose II*, in: *Annales du Service des Antiquités de l'Égypte*, Bd. 2, 1901, 196–200.
Champollion, Jean Francois, *Notices descriptives*, Bd. 1, Paris 1844–1879, 505.
Davies, Norman de Garis, *The Graphic Work of the Expedition*, in: *Bulletin of the Metropolitan Museum of Art*, Bd. 24, 1929, 35–49.
Eaton-Krauss, M., *The Fate of Sennefer and Senetnay at Karnak Temple and in the Valley of the Kings*, in: *Journal of Egyptian Archaeology*, Bd. 85, 1999, 113–130.
Gundlach, Rolf, *Das Grab des Sennefer*, in: Arne Eggebrecht (Hg.) *Ägyptens Aufstieg zur Weltmacht*, Mainz am Rhein 1987, 66–83.
Mekhitarian, Arpag, *Egyptian Painting*, Genf 1954, 53–56.
Porter, Bertha und Moss, Rosalind L.B., *Topographical Bibliography of Ancient Egyptian Hieroglyphic Texts, Reliefs, and Paintings*, I. *The Theban Necropolis*, Teil 1, *Private Tombs*, Oxford 1960, 197–203.
Wilkinson, Charles K. und Hill, Marsha, *Egyptian Wall Paintings*, New York 1983, 110.

DAS GRAB DES RECHMIRE
von Rita E. Freed

Davies, N. de G., *The Tomb of Rekhmi-re' at Thebes*, New York 1943.
Newberry, P., *The Life of Rekhmara*, Westminster 1900.

DAS GRAB DES NACHT
von Melinda K. Hartwig

Cherpion, Nadine, *Quelques jalons pour une histoire de le peinture thebaine*, BSFÉ 110 (1987), 27–47.
Davies, Norman de Garis, *The Tomb of Nakht at Thebes*, PMMA, Robb de Peyster Tytus Memorial Series I, New York 1917.
Eichler, Selke Susan, *Die Verwaltung des »Haus des Amun« in der 18. Dynastie*, SAK Beihefte 7, Hamburg 2000, 170.
Graefe, Erhart, *»Talfest«*, in: LÄ VI (1986), 187–189.
Hartwig, Melinda K., *»Painting«*, in: Donald B. Redford (Hg.), *The Oxford*

Encyclopedia of Ancient Egypt, Bd. 3, Oxford und New York 2001, 1-13.
Kampp, Friederike, *Die Thebanische Nekropole: Zum Wandel des Grabgedankens von der XVIII. bis zur XX. Dynastie*, Mainz 1996, 257-258.
Kozloff, Arielle, *Theban Tomb Paintings from the Reign of Amenhotep III: Problems in Iconography and Chronology*, in: Larry M. Berman (Hg.), *The Art of Amenhotep III: Art Historical Analysis*, Cleveland 1990, 55-64.
Laboury, Dimitri, *Une relecture de la tombe de Nakht (TT 52, Cheikh `Abd el-Gourna)*, in: Roland Tefnin (Hg.), *La Peinture Égyptienne Ancienne: Un monde de signes à préserver, Actes de colloque international de Bruxelles, Avril 1994*, Monumenta Aegyptiaca VII, Brüssel 1997, 49-81.
Maspero, Gaston, *»Tombeau de Nakhti«*, in: *Mémoires publiés par les Membres de la Mission Archéologie Français au Caire*, V, 2, 1894, 469-485.
Murnane, William J., *Paintings from the Tomb of Nakht at Thebes*, in: *Field Museum of Natural History Bulletin* 52, 10, 1981, 13-25.
Mekhitarian, Arpag, *Egyptian Painting*, Genf, 1954, 67-72.
Shedid, Abdel Ghaffar und Seidel, Matthias, *The Tomb of Nakht*, Mainz 1996.
Wildung, Dietrich, *Ägyptische Malerei. Das Grab des Nacht*, Zürich 1978.

DAS GRAB DES MENNA
von Melinda K. Hartwig
Bryan, Betsy M., *Evidence for Female Literacy from Theban tombs of the New Kingdom*, BES 6, 1984, 17-32.
Bell, Lanny, *The New Kingdom 'Divine' Temple: The Example of Luxor*, in: B. Shafer (Hg.), *Temples of Ancient Egypt*, Ithaca 1997, 136-137, 183-184.
Campbell, Colin, *Two Theban Princes: Kha-em-uaset & Amen-khepesh sons of Rameses II; Menna, a Land-Steward and their Tombs*, London 1910, 85-107.
Cherpion, Nadine, *Quelques jalons pour une histoire de le peinture thebaine*, BSFÉ 110, 1987, 27-47.
Eichler, Selke Susan, *Die Verwaltung des »Haus des Amun« in der 18. Dynastie*, SAK Beihefte 7, Hamburg 2000, 56-72.
Fitzenreiter, Martin, *Totenverehrung und soziale Repräsentation im thebanischen Beamtengrab der 18. Dynastie*, SAK 22, 1995, 95-130.
Hartwig, Melinda K., *Painting*, in: Donald B. Redford (Hg.), *The Oxford Encyclopedia of Ancient Egypt*, Bd. 3, Oxford und New York 2001, 1-13.
Janssen, Jac J., *Review of I.A. Stuchevsky, Zemledel'tsy gosudarstvennogo khozyaïstva drevnego Egipta epokhi Ramessidov (The Cultivators of the State Economy in Ancient Egypt during the Ramesside Period)*, in: BiOr 3/4, 1986, 352-366, Moskau 1982.
Kampp, Friederike, *Die Thebanische Nekropole: Zum Wandel des Grabgedankens von der XVIII. bis zur XX. Dynastie*, Theben XIII, Mainz 1996, 294-297.
Kozloff, Arielle, *A Study of the Painters of the Tomb of Menna, No. 69*, in: Walter F. Reineke (Hg.), *Acts, First International Conference of Egyptology*, Akademie der Wissenschaften der DDR, Zentralinstitut für alte Geschichte und Archäologie XIV, Berlin 1979, 395-402.
Kozloff, Arielle, *Theban Tomb Paintings from the Reign of Amenhotep III: Problems in Iconography and Chronology*, in: Larry M. Berman (Hg.), *The Art of Amenhotep III: Art Historical Analysis*, Cleveland 1990, 55-64.
Mekhitarian, Arpag, *Egyptian Painting*, Genf 1954, 72-95.
Mond, Robert, *»Report of Work in the Necropolis of Thebes during the Winter of 1903-1904«*, ASAE 6, 1905, 88.

DAS GRAB DES RAMOSE
von Rita E. Freed
Davies, N. de G., *The Tomb of the Vizier Ramose*, London 1941.

DAS GRAB DES USERHAT
von Lyla Pinch-Brock
Pinch-Brock, Lyla, *»Norman or Nina?«*, in: *Journal of the Society for the Study of Egyptian Antiquities*, Bd. XXVI, 1996, 2000, 82-92.
Davies, Norman de Garis, *Two Ramesside Tombs at Thebes*, New York 1924, 3-30.
Kozloff, Arielle P., *Theban Tomb Paintings from the Reign of Amenhotep III: Problems in Iconograph and Chronology*, in: Laurence M. Berman (Hg.), *The Art of Amenhotep III: Art Historical Analysis*, Cleveland 1990, 55-64.
Mekhitarian, Arpag, *Egyptian Painting*, Genf 1954, 131-137.
Mond, Robert, *Report of Work in the Necropolis of Thebes During the Winter of 1903-1904*, in: *Annales du Service des Antiquités de l'Égypte*, Bd. VI, 1905, 67-71.
Porter, Bertha und Moss, Rosalind L. B., *Topographical Bibliography of Ancient Egyptian Hieroglyphic Texts, Reliefs, and Paintings*, I, *The Theban Necropolis*, Teil 1, *Private Tombs*, Oxford 1960, 97-99.
Wilkinson, Charles K. und Hill, Marsha, *Egyptian Wall Paintings*, New York 1983, 139-145.

DAS GRAB DES CHERUEF
von Rita E. Freed
Fakhry, A., *A Note on the Tomb of Kheruef at Thebes*, ASAE 42, 1943, 29ff.
Habachi, L., *Clearance of the Tomb of Kheruef at Thebes (1957-1958)*, ASAE 55, 1958, 28ff.
University of Chicago, Oriental Institute, *Epigraphic Survey, The Tomb of Kheruef: Theban Tomb 192*, Chicago 1980.

BILDNACHWEIS

PHOTOS
Alle Aufnahmen in diesem Buch sind von **Araldo De Luca/Archiv White Star**, mit Ausnahme der hier aufgelisteten:
Antonio Attini/Archiv White Star: 28, 92 oben, 92 Mitte.
Marcello Bertinetti/Archiv White Star: 24-25, 28-29, 32 unten, 32-33, 53, 55, 56-57, 57 unten, 58 oben, 58 unten, 59, 60-61, 62-63, 66-67, 76-77, 86-87, 86 unten, 87, 88-89, 90 oben, 93, 96-97, 98-99, 100 oben links, 102 unten, 104, 105, 107 oben links, 107 oben rechts, 108 unten, 112-113, 117, 146 unten links, 272-273, 326-327, 329 oben, 334-335, 337 unten.
Alfio Garozzo/Archiv White Star: 9, 52, 56 oben, 56 unten rechts, 58 Mitte, 62 oben, 64 oben, 68, 69, 70 oben, 72, 73 links, 74, 80, 81, 82 oben, 82 Mitte, 83, 84 oben, 84 Mitte, 84 unten, 84-85, 90-91, 91 unten, 92 unten, 94-95, 95 oben, 95 unten, 100 oben rechts, 100 unten, 101, 102 oben, 102 Mitte, 102-103, 103 oben, 103 unten, 106, 107 unten links, 107 unten rechts, 108-109, 109 Mitte, 109 unten, 252 Mitte, 279 unten, 328-329, 333 unten.
Giulio Veggi/Archiv White Star: 26-27 oben, 64-65, 67 Mitte, 75, 90 Mitte, 243 oben.
Archiv White Star: 26 unten, 27 unten, 34 unten, 35 unten, 36, 37 unten, 38, 39, 40-41 unten, 41 rechts, 42 unten, 42-43, 44 links, 44 unten rechts, 44-45, 45 unten, 46, 47.
Archiv Scala: 43 unten.
Biblioteca Nazionale, Florenz: 36-37.
Peter Brand: 85 unten.
British Museum, London: 91.
CEDAE/CNRS–A. Siliotti: 282 unten links.
Giovanni Dagli Orti: 116, 118 unten rechts, 392 unten rechts.
Francis Dzikowski © Theban Mapping Project: 240 unten, 241, 242-243.
Kenneth Garrett: 51 unten.
Griffith Institute: 50 oben, 50 unten und 50-51.
Marcel Kurz: 280 oben.
Christian Leblanc: 280 unten.
Musée du Louvre: 215 (Abbildung E 11094).
NASA: 22 und 23.
Monique Nelson: 279 oben links.
Yann Rantier/CNRS: 212, 212-213, 213 unten, 214-215, 216, 217, 279 oben rechts.
Nicholas Reeves: 48 und 49 links.
Réunion des Musées Nationaux: 167 unten, 238, 239 Mitte, 283 rechts, 378 oben rechts.
Abdel Ghaffar Shedid: 390-391, 392 unten links, 392-393, 394-395, 395 oben, 396-397, 396 unten.
Alberto Siliotti, Geodia: 40-41 oben, 41 oben, 42 oben, 44 oben rechts, 318 unten rechts.
Eberhard Theim/Lotos Film: 240 oben, 243 unten, 392 oben links, 393 Mitte, 393 unten, 395 unten, 397 unten.
Mit freundlicher Genehmigung des Ministero per i Beni e le Attività Culturali, Soprintendenza al Museo delle Antichità Egizie di Torino: 49 rechts

ZEICHNUNGEN
Elisabetta Ferrero/Archiv White Star: 158 rechts, 168-170, 196-197, 247-250 (Farbzeichnung), 301-304.
Paola Furbatto/Archiv White Star: 136, 140, 174, 180, 190, 218, 222, 232, 242, 267.
Oxford Kartografie/Archiv White Star: 34-35, 70-71 (Strichzeichnung), 114-115 (Farbzeichnung), 247-250 (Strichzeichnung), 274-275, 278-279, 326.
André Guillame/CNRS und Kent Weeks/Theban Mapping Project: 214 unten.
Elena Tagliabò/Archiv White Star: 52 oben, 54-55, 63 unten, 64 unten, 66, 67 unten, 70-71 (Farbzeichnung), 76 oben links, 76 unten, 78-79, 87 unten rechts, 89, 96-97 oben, 99, 110 oben, 149, 168 oben, 172 oben rechts, 196 unten, 247 oben, 271 oben, 301 unten, 317 oben, 317 unten, 320 unten rechts, 321 unten, 340 unten rechts, 342 unten, 350 Mitte rechts, 350 unten, 358 Mitte links, 358 Mitte rechts, 364 oben, 366 unten rechts, 377 oben, 377 unten links, 384 unten rechts, 385 unten links, 390 unten links, 390 unten rechts, 398 oben links, 398 unten rechts, 408 Mitte, 410 unten links, 414 Mitte rechts, 415 unten, 418 unten, 419 unten rechts.
Theban Mapping Project: 114-115 (Strichzeichnung), 120, 121, 122.
Yves Lauren und Mikäel Kalos: 281, 282 rechts, 283 oben links.